金陵全書

乙編·史料類

江甯商務分類總册（一）

（清）江甯商務總會 編

南京出版傳媒集團
南京出版社

圖書在版編目（CIP）數據

江甯商務分類總册 / 江甯商務總會編. -- 南京：南京出版社, 2024.7

（金陵全書）

ISBN 978-7-5533-4764-6

Ⅰ. ①江… Ⅱ. ①江… Ⅲ. ①江甯府－商業企業－商業史－清代 Ⅳ. ①F729.49

中國國家版本館CIP數據核字（2024）第088124號

書　　名　【金陵全書】（乙編・史料類）
　　　　　　江甯商務分類總册
作　　者　（清）江甯商務總會
出版發行　南京出版傳媒集團
　　　　　　南　京　出　版　社
　　　　　　社址：南京市太平門街53號　　郵編：210016
　　　　　　網址：http://www.njcbs.cn　　電子信箱：njcbs1988@163.com
　　　　　　聯系電話：025-83283893、83283864（營銷）　025-83112257（編務）

出 版 人　項曉寧
出 品 人　盧海鳴
責任編輯　程　瑶
裝幀設計　楊曉崗
責任印製　楊福彬

製　　版　南京新華豐製版有限公司
印　　刷　南京凱德印刷有限公司
開　　本　889毫米 × 1194毫米　1/16
印　　張　67
版　　次　2024年7月第1版
印　　次　2024年7月第1次印刷
書　　號　ISBN 978-7-5533-4764-6
定　　價　1600.00元（全二册）

用微信或京東APP掃碼購書

用淘寶APP掃碼購書

總序

南京，古稱金陵，中國著名的四大古都之一，是國務院首批公佈的國家歷史文化名城。

南京有着六十萬年的人類活動史，近二千五百年的建城史，約四百五十年的建都史，享有『六朝古都』『十朝都會』的美譽。南京歷史的興衰起伏在某種程度上可以説是中國歷史的一個縮影。在中華民族光輝燦爛的歷史長河中，古聖先賢在南京創造了舉世矚目、富有特色的六朝文化、南唐文化、明文化和民國文化，爲中華民族文化的傳承和發展做出了不朽貢獻。然而，由於時代的遞遷、戰爭的破壞以及自然的損毁等原因，歷史上南京的輝煌成就以物質文化形態留存下來的相對較少，見諸文獻典籍的則相對較多。南京文獻内涵廣博，卷帙浩繁，版本複雜。截至一九四九年中華人民共和國成立，南京文獻留存下來的有近萬種，在全國歷史文化名城中名列前茅。以六朝《世説新語》《文心雕龍》《昭明文選》，唐朝《建康實録》，宋朝《景定建康志》《六朝事跡編類》，元朝《至正金陵新志》，明朝《洪武京城圖志》《金陵古今圖考》《客座贅語》，清朝《康熙江寧府志》《白下瑣言》，民國《首都計劃》《首都志》《金陵古蹟圖考》等爲代表的南京地方文獻，不僅是南京文化的集中體現，也是中華民族優秀傳統文化的重要組成部分。這些南京文獻，積澱貯存了歷代南京人民的經驗和智慧，翔實地反映了南京地區的社會變遷，是研究南京乃至全國政治、經濟、軍事、文化、外交和民風民俗的重要資料。

歷史上的南京文化輝煌燦爛，各類圖書典籍琳琅滿目。迄今爲止，南京文獻曾經有過三次不同程度的整理。

第一次是距今六百多年前的明朝永樂年間，明朝中央政府在南京組織整理出版了《永樂大典》。《永樂大典》正文二萬二千八百七十七卷，凡例和目録六十卷，分裝成一萬一千零九十五册，總字數約三億七千萬字。書中保存了中國上自先秦、下迄明初的各種典籍資料達七八千種，是中國古代最大的類書。

第二次是民國年間，南京通志館編印了一套《南京文獻》。《南京文獻》每月一期，從一九四七年元月至一九四九年二月共刊行了二十六期，收入南京地方文獻六十七種，包括元明清到民國各個時期的著作，其中收録的部分民國文獻今天已經成爲絶版。

第三次是二〇〇六年以來，南京出版社選取部分南京珍貴文獻，整理出版了一套《南京稀見文獻叢刊》點校本，到二〇二〇年，已經出版了六十九册一百零五種，時代上起六朝，下迄民國，在學術普及方面做出了一定的貢獻。

中華人民共和國成立以來，尤其是改革開放以來，南京的政治、經濟、文化建設飛速發展，但南京文獻的全面系統整理出版工作一直没有得到應有的重視，這與南京這座國家歷史文化名城的地位頗不相稱。據調查，目前有關南京的各類文獻主要保存在南京圖書館、南京市檔案館，以及全國各地的高等院校、科研院所、圖書館、檔案館、博物館，少數流散於民間和國外。一方面，廣大讀者要查閲這些收藏在全國各地的南京文獻殊爲不便；另一方面，許多珍貴的南京文獻隨着歲月的流逝而瀕臨損毁和失傳。南京文獻的存史、資治、教化、育人功能没有得到應有的發揮。

盛世修史（志）。在中華民族和平崛起和大力弘揚民族傳統文化、全力發展民族文化事業的大背景下，在建設『文化南京』的發展思路下，中共南京市委、南京市人民政府於二〇〇九年十二月做出决定，將南京有史以來的地方文獻進行全面系統的匯集、整理和影印出版，輯爲《金陵全書》（以下簡稱《全書》），以更好地搶救和保護鄉邦文獻，傳承民族文化，推動學術研究，促進南京文化建設；同時，也更爲有効地增加南京文獻存世途徑，提昇南京文獻地位，凸顯南京文獻價值。

爲編纂出能够代表當代最高學術水平和科技成就，又經得起時間檢驗的《全書》，我們將編纂工作分成三個階段進行。第一個階段爲調研階段，主要對南京現存文獻的種類、數量、保存現狀以及收藏地點等進行深入細緻的調研，召集專家學者多次進行學術論證和可操作性論證，撰寫出可行性調查報告，爲科學決策提供依據，此項工作主要由中共南京市委宣傳部和南京出版社組織完成。第二個階段爲啓動階段，以二〇〇九年十二月二十四日召開的『《金陵全書》編纂啓動工作會』爲標志，市委主要領導親自到會動員講話，市委宣傳部對《全書》的編纂出版工作作了明確部署。在廣泛徵求專家學者意見的基礎上，確定了《全書》的總體框架設計，確定了將《全書》列爲市委宣傳部每年要實施的重大文化工程，確定了主要參編責任單位和責任人，並分解了任務。第三個階段爲編纂出版階段，主要在全國範圍内進行資料的徵集、遴選和圖書的版式設計、複製、排版及印製工作。

爲了確保《全書》編纂出版工作的順利進行，中共南京市委、南京市人民政府成立了專門的編纂出版組織機構。其中編輯工作領導小組，由中共南京市委、市政府領導以及相關成員單位主要負責人組成；《全書》的編纂出版工作由市委宣傳部總牽頭；學術指導委員會，由蔣贊初、茅家琦、梁白泉等一批全國著名的專家學者組成，負責《全書》的學術審核和把關。

《全書》分爲方志、史料、檔案和文獻四大類。自二〇一〇年起，計劃每年出版四十冊左右。鑒於《全書》的整理出版工作難度較大，周期較長，在具體操作中，我們採取了分工協作的方式。市委宣傳部和南京出版社負責《全書》的總體策劃，其中方志部分，主要由南京市地方志編纂委員會辦公室和南京出版傳媒集團·南京出版社共同承擔；史料和文獻部分，主要由南京圖書館承擔；檔案部分，主要由南京市檔案局（館）承擔。《全書》的編輯出版，得到了江蘇省文化廳、江蘇省新聞出版局、江蘇省檔案局（館）、南京大學、南京圖書館、南京市文廣新局、南京市社科聯（社科院）、南京市文聯、金陵圖書館以及各區委宣傳部和地方志辦公室等單位及社會各界的熱情鼓勵和大力支持，尤其是得到了中國國家圖書館和全國各地（包括港臺地區）高等院校、科研院所、圖書館、檔案館、博物館等藏書單位的鼎力相助，在此表示深深的謝意！

我們相信，在中共南京市委、南京市人民政府的長期不懈支持下，在各部門、各單位的積極配合和衆多專家學者的共同努力下，這項功在當代、利在千秋的傳世工程一定能够圓滿完成。

《金陵全書》編輯出版委員會

凡例

一、《金陵全書》（以下簡稱《全書》）收録的南京文獻，分爲方志、史料、檔案和文獻四大類。

二、《全書》按上述四大類分爲甲、乙、丙、丁四編，以不同的封面顏色加以區分；每編酌分細類，原則上以成書時代爲序分爲若幹册，依次編列序號。

三、《全書》收録南京文獻的地域範圍，包括了清代江寧府所轄上元、江寧、句容、溧水、高淳、江浦、六合。

四、《全書》收録的南京文獻，其成書年代的下限爲一九四九年。

五、《全書》收録方志、史料和文獻，盡量選用善本爲底本。《全書》收録的檔案以學術價值和實用價值較高爲原則，一般選用延續時間較長、相對比較完整的檔案全宗。

六、《全書》收録的南京文獻底本如有殘缺、漫漶不清等情況，必要時予以配補、抽换或修描，以保證全書完整清晰；稿本、鈔本、批校本的修改、批注文字等均保留原貌。

七、《全書》收録的南京文獻，每種均撰寫提要，置於該文獻前，以便讀者了解其作者生平、主要内容、學術文化價值、編纂過程、版本源流、底本採用等情况。

八、《全書》所收文獻篇幅較大時，分爲序號相連的若幹册；篇幅較小的文獻，則將數種合編爲一册。

九、《全書》統一版式設計，大部分文獻原大影印；對於少數原版面過大或過小的文獻，適當進行縮小或放大處理，並加以説明。

十、《全書》各册除保留文獻原有頁碼外，均新編頁碼，每册頁碼自爲起訖。

提要

《江甯商務分類總册》八册，清江甯商務總會編。

江甯商務總會成立于光緒三十一年（一九〇五），又名江甯總商會。在晚清的各地總商會序列中，江甯總商會是成立較早的一個，連著名的蘇州總商會都在其之後。

江南歷來是中國工商實業發展較快的地區，甲午戰争後，隨着變法求强思潮的逐漸興起，上海、南京等地先後設立了商務局。光緒二十九年設立的商部（三十二年改組爲農工商部）則是中國歷史上第一個中央層級的商務管理職能機構，該部推動地方發展經濟的各項措施，爲晚清商務局勢開辟了一片新的天地。在商部官員楊士琦、兩江總督兼南洋通商大臣周馥、江南商務局總辦劉世珩等人的推動下，江甯商務總會及各業分會得以順利建立。經過充分勸諭，廣大商户不僅知曉興辦商務的重要意義與現實作用，而且了解到商會的『聯商』與『護商』功能，不獨巨商大鋪踴躍參加商會。商會在商界聯絡渠道的廣泛建立，自然有利于各項工作進行，使其短期之内就能開展較爲全面的商業普查。

《江甯商務分類總册》于光緒三十二年編纂而成，是對南京城廂各類工商鋪户的詳盡調查統計。關于此次調查的緣起及其實施過程，今已難找到更爲詳細的記載。但可以肯定的是，這是近代中國較早的一次城市經濟普查。内容是在事先制好的竪排表格中填寫，每一類商號爲一個單元，表末蓋『江甯商務總會關防』的騎縫章，册末則蓋有全章。表格的底本除序列號之外，還有『鋪名』『開設地址』『行業類别』『號東』『執事』，以及『設立年度』等欄目，但實際所填，僅鋪號名稱、設立地址與行業類别三欄較爲完整。號東有寫全名者，有寫姓氏者，執事則較少填寫。至于開設年月，除個别行業外，大多未見填寫。值得注意的是，緞機、花綢機、絨機各業還填寫了各店所擁有的布機數。此外，在制好的表格之外，還對已加入商會的店鋪進行了標記。從中可以看到，實際參加商會的店鋪衹是一部分（當然，也有的行業，如盆浴室業、壽材業、京津靴鞋業、衣莊業等，調查店鋪全部加入商會），這可能與商會甫一成立就進行經濟調查有關，從另一方面也説明可能商會欲借調查之機進行社會推廣，普勸各行各業的店號、商鋪加入其中。

據總册目録所示，第一册包括十個行業，分别是當鋪、錢莊、鹽旂、土棧、米行、米鋪礱坊、綢緞莊、緞機、花綢機、絨機。第二册共十一個行業，依次爲紗機、絲經行、布店、洋貨棧、廣貨店（京貨附）、零剪店、須帶絲綫店、金銀綫店、絨球店、頭繩店、油糖雜貨店。第三册共十三個行業，即茶食店、茶葉店、烟店、酒行、酒店（糟坊附）、油號、北貨果行、豆子店、糖坊、藥店、膏子店、磨麩坊、醬園。第四册包括十二個行業，分别是衣莊、皮貨店、火腿店、肉店、番菜館、酒飯館、茶館、鷄鴨店、魚行、豆腐店（淮乾附）、猪行、鴨行。第五册則爲十五個行業，分别是帽子店、帽結店、津京靴鞋店、鞋店、皮靴店、襪子店、扇子店、灑金店、烟袋店、鐘表店、眼鏡店（古玩玉器附）、鐵器店、磁器店、窑貨店、銅錫店。第六册共十四個行業，包括木器店、木器鏡臺店、木作店、盆桶店、篾器店、洋鐵店、鍋炭店（煤炭附）、傘店、席子店、燈鋪、皮箱店、桌盒店、錫箔店、金箔店。第七册包括二十二個行業，分别是香燭店、炮竹店、漆店、生漆顔料店、碱店、染坊、漂布坊、書莊、筆墨店、紙行、紙店、首飾店、花粉店、梳篦店、假髮店、盔頭店、鞍韂店、弓劍店、骨角店、戥秤店、皮梁店、紙盒店。第八册包括二十個行業，即盆浴堂、箆店、繩子店、板刷店、相生店、油漆店、裱畫店、刻字店、彈染店、彩票店、客棧、信局、官轎店、牛皮坊（毛貨附）、破片店（舊貨附）、石灰店（磚瓦附）、姜黄坊、材店、石粉店、炒貨店。

這部調查報告的價值與意義不可低估。首先，它有利于加深對清末南京社會經濟結構的了解。江甯總商會共調查了一一七個行業，五四一七家店鋪，依數量多少，分爲六個級别。其中，數量最多的是絲織業，其次則爲錢業、油糖雜貨業，均超過三百家。這三個行業被列爲第一等。第二等爲超過二百家的行業，僅茶館一項。第三等爲滿一百家的行業，包括廣貨、木器、綵行、烟店、肉店、帽店。第四等爲滿五十家的行業，共二十九類。店鋪超過十家的行業列爲第五等，數量較多。列最後一等的是不滿十家的行業，共計二十六個。在被調查的行業中，絶大多數是民生日用所需各業，從中大致可以看出南京城廂的經濟結構與特徵。例如行業以面向日用生活爲主，服務業的機構數量遠過于制造業。一些特色産業也可以從中得到印證，同時能發現晚清南京的一些老行當，今已消失或不太常見。報告中匯總的清末時期南京城廂五千餘家店鋪名號，對于研究舊式店鋪、商號的命名規律也有一定價值。

其次，這部調查報告有助于加深對清末南京城市空間分布狀況的了解。江甯總商會將調查區域分成六個，即城内的東、西、南、北、中五路與城外，每個區域包括若幹街巷，其中城内中路包括中正街、評事街等三十九條街巷。城内東路包括通濟門口、鈔庫街等五十條街巷。城市南路包括花市大街、三山街等三十八條街巷。城内西路包括漢西門大街、水西門大街等三十五條街巷。城内北路包括復成橋、大行宫等八十八條街巷。城外部分包括若幹區域。需要注意的是，在關于典鋪的統計方面，還包括分别設于江寧鎮、句容縣、溧水縣、高淳縣、江浦縣浦口鎮、六合縣的七家。這些街巷大致可以反映出清末時期南京的城市空間規模，也可以看出城門之外，包括郊縣的經濟發展狀況。雖然調查表中的分區不同于城市規劃與行政區劃，但這些調查統計信息，與晚清時期編繪的各類南京城市地圖相互參照，對于構建晚清南京城市經濟與商業地理信息圖景，無疑具有重要的學術價值。

本次經濟普查報告也存在一些瑕疵，例如鹽業本爲城鄉大宗消費品，但本報告則僅列一項。就店鋪成立時間而言，僅綢機業、紗機、絲經業、洋貨、廣貨、茶葉、烟、燒酒店、北貨果行等有所標明，其他大多數行業均系空缺；號東與執事項下亦多空缺。米行項下，有數家標爲『米鋪』。店鋪數量統計總表中的『須帶辮綫業』在逐户統計時又被記作『絲綫業』；而藥店業除了一般性的『藥店』之外，還包括『參藥』『戒烟丸』與『藥水』各業；『木器業』中又析出『紅木』與『木作』；『篾器』則與『竹貨』并爲一類；『席子店』包括了『席子』『棉花』『花席』等業；『桌合』（在第一册統計總表及第六册目録與合計欄中均寫爲『桌盒』）項下還包括『漆合』『漆合竹貨』兩類；地名項下既有『土街口』，又有『新街口』，或許是同一地名。凡此種種，均與該報告調查時間倉促與調查人員經驗不足有較大關係。不過，换一角度來看，這些問題與缺陷既是歷史的産物，其本身也具有相應的史料價值。

《金陵全書》收録的《江甯商務分類總册》以中國國家圖書館藏本爲底本影印出版。

李玉

江甯城内外各商業分類總册目録

壹卷 共拾行

當舖　錢莊　鹽旂　土棧
米行　米舖礱坊　綢緞莊　緞機
花綢機　絨機

貳卷 共拾壹行

紗機　絲經行　布店　洋貨棧
廣貨店京貨附　零剪店　鬚帶絲線店　金銀線店
絨球店　頭繩店　油糖雜貨店

叁卷 共拾叁行

茶食店　茶葉店　煙店　酒行
酒店漕坊附　油號　北貨菓行　豆子店
糖坊　藥店　膏子店　磨麩坊
醬園

肆卷 共拾貳行

衣莊　皮貨店　火腿店　肉店
番菜館　酒飯館　茶館　鷄鴨店
魚行　豆腐店淮乾附　猪行　鴨行

伍卷 共拾五行

帽子店	帽結店	津京靴鞋店	鞋店
皮靴店	襪子店	扇子店	灑金店
煙袋店	鐘表店	眼鏡店 古玩玉器附	鐵器店
磁器店	窑貨店	銅錫店	

陸卷 共拾肆行

木器店	木器鏡台店	木作店	盆桶店
箋器店	洋鐵店	鍋炭店 煤炭附	傘店
蓆子店	燈舖	皮箱店	棕盒店
錫箔店	金箔店		

柒卷 共貳拾貳行

香燭店	炮竹店	漆店	生漆顏料店
碱店	染坊	漂布坊	書莊
筆墨店	紙行	紙店	首飾店
花粉店	梳篦店	假髮店	盔頭店
鞍韂店	弓劍店	骨角店	戥秤店
皮棵店	紙盒店		

捌卷 共貳拾行

盆浴堂	篦店	繩子店	板刷店
相生店	油漆店	裱畫店	刻字店
彈染店	彩票店	客棧	信局
官轎店	牛皮坊 毛貨附	破片店 舊貨附	石灰店 磚瓦附
姜黃坊	材店	石粉店	炒貨店

今將所查過城内外及附城鎮市街道地名編成一表開列於后

江寗省城街道地名表

城内中路

中正街
上江考棚
昇平橋
廣藝街
內橋
盧妃巷
珠寶廊
鴿子橋
楊市橋
笪橋市
評事街
板巷
綾庄巷
絨莊
南捕廳
馬巷
江寗府東西行口大街

城内東路

通濟門口
大中橋南北
斛斗巷口
籌防局前
火星廟
文思巷
織照署前
淮清橋
姚家巷
都統署前
釣魚巷
皇城內
馬家橋
利涉橋
石壩街
鈔庫街
大油坊巷
小油坊巷

城内南路

南門大街
花市大街
司署口
大功坊
三山街
鄗家巷
望鶴岡
許家巷
秦狀元巷
江寗署後
銅作坊
鐵作坊
三坊巷
洋珠巷
弓箭坊
秤宅巷
牛市
顏料坊

城内西路

漢西門大街
鼎心橋
朝天宮
倉巷口
鞏頭巷
水西門大街
油市大街
陡門橋
譚堂大街
甘雨巷
牛皮街
安品街
大水巷
下浮橋
千章巷
菱角石
頭道高井
三道高井

城内北路

太平門門口街
大影壁
太平橋
大營門
復成橋
如意巷
浮橋口
成賢街
督署前正街
督署東街
督署西街
天津橋頂
西華門
城守協營前
大行宮
碑亭巷
大廳正街
盧家正牌樓

城外各路

南門外
南門外正街
千長巷
柴苑
河下碼頭
窯灣
洪門巷內
小河沿
燕翅內
養虎巷
馬家山
掃帚巷
蘆蓆巷
西街
北山門
水西門外
水西門外正街
上河街下河街

江寗商務總會調查

坊口大街
黑廊大街
驢子市
承恩寺大街
王府園口
奇望街
四象橋
狀元境
新狀元巷
教敷營
堂子巷
司署東街
黨家巷
義興巷
東牌樓
貢院東西街
文德橋
四福巷
顧樓大街
全福巷
菓子行

信府河
大夫第
箍桶巷
新廊石將軍
石橋
石觀音
方井
新路口
半邊營
馬道街
剪子巷
藏經橋
小英府
轉龍巷
倉門口
小新橋
三条營
豆付巷
膺府
翔鸞廟
雷公巷

絲市口
新橋
釣魚台
殷高巷
三鋪兩橋
小門口
飲馬巷
沙灣
箴街
九兒巷
旋子巷
玉帶巷
船板巷
柳葉街
天青街
閣漏街
梧桐樹
倉門口
營門口
金粟菴
彩霞街

雙石鼓
五台山
蕭府巷
花露岡
小王府巷
小桃園
乾河沿
高家酒館
朝天宮背後
下浮橋
寶靈菴
螺漢寺大街
大石橋
牌樓大街
石橋下
黃泥巷
走馬巷

土街口
老王府
紅橋
洪武街
蓮花橋
三眼井
焦狀元巷
黃泥岡
鐘鼓樓
薛家巷
石廟
双龍巷
小石橋
唱經樓
吉兆營
北門魚市大街
堂子巷
火星廟
信衣廟
沐府西門
糖坊橋
新街口

漢西門外
漢西門外街
儀鳳門外下關
老江口
老渡口
馬路街
神策門外
黃家苑
五台村
狀堂村
康家莊
七里洲
胡如套
趙家橋
賣糕橋鎮
柳巷
戴家灣
庄王廟
金川門外
金川門外村
金川門城角
觀音門外

江甯省城街道地名表

千佛菴
糟坊巷
琵琶巷
小石壩街
烏衣巷
邊營
陶家巷
中營
宰猪巷
仁孝里
下江考棚

李府巷
南門月城內
庫司坊
五福横首
荷花塘
謝公祠
營上太平里
倉頂正街
侍其巷
磨盤街
胭脂巷
珠履巷
高岡里
七賢坊
水齋菴
五開廳
孝順里
牌樓街
實輝巷

明瓦廊
富民坊
豐富巷
大香爐
木料市
銅井巷
吉祥街
花牌樓
戶部街
太平街
門簾橋
盧妃巷
守備衙門前
城北秦狀元巷
陸家巷
小豐富巷
崔拔巷
義家橋
三茅營
曹都巷
螺絲灣
城北緯巷
沙糖園
老虎橋

觀音門外
觀音門坡
朝陽門外
孝陵衛
上元門外
上元門外
上元門外村
滄坡門外
滄坡門外村

江甯商務總會□□

紗帽巷
薛家凹
王金市
張府園
下街口
嚴家橋
韓家巷
車兒巷
小營邊
益智園
將軍廟
雞鵝巷
頭条巷
四条巷
肚帶營
紅花地
半邊街
北仁孝里
薛家廟
洪廟巷
小紗帽巷
通賢橋
三元巷
妙相菴側

今將所查貿易各商業多寡數目編成一表開列於后

滿叁百以上

- 緞機 壹百拾捌號
- 綢機 陸拾號
- 絨機 壹百叁拾號
- 紗機 柒拾陸號

此四行為金陵土產大宗今特首列

- 錢業 叁百玖號
- 油糖雜貨 叁百玖號

滿貳百以上

- 茶館 貳百陸拾柒號

滿壹百以上

- 廣貨 壹百伍拾叁號
- 木器 壹百肆拾貳號
- 絲行 壹百叁拾四號
- 烟店 壹百拾肆號
- 肉店 壹百拾號
- 帽店 壹百玖號

滿伍拾以上

- 銅錫 玖拾捌號
- 鞋店 玖拾捌號
- 香燭 玖拾陸號
- 鐵器 玖拾壹號
- 首飾 捌拾肆號
- 磁器 捌拾肆號
- 藥店 捌拾叁號
- 紙店 柒拾捌號
- 雞鴨店 柒拾柒號
- 豆付店 柒拾陸號
- 茶食 柒拾陸號
- 磨麩坊 柒拾四號
- 米行 柒拾叁號
- 鍋炭 柒拾號
- 豆子店 陸拾柒號
- 米舖礱坊 陸拾四號
- 炒貨店 陸拾貳號

滿拾數以上

- 木作 肆拾捌號
- 酒飯館 肆拾柒號
- 膏子店 肆拾柒號
- 北貨菓 肆拾陸號
- 壽材店 肆拾伍號
- 髮黨辮綫 肆拾貳號
- 客棧 肆拾貳號
- 裱畫 肆拾貳號
- 醬園 肆拾號
- 洋鏡店 叁拾捌號
- 傘店 叁拾捌號
- 石灰店 叁拾柒號
- 繩子店 叁拾柒號
- 爆竹 叁拾柒號
- 蓆子店 叁拾陸號
- 土棧 叁拾伍號
- 茶葉店 叁拾貳號

不滿拾數

- 綢莊 玖號
- 鞍韂 玖號
- 紙行 玖號
- 雞鴨行 玖號
- 番菜館 捌號
- 鐙舖 捌號
- 皮箱 捌號
- 漆店 捌號
- 紙盒 捌號
- 彈染店 捌號
- 洋貨棧 柒號
- 錫箔 柒號
- 梳篦 柒號
- 金銀綫 陸號
- 絨球 陸號
- 漂布坊 陸號
- 牛皮 陸號
- 魚行 伍號

江甯商務總會調查

襪子店 伍拾捌號
花粉店 伍拾陸號
彩粟店 伍拾陸號
衣莊 伍拾叁號
破片 伍拾叁號
染坊 伍拾壹號
盆桶 伍拾壹號
布莊 伍拾號
油漆 伍拾號
盆浴堂 伍拾號
酒店 陸拾壹號

刻字鋪 貳拾捌號
窑貨 貳拾柒號
皮鞾 貳拾柒號
烟袋衣店 貳拾伍號
猪行 貳拾伍號
典鋪 貳拾叁號
鐘表 貳拾叁號
書莊 貳拾貳號
筆墨店 貳拾貳號
相生人物 貳拾貳號
眼鏡 貳拾壹號
皮貨 貳拾號
洒金 貳拾號
扇子店 拾玖號
信局 拾捌號
帽結 拾捌號
金腿 拾捌號
頭繩 拾柒號
石粉坊 拾陸號
油坊 拾陸號
木器鏡台 拾壹號
戥秤 拾伍號

生漆顏料 四號
假髮 四號
板刷 四號
碱店 叁號
盔頭 叁號
姜黃 叁號
弓劍 一號
鹽旂 一號

總共商業壹百拾柒行計舖户伍千肆百拾柒號

糖坊 拾四號
棹盒 拾四號
酒行 拾叁號
蓮店 拾叁號
零剪 拾壹號
津京靴鞋 拾壹號
磁器 拾壹號
骨角 拾壹號
皮棵 拾壹號
官轎 拾壹號

首卷目録

已入商會	一号	一鋪	張協和號	開設城內船板巷街係典鋪行業同治九年開設	號東張士琦　執事朱勲卿
已入商會	二号	一鋪	沈永益號	開設城內評事街係典鋪行業同治十年開設	號東沈松生　執事沈瑞軒
已入商會	三号	一鋪	傅協隆號	開設城內花市大街係典鋪行業光緒十二年開設	號東傅繩祖　執事吴亮功
已入商會	四号	一鋪	鹿公成號	開設城內大功坊街係典鋪行業光緒十年開設	號東鹿公成　執事陳懷之
已入商會	五号	一鋪	劉庚興號	開設城內水西門大街係典鋪行業光緒二年開設	號東劉蔭庚　執事萬子嘉
已入商會	六号	一鋪	劉永豐號	開設城內顧樓街係典鋪行業光緒二十五年開設	號東劉瑩　執事江杏村
已入商會	七号	一鋪	劉廣豐號	開設城內剪子巷街係典鋪行業光緒二十五年開設	號東劉瑩　執事汪方川
已入商會	八号	一鋪	王泰隆號	開設城內絨莊街係典鋪行業光緒九年開設	號東王道生　執事章瀛洲

典鋪行業類

江寧商務總會關防

已入商會 九号 一鋪 顧永隆號 開設城内花牌樓街係典鋪行業 光緒十四年開設 號東顧如賓 執事朱培生

已入商會 十号 一鋪 鄭復源號 開設城内沙灣街係典鋪行業 光緒二十三年開設 號東鄭家敏 執事張星五

已入商會 十一号 一鋪 楊慶餘號 開設城内珠寶廊街係典鋪行業 光緒二十四年開設 號東楊寶卿 執事楊季儒

已入商會 十二号 一鋪 王仁昌號 開設城内漢西門街係典鋪行業 光緒十七年開設 號東王定茂 執事黄君佐

已入商會 十三号 一鋪 張森元號 開設城内大中橋街係典鋪行業 光緒二十年開設 號東張士琦 執事汪竹銘

已入商會 十四号 一鋪 李源福號 開設城外南門西街係典鋪行業 光緒十五年開設 號東李源福 執事畢仁菴

已入商會 十五号 一鋪 李仁源號 開設城内李府巷街係典鋪行業 光緒十八年開設 號東李仁源 執事童錫侯

已入商會 十六号 一鋪 葛源隆號 開設城上元鄉土橋街係典鋪行業 光緒二十三年開設 號東葛玉昆 執事萬湘渠

典舖行業類

已入商會 十七号 一舖 陸恆興號 開設城江寧鄉江寧鎮街係典舖行業 號東陸鑑衡 執事單驥如 光緒二十二年開設

已入商會 十八号 一舖 傅源裕號 開設城句容縣城内街係典舖行業 號東傅鎔 執事程炳文 光緒捌年開設

已入商會 十九号 一舖 李源記號 開設城句容縣北鄉東陽鎮街係典舖行業 號東李仁源 執事何福齋 光緒貳拾年開設

已入商會 二十号 一舖 傅源大號 開設城溧水縣南門大街係典舖行業 號東傅繩祖 執事王鏡湖 光緒拾肆年開設

已入商會 二十一号 一舖 李源仁號 開設城高淳縣　街係典舖行業 號東李源仁 執事戴 光緒　年開設

已入商會 二十二号 一舖 李源通號 開設城江浦縣浦口鎮街係典舖行業 號東李源通 執事汪壽卿 光緒拾肆年開設

已入商會 二十三号 一舖 張福泰號 開設城六合縣城内新安坊街係典舖行業 號東張士秀 執事戴玉堂 光緒陸年開設

二十四号 一舖 止號 開設城　街係　行業 號東 執事 光緒　年開設

江寧商務總會調查

号 一鋪 號 開設城 街係 行業 光緒 年開設
號東 執事

号 一鋪 號 開設城 街係 行業 光緒 年開設
號東 執事

号 一鋪 號 開設城 街係 行業 光緒 年開設
號東 執事

号 一鋪 號 開設城 街係 行業 光緒 年開設
號東 執事

号 一鋪 號 開設城 街係 行業 光緒 年開設
號東 執事

号 一鋪 號 開設城 街係 行業 光緒 年開設
號東 執事

号 一鋪 號 開設城 街係 行業 光緒 年開設
號東 執事

号 一鋪 號 開設城 街係 行業 光緒 年開設
號東 執事

以上係典業店鋪
合共計〇千〇百貳拾叁號

光緒三十二年　月　日呈

已入商會
一号
一鋪 裕甯號
開設城内評事街係官錢局行業光緒　年開設
號東官設　執事黄炳南　汪振之

已入商會
二号
一鋪 公裕號
開設城内坊口大街係官銀局行業光緒　年開設
號東釐捐總局設　執事袁履之

已入商會
三号
一鋪 公估局號
開設城内弓箭坊街係　行業光緒　年開設
號東金月樵　執事

已入商會
四号
一鋪 寶善源號
開設城内李府巷街係錢店行業光緒　年開設
號東李慎餘　執事宋雨堂　汪鑑徵

已入商會
五号
一鋪 豫昌厚號
開設城内坊口大街係錢店行業光緒　年開設
號東蔡和甫　執事何鑑庭　戴鳴玉

已入商會
六号
一鋪 裕源祥號
開設城内銅作坊街係錢店行業光緒　年開設
號東李經畬　執事周植庵　王竹淇

已入商會
七号
一鋪 泰亨潤號
開設城内坊口大街係錢店行業光緒　年開設
號東叢慎吾　執事

已入商會
八号
一鋪 福源泰號
開設城内坊口大街係錢店行業光緒　年開設
號東唐榮之　執事

錢店 行業類

江甯商務總會調查

已入商會 九号 一鋪 同德號 開設城内坊口大街係錢店 行業 光緒 年開設 號東劉少卿 執事張瑞亭

已入商會 十号 一鋪 通和號 開設城内坊口大街係錢店 行業 光緒 年開設 號東蔣耀堂 執事李純生

已入商會 十一号 一鋪 聚源號 開設城内馬巷街係錢店 行業 光緒 年開設 號東李得泉 執事

已入商會 十二号 一鋪 同和號 開設城内馬巷街係錢店 行業 光緒 年開設 號東郭子元 執事傅少生

已入商會 十三号 一鋪 慎和祥號 開設城内彩霞街係錢店 行業 光緒 年開設 號東施筱山 執事

已入商會 十四号 一鋪 益豐號 開設城内彩霞街係錢店 行業 光緒 年開設 號東朱新三 執事

已入商會 十五号 一鋪 鼎新仁號 開設城内彩霞街係錢店 行業 光緒 年開設 號東郭月樓 執事范潤生

已入商會 十六号 一鋪 震昌號 開設城内評事街係錢店 行業 光緒 年開設 號東胡慎夫 執事

錢店行業頁

已入商會 十七号 一鋪 義盛號 開設城内評事街係錢店行業光緒 年開設 號東黃善卿 執事

已入商會 十八号 一鋪 中和號 開設城内評事街係錢店行業光緒 年開設 號東葉幕章 執事

已入商會 十九号 一鋪 源源號 開設城内評事街係錢店行業光緒 年開設 號東汪子東 執事

已入商會 二十号 一鋪 德盛號 開設城内評事街係錢店行業光緒 年開設 號東朱松雲 執事

已入商會 二十一号 一鋪 松盛號 開設城内評事街係錢店行業光緒 年開設 號東朱松雲 執事

已入商會 二十二号 一鋪 怡泰號 開設城内評事街係錢店行業光緒 年開設 號東姚少江 執事

已入商會 二十三号 一鋪 康益號 開設城内評事街係錢店行業光緒 年開設 號東沈春江 執事

已入商會 二十四号 一鋪 增盛號 開設城内評事街係錢店行業光緒 年開設 號東朱廣信 執事王熙堂

江甯商務總會刊

錢店行業類

已入商會　二十五號　一鋪　榮和號　開設城内評事街係錢店行業光緒　年開設　號東馬駿如　執事

已入商會　二十六號　一鋪　同盛號　開設城内行口大街係錢店行業光緒　年開設　號東馬恆得　執事

已入商會　二十七號　一鋪　億源號　開設城内講堂大街係錢店行業光緒　年開設　號東黄雨村　執事

已入商會　二十八號　一鋪　辛泰號　開設城内陡門橋街係錢店行業光緒　年開設　號東王銘泉　執事

已入商會　二十九號　一鋪　同生永號　開設城内油市大街係錢店行業光緒　年開設　號東周少榮　執事

已入商會　三十號　一鋪　復和號　開設城内油市大街係錢店行業光緒　年開設　號東許耀堂　執事

已入商會　三十一號　一鋪　德森號　開設城内油市大街係錢店行業光緒　年開設　號東汪劍青　執事

已入商會　三十二號　一鋪　生昌號　開設城内油市大街係錢店行業光緒　年開設　號東桂望之　執事

[illegible]

錢店行業類

三十三号	一鋪 泰昌永號	開設城内油市大街係錢店行業	光緒　年開設	號東王紹堯	執事	已入商會
三十四号	一鋪 德泰和號	開設城内油市大街係錢店行業	光緒　年開設	號東王大本	執事	已入商會
三十五号	一鋪 康齡號	開設城内油市大街係錢店行業	光緒　年開設	號東卓錫疇	執事	已入商會
三十六号	一鋪 億和號	開設城内水西門街係錢店行業	光緒　年開設	號東黄錦江	執事	已入商會
三十七号	一鋪 泰山號	開設城内水西門街係錢店行業	光緒　年開設	號東徐錦福	執事	已入商會
三十八号	一鋪 昇昌號	開設城内虹土橋街係錢店行業	光緒　年開設	號東徐秀峰	執事	已入商會
三十九号	一鋪 裕豐號	開設城内絲市口街係錢店行業	光緒　年開設	號東夏河濤	執事	已入商會
四十号	一鋪 德裕號	開設城内絲市口街係錢店行業	光緒　年開設	號東吴春華	執事	已入商會

江甯商務總會調查

已入商會	四十一号	一鋪	元昌號	開設城内新橋街係錢店 行業 光緒 年開設	號東王吉甫 執事
已入商會	四十二号	一鋪	長泰號	開設城内新橋街係錢店 行業 光緒 年開設	號東吴俊之 執事
已入商會	四十三号	一鋪	厚豐號	開設城内新橋街係錢店 行業 光緒 年開設	號東周光甫 執事
已入商會	四十四号	一鋪	德新號	開設城内新橋街係錢店 行業 光緒 年開設	號東韓澐 執事
已入商會	四十五号	一鋪	同康號	開設城内新橋街係錢店 行業 光緒 年開設	號東陳彬 執事
已入商會	四十六号	一鋪	萃豐號	開設城内新橋街係錢店 行業 光緒 年開設	號東陳錦波 執事
已入商會	四十七号	一鋪	晋大號	開設城内梧桐樹街係錢店 行業 光緒 年開設	號東吴琴莊 執事
已入商會	四十八号	一鋪	源豐厚號	開設城内沙灣街係錢店 行業 光緒 年開設	號東趙芳緒 執事

錢店行業類

已入商會
號四十九
一鋪
慎餘號
開設城内沙灣街係錢店行業光緒年開設
號東高静卿執事

已入商會
號五十
一鋪
厚康號
開設城内沙灣街係錢店行業光緒年開設
號東游竹軒執事

已入商會
號五十一
一鋪
衡源號
開設城内膺府街係錢店行業光緒年開設
號東曹錫之執事

已入商會
號五十二
一鋪
厚泰號
開設城内膺府街係錢店行業光緒年開設
號東李祥林執事

已入商會
號五十三
一鋪
源康號
開設城内武定橋街係錢店行業光緒年開設
號東蔡金門執事

已入商會
號五十四
一鋪
晋源號
開設城内武定橋街係錢店行業光緒年開設
號東汪子之執事

已入商會
號五十五
一鋪
震昌號
開設城内武定橋街係錢店行業光緒年開設
號東濮壽春執事

已入商會
號五十六
一鋪
仁康號
開設城内武定橋街係錢店行業光緒年開設
號東彭德燮執事

江甯商務總會調查

已入商會　五十七號　一鋪　源盛號　開設城内武定橋街係錢店　行業光緒　年開設　號東鄭蘭甫　執事

已入商會　五十八號　一鋪　坤大號　開設城内花市大街係錢店　行業光緒　年開設　號東俞仁堃　執事

已入商會　五十九號　一鋪　復興號　開設城内司署口街係錢店　行業光緒　年開設　號東秦銘奎　執事

已入商會　六十號　一鋪　永益號　開設城内大功坊街係錢店　行業光緒　年開設　號東潘錫賡　執事

已入商會　六十一號　一鋪　湧豐號　開設城内大功坊街係錢店　行業光緒　年開設　號東張清培　執事

已入商會　六十二號　一鋪　瑞泰號　開設城内三山大街係錢店　行業光緒　年開設　號東丁益順　執事

已入商會　六十三號　一鋪　兆豐號　開設城内三山大街係錢店　行業光緒　年開設　號東貢勉齋　執事

已入商會　六十四號　一鋪　震源號　開設城内三山大街係錢店　行業光緒　年開設　號東楊子輿　執事

钱店行業類

已入商會 號六十五	一鋪 萬	盛號	開設城内三山大街係钱店行業　號東戴益齋　執事	光緒　年開設
已入商會 號六十六	一鋪 鼎	泰號	開設城内三山大街係钱店行業　號東徐子貞　執事	光緒　年開設
已入商會 號六十七	一鋪 震	泰號	開設城内承恩寺街係钱店行業　號東朱清源　執事	光緒　年開設
已入商會 號六十八	一鋪 庚	源號	開設城内承恩寺街係钱店行業　號東秦曉春　執事	光緒　年開設
已入商會 號六十九	一鋪 慶	福號	開設城内承恩寺街係钱店行業　號東石紉竹　執事	光緒　年開設
已入商會 號七十	一鋪 衡	餘號	開設城内承恩寺街係钱店行業　號東富德堂　執事	光緒　年開設
已入商會 號七十二	一鋪 億	泰號	開設城内北門橋街係钱店行業　號東王克新　執事	光緒　年開設
已入商會 號七十三	一鋪 德	豐號	開設城内北門橋街係钱店行業　號東曹越　執事	光緒　年開設

江甯商務總會調查

已入商會 七十三號 一鋪 坤泰號 開設城内北門橋街係錢店行業 光緒　年開設 號東蔣慎之 執事

已入商會 七十四號 一鋪 盛餘號 開設城内北門樓街係錢店行業 光緒　年開設 號東程賡生 執事

已入商會 七十五號 一鋪 乾泰號 開設城内唱經樓街係錢店行業 光緒　年開設 號東馮石卿 執事

已入商會 七十六號 一鋪 慶大號 開設城水西門外街係錢店行業 光緒　年開設 號東李汝舟 執事

已入商會 七十七號 一鋪 慶康號 開設城水西門外街係錢店行業 光緒　年開設 號東高子樵 執事

已入商會 七十八號 一鋪 慶豐號 開設城水西門外街係錢店行業 光緒　年開設 號東鍾樵孫 執事

已入商會 七十九號 一鋪 泰森源號 開設城南門外大街係錢店行業 光緒　年開設 號東汪竹樓 執事

已入商會 八十號 一鋪 源順祥號 開設城南門外大街係錢店行業 光緒　年開設 號東謝瑞祥 執事

錢店行業類

已入商會
八十一號 一鋪 震泰春號 開設城南門外街係錢店行業光緒　年開設
號東濮壽春 執事

已入商會
八十二號 一鋪 義泰號 開設城南門外街係錢店行業光緒　年開設
號東汪子臣 執事沈茂之

已入商會
八十三號 一鋪 寶鑫號 開設城南門外街係錢店行業光緒　年開設
號東陳寶鑫 執事

已入商會
八十四號 一鋪 永昌恆號 開設城南門外街係錢店行業光緒　年開設
號東周瀚 執事朱蔚青

已入商會
八十五號 一鋪 永昌裕號 開設城南門外街係錢店行業光緒　年開設
號東張子卿 執事

八十六號 一鋪 大昌號 開設城大夫地街係錢店行業光緒　年開設
號東王子仁 執事

八十七號 一鋪 通源號 開設城內坊口街係　行業光緒　年開設
號東楊 執事

八十八號 一鋪 源和號 開設城內講堂大街係　行業光緒　年開設
號東沈 執事

江甯商務總會調查

八十九號	一鋪	大德號	開設城内新橋街係	號東葉	執事	行業	光緒　年開設
九十號	一鋪	福泰號	開設城内承恩寺街係	號東隨	執事	行業	光緒　年開設
九十一號	一鋪	恒裕號	開設城内坊口街係	號東	執事	行業	光緒　年開設
九十二號	一鋪	源慶號	開設城内講堂大街係	號東郜	執事	行業	光緒　年開設
九十三號	一鋪	元豐號	開設城内講堂大街係	號東劉	執事	行業	光緒　年開設
九十四號	一鋪	廣豐號	開設城油市大街係	號東阮	執事	行業	光緒　年開設
九十五號	一鋪	恒餘號	開設城油市大街係	號東孫	執事	行業	光緒　年開設
九十六號	一鋪	太隆號	開設城内水西門大街係	號東崇	執事	行業	光緒　年開設

錢店行業類

號七	一鋪	德泰和號	開設城内水西門大街係錢店	號東張 執事	行業	光緒 年開設
號六	一鋪	瑞豐號	開設城内彩霞街係錢店	號東顧 執事	行業	光緒 年開設
號[illegible]	一鋪	鼎新號	開設城内彩霞街係錢店	號東郭 執事	行業	光緒 年開設
號〡	一鋪	昇順和號	開設城内倉巷街係錢店	號東楊 執事	行業	光緒 年開設
號〢	一鋪	乾元號	開設城内評事街係錢店	號東戴 執事	行業	光緒 年開設
號〣	一鋪	萬隆號	開設城内評事街係錢店	號東武 執事	行業	光緒 年開設
號〤	一鋪	坤大號	開設城内大板巷街係錢店	號東江 執事	行業	光緒 年開設
號四	一鋪	天豫號	開設城内汗西門街係錢店	號東鄧 執事	行業	光緒 年開設

江甯商務總會調查

五號　一鋪　復泰號　開設城内倉門口街係錢店行業光緒　年開設　號東朱　執事

六號　一鋪　榮康號　開設城内倉門口街係錢店行業光緒　年開設　號東萬　執事

七號　一鋪　乾和號　開設城内梧桐樹街係錢店行業光緒　年開設　號東李　執事

八號　一鋪　德豐號　開設城内梧桐樹街係錢店行業光緒　年開設　號東吴　執事

九號　一鋪　長太號　開設城内船板巷街係錢店行業光緒　年開設　號東程　執事

十號　一鋪　豫豐號　開設城内沙灣街係錢店行業光緒　年開設　號東馮　執事

十一號　一鋪　鈺康號　開設城内沙灣街係錢店行業光緒　年開設　號東蔡　執事

十二號　一鋪　有餘號　開設城内沙灣街係錢店行業光緒　年開設　號東徐　執事

錢店行業類

卅三號	一鋪	同源號	開設城内釣魚台街係錢店行業光緒　年開設 號東張　執事
卅四號	一鋪	庚源祥號	開設城内釣魚台街係錢店行業光緒　年開設 號東陳　執事
卅五號	一鋪	瑞豐號	開設城内銅作坊街係錢店行業光緒　年開設 號東柏　執事
卅六號	一鋪	厚生號	開設城内銅作坊街係錢店行業光緒　年開設 號東曾　執事
卅七號	一鋪	衡大號	開設城内南門大街係錢店行業光緒　年開設 號東張　執事
卅八號	一鋪	春生永號	開設城内南門大街係錢店行業光緒　年開設 號東　執事
卅九號	一鋪	裕昌祥號	開設城内南門大街係錢店行業光緒　年開設 號東唐　執事
卌號	一鋪	源餘祥號	開設城　街係錢店行業光緒　年開設 號東　執事

江甯商務總會調查

號　一鋪　榮泰號　開設城内膺府街係錢店　行業　光緒　年開設
號東卓　執事

號　一鋪　松盛號　開設城内膺府街係錢店　行業　光緒　年開設
號東　執事

號　一鋪　義泰恒號　開設城内膺府街係錢店　行業　光緒　年開設
號東王　執事

號　一鋪　泰豐號　開設城内石埧街係錢店　行業　光緒　年開設
號東翁　執事

號　一鋪　晋豐號　開設城内新廊街係錢店　行業　光緒　年開設
號東徐　執事

號　一鋪　恒裕號　開設城内新廊街係錢店　行業　光緒　年開設
號東王　執事

號　一鋪　慎益號　開設城内穩桶巷街係錢店　行業　光緒　年開設
號東陶　執事

號　一鋪　寶源祥號　開設城内東牌樓街係錢店　行業　光緒　年開設
號東馮　執事

錢店行業類

一鋪	鎰源號	開設城内東牌樓街係錢店行業	光緒　年開設	號東哈　執事
一鋪	同亨號	開設城内東牌樓街係錢店行業	光緒　年開設	號東端木　執事
一鋪	立泰號	開設城内貢院東街係錢店行業	光緒　年開設	號東馬　執事
一鋪	德大號	開設城内貢院東街係錢店行業	光緒　年開設	號東徐　執事
一鋪	公和號	開設城内顧楼街係錢店行業	光緒　年開設	號東宋　執事
一鋪	同豐號	開設城内顧楼街係錢店行業	光緒　年開設	號東耿　執事
一鋪	源盛號	開設城内顧楼街係錢店行業	光緒　年開設	號東宋　執事
一鋪	永康號	開設城内顧楼街係錢店行業	光緒　年開設	號東陳　執事

江甯商務總會調查

號卅七 一鋪 慶齡號 開設城內大中橋街係錢店行業光緒　年開設 號東李 執事

號卅八 一鋪 乾豐號 開設城內文思巷街係錢店行業光緒　年開設 號東夏鑑泉 執事

號卅九 一鋪 德隆號 開設城內文思巷街係錢店行業光緒　年開設 號東范 執事

號四十 一鋪 耕源號 開設城內淮清橋街係錢店行業光緒　年開設 號東楊 執事

號四一 一鋪 同心德號 開設城內奇望街係錢店行業光緒　年開設 號東劉 執事

號四二 一鋪 萬成號 開設城內大中橋街係錢店行業光緒　年開設 號東杜 執事

號四三 一鋪 隆興號 開設城內廣藝街係錢店行業光緒　年開設 號東朱 執事

號四四 一鋪 恒和號 開設城內廣藝街係錢店行業光緒　年開設 號東朱 執事

號四五 一鋪 和豐永號 開設城内廣藝街係錢店行業光緒　年開設 號東朱　執事

號四六 一鋪 長源號 開設城内珠寶廊街係錢店行業光緒　年開設 號東吳　執事

號四七 一鋪 寶盛源號 開設城内太平街係錢店行業光緒　年開設 號東王　執事

號四八 一鋪 福源號 開設城内花牌樓街係錢店行業光緒　年開設 號東胡　執事

號四八 一鋪 恒康號 開設城内吉祥街係錢店行業光緒　年開設 號東楊　執事

號四九 一鋪 瑞齡號 開設城内吉祥街係錢店行業光緒　年開設 號東張　執事

號五十 一鋪 庚源生號 開設城内大行宮街係錢店行業光緒　年開設 號東張玉生　執事

號五一 一鋪 通源號 開設城内大行宮街係錢店行業光緒　年開設 號東俞少生　執事

錢店行業類　江甯商務總會調查

一鋪福豫號 開設城内木料市街係錢店行業光緒　年開設 號東顧　執事

一鋪厚生號 開設城内大香爐街係錢店行業光緒　年開設 號東盧　執事

一鋪仁和號 開設城内大香爐街係錢店行業光緒　年開設 號東戴　執事

一鋪復興號 開設城内大香爐街係錢店行業光緒　年開設 號東張　執事

一鋪天成號 開設城内明瓦廊街係錢店行業光緒　年開設 號東沈玉生　執事

一鋪元大號 開設城内明瓦廊街係錢店行業光緒　年開設 號東杭　執事

一鋪乾豐祥號 開設城内新街口街係錢店行業光緒　年開設 號東姚　執事

一鋪玉興號 開設城内新街口街係錢店行業光緒　年開設 號東方　執事

錢店行業類

號 一鋪寶源號 開設城内沭府西門街係錢店行業光緒　年開設
號東貢　執事

號 一鋪恆生號 開設城内故衣廊街係錢店行業光緒　年開設
號東丁　執事

號 一鋪仁記號 開設城内魚市大街係錢店行業光緒　年開設
號東許　執事

號 一鋪盛餘號 開設城内魚市大街係錢店行業光緒　年開設
號東程　執事

號 一鋪福餘號 開設城内魚市大街係錢店行業光緒　年開設
號東姚　執事

號 一鋪乾泰號 開設城内吉照營街係錢店行業光緒　年開設
號東馮　執事

號 一鋪豐餘號 開設城内唱經樓街係錢店行業光緒　年開設
號東劉　執事

號 一鋪震餘號 開設城内唱經樓街係錢店行業光緒　年開設
號東顧　執事

江甯商務總會調查

一鋪 恒昇號 開設城内小石橋街係錢店行業光緒　年開設 號東吴 執事

一鋪 大興號 開設城内小石橋街係錢店行業光緒　年開設 號東王 執事

一鋪 久餘號 開設城内小石橋街係錢店行業光緒　年開設 號東駱 執事

一鋪 瑞餘號 開設城内洪武街係錢店行業光緒　年開設 號東王 執事

一鋪 慶餘號 開設城内盧妃巷街係錢店行業光緒　年開設 號東朱 執事

一鋪 坤元號 開設城内土街口街係錢店行業光緒　年開設 號東徐 執事

一鋪 祥森號 開設城内土街口街係錢店行業光緒　年開設 號東龔 執事

一鋪 恒裕號 開設城内碑亭巷街係錢店行業光緒　年開設 號東王 執事

一鋪 義豐恆號 開設城內大行宮街係錢店行業 光緒 年開設
號東王 執事

一鋪 慶源號 開設城內大行宮街係錢店行業 光緒 年開設
號東王 執事

一鋪 慶盛號 開設城內西華門街係錢店行業 光緒 年開設
號東劉 執事

一鋪 慶盛號 開設城內督轅正街係錢店行業 光緒 年開設
號東苗 執事

一鋪 震源號 開設城內西華門街係錢店行業 光緒 年開設
號東劉 執事

一鋪 坤源號 開設城內成賢街係錢店行業 光緒 年開設
號東許 執事

一鋪 同源號 開設城內浮橋口街係錢店行業 光緒 年開設
號東張 執事

一鋪 永泰號 開設城內四象橋街係錢店行業 光緒 年開設
號東王 執事

錢店行業類

江甯商務總會調查

一鋪 恒豐號 開設城大中橋街係錢店行業光緒　年開設 號東趙　執事

一鋪 泰森源號 開設城南門外街係錢店行業光緒　年開設 號東徐　執事

一鋪 裕源號 開設城南門外街係錢店行業光緒　年開設 號東賈　執事

一鋪 震泰春號 開設城南門外街係錢店行業光緒　年開設 號東柏　執事

一鋪 同源號 開設城南門外街係錢店行業光緒　年開設 號東吴　執事

一鋪 盛昌號 開設城南門外街係錢店行業光緒　年開設 號東張　執事

一鋪 泰來號 開設城内水西門大街係錢店行業光緒　年開設 號東楊　執事

一鋪 震餘號 開設城内水西門大街係錢店行業光緒　年開設 號東沈　執事

一鋪 慶餘號 開設城水西門外街係錢店行業 光緒　年開設
號東朱　執事

一鋪 源大號 開設城水西門外街係錢店行業 光緒　年開設
號東陳　執事

一鋪 義泰號 開設城漢西門外街係錢店行業 光緒　年開設
號東　執事

一鋪 恒茂號 開設城漢西門外街係錢店行業 光緒　年開設
號東盧　執事

一鋪 裕和號 開設城漢西門外街係錢店行業 光緒　年開設
號東龔　執事

一鋪 春發號 開設城漢西門外街係錢店行業 光緒　年開設
號東何　執事

一鋪 衡太號 開設城漢西門外街係錢店行業 光緒　年開設
號東侯　執事

一鋪 春源號 開設城外下關街係錢店行業 光緒　年開設
號東趙　執事

錢店行業類　　江甯商務總會調查

可號	一鋪	春生號	開設城外下關街係錢店行業光緒　年開設	號東莊	執事
可一號	一鋪	道生號	開設城外下關街係錢店行業光緒　年開設	號東楊	執事
可二號	一鋪	瑞泰號	開設城黑廊街係錢店行業光緒　年開設	號東胡	執事
可三號	一鋪	辛太號	開設城陡門橋街係錢店行業光緒　年開設	號東王	執事
可四號	一鋪	惠澧號	開設城油市大街係錢店行業光緒　年開設	號東周	執事
可五號	一鋪	晉餘號	開設城水西門街係錢店行業光緒　年開設	號東王	執事
可六號	一鋪	源餘號	開設城水西門街係錢店行業光緒　年開設	號東陳	執事
可七號	一鋪	德和號	開設城水西門街係錢店行業光緒　年開設	號東李	執事

錢店行業類

第八號　一鋪　太山號　開設城水西門街係錢店行業光緒　年開設　號東佘執事
第九號　一鋪　復和號　開設城水西門街係錢店行業光緒　年開設　號東陳執事
第十號　一鋪　萃泰號　開設城彩霞街係錢店行業光緒　年開設　號東姚執事
第十一號　一鋪　光裕號　開設城評事街係錢店行業光緒　年開設　號東喬執事
第十二號　一鋪　瑞泰號　開設城大板巷街係錢店行業光緒　年開設　號東秦執事
第十三號　一鋪　裕盛祥號　開設城馬巷街係錢店行業光緒　年開設　號東夏執事
第十四號　一鋪　福和號　開設城安品街街係錢店行業光緒　年開設　號東龍執事
第十五號　一鋪　坤和號　開設城梧桐樹街係錢店行業光緒　年開設　號東劉執事

江甯商務總會調查

第十六號 一鋪 鉅源號 開設城船板巷街係錢店行業光緒年開設 號東陶執事

第十七號 一鋪 慎康號 開設城沙灣街係錢店行業光緒年開設 號東李執事

第十八號 一鋪 保大號 開設城釣魚台街係錢店行業光緒年開設 號東王執事

第十九號 一鋪 億源祥號 開設城銅作坊街係錢店行業光緒年開設 號東柏執事

第二十號 一鋪 鼎昇號 開設城南門大街係錢店行業光緒年開設 號東王執事

第廿一號 一鋪 泰和號 開設城南門大街係錢店行業光緒年開設 號東朱執事

第廿二號 一鋪 復源號 開設城花市街係錢店行業光緒年開設 號東施執事

第廿三號 一鋪 泰豐號 開設城府東大街係錢店行業光緒年開設 號東李執事

錢店行業類

一鋪 震源號 開設城府東大街係錢店行業 光緒 年開設 號東張 執事

一鋪 天昌號 開設城府東大街係錢店行業 光緒 年開設 號東顧 執事

一鋪 永大號 開設城膺府大街係錢店行業 光緒 年開設 號東胡 執事

一鋪 乾和號 開設城石塤街係錢店行業 光緒 年開設 號東沈 執事

一鋪 麗餘號 開設城石塤街係錢店行業 光緒 年開設 號東許 執事

一鋪 恒餘號 開設城半邊營街係錢店行業 光緒 年開設 號東 執事

一鋪 東源號 開設城剪子巷街係錢店行業 光緒 年開設 號東馬 執事

一鋪 潤成號 開設城東牌樓街係錢店行業 光緒 年開設 號東馬 執事

江甯商務總會調查

可廿一号 一舖 永源號 開設城貢院東街係錢店行業光緒　年開設 號東陳　執事

可廿二号 一舖 復升號 開設城大星廟街係錢店行業光緒　年開設 號東王　執事

可廿三号 一舖 炳泰號 開設城大星廟街係錢店行業光緒　年開設 號東陸　執事

可廿四号 一舖 坤源號 開設城淮清橋街係錢店行業光緒　年開設 號東汪　執事

可廿五号 一舖 豐源號 開設城淮清橋街係錢店行業光緒　年開設 號東謝　執事

可廿六号 一舖 永盛號 開設城奇望街係錢店行業光緒　年開設 號東朱　執事

可廿七号 一舖 裕和號 開設城淮清橋街係錢店行業光緒　年開設 號東劉　執事

可廿八号 一舖 源源號 開設城奇望街係錢店行業光緒　年開設 號東黃　執事

錢店行業類

一鋪	德元號	開設城內奇望街係錢店行業光緒　年開設	號東朱　執事
一鋪	裕昌號	開設城內承恩寺街係錢店行業光緒　年開設	號東丁　執事
一鋪	震泰號	開設城內承恩寺街係錢店行業光緒　年開設	號東朱　執事
一鋪	潤發祥號	開設城內大中橋街係錢店行業光緒　年開設	號東楊　執事
一鋪	豐益號	開設城內中正街係錢店行業光緒　年開設	號東笪　執事
一鋪	同興號	開設城內中正街係錢店行業光緒　年開設	號東笪　執事
一鋪	德大號	開設城內橋頂街係錢店行業光緒　年開設	號東謝　執事
一鋪	慶豐號	開設城內花牌樓街係錢店行業光緒　年開設	號東張　執事

江甯商務總會調查

一鋪	復和號	開設城内大行宫街係錢店行業	光緒　年開設	號東徐　執事
一鋪	福昌號	開設城内大行宫街係錢店行業	光緒　年開設	號東沈　執事
一鋪	恒順號	開設城故衣廊街係錢店行業	光緒　年開設	號東王　執事
一鋪	湧餘號	開設城内北門橋街係錢店行業	光緒　年開設	號東范　執事
一鋪	晋裕號	開設城内北門橋街係錢店行業	光緒　年開設	號東范　執事
一鋪	慶源號	開設城内魚市大街係錢店行業	光緒　年開設	號東苗　執事
一鋪	中和號	開設城内黄泥岡街係錢店行業	光緒　年開設	號東薛　執事
一鋪	鑫泰號	開設城内洪武街係錢店行業	光緒　年開設	號東楊　執事

錢店行業類

一鋪 庚興號	開設城内盧妃巷街係錢店行業 光緒 年開設	號東吴	執事
一鋪 永豐號	開設城内王府街係錢店行業 光緒 年開設	號東孫	執事
一鋪 大昌號	開設城内碑亭巷街係錢店行業 光緒 年開設	號東池	執事
一鋪 益泰號	開設城内大行宫街係錢店行業 光緒 年開設	號東奚	執事
一鋪 鉅和號	開設城内大行宫街係錢店行業 光緒 年開設	號東朱	執事
一鋪 松懋號	開設城内西華門街係錢店行業 光緒 年開設	號東齊	執事
一鋪 義盛號	開設城内西華門街係錢店行業 光緒 年開設	號東陳	執事
一鋪 泰和號	開設城内督署街係錢店行業 光緒 年開設	號東王	執事

江甯商務總會調查

- 字三號 一鋪 文記號 開設城内浮橋口街係錢店行業光緒　年開設 號東賀執事
- [illegible] 一鋪 義和號 開設城内四象橋街係錢店行業光緒　年開設 號東許執事
- [illegible] 一鋪 鈺豐號 開設城内大中橋街係錢店行業光緒　年開設 號東金執事
- [illegible] 一鋪 裕昌號 開設城内釣魚巷街係錢店行業光緒　年開設 號東惠執事
- [illegible] 一鋪 鼎成號 開設城内釣魚巷西街係錢店行業光緒　年開設 號東謝執事
- [illegible] 一鋪 慶豐號 開設城水西門外街係錢店行業光緒　年開設 號東吴執事
- [illegible] 一鋪 復餘號 開設城水西門外街係錢店行業光緒　年開設 號東宛執事
- [illegible] 一鋪 泰和號 開設城水西門外街係錢店行業光緒　年開設 號東張執事

錢店行業類

一鋪 崑鑫號 開設城水西門外街係錢店行業光緒　年開設 號東朱 執事

一鋪 大德號 開設城水西門外街係錢店行業光緒　年開設 號東金 執事

一鋪 義記號 開設城水西門外街係錢店行業光緒　年開設 號東 執事

一鋪 恒順祥號 開設城水西門外街係錢店行業光緒　年開設 號東黄 執事

一鋪 新盛號 開設城水西門外街係錢店行業光緒　年開設 號東楊 執事

一鋪 孫乾盛號 開設城漢西門外街係錢店行業光緒　年開設 號東孫 執事

一鋪 厚生號 開設城漢西門外街係錢店行業光緒　年開設 號東楊 執事

一鋪 春發號 開設城漢西門外街係錢店行業光緒　年開設 號東 執事

江甯商務總會調查

一鋪　復泰號　開設城漢西門外街係錢店　行業光緒　年開設
號東胡　執事

一鋪　天豫號　開設城漢西門外街係錢店　行業光緒　年開設
號東鄧　執事

一鋪　聚鑫號　開設城南門外大街係錢店　行業光緒　年開設
號東陳　執事

一鋪　裕和號　開設城南門外大街係錢店　行業光緒　年開設
號東尹　執事

一鋪　祥源號　開設城南門外大街係錢店　行業光緒　年開設
號東沈　執事

一鋪　森泰號　開設城南門外掃帚巷街係錢店　行業光緒　年開設
號東王　執事

一鋪　恒德號　開設城南門外掃帚巷街係錢店　行業光緒　年開設
號東許　執事

一鋪　坤昌號　開設城南門外西街係錢店　行業光緒　年開設
號東梁　執事

第六號
一鋪　元大祥號　開設城南門外西街係錢店行業　光緒　年開設
號東方　執事

第七號
一鋪　厚生號　開設城南門外西街係錢店行業　光緒　年開設
號東劉　執事

第八號
一鋪　坤泰號　開設城南門外西街係錢店行業　光緒　年開設
號東王　執事

第九號
一鋪　啟泰號　開設城南門外西街係錢店行業　光緒　年開設
號東夏　執事

第十號
一鋪　義生號　開設城南門外西街係錢店行業　光緒　年開設
號東熊　執事

第十一號
一鋪　源順祥號　開設城南門外西街係錢店行業　光緒　年開設
號東　執事

第十二號
一鋪　協和號　開設城南門外西街係錢店行業　光緒　年開設
號東許　執事

第十三號
一鋪　協泰號　開設城南門外西街係錢店行業　光緒　年開設
號東翁　執事

錢店行業類

江甯商務總會調查

九十四號
一鋪　彭榮泰號　開設城外下関街係錢店　行業光緒　年開設
號東彭　執事

九十五號
一鋪　祥和號　開設城外下関街係錢店　行業光緒　年開設
號東彭　執事

九十六號
一鋪　汪恒茂號　開設城外下関街係錢店　行業光緒　年開設
號東汪　執事

九十七號
一鋪　益源號　開設城外下関街係錢店　行業光緒　年開設
號東呂　執事

九十八號
一鋪　鴻源福號　開設城外下関街係錢店　行業光緒　年開設
號東林　執事

九十九號
一鋪　聚興號　開設城外下関街係錢店　行業光緒　年開設
號東王　執事

百號
一鋪　裕福祥號　開設城外下関街係錢店　行業光緒　年開設
號東李　執事

百一號
一鋪　乾元號　開設城外下関街係錢店　行業光緒　年開設
號東周　執事

一鋪 鼎立號 開設城外下關街係 行業 光緒 年開設
號東潘 執事

一鋪 增泰昌號 開設城外下關街係 行業 光緒 年開設
號東王 執事

一鋪 錦泰號 開設城外下關街係 行業 光緒 年開設
號東彭 執事

一鋪 仁源號 開設城外下關街係 行業 光緒 年開設
號東李 執事

一鋪 泰豐號 開設城內絲市口街係錢店行業 光緒 年開設
號東 執事

一鋪 止號 開設城 街係 行業 光緒 年開設
號東 執事

一鋪 號 開設城 街係 行業 光緒 年開設
號東 執事

一鋪 號 開設城 街係 行業 光緒 年開設
號東 執事

錢店行業類

江甯商務總會調查

号　一鋪　號　開設城　街係　行業　光緒　年開設
號東　執事

号　一鋪　號　開設城　街係　行業　光緒　年開設
號東　執事

号　一鋪　號　開設城　街係　行業　光緒　年開設
號東　執事

号　一鋪　號　開設城　街係　行業　光緒　年開設
號東　執事

号　一鋪　號　開設城　街係　行業　光緒　年開設
號東　執事

号　一鋪　號　開設城　街係　行業　光緒　年開設
號東　執事

号　一鋪　號　開設城　街係　行業　光緒　年開設
號東　執事

号　一鋪　號　開設城　街係　行業　光緒　年開設
號東　執事

以上係錢店鋪

合共計〇千叁百〇拾玖號

光緒三十二年　月　日呈

乙号 一舖 乙和祥號 開設城水西門大街係鹽業 行業 光緒 年開設
號東積股 執事朱文設

号 一舖 止 號 開設城 街係 行業 光緒 年開設
號東 執事

号 一舖 號 開設城 街係 行業 光緒 年開設
號東 執事

号 一舖 號 開設城 街係 行業 光緒 年開設
號東 執事

号 一舖 號 開設城 街係 行業 光緒 年開設
號東 執事

号 一舖 號 開設城 街係 行業 光緒 年開設
號東 執事

号 一舖 號 開設城 街係 行業 光緒 年開設
號事 執事

号 一舖 號、開設城 街係 行業 光緒 年開設
號東 執事

鹽 行業類

江寧商務總會調查

号　一鋪　號
開設城　街係　行業　光緒　年開設
號東　執事

号　一鋪　號
開設城　街係　行業　光緒　年開設
號東　執事

号　一鋪　號
開設城　街係　行業　光緒　年開設
號東　執事

号　一鋪　號
開設城　街係　行業　光緒　年開設
號東　執事

号　一鋪　號
開設城　街係　行業　光緒　年開設
號東　執事

号　一鋪　號
開設城　街係　行業　光緒　年開設
號東　執事

号　一鋪　號
開設城　街係　行業　光緒　年開設
號東　執事

号　一鋪　號
開設城　街係　行業　光緒　年開設
號東　執事

以上係鹽　店鋪

合共計〇千〇百〇拾壹號

光緒三十二年　月　日呈

江甯商會

土棧 行業類

已入商會 乙号 一鋪 老德記號 開設城內黑廊大街係土棧行業 光緒 年開設 號東陳伯屏執事

已入商會 二号 一鋪 鎮泰號 開設城內黑廊大街係土棧行業 光緒 年開設 號東王曜臣執事

已入商會 三号 一鋪 震泰昌號 開設城內坊口大街係土莊行業 光緒 年開設 號東朱慶之執事

已入商會 四号 一鋪 泰昌森號 開設城內坊口大街係土莊行業 光緒 年開設 號東聶 執事

已入商會 五号 一鋪 坤源號 開設城內行口大街係土莊行業 光緒 年開設 號東周楨菴執事

已入商會 六号 一鋪 義源恒號 開設城內南捕廳街係土棧行業 光緒 年開設 號東汪俊臣執事

七号 一鋪 和泰號 開設城內信府河街係土棧行業 光緒 年開設 號東王義庭執事

八号 一鋪 信記號 開設城內信府河街係土棧行業 光緒 年開設 號東朱少譜執事

江甯商務總會調查

九號（已入商會）	一鋪	太和號	開設城內行口大街係土店行業光緒　年開設 號東徐　執事
十號（已入商會）	一鋪	肇昌號	開設城內行口大街係土店行業光緒　年開設 號東袁　執事
十一號	一鋪	裕太棧號	開設城內水西門大街係土棧行業光緒　年開設 號東尹惟三　執事
十二號	一鋪	永興號	開設城內倉巷口街係土棧行業光緒　年開設 號東劉　執事
十三號	一鋪	中和號	開設城內評事街係土店行業光緒　年開設 號東葉茂莊　執事
十四號（已入商會）	一鋪	祥源號	開設城內綾莊巷街係土棧行業光緒　年開設 號東汪貽孫　執事
十五號	一鋪	豫生厚號	開設城內糯米巷街係土棧行業光緒　年開設 號東王海清　執事
十六號	一鋪	劉永興號	開設城內生姜巷街係土棧行業光緒　年開設 號東劉　執事

土棧 行業類

十七號（已入商會） 一鋪 德太和號 開設城内生姜巷街係土店 行業 光緒 年開設 號東余月樵 執事

十八號（已入商會） 一鋪 東昇恒號 開設城内徐家巷街係土店 行業 光緒 年開設 號東張澤先 執事

十九號（已入商會） 一鋪 中義合號 開設城内徐家巷街係土店 行業 光緒 年開設 號東吳慶堂 執事

廿號 一鋪 裕太恒號 開設城内徐家巷街係土店 行業 光緒 年開設 號東王質夫 執事

廿一號 一鋪 潤昌號 開設城内梧桐樹街係土店 行業 光緒 年開設 號東徐廷煒 執事

廿二號（已入商會） 一鋪 徐太和號 開設城南門城外街係土店 行業 光緒 年開設 號東徐 執事

廿三號（已入商會） 一鋪 吉亨號 開設城内大中橋街係土店 行業 光緒 年開設 號東趙和祥 執事

廿四號 一鋪 鉅豐泰號 開設城内奇望街係土店 行業 光緒 年開設 號東陳惟洲 執事

江甯商務總會調查

廿五號　已入商會
一鋪　瑞生和號　開設城内估衣廊街係土店行業光緒　年開設　號東傅子清　執事

廿六號　已入商會
一鋪　裕康祥號　開設城内南門大街係土店行業光緒　年開設　號東尹維三　執事

廿七號　已入商會
一鋪　恒興和號　開設城内徐家巷街係土店行業光緒　年開設　號東李蘭生　執事

廿八號
一鋪　源豐號　開設城内釣魚台街係土店行業光緒　年開設　號東馮煥文　執事

廿九號　已入商會
一鋪　榮太號　開設城内水西門大街係土店行業光緒　年開設　號東沈　執事

卅號　已入商會
一鋪　慶豐號　開設城内生姜巷街係土店行業光緒　年開設　號東蔣　執事

卅一號　已入商會
一鋪　申昌號　開設城内火星廟街係土店行業光緒　年開設　號東徐福安　執事

卅二號
一鋪　興盛公號　開設城内廣藝街係土店行業光緒　年開設　號東羅海甫　執事

卅三號	一鋪	鼎昌號	開設城內吉祥街係土店	行業	光緒　年開設	號東王鼎記	執事
卅四號	一鋪	信義成號	開設城內大行宮街係土店	行業	光緒　年開設	號東金子玫	執事
卅五號	一鋪	福昌祥號	開設城內中正街係土店	行業	光緒　年開設	號東陳子美	執事
号	一鋪	止　號	開設城　街係	行業	光緒　年開設	號東	執事
号	一鋪	號	開設城　街係	行業	光緒　年開設	號東	執事
号	一鋪	號	開設城　街係	行業	光緒　年開設	號東	執事
号	一鋪	號	開設城　街係	行業	光緒　年開設	號東	執事
号	一鋪	號	開設城　街係	行業	光緒　年開設	號東	執事

土棧　行業類

江寗商務總會調查

号 一鋪 號
開設城 街係 行業光緒 年開設
號東 執事

号 一鋪 號
開設城 街係 行業光緒 年開設
號東 執事

号 一鋪 號
開設城 街係 行業光緒 年開設
號東 執事

号 一鋪 號
開設城 街係 行業光緒 年開設
號東 執事

号 一鋪 號
開設城 街係 行業光緒 年開設
號東 執事

号 一鋪 號
開設城 街係 行業光緒 年開設
號東 執事

号 一鋪 號
開設城 街係 行業光緒 年開設
號東 執事

号 一鋪 號
開設城 街係 行業光緒 年開設
號東 執事

以上係土棧店鋪

合共計〇千〇百叁拾伍號

光緒三十二年　月　日呈

米行業類

已入商會 乙号 一鋪 張太和號 開設城南門外大街係米行業光緒　年開設 號東張甫臣 執事

已入商會 二号 一鋪 周聚成號 開設城南門外大街係米行業光緒　年開設 號東周祝軒 執事

已入商會 三号 一鋪 蔡天太號 開設城南門外大街係米行業光緒　年開設 號東蔡廷禧 執事

已入商會 四号 一鋪 秦春和號 開設城南門外大街係米行業光緒　年開設 號東秦永鎬 執事

已入商會 五号 一鋪 陳兆昌號 開設城南門外大街係米行業光緒　年開設 號東陳少甫 執事

已入商會 六号 一鋪 汪春源號 開設城南門外大街係米行業光緒　年開設 號東汪守正 執事

已入商會 七号 一鋪 程萬慎號 開設城南門外大街係米行業光緒　年開設 號東程春庭 執事

已入商會 八号 一鋪 趙同泰號 開設城南門外大街係米行業光緒　年開設 號東趙仲英 執事

已入商會 九號 一鋪 潘仁和號 開設城南門外大街係米行業光緒　年開設 號東潘國楨 執事

已入商會 十號 一鋪 潘牲和號 開設城南門外大街係米行業光緒　年開設 號東潘禹臣 執事

已入商會 十一號 一鋪 韋玉興號 開設城南門外大街係米行業光緒　年開設 號東韋茂庭 執事

已入商會 十二號 一鋪 胡開泰號 開設城南門外大街係米行業光緒　年開設 號東胡門泰 執事

已入商會 十三號 一鋪 金鼎鈺號 開設城南門外大街係米行業光緒　年開設 號東金鴻文 執事

已入商會 十四號 一鋪 李文泰號 開設城南門外大街係米行業光緒　年開設 號東李承恩 執事

已入商會 十五號 一鋪 丁長元號 開設城南門外大街係米行業光緒　年開設 號東丁保材 執事

已入商會 十六號 一鋪 王德隆號 開設城南門外大街係米行業光緒　年開設 號東王德祿 執事

江甯商務總會調查

已入商會 十七號 一鋪 陶廣泰號 開設城南門外大街係米行業 光緒 年開設 號東陶永興執事

已入商會 十八號 一鋪 程萬盛號 開設城南門外大街係米行業 光緒 年開設 號東程春林執事

已入商會 十九號 一鋪 張義順號 開設城南門外大街係米行業 光緒 年開設 號東張義順執事

已入商會 廿號 一鋪 戴寶豐號 開設城南門外大街係米行業 光緒 年開設 號東戴竹三執事

已入商會 廿一號 一鋪 鄭鼎泰號 開設城南門外大街係米行業 光緒 年開設 號東鄭恩源執事

已入商會 廿二號 一鋪 李聚泰號 開設城南門外大街係米行業 光緒 年開設 號東李子源執事

已入商會 廿三號 一鋪 戴聚源號 開設城南門外大街係米行業 光緒 年開設 號東戴祝三執事

已入商會 廿四號 一鋪 張乾泰號 開設城南門外大街係米行業 光緒 年開設 號東張炳榮執事

米行業類

已入商會 廿五號
一鋪 汪春和號
開設城南門外大街係 米 行業 光緒 年開設
號東汪衡齋 執事

已入商會 廿六號
一鋪 田泰森號
開設城南門外大街係 米 行業 光緒 年開設
號東田宜之 執事

已入商會 廿七號
一鋪 姚甡泰號
開設城南門外大街係 米 行業 光緒 年開設
號東姚子卿 執事

已入商會 廿八號
一鋪 馬盛祥號
開設城南門外大街係 米 行業 光緒 年開設
號東馬慎言 執事

已入商會 廿九號
一鋪 王泰豐號
開設城南門外大街係 米 行業 光緒 年開設
號東王柄之 執事

已入商會 卅號
一鋪 徐慶餘號
開設城南門外大街係 米 行業 光緒 年開設
號東徐耀廷 執事

已入商會 卅一號
一鋪 徐瑞餘號
開設城南門外大街係 米 行業 光緒 年開設
號東徐永泉 執事

已入商會 卅二號
一鋪 乾吉祥號
開設城南門外大街係 米 行業 光緒 年開設
號東董耀南 執事

米　行業類

卅一號	一鋪	夏泰餘號	開設城南門外大街係米行業光緒　年開設	號東夏鳴鳳	執事	已入商會
卅二號	一鋪	馬同鑫號	開設城南門外大街係米行業光緒　年開設	號東馬瀛洲	執事	已入商會
卅三號	一鋪	周震和號	開設城南門外大街係米行業光緒　年開設	號東周震和	執事	已入商會
卅四號	一鋪	王乾盛號	開設城南門外大街係米行業光緒　年開設	號東王道源	執事	已入商會
卅五號	一鋪	徐康吉號	開設城南門外大街係米行業光緒　年開設	號東徐永旺	執事	已入商會
卅八號	一鋪	丁滙元號	開設城南門外大街係米行業光緒　年開設	號東丁保林	執事	
卅九號	一鋪	周瑞生號	開設城南門外大街係米行業光緒　年開設	號東周漢卿	執事	已入商會
四十號	一鋪	宰順康號	開設城南門外大街係米行業光緒　年開設	號東宰雨生	執事	已入商會

四一號 一鋪 周豐裕號 開設城南門外大街係 米 行業 光緒 年開設 號東 執事

已入商會 四二號 一鋪 泰衡康號 開設城南門外大街係 米 行業 光緒 年開設 號東秦明材 執事

已入商會 四三號 一鋪 包永興號 開設城南門外大街係 米 行業 光緒 年開設 號東包雨亭 執事

已入商會 四四號 一鋪 鄭廣懋號 開設城南門外大街係 米 行業 光緒 年開設 號東鄭桂庭 執事

已入商會 四五號 一鋪 張鴻源號 開設城南門外大街係 米 行業 光緒 年開設 號東張光九 執事

已入商會 四六號 一鋪 湯泰源號 開設城南門外大街係 米 行業 光緒 年開設 號東江少堂 執事

已入商會 四七號 一鋪 鮑滙灃號 開設城南門外大街係 米 行業 光緒 年開設 號東鮑東瀛 執事

已入商會 四八號 一鋪 宛廣興號 開設城南門城圈街係 米 行業 光緒 年開設 號東宛長春 執事

米　行業類

已入商會　四九號　一鋪　袁義興號　開設城南門外大街係米行業　光緒　年開設　號東袁起才執事

已入商會　五十號　一鋪　杜天興號　開設城南門外大街係米行業　光緒　年開設　號東杜錫榮執事

已入商會　五一號　一鋪　金生和號　開設城南門外大街係米行業　光緒　年開設　號東金竹賢執事

已入商會　五二號　一鋪　周天昌號　開設城南門外大街係米行業　光緒　年開設　號東周輔臣執事

已入商會　五三號　一鋪　井天成號　開設城南門外大街係米行業　光緒　年開設　號東井子清執事

已入商會　五四號　一鋪　紀生泰號　開設城南門外大街係米行業　光緒　年開設　號東紀楊鎏執事

已入商會　五五號　一鋪　張義泰號　開設城南門外大街係米行業　光緒　年開設　號東張廷湖執事

已入商會　五六號　一鋪　王乾福號　開設城南門外大街係米行業　光緒　年開設　號東王壽臣執事

江甯商務總會調查

已入商會	號	一鋪	周慶豐號	開設城南門外大街係米行業光緒　年開設	號東周焕如　執事
已入商會	號	一鋪	徐康裕號	開設城南門外大街係米行業光緒　年開設	號東徐春廷　執事
已入商會	號	一鋪	何聚豐號	開設城南門外大街係米行業光緒　年開設	號東何錫藩　執事
已入商會	號	一鋪	楊鑫和號	開設城南門城圜街係米行業光緒　年開設	號東楊長清　執事
已入商會	號	一鋪	汪豐餘號	開設城南門城圜街係米行業光緒　年開設	號東汪厚卿　執事
已入商會	號	一鋪	馬增泰號	開設城南門城圜街係米行業光緒　年開設	號東馬德森　執事
已入商會	號	一鋪	乾泰盛號	開設城南門城圜街係米行業光緒　年開設	號東韓福寶　執事
已入商會	號	一鋪	伍滙泰號	開設城南門城圜街係米行業光緒　年開設	號東伍耀南　執事

已入商會 六十五號 一鋪 田乾陽號 開設城外街係米鋪行業光緒 年開設 號東田紹華執事

已入商會 六十六號 一鋪 張倪漢興號 開設城外街係米鋪行業光緒 年開設 號東張倪培生執事

已入商會 六十七號 一鋪 顧豐和號 開設城外街係米鋪行業光緒 年開設 號東顧伯濤執事

已入商會 六十八號 一鋪 嚴永茂號 開設城外街係米鋪行業光緒 年開設 號東嚴瑞堂執事

已入商會 六十九號 一鋪 葛潤祥號 開設城外街係米鋪行業光緒 年開設 號東葛義坤執事

已入商會 七十號 一鋪 汪鉅隆號 開設城水西門街係米行行業光緒 年開設 號東秀川執事

已入商會 七十一號 一鋪 胡滙源號 開設城水西門街係米行行業光緒 年開設 號東耀廷執事

七十二號 一鋪 滃福生號 開設城水西門街係米行行業光緒 年開設 號東長華執事

米行業類

江甯商務總會調查

號三 一鋪 王春生號 開設城水西門街係米行 行業 光緒 年開設
號東紹川執事

号 一鋪 止號 開設城 街係 行業 光緒 年開設
號東 執事

号 一鋪 號 開設城 街係 行業 光緒 年開設
號東 執事

号 一鋪 號 開設城 街係 行業 光緒 年開設
號東 執事

号 一鋪 號 開設城 街係 行業 光緒 年開設
號東 執事

号 一鋪 號 開設城 街係 行業 光緒 年開設
號東 執事

号 一鋪 號 開設城 街係 行業 光緒 年開設
號東 執事

号 一鋪 號 開設城 街係 行業 光緒 年開設
號東 執事

以上係米行店鋪
合共計○千○百柒拾叁號

光緒三十二年　月　日呈

米鋪礱坊 行業類

乙号（已入商會）	一鋪	瑞齡號	開設城內花牌樓街係米鋪礱坊行業光緒 年開設	號東張玉書	執事吳岩瀛
二号（已入商會）	一鋪	湧源號	開設城內花牌樓街係米鋪礱坊行業光緒 年開設	號東	執事何湧泉
三号（已入商會）	一鋪	湧豐號	開設城內三山街係米鋪礱坊行業光緒 年開設	號東張少禹	執事乙
四号（已入商會）	一鋪	元大號	開設城內明瓦廊街係米鋪礱坊行業光緒 年開設	號東杭鍾	執事王德發
五号（已入商會）	一鋪	同興號	開設城內魚市街係米鋪礱坊行業光緒 年開設	號東	執事邵克源
六号	一鋪	震興號	開設城內西花門街係米鋪礱坊行業光緒 年開設	號東	執事邵克源
七号（已入商會）	一鋪	盛餘號	開設城內魚市街係米鋪礱坊行業光緒 年開設	號東陳炳之	執事王厚江
八号（已入商會）	一鋪	源餘號	開設城水西門街係米鋪礱坊行業光緒 年開設	號東陳价	執事王厚江

江甯商務總會調查

已入商會 九號 一鋪 鼎誠生號
開設城內馬道街係米鋪礱坊行業光緒　年開設
號東何錫九　執事張潤之

已入商會 十號 一鋪 震餘號
開設城內唱經樓街係米鋪礱坊行業光緒　年開設
號東顧少卿　執事

已入商會 十一號 一鋪 乾豐號
開設城內淮清橋街係米鋪礱坊行業光緒　年開設
號東孫建泉　執事金玉廷

已入商會 十二號 一鋪 祥泰號
開設城內仙鶴街係米鋪礱坊行業光緒　年開設
號東　執事蔡萬福

已入商會 十三號 一鋪 泰豐號
開設城內府門口街係米鋪礱坊行業光緒　年開設
號東　執事何湧泉

已入商會 十四號 一鋪 恒餘號
開設城內油市大街係米鋪礱坊行業光緒　年開設
號東　執事

已入商會 十五號 一鋪 慶齡號
開設城內大中橋街係米鋪礱坊行業光緒　年開設
號東　執事

已入商會 十六號 一鋪 厚生號
開設城內大香爐街係米鋪礱坊行業光緒　年開設
號東盧炳卿　執事余德松

米鋪礱坊行業類

已入商會	十七號	一鋪 永大號	開設城內木料市街係米鋪礱坊行業 號東　執事	光緒　年開設	
已入商會	十八號	一鋪 乾盛號	開設城內太平橋街係米鋪礱坊行業 號東　執事	光緒　年開設	
已入商會	十九號	一鋪 復泰號	開設城內倉門口街係米鋪礱坊行業 號東朱　執事	光緒　年開設	
已入商會	廿號	一鋪 祥森號	開設城內土街口街係米鋪礱坊行業 號東龔　執事	光緒　年開設	
已入商會	廿一號	一鋪 康齡號	開設城內油市大街係米鋪礱坊行業 號東卓　執事	光緒　年開設	
已入商會	廿二號	一鋪 裕茂號	開設城內涵洞口街係米鋪礱坊行業 號東周　執事	光緒　年開設	
已入商會	廿三號	一鋪 萬成號	開設城內大中橋街係米鋪礱坊行業 號東杜　執事	光緒　年開設	
已入商會	廿四號	一鋪 庚復昌號	開設城內上浮橋街係米鋪礱坊行業 號東汪　執事	光緒　年開設	江甯商務總會調查

已入商會　廿五號　一鋪　震源號　開設城内西花門街係米鋪礱坊行業　光緒　年開設　號東　執事

已入商會　廿六號　一鋪　春發號　開設城　漢西門外街係米鋪礱坊行業　光緒　年開設　號東毛　執事

已入商會　廿七號　一鋪　豐餘號　開設城内唱經樓街係米鋪礱坊行業　光緒　年開設　號東劉　執事

已入商會　廿八號　一鋪　裕森號　開設城内唱經樓街係米鋪礱坊行業　光緒　年開設　號東　執事

已入商會　廿九號　一鋪　義興號　開設城内三眼井街係米鋪礱坊行業　光緒　年開設　號東余　執事

已入商會　卅號　一鋪　仁記號　開設城内北門橋街係米鋪礱坊行業　光緒　年開設　號東　執事

已入商會　卅一號　一鋪　春陽號　開設城内明瓦廊街係米鋪礱坊行業　光緒　年開設　號東　執事

已入商會　卅二號　一鋪　義成號　開設城内瓦廠　街係米鋪礱坊行業　光緒　年開設　號東　執事

已入商會 卅三號 一鋪 福餘號 開設城內北門橋街 係米鋪礱坊行業 光緒 年開設 號東姚 執事

已入商會 卅四號 一鋪 萬成號 開設城水西門外街 係米鋪礱坊行業 光緒 年開設 號東 執事

已入商會 卅五號 一鋪 福源號 開設城內大香爐街 係米鋪礱坊行業 光緒 年開設 號東顧 執事

已入商會 卅六號 一鋪 恒生復號 開設城內故衣廊街 係米鋪礱坊行業 光緒 年開設 號東丁 執事

已入商會 卅七號 一鋪 寶源號 開設城沐府西門街 係米鋪礱坊行業 光緒 年開設 號東賈 執事

已入商會 卅八號 一鋪 復餘號 開設城水西門外街 係米鋪礱坊行業 光緒 年開設 號東宛 執事

已入商會 卅九號 一鋪 恒泰號 開設城內下浮橋街 係米鋪礱坊行業 光緒 年開設 號東宛 執事

已入商會 四十號 一鋪 泰隆號 開設城水西門外街 係米鋪礱坊行業 光緒 年開設 號東 執事

米鋪礱坊、行業類

江甯商務總會調查

號四一	一鋪 億泰號	開設城內覔渡橋街係米鋪礱坊行業光緒　年開設	號東陶　執事	已入商會
號四二	一鋪 順吉號	開設城內南傘巷街係米鋪礱坊行業光緒　年開設	號東徐　執事	已入商會
號四三	一鋪 源源號	開設城內評事大街係米鋪礱坊行業光緒　年開設	號東汪　執事	已入商會
號四四	一鋪 隆興號	開設城內內橋街係米鋪礱坊行業光緒　年開設	號東　執事	已入商會
號四五	一鋪 衡泰號	開設城漢西門外街係米鋪礱坊行業光緒　年開設	號東　執事	已入商會
號四六	一鋪 復泰號	開設城漢西門外街係米鋪礱坊行業光緒　年開設	號東胡　執事	已入商會
號四七	一鋪 億源號	開設城三山門外街係米鋪礱坊行業光緒　年開設	號東尤　執事	已入商會
號四八	一鋪 大興號	開設城內小石橋街係米鋪礱坊行業光緒　年開設	號東王　執事	已入商會

米鋪礱坊行業類

廿九號	已入商會	一鋪	慶餘號	開設城內鼎新橋街	係米鋪礱坊行業	光緒　年開設	號東	執事
卅號	已入商會	一鋪	祥餘號	開設城內下河街	係米鋪礱坊行業	光緒　年開設	號東	執事
卅一號	已入商會	一鋪	義記號	開設城水西門外街	係米鋪礱坊行業	光緒　年開設	號東	執事
卅二號	已入商會	一鋪	乾豐祥號	開設城內新街口街	係米鋪礱坊行業	光緒　年開設	號東	執事
卅三號	已入商會	一鋪	鈺康號	開設城內小門口街	係米鋪礱坊行業	光緒　年開設	號東	執事
卅四號	已入商會	一鋪	福大號	開設城內倉門口街	係米鋪礱坊行業	光緒　年開設	號東陳	執事
卅五號	已入商會	一鋪	順源號	開設城內月牙巷街	係米鋪礱坊行業	光緒　年開設	號東	執事
卅六號	已入商會	一鋪	慶福號	開設城內承恩寺街	係米鋪礱坊行業	光緒　年開設	號東石東山	執事

江甯商務總會調查

號　已入商會	一鋪　恒康號	開設城內狀元境街係米鋪礱坊行業光緒　年開設	號東　執事
號　已入商會	一鋪　慶福號	開設城內昇平橋街係米鋪礱坊行業光緒　年開設	號東石　執事
號　已入商會	一鋪　天成號	開設城內明瓦廊街係米鋪礱坊行業光緒　年開設	號東沈　執事
號　已入商會	一鋪　王隆興號	開設城內評事大街係米鋪礱坊行業光緒　年開設	號東　執事
號　已入商會	一鋪　震興祥號	開設城內淮清橋街係米鋪礱坊行業光緒　年開設	號東王　執事
號　已入商會	一鋪　耕源號	開設城內淮清橋街係米鋪礱坊行業光緒　年開設	號東　執事
號	一鋪　億成號	開設城內大中橋街係米鋪礱坊行業光緒　年開設	號東　執事
號　已入商會	一鋪　仁康號	開設城內武定橋街係米鋪礱坊行業光緒　年開設	號東　執事

以上係米舖礱坊店舖

合共計〇千〇百陸拾肆號

江寧商務總會閱查

光緒三十二年　月　日呈

綢緞行業類 綢繡附

號數	商會	鋪數	字號	開設地址	行業	開設年份	號東	執事
一号	已入商會	一鋪	九章恆號	開設城中評事街	係綢緞行業	光緒十六年開設	張靜含 馮明樓 龍永興 李	張靜含
二号	已入商會	一鋪	介福昌號	開設城中行口大街	係綢緞行業	光緒九年開設	桑小桐 王堦平 魯壽章	魯壽章
三号	已入商會	一鋪	德昌錦號	開設城中驢子市街	係綢緞行業	光緒二十九年開設	汪澗澄 高芝材 桂蘭舟	樊晉康
四号	已入商會	一鋪	同昌恆號	開設城中望鶴岡街	係綢緞行業	光緒二十七年開設	汪子明 楊敏中 魏蘅甫 高石卿	汪仲垣
五号	已入商會	一鋪	同春號	開設城中坊口大街	係綢緞行業	光緒二十二年開設	桑植亭 王又新 趙錦堂 郎朗軒	宋厚安
六号	已入商會	一鋪	恆大號	開設城中望鶴樓街	係綢緞行業	光緒三十年開設	呂儀卿	耿敬安
七号		一鋪	雲章號	開設城中三山大街	係綢緞行業	光緒二十九年開設	徐鑑秋	王明熙
八号	已入商會	一鋪	何森記號	開設城中三山大街	係綢繡行業	光緒二十二年開設	楊仲恩 何書蓀 汪壽卿	楊哲卿

江甯商務總會調查

已入商會

九号 一鋪 錦章號 開設城中黑廊大街係綢繡行業光緒二十七年開設
號東王和卿 朱熾侯 執事朱熾侯

号 一鋪 止號 開設城 街係 行業 光緒 年開設
號東 執事

号 一鋪 號 開設城 街係 行業 光緒 年開設
號東 執事

号 一鋪 號 開設城 街係 行業 光緒 年開設
號東 執事

号 一鋪 號 開設城 街係 行業 光緒 年開設
號東 執事

号 一鋪 號 開設城 街係 行業 光緒 年開設
號東 執事

号 一鋪 號 開設城 街係 行業 光緒 年開設
號東 執事

号 一鋪 號 開設城 街係 行業 光緒 年開設
號東 執事

以上係綢緞　店鋪

合共計○千○百○拾玖號

光緒三十二年　月　日呈

緞機行業類

一號 一鋪 啓泰德號	開設城内釣魚台街 係緞機玖拾伍張行業	號東于少彰	執事	光緒　年開設	已入商會
二號 一鋪 陳坤記號	開設城内銅作坊街 係緞機陸拾張行業	號東陳定齋	執事	光緒　年開設	已入商會
三號 一鋪 蔡福源號	開設城内陡門橋街 係緞機陸拾張行業	號東蔡仲斧	執事	光緒　年開設	已入商會
四號 一鋪 魯泰昌號	開設城内弓箭坊街 係緞機伍拾張行業	號東魯祥林	執事	光緒　年開設	已入商會
五號 一鋪 楊豫隆號	開設城内小膺福街 係緞機伍拾張行業	號東楊受益	執事	光緒　年開設	已入商會
六號 一鋪 陳榮豐號	開設城内實輝巷街 係緞機伍拾張行業	號東陳慎之	執事	光緒　年開設	已入商會
七號 一鋪 德義長號	開設城内釣魚台街 係緞機伍拾張行業	號東張桐華	執事	光緒　年開設	已入商會
八號 一鋪 龍榮興號	開設城内三鋪兩橋街 係緞機伍拾張行業	號東龍麗伯	執事	光緒　年開設	已入商會

已入商會 九號 一鋪 張德茂號
開設城内胭脂巷街 係緞機伍拾張行業 光緒 年開設
號東張德孚 執事

已入商會 十號 一鋪 王瑞豐號
開設城内鳴羊街 係緞機伍拾張行業 光緒 年開設
號東王 執事

已入商會 十一號 一鋪 穆天興號
開設城内牛市街 係緞機伍拾張行業 光緒 年開設
號東穆星甫 執事

已入商會 十二號 一鋪 源豐實號
開設城内倉巷街 係緞機伍拾張行業 光緒 年開設
號東馬實生 執事

已入商會 十三號 一鋪 端泰昌號
開設城内梧桐樹街 係緞機肆拾張行業 光緒 年開設
號東端興甫 執事

已入商會 十四號 一鋪 莫恒昌號
開設城内釣魚台街 係緞機肆拾伍張行業 光緒 年開設
號東莫 執事

已入商會 十五號 一鋪 振泰仁號
開設城内胭脂巷街 係緞機肆拾張行業 光緒 年開設
號東萬輔廷 執事

已入商會 十六號 一鋪 廣興蓀號
開設城内高岡里街 係緞機肆拾張行業 光緒 年開設
號東魏梅蓀 執事

江甯商務總會調查

緞機行業類

已入商會
十七號
一鋪　王春發號
開設城内小門口街係緞機肆拾張行業光緒　年開設
號東王少初　執事

已入商會
十八號
一鋪　鄺天益號
開設城内牛市街係緞機肆拾張行業光緒　年開設
號東鄺錫奎　執事

已入商會
十九號
一鋪　吴德泰號
開設城内高岡里街係緞機肆拾張行業光緒　年開設
號東吴景周　執事

已入商會
二十號
一鋪　春和祥號
開設城内太平里街係緞機肆拾張行業光緒　年開設
號東周德卿　執事

已入商會
二十一號
一鋪　劉益興號
開設城内五間廳街係緞機肆拾張行業光緒　年開設
號東劉仁甫　執事

已入商會
二十二號
一鋪　李祥和號
開設城内荷花塘街係緞機肆拾張行業光緒　年開設
號東李　執事

已入商會
二十三號
一鋪　翁德泰號
開設城内高岡里街係緞機叁拾伍張行業光緒　年開設
號東翁子久　執事

已入商會
二十四號
一鋪　王聚興號
開設城内高岡里街係緞機叁拾伍張行業光緒　年開設
號東王　執事

江寧商務總會調查

二十五號	一鋪	張裕泰號	開設城內李府巷街	係緞機叁拾張行業	光緒　年開設	號東張翰儒	執事	已入商會
二十六號	一鋪	齊裕隆號	開設城內南宮坊街	係緞機叁拾張行業	光緒　年開設	號東齊保三	執事	已入商會
二十七號	一鋪	張茂豐號	開設城內磨盤街	係緞機叁拾張行業	光緒　年開設	號東張	執事	已入商會
二十八號	一鋪	廖隆盛號	開設城內評事街	係緞機叁拾張行業	光緒　年開設	號東廖子明	執事	已入商會
二十九號	一鋪	成泰文號	開設城內銅作坊街	係緞機叁拾張行業	光緒　年開設	號東于文卿	執事	已入商會
三十號	一鋪	張恒昌號	開設城內飲馬巷街	係緞機叁拾張行業	光緒　年開設	號東張	執事	已入商會
三十一號	一鋪	李泰和號	開設城內同鄉共井街	係緞機叁拾張行業	光緒　年開設	號東李月亭	執事	已入商會
三十二號	一鋪	吳悅來號	開設城內釣魚台街	係緞機叁拾張行業	光緒　年開設	號東吳述之	執事	已入商會

江甯商務總會調查

緞機行業類

三十三号 已入商會
一鋪 德泰仁號
開設城內九兒巷街 係緞機叁拾張行業 光緒　年開設
號東陶小甫 執事

三十四号 已入商會
一鋪 徐永昌號
開設城內猫魚市街 係緞機叁拾張行業 光緒　年開設
號東徐 執事

三十五号 已入商會
一鋪 石聚興號
開設城內糖坊廊街 係緞機叁拾張行業 光緒　年開設
號東石柳溪 執事

三十六号 已入商會
一鋪 李昌記號
開設城內釣魚台街 係緞機叁拾張行業 光緒　年開設
號東李剛臣 執事

三十七号 已入商會
一鋪 何泰昌號
開設城內船板巷街 係緞機弍拾伍張行業 光緒　年開設
號東何月濤 執事

三十八号 已入商會
一鋪 劉清記號
開設城內高岡里街 係緞機弍拾伍張行業 光緒　年開設
號東劉清溪 執事

三十九号 已入商會
一鋪 張元茂號
開設城內沙灣街 係緞機叁拾伍張行業 光緒　年開設
號東張叔門 執事

四十号 已入商會
一鋪 陶永興號
開設城內水齋庵街 係緞機弍拾叁張 光緒　年開設
號東陶春芳 執事

江甯商務總會調查

已入商會　四十一號　一鋪　王永泰號　開設城内磨盤街係緞機弍拾張行業光緒　年開設　號東王　執事

已入商會　四十二號　一鋪　蘇友記號　開設城内釣魚台街係緞機弍拾張行業光緒　年開設　號東蘇　執事

已入商會　四十三號　一鋪　蔣仁泰號　開設城内全福巷街係緞機弍拾張行業光緒　年開設　號東蔣鶴記　執事

已入商會　四十四號　一鋪　徐炳順號　開設城内梧桐樹街係緞機弍拾張行業光緒　年開設　號東徐　執事

已入商會　四十五號　一鋪　孫滙源號　開設城内馬巷街係緞機弍拾張行業光緒　年開設　號東孫　執事

已入商會　四十六號　一鋪　馬洪興號　開設城内中營街係緞機弍拾張行業光緒　年開設　號東馬松茂　執事

已入商會　四十七號　一鋪　黄錦昌號　開設城内三坊巷街係緞機弍拾張行業光緒　年開設　號東黄福森　執事

已入商會　四十八號　一鋪　蘇清記號　開設城内水齋巷街係緞機弍拾張行業光緒　年開設　號東蘇　執事

緞機行業類

已入商會	四九號	一鋪	徐天昌號	開設城内磨盤街係緞機式拾張行業　光緒　年開設	號東徐　執事
已入商會	五十號	一鋪	蘇雲記號	開設城内水齋菴街係緞機式拾張行業　光緒　年開設	號東蘇　執事
已入商會	五一號	一鋪	泰和旭號	開設城西荷花塘街係緞機式拾張行業　光緒　年開設	號東陶秉衡　執事
已入商會	五二號	一鋪	吉公興號	開設城西營門口街係緞機式拾張行業　光緒　年開設	號東吉鑑衡　執事
已入商會	五三號	一鋪	劉順興號	開設城東邊營街係緞機拾柒張行業　光緒　年開設	號東劉鈺興　執事
已入商會	五四號	一鋪	陳錦盛號	開設城西猫魚市街係緞機拾陸張行業　光緒　年開設	號東陳大鈺　執事
已入商會	五五號	一鋪	李洪興號	開設城東邊營街係緞機拾陸張行業　光緒　年開設	號東李　執事
已入商會	五六號	一鋪	廣興軼號	開設城西高岡里街係緞機拾伍張行業　光緒　年開設	號東魏軼先　執事

江甯商務總會冊

已入商會 五十七號 一鋪 姜仁泰號 開設城西高岡里街 係緞機拾伍張行業 光緒　年開設 號東姜成之 執事

已入商會 五十八號 一鋪 張溶興號 開設城内侍其巷街 係緞機拾伍張行業 光緒　年開設 號東張 執事

已入商會 五十九號 一鋪 韓同源號 開設城内三坊巷街 係緞機拾伍張行業 光緒　年開設 號東韓冠卿 執事

已入商會 六十號 一鋪 張春和號 開設城内小膺福街 係緞機拾伍張行業 光緒　年開設 號東張子全 執事

已入商會 六十一號 一鋪 鄧永鑫號 開設城西倉頂街 係緞機拾伍張行業 光緒　年開設 號東鄧繹如 執事

已入商會 六十二號 一鋪 吴東興號 開設城内梧桐樹街 係緞機拾伍張行業 光緒　年開設 號東吴琴莊 執事

已入商會 六十三號 一鋪 張志記號 開設城西高岡里街 係緞機拾伍張行業 光緒　年開設 號東張志存 執事

已入商會 六十四號 一鋪 秦復源號 開設城中行口大街 係緞機拾伍張行業 光緒　年開設 號東秦炳之 執事

緞機行業類

已入商會　六五號　一鋪　孫德昌號
開設城西金粟菴街係緞機拾肆張行業光緒　年開設
號東孫子方　執事

已入商會　六六號　一鋪　藏錦源號
開設城內九兒巷街係緞機拾叁張行業光緒　年開設
號東藏立溶　執事

已入商會　六七號　一鋪　裕豐祥號
開設城內果子行街係緞機拾叁張行業光緒　年開設
號東馬正熙　執事

已入商會　六八號　一鋪　俞裕隆號
開設城西金粟菴街係緞機拾叁張行業光緒　年開設
號東俞錫之　執事

已入商會　六九號　一鋪　聚錦祥號
開設城內油市大街係緞機拾叁張行業光緒　年開設
號東徐炳之　執事

已入商會　七十號　一鋪　寶康森號
開設城西貓魚市街係緞機拾貳張行業光緒　年開設
號東尚禹臣　執事

已入商會　七十一號　一鋪　王宜記號
開設城內糖坊廊街係緞機拾張行業光緒　年開設
號東王宜九　執事

已入商會　七十二號　一鋪　查鑫記號
開設城內柳葉街係緞機拾張行業光緒　年開設
號東查子珍　執事

江甯商務總會問查

已入商會　七三號　一鋪　陳學記號　開設城西杏花村街係緞機拾張行業　號東陳學鈺　執事　光緒　年開設

已入商會　七四號　一鋪　朱益興號　開設城内沙灣大街係緞機拾張行業　號東朱益謙　執事　光緒　年開設

已入商會　七五號　一鋪　李恒茂號　開設城西五福横肖街係緞機拾張行業　號東李思葛　執事　光緒　年開設

已入商會　七六號　一鋪　朱榮興號　開設城内牛市街係緞機拾張行業　號東朱月秋　執事　光緒　年開設

已入商會　七七號　一鋪　王天益號　開設城内磨盤街係緞機拾張行業　號東王樂山　執事　光緒　年開設

已入商會　七八號　一鋪　江泰祥號　開設城西高岡里街係緞機拾張行業　號東江元吉　執事　光緒　年開設

已入商會　七九號　一鋪　陳式記號　開設城西營門口街係緞機拾張行業　號東陳式如　執事　光緒　年開設

已入商會　八十號　一鋪　于椿源號　開設城内柳葉街係緞機拾張行業　號東于　執事　光緒　年開設

緞機 行業類

已入商會
二號
一鋪　陳鑑記號　開設城西營門口街係緞機拾張行業　光緒　年開設
號東陳植三執事

已入商會
二號
一鋪　鄧森泰號　開設城内五間廳街係緞機拾張行業　光緒　年開設
號東鄧悳惠執事

已入商會
三號
一鋪　增感楚號　開設城西營門口街係緞機拾張行業　光緒　年開設
號東陳桐齋執事

已入商會
四號
一鋪　王培記號　開設城西倉頂街係緞機拾張行業　光緒　年開設
號東王培基執事

已入商會
五號
一鋪　徐明記號　開設城内蕭府巷街係緞機拾張行業　光緒　年開設
號東徐明淮執事

已入商會
六號
一鋪　王祝記號　開設城西荷花塘街係緞機拾張行業　光緒　年開設
號東王祝三執事

已入商會
七號
一鋪　龔坤泰號　開設城内釣魚台街係緞機拾張行業　光緒　年開設
號東龔子崑執事

已入商會
八號
一鋪　靳春記號　開設城東轉龍巷街係緞機拾張行業　光緒　年開設
號東靳培五執事

已入商會 八九号 一鋪 錢恒興號 開設城東仁厚里街係緞機拾張行業 光緒　年開設 號東錢松祿 執事

已入商會 九十号 一鋪 徐天林號 開設城內釣魚台街係緞機拾張行業 光緒　年開設 號東徐 執事

已入商會 九十一号 一鋪 翁炳記號 開設城東陶家巷街係緞機拾張行業 光緒　年開設 號東翁廣生 執事

已入商會 九十二号 一鋪 豫豐泰號 開設城西五福横首街係緞機捌張行業 光緒　年開設 號東劉鑑亭 執事

已入商會 九十三号 一鋪 陳祥生號 開設城內磨盤街係緞機陸張行業 光緒　年開設 號東陳履源 執事

已入商會 九四号 一鋪 劉萬豐號 開設城中鴿子橋街係緞機陸張行業 光緒　年開設 號東劉 執事

已入商會 九五号 一鋪 鄭子記號 開設城西營門口街係緞機陸張行業 光緒　年開設 號東鄭子衡 執事

已入商會 九六号 一鋪 孫珮記號 開設城東轉龍巷街係緞機陸張行業 光緒　年開設 號東孫 執事

緞機行業類

已入商會　九七號　一鋪　許瑞記號　開設城內釣魚台街係緞機伍張行業　光緒　年開設　號東許成洲　執事

已入商會　九八號　一鋪　洪福泰號　開設城內大彩霞街係緞機伍張行業　光緒　年開設　號東洪階平　執事

已入商會　九九號　一鋪　王仁興號　開設城內馬道街街係緞機拾伍張行業　光緒　年開設　號東王滙川　執事

已入商會　一百號　一鋪　萬鶴籌號　開設城內小心橋街係緞機拾張行業　光緒　年開設　號東萬鶴籌　執事

已入商會　一百一號　一鋪　黃宏昌號　開設城內甘露巷口街係緞機拾陸張行業　光緒　年開設　號東黃德培　執事

已入商會　一百二號　一鋪　業裕祥號　開設城內倉坡街係緞機拾張行業　光緒　年開設　號東業德榮　執事

已入商會　一百三號　一鋪　張德豐號　開設城內渡船口街係緞機拾張行業　光緒　年開設　號東張　執事

已入商會　一百四號　一鋪　陳肇昌號　開設城　街係緞機拾張行業　光緒　年開設　號東　執事

江甯商務總會調查

已入商會	号[illegible]	一鋪	聚昌厚號	開設城内白酒坊街係緞機　行業　光緒　年開設	號東　執事
已入商會	号[illegible]	一鋪	單益興號	開設城内高岡里街係緞機拾張行業　光緒　年開設	號東單文亭　執事
已入商會	号[illegible]	一鋪	項福昌號	開設城絲市口街係緞機拾伍張行業　光緒　年開設	號東項　執事
已入商會	号[illegible]	一鋪	祥記號	開設城新橋街係緞機拾伍張行業　光緒　年開設	號東　執事
已入商會	号[illegible]	一鋪	茂興錫記號	開設城新橋街係緞機拾伍張行業　光緒　年開設	號東　執事
已入商會	号[illegible]	一鋪	德泰號	開設城許事街係緞機弍拾張行業　光緒　年開設	號東　執事
已入商會	号[illegible]	一鋪	錦源號	開設城南門街係緞機弍拾張行業　光緒　年開設	號東　執事
已入商會	号[illegible]	一鋪	玉興號	開設城南門大街係緞機弍拾張行業　光緒　年開設	號東　執事

已入商會 號十三 一鋪 瑞泰翔號 開設城水西門大街係緞機拾伍張行業 光緒 年開設 號東 執事

已入商會 號十四 一鋪 徐泰和號 開設城三坊巷街係緞機拾伍張行業 光緒 年開設 號東徐 執事

已入商會 號十五 一鋪 何泰昌湘記號 開設城梧桐樹街係緞機拾伍張行業 光緒 年開設 號東何 執事

已入商會 號十六 一鋪 萬盛公號 開設城倉門口街係緞機弍拾張行業 光緒 年開設 號東 執事

已入商會 號十七 一鋪 王永益號 開設城下江考棚街係緞機弍拾張行業 光緒 年開設 號東 執事

已入商會 號十八 一鋪 春茂祥號 開設城五福橫首街係緞機弍拾張行業 光緒 年開設 號東 執事

号 一鋪 止號 開設城 街係 行業 光緒 年開設 號東 執事

号 一鋪 號 開設城 街係 行業 光緒 年開設 號東 執事

段 戕 行業 須

江寧商務總會調查

江寧商務總會調查

号　一鋪　號
開設城　街係　行業　光緒　年開設
號東　執事

号　一鋪　號
開設城　街係　行業　光緒　年開設
號東　執事

号　一鋪　號
開設城　街係　行業　光緒　年開設
號東　執事

号　一鋪　號
開設城　街係　行業　光緒　年開設
號東　執事

号　一鋪　號
開設城　街係　行業　光緒　年開設
號東　執事

号　一鋪　號
開設城　街係　行業　光緒　年開設
號東　執事

号　一鋪　號
開設城　街係　行業　光緒　年開設
號東　執事

号　一鋪　號
開設城　街係　行業　光緒　年開設
號東　執事

以上係緞機店鋪

合共計〇千壹百壹拾捌號

緞機　千字號

江寧商務總會調查

光緒三十二年　月　日呈

花綢機行業類

已入商會　一號　一鋪　高裕昇號　開設城内富民坊街係花綢機行業　號東高宏增執事　光緒元年開設

已入商會　二號　一鋪　王永豐號　開設城内盧妃巷街係花綢機行業　號東王肇麟執事　光緒元年開設

已入商會　三號　一鋪　馬慶豐號　開設城内三元巷街係花綢機行業　號東　執事　光緒拾貳年開設

已入商會　四號　一鋪　福昌恒號　開設城内黑簪巷街係花綢機行業　號東　執事　光緒貳拾貳年開設

已入商會　五號　一鋪　王泰恒號　開設城内磨盤街係花綢機行業　號東　執事　光緒貳拾捌年開設

已入商會　六號　一鋪　恒裕祥號　開設城内金粟菴街係花綢機行業　號東　執事　光緒叁拾年開設

已入商會　七號　一鋪　王永泰號　開設城内磨盤街係花綢機行業　號東　執事　光緒元年開設

已入商會　八號　一鋪　劉正泰號　開設城内天喜長生祠街係花綢機行業　號東　執事　光緒貳拾叁年開設

江甯商務總會調查

已入商會 九號 一鋪 袁茂林號 開設城內箴　街係花綢機行業 光緒拾伍年開設 號東 執事

已入商會 十號 一鋪 顧其榮號 開設城內九兒巷街係花綢機行業 光緒拾玖年開設 號東 執事

已入商會 十一號 一鋪 張應龍號 開設城內南宮坊街係花綢機行業 光緒拾柒年開設 號東 執事

已入商會 十二號 一鋪 穆克忠號 開設城內太平橋街係花綢機行業 光緒貳拾年開設 號東 執事

已入商會 十三號 一鋪 林義泰號 開設城內土街口街係花綢機行業 光緒拾壹年開設 號東 執事

已入商會 十四號 一鋪 李錦泰號 開設城內土街口街係花綢機行業 光緒拾　年開設 號東 執事

已入商會 十五號 一鋪 王永興號 開設城內新街口街係花綢機行業 光緒貳拾玖年開設 號東 執事

已入商會 十六號 一鋪 李萬源號 開設城內慈悲社街係花綢機行業 光緒叁拾年開設 號東 執事

花綢機行業類

十七號	一鋪	王怡盛號	開設城內新街口街	係花綢機行業	光緒元年開設	號東	執事	已入商會
十八號	一鋪	王天祥號	開設城內紗帽巷街	係花綢機行業	光緒拾陸年開設	號東	執事	已入商會
十九號	一鋪	張金昌號	開設城內肚帶巷街	係花綢機行業	光緒貳拾玖年開設	號東	執事	已入商會
廿號	一鋪	黃泰昶號	開設城內罵駕橋街	係花綢機行業	光緒貳拾玖年開設	號東	執事	已入商會
廿一號	一鋪	孫德茂號	開設城內大倉園街	係花綢機行業	光緒貳拾壹年開設	號東	執事	已入商會
廿二號	一鋪	李義泰號	開設城內紗帽巷街	係花綢機行業	光緒拾叁年開設	號東	執事	已入商會
廿三號	一鋪	任懋泰號	開設城內故衣廊街	係花綢機行業	光緒拾貳年開設	號東	執事	已入商會
廿四號	一鋪	鄭滙泰號	開設城內韓家巷街	係花綢機行業	光緒叁拾年開設	號東	執事	已入商會

江甯商務總會調查

廿五號　一鋪　佘啟泰號　開設城内韓家巷街係花綢機行業　光緒拾壹年開設　號東　執事　已入商會

廿六號　一鋪　孫壬記號　開設城皇城　街係花綢機行業　光緒貳拾叁年開設　號東　執事　已入商會

廿七號　一鋪　邱億記號　開設城内竺橋　街係花綢機行業　光緒貳拾年開設　號東　執事　已入商會

廿八號　一鋪　張恒魁號　開設城内綢巾市街係花綢機行業　光緒貳拾捌年開設　號東　執事　已入商會

廿九號　一鋪　陸炳芳號　開設城内蓮花橋街係花綢機行業　光緒貳拾年開設　號東　執事　已入商會

卅號　一鋪　高裕豐號　開設城内紗塘沿街係花綢機行業　光緒貳拾玖年開設　號東　執事　已入商會

卅一號　一鋪　范恒泰號　開設城北紅橋　街係花綢機行業　光緒元　年開設　號東　執事　已入商會

卅二號　一鋪　陸廣興號　開設城内水左營街係花綢機行業　光緒拾肆年開設　號東　執事　已入商會

花綢機行業類

卅三號　已入商會
一鋪　張湧元號
開設城内老虎橋街係花綢機行業
號東　執事
光緒拾叁年開設

卅四號　已入商會
一鋪　張裕泰號
開設城内木料市街係花綢機行業
號東　執事
光緒叁拾年開設

卅五號　已入商會
一鋪　何錦豐號
開設城内張府園街係花綢機行業
號東　執事
光緒貳拾玖年開設

卅六號　已入商會
一鋪　王裕祥號
開設城内張府園街係花綢機行業
號東　執事
光緒貳拾玖年開設

卅七號　已入商會
一鋪　蔡裕泰號
開設城内鉄作坊街係花綢機行業
號東　執事
光緒拾肆年開設

卅八號　已入商會
一鋪　趙永興號
開設城内羅絲轉灣街係花綢機行業
號東　執事
光緒貳拾貳年開設

卅九號　已入商會
一鋪　韋坤泰號
開設城内高家酒館街係花綢機行業
號東　執事
光緒貳拾捌年開設

四十號　已入商會
一鋪　程炳泰號
開設城内半邊營街係花綢機行業
號東　執事
光緒叁拾　年開設

江甯商務總會調查

已入商會　號罒
一鋪　翁大元號　開設城内半邊街係花綢機行業　光緒拾玖年開設
號東　執事

已入商會　號罒〢
一鋪　朱振昌號　開設城内糖坊橋街係花綢機行業　光緒弍拾柒年開設
號東　執事

已入商會　號罒〣
一鋪　高永元號　開設城内糖坊橋街係花綢機行業　光緒弍拾捌年開設
號東　執事

已入商會　號罒〤
一鋪　高錦德號　開設城内高家酒館街係花綢機行業　光緒弍拾　年開設
號東　執事

已入商會　號罒〥
一鋪　龔萬源號　開設城内糖坊橋街係花綢機行業　光緒弍拾陸年開設
號東　執事

已入商會　號罒〦
一鋪　强祥興號　開設城内沐府西門街係花綢機行業　光緒叁拾　年開設
號東　執事

已入商會　號罒〧
一鋪　祁德泰號　開設城内罵駕橋街係花綢機行業　光緒弍拾玖年開設
號東　執事

已入商會　號罒〨
一鋪　李廷玉號　開設城内肚帶營街係花綢機行業　光緒弍拾柒年開設
號東　執事

花綢機行業類

已入商會	[illegible]號	一鋪	吴炳堯號	開設城內罵駕橋街係花綢機行業 號東　執事	光緒貳拾玖年開設
已入商會	[illegible]號	一鋪	孫振興號	開設城內大倉園街係花綢機行業 號東　執事	光緒拾捌年開設
已入商會	[illegible]號	一鋪	柳永春號	開設城內大倉園街係花綢機行業 號東　執事	光緒貳拾年開設
已入商會	[illegible]號	一鋪	張正泰號	開設城內紗帽巷街係花綢機行業 號東　執事	光緒貳拾壹年開設
已入商會	[illegible]號	一鋪	王裕泰號	開設城內雞鵝巷街係花綢機行業 號東　執事	光緒叁拾年開設
已入商會	[illegible]號	一鋪	霍啟泰號	開設城內韓家巷街係花綢機行業 號東　執事	光緒貳拾貳年開設
已入商會	[illegible]號	一鋪	丁永源號	開設城內吉兆營街係花綢機行業 號東　執事	光緒貳拾玖年開設
已入商會	[illegible]號	一鋪	陳德源號	開設城內如意橋街係花綢機行業 號東　執事	光緒貳拾柒年開設

江甯商務總會調查

已入商會　號　一鋪　吳德泰號　開設城内洪武街係花綢機行業　光緒貳拾貳年開設　號東　執事

已入商會　號　一鋪　吳德春號　開設城内洪武街係花綢機行業　光緒貳拾柒年開設　號東　執事

已入商會　號　一鋪　王炳祥號　開設城内薛家巷街係花綢機行業　光緒拾陸年開設　號東　執事

已入商會　號　一鋪　馬安林號　開設城内新街口街係花綢機行業　光緒貳拾叁年開設　號東　執事

號　一鋪　止　號　開設城　街係　行業　光緒　年開設　號東　執事

號　一鋪　號　開設城　街係　行業　光緒　年開設　號東　執事

號　一鋪　號　開設城　街係　行業　光緒　年開設　號東　執事

號　一鋪　號　開設城　街係　行業　光緒　年開設　號東　執事

以上係花綢機店鋪

合共計〇千〇百陸拾〇號

[illegible]三十二年　月　日呈

乙号 一鋪 韓同興號 開設城内絨莊街係五張絨機行業光緒　年開設 號東韓 執事

二号 一鋪 畢樹雲號 開設城内秦狀元巷街係五張絨機行業光緒　年開設 號東畢 執事

三号 一鋪 何永興號 開設城北明瓦廊大街係四張絨機行業光緒　年開設 號東何 執事

四号 一鋪 毛大科號 開設城北陸家巷街係三張絨機行業光緒　年開設 號東毛 執事

五号 一鋪 杭大發號 開設城北陸家巷街係四張絨機行業光緒　年開設 號東杭 執事

六号 一鋪 王加增號 開設城内汗西門石橋街係三張絨機行業光緒　年開設 號東王 執事

七号 一鋪 吴永和號 開設城北張府園街係三張絨機行業光緒　年開設 號東吴 執事

八号 一鋪 王祥盛號 開設城北張府園街係三張絨機行業光緒　年開設 號東王 執事

絨機行業類

江甯商務總會調查

九號　一鋪　韓保和號　開設城北下街口大街係四張緞機行業　光緒　年開設　號東韓　執事

十號　一鋪　陳錫章號　開設城北明瓦廊大街係四張緞機行業　光緒　年開設　號東陳　執事

十一號　一鋪　朱永發號　開設城北明瓦廊大街係三張緞機行業　光緒　年開設　號東朱　執事

十二號　一鋪　林振明號　開設城北明瓦廊大街係三張緞機行業　光緒　年開設　號東林　執事

十三號　一鋪　張萬發號　開設城北明瓦廊大街係五張緞機行業　光緒　年開設　號東張　執事

十四號　一鋪　武洪源號　開設城北陸家巷街係五張緞機行業　光緒　年開設　號東武　執事

十五號　一鋪　王士俊號　開設城北陸家巷街係五張緞機行業　光緒　年開設　號東王　執事

十六號　一鋪　胡加三號　開設城北陸家巷街係三張緞機行業　光緒　年開設　號東胡　執事

絨機行業類

十七號 一鋪 周隆興號 開設城北陸家巷街係張三絨機行業 光緒　年開設 號東周　執事

十八號 一鋪 宋加二號 開設城北陸家巷街係張四絨機行業 光緒　年開設 號東宋　執事

十九號 一鋪 王同發號 開設城北陸家巷街係張三絨機行業 光緒　年開設 號東王　執事

廿號 一鋪 張成意號 開設城北陸家巷街係張五絨機行業 光緒　年開設 號東張　執事

廿一號 一鋪 翁長發號 開設城北頭道高井街係張三絨機行業 光緒　年開設 號東翁　執事

廿二號 一鋪 王嘉隆號 開設城北頭道高井街係張三絨機行業 光緒　年開設 號東王　執事

廿三號 一鋪 王長年號 開設城北小豐府巷街係張四絨機行業 光緒　年開設 號東王　執事

廿四號 一鋪 翁有祿號 開設城北三道高井街係張四絨機行業 光緒　年開設 號東翁　執事

江甯商務總會調查

廿五號 一鋪 王嘉倫號
開設城北三道高井街係張四緞機行業光緒　年開設
號東王　執事

廿六號 一鋪 魏長貴號
開設城北易家橋街係張三緞機行業光緒　年開設
號東魏　執事

廿七號 一鋪 楊萬興號
開設城北易家橋街係張五緞機行業光緒　年開設
號東楊　執事

廿八號 一鋪 宋聚貴號
開設城北三茅宮大街係張五緞機行業光緒　年開設
號東宋　執事

廿九號 一鋪 陳永年號
開設城北曹都巷街係張五緞機行業光緒　年開設
號東陳　執事

卅號 一鋪 汪興財號
開設城北易家橋街係張四緞機行業光緒　年開設
號東汪　執事

卅一號 一鋪 周得清號
開設城北易家橋街係張三緞機行業光緒　年開設
號東周　執事

卅二號 一鋪 周得松號
開設城北易家橋街係張三緞機行業光緒　年開設
號東周　執事

絨機行業類

卅三號 一鋪 葉萬順號 開設城北大豊府巷街係五張絨機行業光緒 年開設 號東葉 執事

卅四號 一鋪 李起榮號 開設城北大豊府巷街係五張絨機行業光緒 年開設 號東李 執事

卅五號 一鋪 王啟才號 開設城北雙石鼓街係三張絨機行業光緒 年開設 號東王 執事

卅六號 一鋪 陳炳元號 開設城北雙石鼓街係三張絨機行業光緒 年開設 號東陳 執事

卅七號 一鋪 王元金號 開設城北雙石鼓街係三張絨機行業光緒 年開設 號東王 執事

卅八號 一鋪 陳厚伯號 開設城北雙石鼓街係四張絨機行業光緒 年開設 號東陳 執事

卅九號 一鋪 周大明號 開設城北羅漢寺大街係三張絨機行業光緒 年開設 號東周 執事

四十號 一鋪 汪起發號 開設城北羅漢寺大街係三張絨機行業光緒 年開設 號東汪 執事

江甯商務總會調查

號罕	一鋪	王大有號	開設城北羅漢寺大街係三張絨機行業光緒　年開設　號東王　執事
號罕二	一鋪	卲長興號	開設城北螺絲轉灣街係四張絨機行業光緒　年開設　號東卲　執事
號罕三	一鋪	王東來號	開設城北寶靈菴大街係五張絨機行業光緒　年開設　號東王　執事
號罕四	一鋪	嚴永和號	開設城北寶靈菴大街係三張絨機行業光緒　年開設　號東嚴　執事
號罕五	一鋪	施永和號	開設城北漢西門石橋街係四張絨機行業光緒　年開設　號東施　執事
號罕六	一鋪	朱正明號	開設城北漢西門石橋街係三張絨機行業光緒　年開設　號東朱　執事
號罕七	一鋪	湯雨江號	開設城北漢西門石橋街係三張絨機行業光緒　年開設　號東湯　執事
號罕八	一鋪	湯太和號	開設城北牌樓大街係三張絨機行業光緒　年開設　號東湯　執事

絨機行業類

四九號	一鋪	周得銀號	開設城北易家橋街係五張絨機行業	光緒　年開設	號東周	執事
五十號	一鋪	周得全號	開設城北易家橋街係三張絨機行業	光緒　年開設	號東周	執事
五一號	一鋪	夏松興號	開設城北三茅宮正街係三張絨機行業	光緒　年開設	號東夏	執事
五二號	一鋪	王德榮號	開設城北三茅宮正街係三張絨機行業	光緒　年開設	號東王	執事
五三號	一鋪	葉同興號	開設城北三茅宮正街係三張絨機行業	光緒　年開設	號東葉	執事
五四號	一鋪	周子文號	開設城北三茅宮正街係四張絨機行業	光緒　年開設	號東周	執事
五五號	一鋪	陳士桃號	開設城北三茅宮正街係四張絨機行業	光緒　年開設	號東陳	執事
五六號	一鋪	周煥章號	開設城北三茅宮正街係四張絨機行業	光緒　年開設	號東周	執事

江甯商務總會調查

五十七號 一鋪 連士福號
開設城北三茅宮正街係五張絨機行業光緒　年開設
號東連　執事

五十八號 一鋪 連士才號
開設城北三茅宮正街係五張絨機行業光緒　年開設
號東連　執事

五十九號 一鋪 陳士濤號
開設城北大豐府巷街係五張絨機行業光緒　年開設
號東陳　執事

六十號 一鋪 周保中號
開設城北大豐府巷街係三張絨機行業光緒　年開設
號東周　執事

六十一號 一鋪 陳福全號
開設城北大豐府巷街係四張絨機行業光緒　年開設
號東陳　執事

六十二號 一鋪 周詠南號
開設城北大豐府巷街係五張絨機行業光緒　年開設
號東周　執事

六十三號 一鋪 翁大年號
開設城北大豐府巷街係三張絨機行業光緒　年開設
號東翁　執事

六十四號 一鋪 邢養之號
開設城北大豐府巷街係五張絨機行業光緒　年開設
號東邢　執事

絨機行業類

六十五號	一鋪	嚴永順號	開設城北牌樓大街係五張絨機	號東嚴執事	行業	光緒　年開設
六十六號	一鋪	湯玉興號	開設城北牌樓大街係四張絨機	號東湯執事	行業	光緒　年開設
六十七號	一鋪	王泰福號	開設城北黄泥巷街係三張絨機	號東王執事	行業	光緒　年開設
六十八號	一鋪	林正記號	開設城北黄泥巷街係三張絨機	號東林執事	行業	光緒　年開設
六十九號	一鋪	唐建才號	開設城北崔板橋街係三張絨機	號東唐執事	行業	光緒　年開設
七十號	一鋪	賈永福號	開設城北崔板橋街係四張絨機	號東賈執事	行業	光緒　年開設
七十一號	一鋪	韓寶慶號	開設城西雙塘街係三張絨機	號東韓執事	行業	光緒　年開設
七十二號	一鋪	劉萬源號	開設城内絨莊街係五張絨機	號東劉執事	行業	光緒　年開設

江甯商務總會調查

七十三號　一鋪　彭萬和號　開設城北焦狀元巷街係三張絨機行業光緒　年開設　號東彭　執事

七十四號　一鋪　黄永元號　開設城北薛家巷街係三張絨機行業光緒　年開設　號東黄　執事

七十五號　一鋪　田玉興號　開設城北朝天宫後街係三張絨機行業光緒　年開設　號東田　執事

七十六號　一鋪　梁永元號　開設城外南門外掃帚街係三張絨機行業光緒　年開設　號東梁　執事

七十七號　一鋪　劉長發號　開設城外朝陽門外孝陵衛街係五張絨機行業光緒　年開設　號東劉　執事

七十八號　一鋪　劉永興號　開設城外菖蒲門外街係三張絨機行業光緒　年開設　號東劉　執事

七十九號　一鋪　何舒豐號　開設城北張府園街係二張絨機行業光緒　年開設　號東何　執事

八十號　一鋪　王修和號　開設城北大香爐街係二張絨機行業光緒　年開設　號東王　執事

號廿一	一鋪	蕭尚士號	開設城北明瓦廊大街係張二	號東蕭執事	絨機行業	光緒　年開設
號廿二	一鋪	童雙喜號	開設城北明瓦廊大街係張一	號東童執事	絨機行業	光緒　年開設
號廿三	一鋪	王嘉萬號	開設城北陸家巷街係張二	號東王執事	絨機行業	光緒　年開設
號廿四	一鋪	金天昇號	開設城北陸家巷街係張二	號東金執事	絨機行業	光緒　年開設
號廿五	一鋪	連士喜號	開設城北陸家巷街係張二	號東連執事	絨機行業	光緒　年開設
號廿六	一鋪	韓大才號	開設城北小豐府巷街係張二	號東韓執事	絨機行業	光緒　年開設
號廿七	一鋪	盧松州號	開設城北易家橋街係張二	號東盧執事	絨機行業	光緒　年開設
號廿八	一鋪	王修福號	開設城北易家橋街係張二	號東王執事	絨機行業	光緒　年開設

絨機行業類　　江甯商務總會調查

八十九號	一鋪	王大才號	開設城北曹都巷街係一張絨機行業光緒　年開設	號東王　執事
九十號	一鋪	韓起桂號	開設城北曹都巷街係二張絨機行業光緒　年開設	號東韓　執事
九十一號	一鋪	李大有號	開設城北三茅宮大街係二張絨機行業光緒　年開設	號東李　執事
九十二號	一鋪	連爾福號	開設城北三茅宮大街係二張絨機行業光緒　年開設	號東連　執事
九十三號	一鋪	陳山蘇號	開設城北三茅宮大街係二張絨機行業光緒　年開設	號東陳　執事
九十四號	一鋪	嚴先生號	開設城北大豐府巷街係二張絨機行業光緒　年開設	號東嚴　執事
九十五號	一鋪	鄭永來號	開設城北大豐府巷街係二張絨機行業光緒　年開設	號東鄭　執事
九十六號	一鋪	周有連號	開設城北雙石鼓街係二張絨機行業光緒　年開設	號東周　執事

絨機行業類

號廿七	一鋪	方家堂號	開設城北雙石鼓街係張二絨機行業光緒　年開設	號東方	執事
號廿八	一鋪	馬長生號	開設城北雙石鼓街係張二絨機行業光緒　年開設	號東馬	執事
號廿九	一鋪	劉長清號	開設城北羅漢寺大街係張三絨機行業光緒　年開設	號東劉	執事
號三十	一鋪	劉長發號	開設城北羅漢寺大街係張二絨機行業光緒　年開設	號東劉	執事
號卅一	一鋪	韓長元號	開設城北羅漢寺大街係張二絨機行業光緒　年開設	號東韓	執事
號卅二	一鋪	王大同號	開設城北羅漢寺大街係張一絨機行業光緒　年開設	號東王	執事
號卅三	一鋪	樊永貴號	開設城北羅漢寺大街係張二絨機行業光緒　年開設	號東樊	執事
號卅四	一鋪	黄永桂號	開設城北寶靈菴街係張一絨機行業光緒　年開設	號東黄	執事

江甯商務總會調查

可五号 一鋪 何耀三號 開設城北宝靈巷街係二張絨機行業 光緒 年開設 號東何 執事

可六号 一鋪 陶建明號 開設城北漢西街街係二張絨機行業 光緒 年開設 號東陶 執事

可七号 一鋪 趙東全號 開設城北漢西門街係一張絨機行業 光緒 年開設 號東趙 執事

可八号 一鋪 陳永源號 開設城北漢西門街係二張絨機行業 光緒 年開設 號東陳 執事

可九号 一鋪 姚品三號 開設城北漢西門街係二張絨機行業 光緒 年開設 號東姚 執事

可十号 一鋪 潘左均號 開設城北漢西門街係一張絨機行業 光緒 年開設 號東潘 執事

可十一号 一鋪 夏永貴號 開設城北漢西門街係一張絨機行業 光緒 年開設 號東夏 執事

可十二号 一鋪 施得元號 開設城北漢西門街係二張絨機行業 光緒 年開設 號東施 執事

絨機行業類

號三 一鋪 王長發號 開設城北牌樓大街係張二絨機行業 光緒　年開設
號東王　執事

號四 一鋪 施長貴號 開設城北漢西門街係張二絨機行業 光緒　年開設
號東施　執事

號五 一鋪 夏小雲號 開設城北漢西門街係張二絨機行業 光緒　年開設
號東夏　執事

號六 一鋪 宋聚桂號 開設城北黄泥巷街係張二絨機行業 光緒　年開設
號東宋　執事

號七 一鋪 陳永年號 開設城北崔板橋街係張二絨機行業 光緒　年開設
號東陳　執事

號八 一鋪 謝長華號 開設城北崔板橋街係張二絨機行業 光緒　年開設
號東謝　執事

號九 一鋪 王起才號 開設城内門西雙塘街係張二絨機行業 光緒　年開設
號東王　執事

號卌 一鋪 常炳元號 開設城内絨莊街係張二絨機行業 光緒　年開設
號東常　執事

江甯商務總會調查

號 一鋪 毛培元號 開設城内高家酒店街係二張絨機行業光緒　年開設 號東毛執事

號 一鋪 周調源號 開設城北薛家巷街係二張絨機行業光緒　年開設 號東周執事

號 一鋪 王永泉號 開設城北朝天宫後街係二張絨機行業光緒　年開設 號東王執事

號 一鋪 郜德才號 開設城外孝陵衛街係二張絨機行業光緒　年開設 號東郜執事

號 一鋪 井有全號 開設城外孝陵衛街係二張絨機行業光緒　年開設 號東井執事

號 一鋪 劉忠元號 開設城外孝陵衛街係二張絨機行業光緒　年開設 號東劉執事

號 一鋪 王天和號 開設城外菖蒲門外街係二張絨機行業光緒　年開設 號東王執事

號 一鋪 裴東源號 開設城外菖蒲門外街係二張絨機行業光緒　年開設 號東裴執事

號一鋪馬忠全號　開設城外掃箒巷街係張二緘機行業光緒　年開設　號東馬　執事

號一鋪馬玉甯號　開設城外孝陵衛街係張二緘機行業光緒　年開設　號東馬　執事

号一鋪　止　號　開設城　街係　行業光緒　年開設　號東　執事

号一鋪　號　開設城　街係　行業光緒　年開設　號東　執事

号一鋪　號　開設城　街係　行業光緒　年開設　號東　執事

号一鋪　號　開設城　街係　行業光緒　年開設　號東　執事

号一鋪　號　開設城　街係　行業光緒　年開設　號東　執事

号一鋪　號　開設城　街係　行業光緒　年開設　號東　執事

行業類

江甯商務總會調查

号　一鋪　號　開設城　街係　行業　光緒　年開設
號東　執事

号　一鋪　號　開設城　街係　行業　光緒　年開設
號東　執事

号　一鋪　號　開設城　街係　行業　光緒　年開設
號東　執事

号　一鋪　號　開設城　街係　行業　光緒　年開設
號東　執事

号　一鋪　號　開設城　街係　行業　光緒　年開設
號東　執事

号　一鋪　號　開設城　街係　行業　光緒　年開設
號東　執事

号　一鋪　號　開設城　街係　行業　光緒　年開設
號東　執事

号　一鋪　號　開設城　街係　行業　光緒　年開設
號東　執事

以上係絨機店鋪

合共計○千壹百叁拾○號

光緒

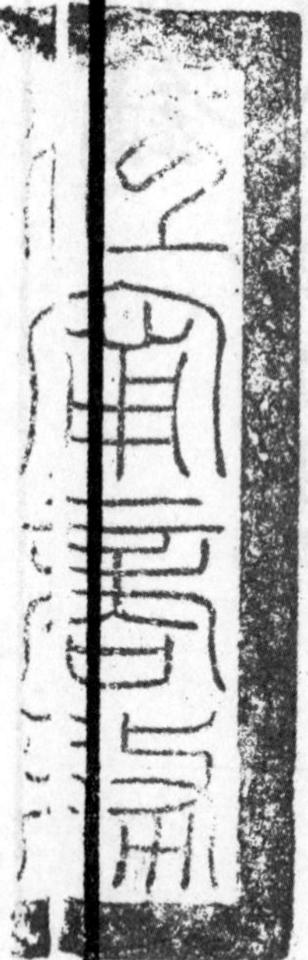

貳卷目錄

紗行業類

已入商會
乙号
一鋪 蔡光明號
開設城兆家橋街係紗行業
號東
執事
光緒捌年開設

二号
一鋪 蔡如學號
開設城兆家橋街係紗行業
號東
執事
光緒拾玖年開設

三号
一鋪 蔡炳祥號
開設城兆家橋街係紗行業
號東
執事
光緒拾玖年開設

已入商會
四号
一鋪 蔡炳全號
開設城兆家橋街係紗行業
號東
執事
光緒拾年開設

五号
一鋪 江季有號
開設城兆家橋街係紗行業
號東
執事
光緒貳拾柒年開設

六号
一鋪 施榮春號
開設城上元門街係紗行業
號東
執事
光緒叁拾年開設

七号
一鋪 王燮堂號
開設城兆家橋街係紗行業
號東
執事
光緒拾玖年開設

八号
一鋪 王金泉號
開設城五白村街係紗行業
號東
執事
光緒拾玖年開設

江甯商務總會調查

九號 一鋪 余炳洲號 開設城五白村街係紗行業 光緒拾玖年開設 號東執事

已入商會
十號 一鋪 何彭根號 開設城上元門街係紗行業 光緒拾貳年開設 號東執事

十一號 一鋪 李樹廷號 開設城上元門街係紗行業 光緒貳拾柒年開設 號東執事

已入商會
十二號 一鋪 謝長源號 開設城上元門街係紗行業 光緒貳拾柒年開設 號東執事

十三號 一鋪 蔣鶴錦號 開設城上元門街係紗行業 光緒貳拾柒年開設 號東執事

已入商會
十四號 一鋪 蔣鶴森號 開設城上元門街係紗行業 光緒貳拾柒年開設 號東執事

已入商會
十五號 一鋪 蔣鶴松號 開設城上元門街係紗行業 光緒貳拾柒年開設 號東執事

十六號 一鋪 王竹軒號 開設城莊王廟街係紗行業 光緒拾玖年開設 號東執事

十七號	一鋪	劉松培號	開設城糖坊橋街	係紗行業	光緒捌年開設	號東執事	
十八號	一鋪	張子安號	開設城觀音門街	係紗行業	光緒貳拾柒年開設	號東執事	已入商會
十九號	一鋪	陸良本號	開設城北門橋街	係紗行業	光緒貳拾柒年開設	號東執事	已入商會
廿號	一鋪	陳廣得號	開設城柳巷街	係紗行業	光緒貳拾柒年開設	號東執事	已入商會
廿一號	一鋪	許寶林號	開設城觀音門街	係紗行業	光緒叁拾年開設	號東執事	
廿二號	一鋪	張亮卿號	開設城觀音門街	係紗行業	光緒貳拾柒年開設	號東執事	
廿三號	一鋪	沈得泰號	開設城神策門街	係紗行業	光緒貳拾柒年開設	號東執事	已入商會
廿四號	一鋪	沈得海號	開設城神策門街	係紗行業	光緒貳拾柒年開設	號東執事	

紗行業類

江寧商務總會調查

廿五號	一鋪	沈得本號	開設城神策門街	係紗行業	光緒叁拾壹年開設	號東	執事	已入商會
廿六號	一鋪	蔣萬和號	開設城戴家灣街	係紗行業	光緒拾玖年開設	號東	執事	
廿七號	一鋪	汪長金號	開設城戴家灣街	係紗行業	光緒拾玖年開設	號東	執事	
廿八號	一鋪	汪長銀號	開設城戴家灣街	係紗行業	光緒拾玖年開設	號東	執事	
廿九號	一鋪	雷正炳號	開設城葫蘆套街	係紗行業	光緒叁拾年開設	號東	執事	
卅號	一鋪	雷正榮號	開設城葫蘆套街	係紗行業	光緒叁拾年開設	號東	執事	
卅一號	一鋪	胡長森號	開設城大市橋街	係紗行業	光緒叁拾年開設	號東	執事	
卅二號	一鋪	儲泰昌號	開設城七里洲街	係紗行業	光緒貳拾柒年開設	號東	執事	已入商會

紗行業類

卅三號 已入商會 一鋪 高有良號 開設城壯塘街係紗行業 光緒捌年開設 號東執事

卅四號 一鋪 高松海號 開設城壯塘街係紗行業 光緒拾貳年開設 號東執事

卅五號 一鋪 高有旺號 開設城壯塘街係紗行業 光緒拾貳年開設 號東執事

卅六號 已入商會 一鋪 高松林號 開設城壯塘街係紗行業 光緒捌年開設 號東執事

卅七號 一鋪 高有洲號 開設城壯塘街係紗行業 光緒捌年開設 號東執事

卅八號 一鋪 蔣盛發號 開設城壯塘街係紗行業 光緒貳拾柒年開設 號東執事

卅九號 已入商會 一鋪 蔣順發號 開設城壯塘街係紗行業 光緒貳拾柒年開設 號東執事

四十號 一鋪 王松壽號 開設城壯塘街係紗行業 光緒貳拾柒年開設 號東執事

江寧商務總會調查

已入商會

號〤〡 一鋪 吴祥興號 開設城壯塘街係紗行業 光緒貳拾叁年開設 號東執事

號〤〢 一鋪 朱萬春號 開設城五白村街係紗行業 光緒捌年開設 號東執事

號〤〣 一鋪 邱學春號 開設城五白村街係紗行業 光緒捌年開設 號東執事

號〤〤 一鋪 邱學寶號 開設城五白村街係紗行業 光緒捌年開設 號東執事

號〤〥 一鋪 高松壽號 開設城五白村街係紗行業 光緒捌年開設 號東執事

號〤〦 一鋪 季有山號 開設城五白村街係紗行業 光緒捌年開設 號東執事

號〤〧 一鋪 胡思純號 開設城上元門街係紗行業 光緒拾捌年開設 號東執事

號〤〨 一鋪 胡思錫號 開設城上元門街係紗行業 光緒拾捌年開設 號東執事

紗行業類

已入商會

號四九	一舖	劉在清號	開設城五白村街係紗行業	光緒捌年開設	號東	執事
號五十	一舖	劉松高號	開設城五白村街係紗行業	光緒叁拾年開設	號東	執事
號五一	一舖	黃正泉號	開設城神策門街係紗行業	光緒貳拾柒年開設	號東	執事
號五二	一舖	康槐林號	開設城神策門街係紗行業	光緒貳拾柒年開設	號東	執事
號五三	一舖	高長榮號	開設城神策門街係紗行業	光緒貳拾柒年開設	號東	執事
號五四	一舖	鄭金燮號	開設城神策門街係紗行業	光緒貳拾柒年開設	號東	執事
號五五	一舖	熊長林號	開設城五白村街係紗行業	光緒捌年開設	號東	執事
號五六	一舖	熊相榮號	開設城五白村街係紗行業	光緒捌年開設	號東	執事

江甯商務總會調查

號[illegible] 一鋪	熊有禮號	開設城五白村街係紗行業光緒捌年開設	號東執事	已入商會
號[illegible] 一鋪	熊有義號	開設城五白村街係紗行業光緒貳年開設	號東執事	已入商會
號[illegible] 一鋪	張如才號	開設城五白村街係紗行業光緒貳拾柒年開設	號東執事	已入商會
號[illegible] 一鋪	吳春錦號	開設城五白村街係紗行業光緒捌年開設	號東執事	
號[illegible] 一鋪	趙國海號	開設城上元門街係紗行業光緒貳拾年開設	號東執事	
號[illegible] 一鋪	趙國良號	開設城上元門街係紗行業光緒貳年開設	號東執事	已入商會
號[illegible] 一鋪	趙國道號	開設城上元門街係紗行業光緒貳拾年開設	號東執事	已入商會
號[illegible] 一鋪	宋永和號	開設城上元門街係紗行業光緒拾捌年開設	號東執事	

紗行業類

六十五號 已入商會
一鋪 曹長興號
開設城七里洲街係紗行業
號東 執事
光緒貳拾叁年開設

六十六號 已入商會
一鋪 湯發得號
開設城七里洲街係紗行業
號東 執事
光緒叁拾年開設

六十七號 已入商會
一鋪 解富貴號
開設城七里洲街係紗行業
號東 執事
光緒叁拾年開設

六十八號 已入商會
一鋪 陸良志號
開設城七里洲街係紗行業
號東 執事
光緒叁拾年開設

六十九號 已入商會
一鋪 陸中青號
開設城七里洲街係紗行業
號東 執事
光緒叁拾年開設

七十號 已入商會
一鋪 劉得全號
開設城七里洲街係紗行業
號東 執事
光緒貳拾柒年開設

七十一號 已入商會
一鋪 王天漢號
開設城七里洲街係紗行業
號東 執事
光緒貳拾柒年開設

七十二號 已入商會
一鋪 周正泰號
開設城神策門街係紗行業
號東 執事
光緒貳拾柒年開設

江甯商務總會調查

號七十三　一鋪　李廣榮號　開設城兆家橋街係紗行業光緒貳拾年開設　號東　執事

號七十四　一鋪　李廣華號　開設城兆家橋街係紗行業光緒貳拾年開設　號東　執事

號七十五　一鋪　黄清明號　開設城神策門街係紗行業光緒拾捌年開設　號東　執事

號七十六　一鋪　康兆清號　開設城神策門街係紗行業光緒貳拾柒年開設　號東　執事

號　一鋪　上號　開設城　街係　行業光緒　年開設　號東　執事

號　一鋪　號　開設城　街係　行業光緒　年開設　號東　執事

號　一鋪　號　開設城　街係　行業光緒　年開設　號東　執事

號　一鋪　號　開設城　街係　行業光緒　年開設　號東　執事

以上係紗機店鋪

合共計〇千〇百柒拾陸號

光緒三十二年　月　日呈

已入商會　号乙　一鋪　魯復源號　開設城内彩霞大街係絲經緞行業　光緒七年開設
號東魯祥林　執事

已入商會　号二　一鋪　吴東興號　開設城内新橋街係零拆絲綫行業　光緒八年開設
號東吴樽梅　執事

已入商會　号三　一鋪　陳聚興爾記號　開設城内絲市口街係零拆絲綫行業　光緒八年開設
號東陳士森　執事

已入商會　号四　一鋪　朱永泰號　開設城内絲市口街係零拆絲經行業　光緒八年開設
號東朱德源　執事

已入商會　号五　一鋪　楊裕祥號　開設城内沙灣街係零拆絲經行業　光緒八年開設
號東　執事

已入商會　号六　一鋪　錢鎰豐號　開設城内絲市口街係零拆絲經行業　光緒八年開設
號東錢雲生　執事

已入商會　号七　一鋪　蘇信成號　開設城内沙灣街係零拆絲經行業　光緒八年開設
號東蘇德霖　執事

已入商會　号八　一鋪　焦晉記號　開設城内釣魚台街係零拆絲經行業　光緒十年開設
號東焦賢仁　執事

零拆絲經行業類

江甯商務總會調查

已入商會 九號 一鋪 潘仁興號
開設城内沙灣街係零拆絲經行業 光緒十年開設
號東潘承業 執事

已入商會 十號 一鋪 查鑫記號
開設城内新橋街係零拆絲經行業 光緒十年開設
號東查心儒 執事

已入商會 十一號 一鋪 汪順興號
開設城内北門橋街係零拆絲經行業 光緒十一年開設
號東汪保齡 執事

已入商會 十二號 一鋪 陸日新號
開設城内北門橋街係零拆絲經行業 光緒十一年開設
號東陸德潤 執事

已入商會 十三號 一鋪 周義豐號
開設城内北門橋街係零拆絲經行業 光緒十一年開設
號東周長溶 執事

已入商會 十四號 一鋪 王生發號
開設城内新橋街係零拆絲經行業 光緒十一年開設
號東王生發 執事

已入商會 十五號 一鋪 高錦祥號
開設城内釣魚台街係零拆絲經行業 光緒十一年開設
號東高承進 執事

已入商會 十六號 一鋪 周萬隆號
開設城内釣魚台街係零拆絲經行業 光緒十一年開設
號東周德福 執事

絲經 行業類

號十七	一鋪	王閏生宜記號	開設城內沙灣街係零拆絲經行業	號東王閏生	執事	光緒十一年開設	已入商會
號十八	一鋪	朱永豐號	開設城內新橋街係零拆絲經行業	號東朱秉衡	執事	光緒十三年開設	已入商會
號十九	一鋪	張湧興號	開設城內新橋街係零拆絲經行業	號東張爾鑫	執事現已禀請更名承業	光緒二年開設	已入商會
號廿	一鋪	葉源泰號	開設城內新橋街係零拆絲經行業	號東葉昆裕	執事	光緒二年開設	已入商會
號廿一	一鋪	王春記號	開設城內新橋街係零拆絲經行業	號東王蔭楨	執事	光緒二年開設	已入商會
號廿二	一鋪	穽裕泰號	開設城內新橋街係零拆絲經行業	號東穽禮堂	執事	光緒二年開設	已入商會
號廿三	一鋪	朱錦昌啟記號	開設城內新橋街係零拆絲經行業	號東朱宇溶	執事	光緒二年開設	已入商會
號廿四	一鋪	張裕泰號	開設城內評事街係絲經緞行業	號東張質甫	執事	光緒二年開設	已入商會

江甯商務總會調查

已入商會	廿五號	一鋪	馮協茂號	開設城内北門橋街係零拆絲經行業光緒三年開設	號東馮長松 執事
已入商會	廿六號	一鋪	章德興號	開設城内北門橋街係零拆絲經行業光緒三年開設	號東章椿林 執事
已入商會	廿七號	一鋪	陶炳興號	開設城内沙灣街係零拆絲經行業光緒四年開設	號東陶本和 執事
已入商會	廿八號	一鋪	武永興號	開設城内北門橋街係零拆絲經行業光緒六年開設	號東武申沅 執事
已入商會	廿九號	一鋪	趙昇和號	開設城内沙灣街係零拆絲經行業光緒六年開設	號東趙甫生 執事
已入商會	卅號	一鋪	陳正興號	開設城内北門橋街係零拆絲經行業光緒七年開設	號東陳正棋 執事
已入商會	卅一號	一鋪	龔坤泰號	開設城内新橋街係零拆絲經行業光緒十一年開設	號東龔春生 執事
已入商會	卅二號	一鋪	章源豐昌號	開設城内新橋街係零拆絲經行業光緒十一年開設	號東章昌榮 執事

絲經 行業類

已入商會 卅三號 一鋪 劉合興記號 開設城内北門橋街係零折絲經行業 號東劉合興 執事 光緒十二年開設

已入商會 卅四號 一鋪 廖隆盛號 開設城内評事街係綢緞絲經行業 號東 執事 光緒十二年開設

已入商會 卅五號 一鋪 劉晉記號 開設城内評事街係零折絲經行業 號東 執事 光緒十四年開設

已入商會 卅六號 一鋪 韓同源號 開設城内坊口大街係絲絨緞行業 號東韓春錦 執事 光緒十五年開設

已入商會 卅七號 一鋪 吳乾益號 開設城内沙灣街係零折絲經行業 號東吳錫崟 執事 光緒十六年開設

已入商會 卅八號 一鋪 張益泰號 開設城内沙灣街係零折絲經行業 號東張承堯 執事 光緒十七年開設

已入商會 卅九號 一鋪 朱祥泰號 開設城内新橋街係零折絲經行業 號東朱筱濤 執事 光緒十八年開設

已入商會 四十號 一鋪 雷源生福號 開設城内新橋街係零折絲經行業 號東雷元禄 執事 光緒十八年開設

江甯商務總會調查

已入商會	號四一	一鋪	劉豫豐泰號	開設城內沙灣街係零拆絲經行業 光緒十八年開設	號東劉恒興	執事
已入商會	號四二	一鋪	徐仁泰號	開設城內木料市街係絲紗緞行業 光緒十八年開設	號東徐少楠	執事
已入商會	號四三	一鋪	許瑞記號	開設城內新橋街係零拆絲經行業 光緒十九年開設	號東許永鑫	執事
已入商會	號四四	一鋪	俞裕隆公號	開設城內新橋街係零拆絲經行業 光緒十九年開設	號東俞昌鶴	執事
已入商會	號四五	一鋪	鄭衡泰子記號	開設城內新橋街係零拆絲經行業 光緒十九年開設	號東鄭厚銘	執事
已入商會	號四六	一鋪	李福申昌記號	開設城內新橋街係零拆絲經行業 光緒十九年開設	號東李盟	執事
已入商會	號四七	一鋪	夏宏大號	開設城內北門橋街係零拆絲經行業 光緒二十一年開設	號東夏宏大	執事
已入商會	號四八	一鋪	周泰來號	開設城內沙灣街係零拆絲經行業 光緒二十二年開設	號東周寶源	執事

絲經　行業類

江甯商務總會調查

已入商會	號四十九	一鋪	趙錦餘永號	開設城内新橋街係零拆絲經行業	號東趙鳳章　執事	光緒二十二年開設
已入商會	號五十	一鋪	陶同發和記號	開設城内沙灣新橋街係零拆絲經行業	號東陶基根　執事	光緒二十二年開設
已入商會	號五十一	一鋪	陳日新東記號	開設城内絲市口街係零拆絲經行業	號東陳棣臣　執事	光緒二十二年開設
已入商會	號五十二	一鋪	劉滙源號	開設城内新橋街係零拆絲經行業	號東劉滙源　執事	光緒二十二年開設
已入商會	號五十三	一鋪	徐春源衡號	開設城内新橋街係零拆絲經行業	號東　執事	光緒二十四年開設
已入商會	號五十四	一鋪	王恩和號	開設城内北門橋大街係絲經紗緞行業	號東　執事	光緒二十六年開設
已入商會	號五十五	一鋪	于生泰仁記號	開設城静潔鄉許村街係零拆絲經行業	號東于生泰　執事	光緒二十八年開設
已入商會	號五十六	一鋪	朱椿源益記號	開設城内新橋街係零拆絲經行業	號東朱承棵　執事	光緒二十八年開設

已入商會 七號	一鋪	翁裕昇祥記號	開設城内新橋街係零拆絲經行業 光緒二十九年開設 號東翁鈺興 執事
已入商會 八號	一鋪	趙乾大號	開設城内北門橋街係零拆絲經行業 光緒三十年開設 號東趙乾大 執事
已入商會 九號	一鋪	姚元泰號	開設城内北門橋街係零拆絲經行業 光緒三十年開設 號東姚元泰 執事
已入商會 十號	一鋪	胡億興號	開設城内北門橋街係零拆絲經行業 光緒三十年開設 號東胡鈞記 執事
已入商會 十一號	一鋪	胡萬隆號	開設城内北門橋街係零拆絲經行業 光緒三十年開設 號東胡昌記 執事
已入商會 十二號	一鋪	尹寶記號	開設城内北門橋魚市街係零拆絲經行業 光緒三十年開設 號東尹祥芝 執事
已入商會 十三號	一鋪	徐永源號	開設城内北門橋魚市街係零拆絲經行業 光緒三十年開設 號東徐錫記 執事
已入商會 十四號	一鋪	蔡恒大號	開設城内沙灣街係零拆絲經行業 光緒三十年開設 號東蔡恒德 執事

絲經　行業類

號數	鋪	字號	開設地點及行業	號東	開設年份
號五	一鋪	王乾泰號	開設祿口鎮永豐五圖係零拆絲經行業	號東王乾泰執事	光緒三十年開設
號六	一鋪	李永興號	開設城内㕍福街係零拆絲經行業	號東李奎忠執事	光緒三十年開設
號七	一鋪	劉協泰元記號	開設城内絲市口街係零拆絲經行業	號東劉培執事	光緒三十年開設
號八	一鋪	李培元號	開設城内絲市口街係零拆絲經行業	號東李璋執事	光緒三十年開設
號九	一鋪	潘保記號	開設城内新橋街係零拆絲經行業	號東潘松林執事	光緒三十年開設
號十	一鋪	戴福源號	開設城内北門橋街係零拆絲經行業	號東戴福源執事	光緒三十年開設
號十一	一鋪	薛永昌公號	開設城内沙灣街係零拆絲經行業	號東薛德齋執事	光緒三十一年開設
號十二	一鋪	周聚源號	開設城内沙灣街係零拆絲經行業	號東周承鑫執事	光緒三十一年開設

（各號上方均注：已入商會）

江甯商務總會調查

號三	一鋪	錢錦川號	開設城内沙灣大街	係絲經行業	光緒　年開設	號東錢宗瑞執事
號四	一鋪	王泰豐號	開設城内小王府巷街	係絲經行業	光緒　年開設	號東　執事
號五	一鋪	許發茂號	開設城内沙灣大街	係絲經行業	光緒　年開設	號東許靜安執事
號[illegible]	一鋪	馮德源號	開設城内新橋　街	係絲經行業	光緒　年開設	號東馮步瀛執事
號[illegible]	一鋪	李啟興號	開設城内新橋絲市口街	係絲經行業	光緒　年開設	號東李漢章執事
號六	一鋪	王乾泰號	開設城外祿口鎮　街	係絲經行業	光緒　年開設	號東王　執事
號[illegible]	一鋪	張億源號	開設城内北門橋　街	係絲經行業	光緒　年開設	號東張執事
號[illegible]	一鋪	朱泰昌號	開設城内南門大　街	係絲經行業	光緒　年開設	號東朱執事

絲經行業類

號十一	一鋪	邵和記號	開設城内膺府街	係絲經行業	光緒　年開設	號東邵照華	執事
號十二	一鋪	高振興德記號	開設城内新橋釣魚台街	係絲經行業	光緒　年開設	號東高有盛	執事
號十三	一鋪	洪湧豐號	開設城内沙灣大街	係絲經行業	光緒　年開設	號東洪	執事
號十四	一鋪	李泰和號	開設城内沙灣大街	係絲經行業	光緒　年開設	號東李	執事
號十五	一鋪	于椿源和記號	開設城内新橋街	係絲經行業	光緒　年開設	號東于漢才	執事
號十六	一鋪	盧祥泰號	開設城内新橋街	係絲經行業	光緒　年開設	號東盧春祺	執事
號十七	一鋪	王東來號	開設城内新橋街	係絲經行業	光緒　年開設	號東王士鐸	執事
號十八	一鋪	陸培源廷記號	開設城内新橋街	係絲經行業	光緒　年開設	號東陸則張	執事

江甯商務總會調查

八十九號 一鋪 劉永和號 開設城内北門橋街係綵經行業光緒年開設 號東劉逢霖執事

九十號 一鋪 胡億昌號 開設城内北門橋街係綵經行業光緒年開設 號東胡開林執事

九十一號 一鋪 馬仁昌順記號 開設城内北門橋街係綵經行業光緒年開設 號東馬蔚堂執事

九十二號 一鋪 萬和成號 開設城内北門橋街係綵經行業光緒年開設 號東王炳南執事

九十三號 一鋪 陳洪興號 開設城内膺府大街係綵經行業光緒年開設 號東陳信忠執事

九十四號 一鋪 業洪川號 開設城内新橋街係綵經行業光緒年開設 號東業恩富執事

九十五號 一鋪 徐裕豐號 開設城内北門橋街係綵經行業光緒年開設 號東徐福堂執事

九十六號 一鋪 陶永興號 開設城内糯米巷街係綵經行業光緒年開設 號東陶執事

絲經 行業類

號七	一舖	葉裕興號	開設城外横溪橋街係絲經行業光緒　年開設	號東葉桂山執事
號八	一舖	沈東源號	開設城内沙灣街係絲經行業光緒　年開設	號東沈德泰執事
號九	一舖	朱萬興號	開設城内新橋街係絲經行業光緒　年開設	號東朱松泉執事
號十	一舖	吴廣成號	開設城外陶吴鎮街係絲經行業光緒　年開設	號東吴和庭執事
號〇一	一舖	湯永泰號	開設城外銅井鎮街係絲經行業光緒　年開設	號東執事
號〇二	一舖	吴長炘號	開設城内新橋街係絲經行業光緒　年開設	號東吴長炘執事
號〇三	一舖	陳順昌子記號	開設城内北門橋街係絲經行業光緒　年開設	號東陳鏡恒執事
號〇四	一舖	馬恊泰源記號	開設城内沙灣街係絲經行業光緒　年開設	號東馬成之執事

江甯商務總會調查

號 一鋪 蘇恒泰號 開設城内釣魚台街 係絲經行業 光緒　年開設 號東蘇長源 執事

號 一鋪 陳順興號 開設城外南鄉横溪橋街 係絲經行業 光緒　年開設 號東陳錦堂 執事

號 一鋪 趙鈺隆號 開設城内新橋街 係絲經行業 光緒　年開設 號東趙季方 執事

號 一鋪 余萬源號 開設城外祿口鎮街 係絲經行業 光緒　年開設 號東余 執事

號 一鋪 葛乾興號 開設城内新橋街 係絲經行業 光緒　年開設 號東葛能達 執事

號 一鋪 同聚興號 開設城内銅作坊街 係絲經行業 光緒　年開設 號東胡必丑 執事

號 一鋪 吴湧源號 開設城内沙灣街 係絲經行業 光緒　年開設 號東吴湘記 執事

號 一鋪 錢恒大號 開設城内沙灣街 係絲經行業 光緒　年開設 號東錢長華 執事

絲經　行業類

號　一鋪　秦復源號　開設城内大彩霞街係絲經緞行業　光緒　年開設　號東秦慶源執事

號　一鋪　陶炳興號　開設城内沙灣街係絲經行業　光緒　年開設　號東陶本河執事

號　一鋪　陶德興號　開設城外靜潔鄉套(?)街係絲經行業　光緒　年開設　號東陶明松執事

號　一鋪　汪義興號　開設城靜潔鄉許村廟街係絲經行業　光緒　年開設　號東汪道新執事

號　一鋪　江兆昌號　開設城内沙灣街係絲經行業　光緒　年開設　號東江先檜執事

號　一鋪　周怡興號　開設城外横溪橋街係絲經行業　光緒　年開設　號東周世春執事

號　一鋪　林德泰號　開設城内仙鶴街係綢緞絲行業　光緒　年開設　號東　執事

號　一鋪　王順興號　開設城外祿口鎮街係絲經行業　光緒　年開設　號東王　執事

江甯商務總會調查

已入商會

號[illegible]　一鋪　王震泰號　開設城内磨盤街係綢緞經行業光緒　年開設　號東王宗德　執事

號[illegible]　一鋪　蔡復源號　開設城内講堂大街係絲經緞行業光緒　年開設　號東蔡竹斧　執事

號[illegible]　一鋪　吉祥東號　開設城外道德鄉曹村街係絲經行業光緒　年開設　號東張天平　執事

號[illegible]　一鋪　李泰和月記號　開設城内新橋街係絲經行業光緒　年開設　號東李福民　執事

號[illegible]　一鋪　余同源號　開設城外禄口鎮街係絲經行業光緒　年開設　號東余大恒　執事

號[illegible]　一鋪　張萬昌號　開設城外禄口鎮街係絲經行業光緒　年開設　號東　執事

號[illegible]　一鋪　王同興號　開設城外禄口鎮街係絲經行業光緒　年開設　號東　執事

號[illegible]　一鋪　陳寶豐號　開設城外禄口鎮街係絲經行業光緒　年開設　號東　執事

卅號	一鋪	張乾泰號	開設城外橫溪橋街係	號東張紀勳執事	行業光緒　年開設
卅一號	一鋪	正泰春號	開設城外曹溪鎮街係	號東周元執事	行業光緒　年開設
卅二號	一鋪	晉康恒號	開設城外曹溪鎮街係	號東周庸執事	行業光緒　年開設
卅三號	一鋪	蔣生源號	開設城內唱經樓街係	號東蔣　執事	行業光緒　年開設
卅四號	一鋪	張潤餘號	開設城內唱經樓街係	號東張　執事	行業光緒　年開設
卅五號	一鋪	李德源號	開設城內唱經樓街係	號東李　執事	行業光緒　年開設
号	一鋪	止　號	開設城　街係	號東　執事	行業光緒　年開設
号	一鋪	號	開設城　街係	號東　執事	行業光緒　年開設

絲經行業類

江甯商務總會調查

号　一鋪　號
開設城　　街係　　行業　光緒　　年開設
號東　　執事

号　一鋪　號
開設城　　街係　　行業　光緒　　年開設
號東　　執事

号　一鋪　號
開設城　　街係　　行業　光緒　　年開設
號東　　執事

号　一鋪　號
開設城　　街係　　行業　光緒　　年開設
號東　　執事

号　一鋪　號
開設城　　街係　　行業　光緒　　年開設
號東　　執事

号　一鋪　號
開設城　　街係　　行業　光緒　　年開設
號東　　執事

号　一鋪　號
開設城　　街係　　行業　光緒　　年開設
號東　　執事

号　一鋪　號
開設城　　街係　　行業　光緒　　年開設
號東　　執事

以上係絲經店鋪

合共計〇千壹百叁拾肆號

光緒三十二年　月　日呈

布行業類

乙號	一鋪	億泰和號	開設城内行口街	係布行業	光緒三年開設	號東趙愚廷	執事孫雲伯	已入商會
二號	一鋪	義成號	開設城外南門外大街	係布行業	光緒三年開設	號東劉培林	執事劉培林	已入商會
三號	一鋪	德泰和號	開設城内箴街	係布行業	光緒十年開設	號東陶筱圃	執事冷益堂	已入商會
四號	一鋪	鎰大號	開設城内魚市街	係布行業	光緒十一年開設	號東王明之	執事王明之	已入商會
五號	一鋪	德大號	開設城内鏇子巷街	係布行業	光緒元年開設	號東劉錫蝦	執事劉錫蝦	已入商會
六號	一鋪	德泰仁號	開設城内九兒巷街	係布行業	光緒八年開設	號東陶筱圃	執事徐樹人	已入商會
七號	一鋪	鋐吉昌號	開設城内大行宮街	係布行業	光緒十三年開設	號東王鋐鈞	執事王鋐鈞	已入商會
八號	一鋪	長發祥號	開設城内顧樓街	係布行業	光緒十五年開設	號東趙曾重	執事申廷輝	已入商會

江甯商務總會調查

已入商會
九號
一鋪
有興號
開設城內板巷街 係布行業 光緒十六年開設
號東張耀堂 執事鍾春波

已入商會
十號
一鋪
同茂永號
開設城內安品街 係布行業 光緒十八年開設
號東袁錫藩 執事袁錫藩

已入商會
十一號
一鋪
德新昌號
開設城內顏料坊街 係布行業 光緒十九年開設
號東吳鈞和 孫雲臺 執事吳蓋臣

已入商會
十二號
一鋪
大吉祥號
開設城內南門大街 係布行業 光緒十九年開設
號東翁耀堂 陳秋潭 吳西垣 李求士 執事陳秋潭

已入商會
十三號
一鋪
正和祥號
開設城內南門大街 係布行業 光緒二十一年開設
號東周盛齋 趙閏堂 吳鋪東 執事周盛齋

已入商會
十四號
一鋪
復康號
開設城內大中橋火星廟街 係布行業 光緒二十二年開設
號東李佑之 執事李佑之

已入商會
十五號
一鋪
永豐號
開設城內評事大街 係布行業 光緒二十三年開設
號東張靜含 周蓀天 陳樹屏 執事殷筱田

已入商會
十六號
一鋪
華昌號
開設城內大行宮街 係布行業 光緒二十四年開設
號東朱煥章 執事朱漢銘

號數	入會	鋪數	牌號	開設地址及行業	號東	執事	開設年份
十七號	已入商會	一鋪	福餘祥號	開設城內南門大街係布行業	翁耀堂 陳秋潭 吳西垣 李求士	翁耀堂	光緒二十五年開設
十八號	已入商會	一鋪	厚福號	開設城內沙灣街係布行業	盧聲廷	盧聲廷	光緒二十七年開設
十九號	已入商會	一鋪	大昌號	開設城內南門大街係布行業	吳芷薌	吳芷薌	光緒二十七年開設
廿號	已入商會	一鋪	生和號	開設城內武定橋街係布行業	徐樹生 段國勳 王仲山	段國勳	光緒三十年開設
廿一號	已入商會	一鋪	慶隆號	開設城內評事大街係綢布行業	邵調之	邵調之	光緒十三年開設
廿二號	已入商會	一鋪	庚大號	開設城內黑廊街係綢布行業	戴子明 陳東昇	戴子明	光緒十六年開設
廿三號	已入商會	一鋪	同興號	開設城內承恩寺街係綢布行業	阮星如 黎瑞生	阮星如	光緒十六年開設
廿四號	已入商會	一鋪	庚源號	開設城內油市大街係綢布行業	吳筱秋	沈少輝	光緒十六年開設

布行業類

江甯商務總會調查

已入商會	廿五號	一鋪	鈺昌號	開設城内水西門天后宫街	係綢布行業	光緒十七年開設
				號東戴鈺昆	執事周鏡涵	
已入商會	廿六號	一鋪	鼎昌號	開設城内水西門大街	係綢布行業	光緒十八年開設
				號東王燿廷 呂鶴軒 王少棵	執事王少棵	
已入商會	廿七號	一鋪	金和號	開設城内黑廊街	係綢布行業	光緒二十年開設
				號東王金韶	執事徐鶴籌	
已入商會	廿八號	一鋪	甡昌號	開設城内南門大街	係綢布行業	光緒二十一年開設
				號東汪明生 申鳳皆 劉鼎城	執事汪明生	
已入商會	廿九號	一鋪	德豐號	開設城内黑廊街	係綢布行業	光緒二十二年開設
				號東王燿廷 呂鶴軒 王少棵	執事呂萬青	
已入商會	卅號	一鋪	康齡號	開設城内三山大街	係綢布行業	光緒二十三年開設
				號東姜國楨 朱華堂 孫桂臣	執事朱華堂	
已入商會	卅一號	一鋪	華章號	開設城内三山大街	係綢布行業	光緒二十五年開設
				號東劉榮之	執事劉榮之	
已入商會	卅二號	一鋪	天祥號	開設城内水西門大街	係綢布行業	光緒二十六年開設
				號東戴鈺昆	執事戴鈺昆	

布行業類

卅三號	已入商會	一鋪	元大號	開設城内司署口街係綢布行業	號東盧煜臣	執事顧平卿	光緒二十七年開設
卅四號	已入商會	一鋪	錦昌祥號	開設城内南門大街係綢布行業	號東王秀章	執事王秀章	光緒二十七年開設
卅五號	已入商會	一鋪	永康號	開設城内水西門大街係綢布行業	號東萬松菴	執事萬松菴	光緒二十八年開設
卅六號	已入商會	一鋪	大豐號	開設城内三山大街係綢布行業	號東沈益之	執事沈耀廷	光緒二十八年開設
卅七號	已入商會	一鋪	天昌號	開設城内陡門橋街係綢布行業	號東閔在東 陳漢臺	執事陳漢臺	光緒二十八年開設
卅八號	已入商會	一鋪	慶大號	開設城内坊口大街係綢布行業	號東石夢樓 任漢卿	執事任漢卿	光緒二十九年開設
卅九號	已入商會	一鋪	鼎隆號	開設城内承恩寺街係綢布行業	號東張平甫	執事張渭川	光緒二十九年開設
四十號	已入商會	一鋪	億大號	開設城内評事大街係綢布行業	號東宋永康 周彤甫	執事周彤甫	光緒三十年開設

江甯商務總會調查

已入商會	號四十一	一鋪	生大號	開設城内黑廊街係綢布行業 光緒三十年開設	號東鄭晏之 周熙培 朱海秋	執事周熙培
已入商會	號四十二	一鋪	康泰祥號	開設城内顧樓口街係綢布行業 光緒三十一年開設	號東陸習之 孫振之	執事孫振之
已入商會	號四十三	一鋪	啟泰號	開設城内黑廊街係綢布行業 光緒三十一年開設	號東孫雲伯 魏少堂 孫滌源	執事魏少堂
已入商會	號四十四	一鋪	榮昌號	開設城内奇望街係綢布行業 光緒三十一年開設	號東周献廷	執事鄭寅堂
已入商會	號四十五	一鋪	萬成號	開設城内顏料坊街係布棧行業 光緒十九年開設	號東孫味經	執事孫廣成
已入商會	號四十六	一鋪	義昌興號	開設城内百花巷街係布棧行業 光緒二十八年開設	號東朱善之	執事朱善之
已入商會	號四十七	一鋪	厚昌祥號	開設城内泰倉巷街係布棧行業 光緒二十九年開設	號東姜國楨 朱華堂 宋永康	執事宋永康
已入商會	號四十八	一鋪	裕大號	開設城内大坊坊街係布棧行業 光緒三十年開設	號東朱華堂 朱錫三	執事朱錫三

布行業類

已入商會 四九号
一鋪 盈記號
開設城內銅作坊街係布棧
號東趙搏九 孔響秋
執事趙搏九
行業 光緒三十年開設

已入商會 五十号
一鋪 永興號
開設城內糯米巷街係布棧
號東周葆天
執事周葆天
行業 光緒 年開設

号
一鋪 止號
開設城 街係
號東
執事
行業 光緒 年開設

号
一鋪 號
開設城 街係
號東
執事
行業 光緒 年開設

号
一鋪 號
開設城 街係
號東
執事
行業 光緒 年開設

号
一鋪 號
開設城 街係
號東
執事
行業 光緒 年開設

号
一鋪 號
開設城 街係
號東
執事
行業 光緒 年開設

号
一鋪 號
開設城 街係
號東
執事
行業 光緒 年開設

江寧商務總會閱登

号
一鋪　號
開設城　街係　行業　光緒　年開設
號東　執事

号
一鋪　號
開設城　街係　行業　光緒　年開設
號東　執事

号
一鋪　號
開設城　街係　行業　光緒　年開設
號東　執事

号
一鋪　號
開設城　街係　行業　光緒　年開設
號東　執事

号
一鋪　號
開設城　街係　行業　光緒　年開設
號東　執事

号
一鋪　號
開設城　街係　行業　光緒　年開設
號東　執事

号
一鋪　號
開設城　街係　行業　光緒　年開設
號東　執事

号
一鋪　號
開設城　街係　行業　光緒　年開設
號東　執事

以上係布　店鋪

合共計〇千〇百伍拾〇號

光緒三十二年　月　日呈

洋貨行業類

已入商會　号乙　一鋪　萬泰號
開設城内弓剪坊街係洋貨行業　光緒拾　年開設
號東趙建三　執事趙瑞廷

已入商會　号二　一鋪　景昌號
開設城内行口街係洋貨行業　光緒拾伍年開設
號東邵芳梓　徐秀峰　姜國楨　執事姜國楨

已入商會　号三　一鋪　元亨號
開設城内李府巷街係洋貨行業　光緒貳拾年開設
號東張翰儒　執事張質甫

已入商會　号四　一鋪　寶康祥號
開設城内望鶴樓街係洋貨行業　光緒貳拾柒年開設
號東岳慶生　執事岳慶生

已入商會　号五　一鋪　鋐豐號
開設城内南捕廳街係洋貨行業　光緒貳拾捌年開設
號東陳鉞坤　執事何厚安

已入商會　号六　一鋪　億泰鑫號
開設城内小彩霞街係洋貨行業　光緒　年開設
號東趙沛廷　執事趙鏡潭

已入商會　号七　一鋪　豫源號
開設城内顔料坊街係洋貨行業　光緒　年開設
號東楊星五　執事楊星五

号　一鋪　止號
開設城　街係　行業　光緒　年開設
號東　執事

江甯商務總會調查

号　一鋪　號
開設城　街係　行業　光緒　年開設
號東　執事

号　一鋪　號
開設城　街係　行業　光緒　年開設
號東　執事

号　一鋪　號
開設城　街係　行業　光緒　年開設
號東　執事

号　一鋪　號
開設城　街係　行業　光緒　年開設
號東　執事

号　一鋪　號
開設城　街係　行業　光緒　年開設
號東　執事

号　一鋪　號
開設城　街係　行業　光緒　年開設
號東　執事

号　一鋪　號
開設城　街係　行業　光緒　年開設
號東　執事

号　一鋪　號
開設城　街係　行業　光緒　年開設
號東　執事

以上係洋貨店鋪

合共計〇千〇百〇拾柒號

光緒三十二年　　月　　日呈

洋廣貨行業類

已入商會	乙號	一舖	源發祥號	開設城內坊口大街係洋廣貨行業 號東方玉山 馬鑑鑫　執事	光緒拾年開設
已入商會	二號	一舖	恒豐潤號	開設城內三山大街係洋廣貨行業 號東何少齋　執事劉慎寬	光緒貳拾肆年開設
已入商會	三號	一舖	王永大號	開設城內油市大街係洋廣貨行業 號東王善卿 王金秋　執事	光緒元年開設
已入商會	四號	一舖	張有興號	開設城內油市大街係洋廣貨行業 號東　執事	光緒元年開設
已入商會	五號	一舖	王聚昌號	開設城內南門大街係洋廣貨行業 號東王德卿　執事	光緒元年開設
已入商會	六號	一舖	順源號	開設城內綢緞廊街係洋廣貨行業 號東朱筱濂　執事	光緒貳拾年開設
已入商會	七號	一舖	順昌號	開設城內綢緞廊街係洋廣貨行業 號東　執事張炘齋	光緒拾貳年開設
已入商會	八號	一舖	福元號	開設城內承恩寺街係洋廣貨行業 號東　執事呂載之	光緒貳拾捌年開設

江甯商務總會調查

已入商會
九號
一鋪　姚仁和號
開設城内三山大街係洋廣貨行業　光緒貳年開設
號東姚申培　執事季樹堂

已入商會
十號
一鋪　汪湧源號
開設城南花市大街係洋廣貨行業　光緒貳拾貳年開設
號東汪文彬　執事

已入商會
十一號
一鋪　潘祥興號
開設城内新橋大街係洋廣貨行業　光緒伍年開設
號東潘子安　執事

已入商會
十二號
一鋪　毛廣聚號
開設城内水西門街係洋廣貨行業　光緒貳拾肆年開設
號東毛曉臣　執事

已入商會
十三號
一鋪　宜記號
開設城内李府巷街係洋雜貨行業　光緒貳拾玖年開設
號東王煥文　執事

已入商會
十四號
一鋪　湯太和號
開設城北花牌樓街係洋廣貨行業　光緒貳拾肆年開設
號東湯玉堂　執事

已入商會
十五號
一鋪　湧昌號
開設城内油市大街係洋廣貨行業　光緒貳拾陸年開設
號東孫渭熊　執事

已入商會
十六號
一鋪　春森記號
開設城内講堂大街係洋廣貨行業　光緒貳拾壹年開設
號東張厚之　執事

廣貨行業類

十七號 一鋪 德盛源號
開設城内顧樓街係廣貨行業 光緒 年開設
號東 執事林梓青

十八號 一鋪 泳懋號
開設城内武定橋街係廣貨行業 光緒 年開設
號東 執事西春榮

十九號 一鋪 炳鴻興號
開設城内武定橋街係廣貨行業 光緒 年開設
號東 執事余楚卿

廿號 一鋪 永茂號
開設城内武定橋街係廣貨行業 光緒 年開設
號東 執事謝竹

廿一號 一鋪 陳仁和號
開設城内淮清橋街係廣貨行業 光緒 年開設
號東陳啓陞 執事

廿二號 一鋪 永德泰號
開設城内淮清橋街係廣貨行業 光緒 年開設
號東 執事張性之

廿三號 一鋪 孫錦興號
開設城内釣魚巷街係廣貨行業 光緒 年開設
號東孫錦 執事

廿四號 一鋪 隆裕恒號
開設城内大中橋街係廣貨行業 光緒 年開設
號東 執事童湘渠

江甯商務總會調查

廿五號
一鋪 朱慶和號
開設城内大中橋街係廣貨行業　光緒　年開設
號東朱潤之　執事

廿六號
一鋪 咸昌號
開設城内大中橋街係廣貨行業　光緒　年開設
號東　執事馬慎源

廿七號
一鋪 連興號
開設城内大中橋街係廣貨行業　光緒　年開設
號東　執事張少之

廿八號
一鋪 鼎昌號
開設城内大中橋街係廣貨行業　光緒　年開設
號東　執事李有全

廿九號
一鋪 福昌永號
開設城内大行宮街係廣貨行業　光緒　年開設
號東　執事蔡鑑三

卅號
一鋪 王恒昌號
開設城内大行宮街係廣貨行業　光緒　年開設
號東　執事

卅一號
一鋪 張鈺和號
開設城内北門橋街係廣貨行業　光緒　年開設
號東張鈺　執事

卅二號
一鋪 庚興祥號
開設城内北門橋街係廣貨行業　光緒　年開設
號東　執事郭鑑

廣貨行業類

卅三號	一鋪	周祥發號	開設城內北門橋街係廣貨行業光緒　年開設	號東周春榮	執事
卅四號	一鋪	同鑫祥號	開設城內魚市大街係廣貨行業光緒　年開設	號東	執事張佩南
卅五號	一鋪	德昌號	開設城內唱經樓街係廣貨行業光緒　年開設	號東	執事王南齋
卅六號	一鋪	永豐號	開設城內唱經樓街係廣貨行業光緒　年開設	號東	執事趙玉生
卅七號	一鋪	志鑫元號	開設城內新路口街係廣貨行業光緒　年開設	號東	執事劉樹
卅八號	一鋪	裕豐恒號	開設城內評事大街係廣貨行業光緒　年開設	號東	執事張炳
卅九號	一鋪	泰和號	開設城內評事大街係廣貨行業光緒　年開設	號東	執事冷旭堂
四十號	一鋪	馬源豐號	開設城內張府園口街係廣貨行業光緒　年開設	號東馬宜春	執事

江甯商務總會調查

號四一 一鋪 朱源隆號 開設城內西華門街係廣貨行業光緒　年開設 號東 執事陳筱山

號四二 一鋪 元隆號 開設城內西華門街係廣貨行業光緒　年開設 號東 執事孫玉

號四三 一鋪 祥泰號 開設城內新橋街係廣貨行業光緒　年開設 號東 執事潘致

號四四 一鋪 振鑫祥號 開設城內新橋街係廣貨行業光緒　年開設 號東 執事潘致

號四五 一鋪 隆盛祥號 開設城內評事大街係廣貨行業光緒　年開設 號東 執事朱石春

已入商會 號四六 一鋪 鉅康號 開設城內果子行街係廣貨行業光緒叁拾壹年開設 號東 執事

已入商會 號四七 一鋪 洪昌號 開設城內綢緞廊街係廣貨行業光緒　年開設 號東施洪源 執事

已入商會 號四八 一鋪 東源號 開設城內南門大街係廣貨行業光緒　年開設 號東 執事張桂芳

廣貨行業類

四九號	一鋪	劉萬興號	開設城内南門大街係廣貨行業 號東劉鴻之　執事	光緒　年開設
五十號	一鋪	益鑫號	開設城内南門大街係廣貨行業 號東　執事何延年	光緒　年開設
五一號	一鋪	黄恒大號	開設城内沙灣口街係廣貨行業 號東黄瀛洲　執事	光緒　年開設
五二號	一鋪	慶昌號	開設城内沙灣街係廣貨行業 號東　執事沈慶之	光緒　年開設
五三號	一鋪	儀大號	開設城内旗福大街係廣貨行業 號東　執事方大成	光緒　年開設
五四號	一鋪	蔣錦聚號	開設城内旗福大街係廣貨行業 號東蔣保之　執事	光緒　年開設
五五號	一鋪	魯集成號	開設城南門外橋街係廣貨行業 號東魯瑞卿　執事	光緒　年開設
五六號	一鋪	潘公成號	開設城南門外街係廣貨行業 號東潘杏春　執事	光緒　年開設

號五七　一鋪　天盛祥號　開設城南門外西街係廣貨行業光緒　年開設　號東　執事趙文波

號五八　一鋪　岳乾泰號　開設城外掃帚巷街係廣貨行業光緒　年開設　號東岳懷之　執事

號五九　一鋪　方元大號　開設城南門外西街係廣貨行業光緒　年開設　號東方大春　執事

號六十　一鋪　張復興號　開設城南門外西街係廣貨行業光緒　年開設　號東張振　執事

號六一　一鋪　元大號　開設城内水西門大街係廣貨行業光緒　年開設　號東　執事許旭

號六二　一鋪　德陞祥號　開設城内水西門大街係廣貨行業光緒　年開設　號東　執事張逢正

號六三　一鋪　夏順興號　開設城内水西門大街係廣貨行業光緒叁拾年開設　號東夏萬興　執事

號六四　一鋪　夏廣興號　開設城内水西門大街係廣貨行業光緒　年開設　號東夏廣元　執事

廣貨行業類

號[illegible]　一鋪　李萬興號　開設城内水西門大街係廣貨行業　光緒　年開設　號東李德和　執事

六十六號　一鋪　劉聚興號　開設城内水西門大街係廣貨行業　光緒　年開設　號東劉棋卿　執事

六十七號　一鋪　王泰森號　開設城内水西門大街係廣貨行業　光緒　年開設　號東王有仁　執事

六十八號　一鋪　宏　昌號　開設城内行口街係廣貨行業　光緒　年開設　號東　執事戴銘之

六十九號　一鋪　泰　來號　開設城内評事街係京貨行業　光緒　年開設　號東欒　執事

七十號　一鋪　鴻昌祥號　開設城内大板巷街係廣貨行業　光緒　年開設　號東徐沘之　執事

七十一號　一鋪　萬　隆號　開設城内馬巷街係京貨行業　光緒　年開設　號東　執事

七十二號　一鋪　潘長興號　開設城内船板巷街係京貨行業　光緒　年開設　號東潘子馨　執事

江甯商務總會調查

號[illegible]	號[illegible]	號[illegible]	號[illegible]	號[illegible]	號[illegible]	號[illegible]	號[illegible]
一鋪	一鋪	一鋪	一鋪	一鋪	一鋪	一鋪	一鋪
振興祥號	永茂號	炳鴻興號	志鑫元號	張復興號	郭隆昌號	郭隆昌號	永順號
開設城内秤它巷街係京貨行業光緒年開設	開設城内顧樓大街係京貨行業光緒年開設	開設城内顧樓大街係京貨行業光緒年開設	開設城北新街口街係京貨行業光緒年開設	開設城南門外西街係京貨行業光緒年開設	開設城外下關大街係京廣貨行業光緒年開設	開設城外下關大街係京廣貨行業光緒年開設	開設城外講堂大街係京貨行業光緒年開設
號東陳鶴汀執事	號東謝執事	號東余經奎執事	號東劉長桂執事	號東張執事	號東郭洪旺執事	號東郭洪旺執事	號東執事

號十一 一鋪 孫湧金號 開設城内水西門大街係京貨行業 光緒 年開設
號東孫維熊 執事

號十二 一鋪 廣聚號 開設城内水西門大街係京貨行業 光緒 年開設
號東謝 執事

號十三 一鋪 德生祥號 開設城内水西門大街係京貨行業 光緒 年開設
號東張 執事

號十四 一鋪 李萬興號 開設城内水西門大街係京貨行業 光緒 年開設
號東李 執事

號十五 一鋪 公興號 開設城内水西門口街係京貨行業 光緒 年開設
號東徐 執事

號十六 一鋪 天順祥號 開設城内倉巷口街係京貨行業 光緒 年開設
號東孫 執事

號十七 一鋪 慶昌號 開設城内評事街係京貨行業 光緒 年開設
號東何 執事

號十八 一鋪 福源號 開設城内馬巷街係京貨行業 光緒 年開設
號東徐 執事

洋廣貨行業類京貨附　江甯商務總會調查

號八九	一鋪	隆裕泰號	開設城內漢西門街係京貨行業光緒　年開設	號東嚴	執事
號九十	一鋪	福源祥號	開設城內安平街係京貨行業光緒　年開設	號東胡	執事
號九一	一鋪	連陞號	開設城內徐家巷街係京貨行業光緒　年開設	號東	執事
號九二	一鋪	錦昌號	開設城內仙鶴街係京貨行業光緒　年開設	號東李	執事
號九三	一鋪	永聚號	開設城內梧桐樹街係京貨行業光緒　年開設	號東楊	執事
號九四	一鋪	慶昌號	開設城內沙灣里街係京貨行業光緒　年開設	號東沈	執事
號九五	一鋪	潘泰祥號	開設城內船板巷街係京貨行業光緒　年開設	號東潘	執事
號九六	一鋪	乾元號	開設城內新橋街係京貨行業光緒　年開設	號東陸	執事

京貨行業類

號[illegible] 一鋪 益鑫號 開設城内南門大街係京貨行業 光緒 年開設 號東何延年執事

號[illegible] 一鋪 兆昌號 開設城内大功坊街係京廣貨行業 光緒 年開設 號東鍾 執事

號[illegible] 一鋪 錦聚號 開設城内膺府大街係京貨行業 光緒 年開設 號東蔣 執事

號[illegible] 一鋪 鴻聚號 開設城内鈔庫街係京貨行業 光緒 年開設 號東韓 執事

號[illegible] 一鋪 恒生號 開設城内剪子巷街係京貨行業 光緒 年開設 號東王 執事

號[illegible] 一鋪 復興祥號 開設城内新廊石將軍街係京貨行業 光緒 年開設 號東張 執事

號[illegible] 一鋪 春和號 開設城内新郎石將軍街係京貨行業 光緒 年開設 號東王 執事

號[illegible] 一鋪 吉永順號 開設城内東牌樓大街係京貨行業 光緒 年開設 號東譚 執事

五號 一鋪 榮大號 開設城内東牌樓大街係京貨 行業 光緒 年開設 號東管 執事

六號 一鋪 森和成號 開設城内天天第街係京貨 行業 光緒 年開設 號東盛 執事

七號 一鋪 隆裕恒號 開設城内大中橋 街係京貨 行業 光緒 年開設 號東童 執事

八號 一鋪 慶和號 開設城内大中橋 街係京貨 行業 光緒 年開設 號東朱照發 執事

九號 一鋪 興隆號 開設城内大中橋 街係京貨 行業 光緒 年開設 號東萬有和 執事

十號 一鋪 仁和號 開設城内淮清橋 街係京貨 行業 光緒 年開設 號東陳起順 執事

十一號 一鋪 順源號 開設城内淮清橋 街係京貨 行業 光緒 年開設 號東江大富 執事

十二號 一鋪 裕和號 開設城内奇望街行台前街係京貨 行業 光緒 年開設 號東江玉記 執事

號廿三 一鋪 德春號 開設城内承恩寺大街係京貨行業 光緒 年開設 號東馮子清 執事

號廿四 一鋪 連興號 開設城内大中橋中街係京貨行業 光緒 年開設 號東張榮生 執事

號廿五 一鋪 光裕號 開設城内大中橋中街係京貨行業 光緒 年開設 號東王武生 執事

號廿六 一鋪 咸昌號 開設城内大中橋南街係京貨行業 光緒 年開設 號東馮玉堂 執事

號廿七 一鋪 正泰昇號 開設城内中正街係京貨行業 光緒 年開設 號東陳康山 執事

號廿八 一鋪 鴻大號 開設城内内橋口街係京貨行業 光緒 年開設 號東董清泉 執事

號廿九 一鋪 泰興號 開設城内花牌樓街係京貨行業 光緒 年開設 號東張春發 執事

號卅 一鋪 順源號 開設城北大行宫街係京貨行業 光緒 年開設 號東施正源 執事

京貨行業類

江甯商務總會調查

號廿一 一鋪 庚鑫號 開設城内北門橋街係京貨行業光緒　年開設 號東郭鑑洲執事

號廿二 一鋪 鈺和號 開設城内北門橋街係京貨行業光緒　年開設 號東張三芝執事

號廿三 一鋪 鑫盛號 開設城内魚市大街係京貨行業光緒　年開設 號東李興盛執事

號廿四 一鋪 祥發號 開設城内魚市大街係京貨行業光緒　年開設 號東周松記執事

號廿五 一鋪 恒源泼號 開設城北唱經樓街係京貨行業光緒　年開設 號東方海之執事

號廿六 一鋪 錦山祥號 開設城北洪武大街係京貨行業光緒　年開設 號東易錦和執事

號廿七 一鋪 祥發號 開設城北洪武大街係京貨行業光緒　年開設 號東周祥發執事

號廿八 一鋪 乾泰號 開設城北洪武大街係京貨行業光緒　年開設 號東周鳳億執事

京貨行業類

號廿九	一鋪	源隆號	開設城內西華門大街係京貨行業 光緒 年開設 號東朱家聲 執事
號卅	一鋪	榮源號	開設城內太平門[illegible]口街係京貨行業 光緒 年開設 號東劉長春 執事
號卅一	一鋪	湧益號	開設城內四象橋街係京貨行業 光緒 年開設 號東黃長海 執事
號卅二	一鋪	泰森號	開設城內四象橋街係京貨行業 光緒 年開設 號東顧本立 執事
號卅三	一鋪	錦鑫號	開設城內釣魚巷街係京貨行業 光緒 年開設 號東孫高明 執事
號卅四	一鋪	震元隆號	開設城內西華門大街係京貨行業 光緒 年開設 號東陳濃和 執事
號卅五	一鋪	順昌號	開設城南門外大街係京貨行業 光緒 年開設 號東李 執事
號卅六	一鋪	潘公成號	開設城南門外大街係京貨行業 光緒 年開設 號東潘 執事

江甯商務總會調查

號卌七 一鋪 岳乾泰號 開設城南門外大街係京貨行業光緒　年開設 號東　執事

號卌八 一鋪 天盛祥號 開設城南門外大街係京貨行業光緒　年開設 號東趙　執事

號卌九 一鋪 魯集成號 開設城南門外大街係京貨行業光緒　年開設 號東魯　執事

號五十 一鋪 豐泰號 開設城南門外大街係京貨行業光緒　年開設 號東石　執事

號五十一 一鋪 祥記號 開設城南門外掃箒巷街係京貨行業光緒　年開設 號東姚　執事

號五十二 一鋪 廣聚號 開設城南門外掃箒巷街係京貨行業光緒　年開設 號東噲　執事

號五十三 一鋪 樂乾泰號 開設城南門外掃箒巷街係京貨行業光緒　年開設 號東　執事

號五十四 一鋪 復順和號 開設城南門外西街係京貨行業光緒　年開設 號東倪　執事

京貨行業類

[illegible] 一鋪	同春號	開設城南門外西街係京貨行業光緒　年開設	號東蔣　執事
[illegible] 一鋪	陶源生號	開設城南門外西街係京貨行業光緒　年開設	號東陶　執事
[illegible] 一鋪	新盛號	開設城南門外西街係京貨行業光緒　年開設	號東沈　執事
[illegible] 一鋪	唐湧茂號	開設城漢西門外街係京貨行業光緒　年開設	號東唐　執事
[illegible] 一鋪	李永興號	開設城外下關大街係京貨行業光緒　年開設	號東李　執事
[illegible] 一鋪	源茂盛號	開設城外下關大街係京貨行業光緒　年開設	號東彭海西　執事
[illegible] 一鋪	泰昌永號	開設城外下關大街係京貨行業光緒　年開設	號東陳　執事
[illegible] 一鋪	周春祥號	開設城外下關大街係京貨行業光緒　年開設	號東周況臣　執事

江甯商務總會調查

號 一鋪 錦昌祥號 開設城外下關大街係京貨行業 光緒 年開設 號東周紹鏞 執事

號 一鋪 止 號 開設城 街係 行業 光緒 年開設 號東 執事

號 一鋪 號 開設城 街係 行業 光緒 年開設 號東 執事

號 一鋪 號 開設城 街係 行業 光緒 年開設 號東 執事

號 一鋪 號 開設城 街係 行業 光緒 年開設 號東 執事

號 一鋪 號 開設城 街係 行業 光緒 年開設 號東 執事

號 一鋪 號 開設城 街係 行業 光緒 年開設 號東 執事

號 一鋪 號 開設城 街係 行業 光緒 年開設 號東 執事

以上係廣貨店鋪

合共計〇千壹百伍拾叁號

光緒 三十二年 月 日呈

零剪店行業類

一號 一鋪 顧恒泰號 開設城內蒼巷大街係零剪店行業 光緒　年開設 號東顧　執事

二號 一鋪 永春同號 開設城內南門大街係零剪店行業 光緒　年開設 號東林　執事

三號 一鋪 劉榮昌號 開設城內花市大街係零剪店行業 光緒　年開設 號東劉　執事

四號 一鋪 榮森祥號 開設城內花市大街係零剪店行業 光緒　年開設 號東莊　執事

五號 一鋪 袁茂林號 開設城內大功坊街係零剪店行業 光緒　年開設 號東袁　執事

六號 一鋪 李金聲號 開設城內大功坊街係零剪店行業 光緒　年開設 號東李　執事

七號 一鋪 裕和號 開設城內大功坊街係零剪店行業 光緒　年開設 號東　執事

八號 一鋪 德豐號 開設城內三山大街係零剪店行業 光緒　年開設 號東哈　執事

江寧商務總會調查

九 一鋪 源泰號 開設城内花市大街係零剪店行業 光緒 年開設 號東 執事

十 一鋪 湯裕泰號 開設城内花市大街係零剪店行業 光緒 年開設 號東 執事

廿 一鋪 徐裕和號 開設城内花市大街係零剪店行業 光緒 年開設 號東 執事

号 一鋪 止 號 開設城 街係 行業 光緒 年開設 號東 執事

号 一鋪 號 開設城 街係 行業 光緒 年開設 號東 執事

号 一鋪 號 開設城 街係 行業 光緒 年開設 號東 執事

号 一鋪 號 開設城 街係 行業 光緒 年開設 號東 執事

号 一鋪 號 開設城 街係 行業 光緒 年開設 號東 執事

以上係零剪店鋪

合共計〇千〇百〇拾壹號

光緒 三十二年 月 日呈

須帶辮線行業類

已入商會	乙號	一鋪	張永源信記號	開設城内坊口大街係須帶辮線行業	號東張靜軒執事	光緒　年開設
已入商會	二號	一鋪	源隆號	開設城内坊口大街係須帶辮線行業	號東朱祥茂執事	光緒　年開設
已入商會	三號	一鋪	張裕盛號	開設城内馬巷街係須帶辮線行業	號東張月如執事	光緒　年開設
已入商會	四號	一鋪	永昌祥號	開設城内菓子行街係須帶辮線行業	號東趙子衡陶樹仁執事	光緒　年開設
已入商會	五號	一鋪	李乾源號	開設城内行口大街係須帶辮線行業	號東李馥棠執事	光緒　年開設
已入商會	六號	一鋪	陳東盛號	開設城内行口大街係須帶辮線行業	號東陳紹三執事	光緒　年開設
已入商會	七號	一鋪	陳德泰號	開設城内評事大街係須帶辮線行業	號東陳汝霖執事	光緒　年開設
已入商會	八號	一鋪	陳天盛號	開設城内講堂大街係須帶辮線行業	號東陳紹卿執事	光緒　年開設

已入商會　九號　一鋪　翁榮泰號　開設城内水西門街係須帶辮線行業光緒　年開設　號東翁錦城　執事

已入商會　十號　一鋪　李東山號　開設城内黑廊大街係須帶辮線行業光緒　年開設　號東李瑞芝　執事

已入商會　十一號　一鋪　洪福昌號　開設城内黑廊大街係須帶辮線行業光緒　年開設　號東洪子春　執事

已入商會　十二號　一鋪　東來升號　開設城内三山大街係須帶辮線行業光緒　年開設　號東李致中　執事

已入商會　十三號　一鋪　源茂祥號　開設城内評事大街係須帶辮線行業光緒　年開設　號東楊鑑之　執事

已入商會　十四號　一鋪　高仁源號　開設城内上浮橋街係須帶辮線行業光緒　年開設　號東高錦三　執事

已入商會　十五號　一鋪　顧錦泉號　開設城内甘雨巷街係須帶辮線行業光緒　年開設　號東顧錦泉　執事

已入商會　十六號　一鋪　袁春祥號　開設城内鐵作坊街係須帶辮線行業光緒　年開設　號東袁春祥　執事

須帶辮線行業類

十七號	一鋪	邢肇記號	開設城內望鶴樓街係須帶辮線行業	光緒　年開設	號東邢肇記	執事	已入商會
十八號	一鋪	慶茂號	開設城內三坊巷街係須帶辮線行業	光緒　年開設	號東仇禮堂	執事	已入商會
十九號	一鋪	德盛祥號	開設城內下江考棚街係須帶辮線行業	光緒　年開設	號東戴炳記	執事	已入商會
廿號	一鋪	恒昌祥號	開設城內顧樓大街係須帶辮線行業	光緒　年開設	號東吳金楠	執事	已入商會
廿一號	一鋪	姚通源號	開設城內花市大街係須帶辮線行業	光緒　年開設	號東姚玉樹	執事	已入商會
廿二號	一鋪	姚滙源號	開設城內花市大街係須帶辮線行業	光緒　年開設	號東姚玉成	執事	已入商會
廿三號	一鋪	源鑫祥號	開設城內花市大街係須帶辮線行業	光緒　年開設	號東王聯魁	執事	已入商會
廿四號	一鋪	許肇昌號	開設城內大功坊街係須帶辮線行業	光緒　年開設	號東許爵臣	執事	已入商會

江甯商務總會調查

已入商會　廿五號　一鋪　楊元興號　開設城内大功坊街係須帶辮線行業光緒　年開設　號東楊清甫　執事

已入商會　廿六號　一鋪　夏德源號　開設城内大功坊街係須帶辮線行業光緒　年開設　號東夏錦城　執事

已入商會　廿七號　一鋪　雲章號　開設城内三山大街係須帶辮線行業光緒　年開設　號東王昌舜　執事

已入商會　廿八號　一鋪　王泰和號　開設城内綢緞廊街係須帶辮線行業光緒　年開設　號東王昌洪　執事

已入商會　廿九號　一鋪　王裕和號　開設城内綢緞廊街係須帶辮線行業光緒　年開設　號東王昌懷　執事

已入商會　卅號　一鋪　張永源泰記號　開設城内綢緞廊街係須帶辮線行業光緒　年開設　號東張佐周　執事

已入商會　世號　一鋪　添錦號　開設城内綢緞廊街係須帶辮線行業光緒　年開設　號東陳語之　執事

已入商會　世號　一鋪　義和祥號　開設城内府東大街係須帶辮線行業光緒　年開設　號東朱竹軒　執事

絲線行業類

號廿三	一鋪	徐聚錦號	開設城油市大街係絲線 號東徐炳之 執事	行業	光緒十二年開設
號廿四	一鋪	車耀記號	開設城水西門内大街係絲線 號東車耀西 執事	行業	光緒十一年開設
號廿五	一鋪	元 昌號	開設城三山大街係絲線 號東惠筱山 執事	行業	光緒十八年開設
號廿六	一鋪	鄭仁興號	開設城水西門大街係絲線 號東鄭言如 執事	行業	光緒元年開設
號廿七	一鋪	陳德森號	開設城行口大街係絲線 號東陳崇之 執事	行業	光緒十三年開設
號廿八	一鋪	陳定記號	開設城内顔料坊街係絲線 號東陳定夫 執事	行業	光緒六年開設
號廿九	一鋪	鎔 泰號	開設城内行口大街係絲線 號東蔡玉泉 執事	行業	光緒元年開設
號卅	一鋪	王源記號	開設城内天青街係絲線 號東王錫之 執事	行業	光緒元年開設

江甯商務總會調查

號 一鋪 李聚和號 開設城內馬巷 街係絲線 行業 光緒二 年開設
號東李正富 執事

號 一鋪 泰豐號 開設城內南門大 街係絲線 行業 光緒二十七 年開設
號東褚承林 執事

号 一鋪 正號 開設城 街係 行業 光緒 年開設
號東 執事

号 一鋪 號 開設城 街係 行業 光緒 年開設
號東 執事

号 一鋪 號 開設城 街係 行業 光緒 年開設
號東 執事

号 一鋪 號 開設城 街係 行業 光緒 年開設
號東 執事

号 一鋪 號 開設城 街係 行業 光緒 年開設
號東 執事

号 一鋪 號 開設城 街係 行業 光緒 年開設
號東 執事

以上係鬚帶辮線店鋪

合共計〇千〇百肆拾貳號

光緒三十二年　月　日呈

號一 一鋪 吴金興號 開設城内黑廊大街係金銀線店行業 光緒 年開設
號東吴 執事

號二 一鋪 王順記號 開設城内綾莊巷街係金銀線店行業 光緒 年開設
號東王 執事

號三 一鋪 何泰森號 開設城内馬巷街係金銀線店行業 光緒 年開設
號東何 執事

號四 一鋪 毛泰和號 開設城内馬巷街係金銀線店行業 光緒 年開設
號東毛 執事

號五 一鋪 王義和號 開設城内馬巷街係金銀線店行業 光緒 年開設
號東王 執事

號六 一鋪 王合興號 開設城内馬巷街係金銀線店行業 光緒 年開設
號東王 執事

號 一鋪 止 號 開設城 街係 行業 光緒 年開設
號東 執事

號 一鋪 號 開設城 街係 行業 光緒 年開設
號東 執事

金銀線店行業類

江甯商務總會調查

号 一鋪 號 開設城 街係 行業 光緒 年開設
號東 執事

号 一鋪 號 開設城 街係 行業 光緒 年開設
號東 執事

号 一鋪 號 開設城 街係 行業 光緒 年開設
號東 執事

号 一鋪 號 開設城 街係 行業 光緒 年開設
號東 執事

号 一鋪 號 開設城 街係 行業 光緒 年開設
號東 執事

号 一鋪 號 開設城 街係 行業 光緒 年開設
號東 執事

号 一鋪 號 開設城 街係 行業 光緒 年開設
號東 執事

号 一鋪 號 開設城 街係 行業 光緒 年開設
號東 執事

以上係金銀線店舖

合共計〇千〇百〇拾陸號

光緒三十二年　月　日呈

絨球店行業類

号一　一鋪　王福興號　開設城內馬巷街係絨球店行業　光緒　年開設　號東王　執事

号二　一鋪　王福興號　開設城內馬巷街係絨球店行業　光緒　年開設　號東王　執事

号三　一鋪　郭元興號　開設城內馬巷街係絨球店行業　光緒　年開設　號東郭　執事

号四　一鋪　榮興號　開設城內馬巷街係絨球店行業　光緒　年開設　號東　執事

号五　一鋪　高萬興號　開設城內馬巷街係絨球店行業　光緒　年開設　號東高　執事

号六　一鋪　宗協泰號　開設城內馬巷街係絨球店行業　光緒　年開設　號東　執事

号　一鋪　止號　開設城　街係　行業　光緒　年開設　號東　執事

号　一鋪　號　開設城　街係　行業　光緒　年開設　號東　執事

江甯商務總會調查

号 一鋪 號
開設城 街係 行業 光緒 年開設
號東 執事

号 一鋪 號
開設城 街係 行業 光緒 年開設
號東 執事

号 一鋪 號
開設城 街係 行業 光緒 年開設
號東 執事

号 一鋪 號
開設城 街係 行業 光緒 年開設
號東 執事

号 一鋪 號
開設城 街係 行業 光緒 年開設
號東 執事

号 一鋪 號
開設城 街係 行業 光緒 年開設
號東 執事

号 一鋪 號
開設城 街係 行業 光緒 年開設
號東 執事

号 一鋪 號
開設城 街係 行業 光緒 年開設
號東 執事

以上係絨球店鋪

合共計○千○百[illegible]拾陸號

光緒三十二年　月　日呈

已入商會 〡號 一鋪 馬天盛號 開設城内坊口大街係繩線花帯行業 光緒 年開設
號東馬善之 執事

已入商會 〢號 一鋪 裕泰仁號 開設城内坊口大街係繩線花帯行業 光緒 年開設
號東馮藎臣 執事

已入商會 〣號 一鋪 董天成號 開設城内菓子行街係繩線花帯行業 光緒 年開設
號東董瑩生 執事

已入商會 〤號 一鋪 潘天昇號 開設城内三山街口街係繩線花帯行業 光緒 年開設
號東潘吉人 執事

已入商會 〥號 一鋪 舒正興號 開設城内南門大街係繩線花帯行業 光緒 年開設
號東舒 執事

已入商會 〦號 一鋪 泰隆號 開設城内驢子市街係繩線花帯行業 光緒 年開設
號東 執事

已入商會 〧號 一鋪 億盛源號 開設城内講堂大街係繩線花帯行業 光緒 年開設
號東馬耀之 執事

已入商會 〨號 一鋪 源盛號 開設城内行口大街係繩線花帯行業 光緒 年開設
號東馬玉書 執事

頭繩店行業類 江甯商務總會調查

已入商會	九號	一鋪	馬天成號	開設城内水西門大街係繩線花帶行業光緒　年開設	號東馬子山	執事
已入商會	十號	一鋪	錦泰昌號	開設城内油市大街係繩線花帶行業光緒　年開設	號東	執事
已入商會	十一號	一鋪	錦昌仁號	開設城内油市大街係繩線花帶行業光緒　年開設	號東張錫年	執事
已入商會	十二號	一鋪	陸錦記號	開設城内馬巷街係繩線花帶行業光緒　年開設	號東陸德榮	執事
已入商會	十三號	一鋪	周祥發號	開設城内木料市街係繩線花帶行業光緒　年開設	號東周	執事
已入商會	十四號	一鋪	李大有號	開設城内評事大街係繩線花帶行業光緒　年開設	號東李	執事
已入商會	十五號	一鋪	億昌祥號	開設城内評事大街係繩線花帶行業光緒　年開設	號東高光有	執事
已入商會	十六號	一鋪	賈松茂號	開設城内綫莊巷街係繩線花帶行業光緒　年開設	號東賈	執事

頭繩店行業類

已入商會

號一鋪 章錦泰號 開設城内内橋街係棉貨行業光緒　年開設 號東　執事

號一鋪 上號 開設城　街係　行業光緒　年開設 號東　執事

號一鋪 號 開設城　街係　行業光緒　年開設 號東　執事

號一鋪 號 開設城　街係　行業光緒　年開設 號東　執事

號一鋪 號 開設城　街係　行業光緒　年開設 號東　執事

號一鋪 號 開設城　街係　行業光緒　年開設 號東　執事

號一鋪 號 開設城　街係　行業光緒　年開設 號東　執事

號一鋪 號 開設城　街係　行業光緒　年開設 號東　執事

江甯商務總會調查

号
一鋪
號　開設城　街係　行業光緒　年開設
號東　執事

号
一鋪
號　開設城　街係　行業光緒　年開設
號東　執事

号
一鋪
號　開設城　街係　行業光緒　年開設
號東　執事

号
一鋪
號　開設城　街係　行業光緒　年開設
號東　執事

号
一鋪
號　開設城　街係　行業光緒　年開設
號東　執事

号
一鋪
號　開設城　街係　行業光緒　年開設
號東　執事

号
一鋪
號　開設城　街係　行業光緒　年開設
號東　執事

号
一鋪
號　開設城　街係　行業光緒　年開設
號東　執事

以上係頭繩　店鋪
合共計○千○百○拾柒號

光緒三十二年　月　日呈

入會	號數	鋪數	店號	開設	號東
已入商會	一號	一鋪	春茂號	開設城旱西門街係油糖雜貨行業光緒　年開設	號東于鏡清茅子田執事
已入商會	二號	一鋪	復茂永號	開設城旱西門外街係油糖雜貨行業光緒　年開設	號東沈世亮執事
已入商會	三號	一鋪	恒茂號	開設城旱西門外街係油糖雜貨行業光緒　年開設	號東張金海執事
已入商會	四號	一鋪	隆茂源號	開設城石城橋街係油糖雜貨行業光緒　年開設	號東管春山執事
已入商會	五號	一鋪	泰茂恒號	開設城石城橋街係油糖雜貨行業光緒　年開設	號東張錦漳執事
已入商會	六號	一鋪	永和號	開設城旱西門街係油糖雜貨行業光緒　年開設	號東王階平執事
已入商會	七號	一鋪	湧源號	開設城牌樓街係油糖雜貨行業光緒　年開設	號東方懷陽執事
已入商會	八號	一鋪	義泰永號	開設城北門橋街係油糖雜貨行業光緒　年開設	號東楊義和執事

油糖雜貨行業類

江甯商務總會調查

九號　已入商會
一鋪　億泰號
開設城北門橋街係　行業　光緒　年開設
號東欒錫三　執事

十號　已入商會
一鋪　坤泰號
開設城北門橋街係　行業　光緒　年開設
號東連廷選許徵全執事

十一號　已入商會
一鋪　三陽號
開設城北門橋街係　行業　光緒　年開設
號東梁祝三　執事

十二號　已入商會
一鋪　福盛祥號
開設城北門橋街係　行業　光緒　年開設
號東王竹山　執事

十三號　已入商會
一鋪　湧祥生號
開設城北門橋街係　行業　光緒　年開設
號東萬湧泉　執事

十四號　已入商會
一鋪　湧興祥號
開設城評事街係　行業　光緒　年開設
號東李湧成　執事

十五號　已入商會
一鋪　厚康號
開設城評事街係　行業　光緒　年開設
號東張蘭蓀　執事

十六號　已入商會
一鋪　鏞泰號
開設城張府園街係　行業　光緒　年開設
號東谷錫之　執事

油糖雜貨行業類

已入商會　十七號　一鋪　益泰號　開設城大香爐街係油糖雜貨行業　號東劉德松執事　光緒　年開設

已入商會　十八號　一鋪　中和號　開設城花牌樓街係油糖雜貨行業　號東方善之執事　光緒　年開設

已入商會　十九號　一鋪　乾源號　開設城花牌樓街係油糖雜貨行業　號東朱炳臣執事　光緒　年開設

已入商會　廿號　一鋪　開泰永號　開設城大行宮街係油糖雜貨行業　號東紀小堂鄺錫奎執事　光緒　年開設

已入商會　廿一號　一鋪　長源號　開設城碑亭巷街係油糖雜貨行業　號東蔡鑑三執事　光緒　年開設

已入商會　廿二號　一鋪　長河號　開設城大行宮街係油糖雜貨行業　號東蔡鑑三執事　光緒　年開設

已入商會　廿三號　一鋪　乾源號　開設城大行宮街係油糖雜貨行業　號東朱炳臣執事　光緒　年開設

已入商會　廿四號　一鋪　祥泰春號　開設城督院西街係油糖雜貨行業　號東宣桂山執事　光緒　年開設

江甯商務總會調查

已入商會　廿五號　一鋪　復興號　開設城西華門街係油糖雜貨行業　光緒　年開設　號東金炳南　執事

已入商會　廿六號　一鋪　福盛祥號　開設城西華門街係油糖雜貨行業　光緒　年開設　號東高錦源　執事

已入商會　廿七號　一鋪　泰森祥號　開設城八寶街係油糖雜貨行業　光緒　年開設　號東覃泰福　執事

已入商會　廿八號　一鋪　鼎裕號　開設城通濟門街係油糖雜貨行業　光緒　年開設　號東徐培基　執事

已入商會　廿九號　一鋪　復興號　開設城大中橋街係油糖雜貨行業　光緒　年開設　號東張錦堂　執事

已入商會　卅號　一鋪　榮陞號　開設城大中橋街係油糖雜貨行業　光緒　年開設　號東劉潤之　執事

已入商會　卅一號　一鋪　同昌號　開設城大中橋街係油糖雜貨行業　光緒　年開設　號東劉潤之　執事

已入商會　卅二號　一鋪　正泰號　開設城內淮清橋街係油糖雜貨行業　光緒　年開設　號東汪金炤　執事

油糖雜貨行業類

廿三號	一鋪	甡源祥號	開設城新橋口街	係油糖雜貨行業	光緒 年開設	號東萬大森	執事	已入商會
廿四號	一鋪	怡怡順號	開設城新橋口街	係油糖雜貨行業	光緒 年開設	號東馬怡良	執事	已入商會
廿五號	一鋪	源興號	開設城三鋪兩橋街	係油糖雜貨行業	光緒 年開設	號東馬鳴歧	執事	已入商會
廿六號	一鋪	兆億號	開設城小門口街	係油糖雜貨行業	光緒 年開設	號東陳質夫	執事	已入商會
廿七號	一鋪	義興盛號	開設城南門外口街	係油糖雜貨行業	光緒 年開設	號東袁高山	執事	已入商會
廿八號	一鋪	德茂恒號	開設城掃幕巷街	係油糖雜貨行業	光緒 年開設	號東茅子田	執事	已入商會
廿九號	一鋪	鼎裕號	開設城掃幕巷街	係油糖雜貨行業	光緒 年開設	號東徐培基	執事	已入商會
卅號	一鋪	許公興號	開設城掃幕巷街	係油糖雜貨行業	光緒 年開設	號東許茂林	執事	已入商會

江甯商務總會調查

已入商會 號〤〇	一鋪	德和號	開設城大米行街係油糖雜貨行業 光緒　年開設 號東趙愛楓 執事
已入商會 號〡〤	一鋪	裕泰和號	開設城西街係油糖雜貨行業 光緒　年開設 號東江培鈺 執事
已入商會 號〢〤	一鋪	德泰牲號	開設城西街係油糖雜貨行業 光緒　年開設 號東楊培基 執事
已入商會 號〣〤	一鋪	永昌號	開設城西街係油糖雜貨行業 光緒　年開設 號東王瑞卿陳仲良執事
已入商會 號〤〤	一鋪	裕和號	開設城西街係油糖雜貨行業 光緒　年開設 號東仇錫之 執事
已入商會 號〥〤	一鋪	永和號	開設城小市口街係油糖雜貨行業 光緒　年開設 號東王永禮趙致和執事
已入商會 號〦〤	一鋪	泰來西號	開設城西街係油糖雜貨行業 光緒　年開設 號東楊衡三 執事
已入商會 號〧〤	一鋪	湧昌祥號	開設城膺福街係油糖雜貨行業 光緒　年開設 號東王鑑章 執事

油糖雜貨行業類

已入商會　號[illegible]　一鋪　永生祥號　開設城沙灣口街係油糖雜貨行業　號東彭道生　執事　光緒　年開設

已入商會　號五十　一鋪　甡茂號　開設城旱西門街係油糖雜貨行業　號東于洪薰　執事　光緒　年開設

已入商會　號五十一　一鋪　義泰森號　開設城陡門橋街係油糖雜貨行業　號東周永源　執事　光緒　年開設

已入商會　號五十二　一鋪　同盛祥號　開設城下關街係油糖雜貨行業　號東曹德榮　執事　光緒　年開設

已入商會　號五十三　一鋪　炳興號　開設城下關街係油糖雜貨行業　號東丁耀南　執事　光緒　年開設

已入商會　號五十四　一鋪　同盛號　開設城下關街係油糖雜貨行業　號東邊茂卿　執事　光緒　年開設

已入商會　號五十五　一鋪　裕生號　開設城下關街係油糖雜貨行業　號東彭必榮　執事　光緒　年開設

已入商會　號五十六　一鋪　安定號　開設城下關街係油糖雜貨行業　號東胡小元　執事　光緒　年開設

江甯商務總會調查

已入商會 號廿七 一鋪 集成號 開設城下關街係油糖雜貨行業 號東黄學培執事 光緒年開設

已入商會 號廿八 一鋪 庚源號 開設城下關街係油糖雜貨行業 號東李志興執事 光緒年開設

已入商會 號廿九 一鋪 復興號 開設城下關街係油糖雜貨行業 號東湯秉揚執事 光緒年開設

已入商會 號卅 一鋪 公盛號 開設城下關街係油糖雜貨行業 號東葉效陶執事 光緒年開設

已入商會 號卅一 一鋪 同興鈺號 開設城下關街係油糖雜貨行業 號東張子清執事 光緒年開設

已入商會 號卅二 一鋪 乾盛號 開設城下關街係油糖雜貨行業 號東陽炳卿執事 光緒年開設

已入商會 號卅三 一鋪 中和南號 開設城下關街係油糖雜貨行業 號東朱瑾伯執事 光緒年開設

已入商會 號卅四 一鋪 中和北號 開設城下關街係油糖雜貨行業 號東朱瑾伯執事 光緒年開設

油糖雜貨行業類

已入商會	十五號	一鋪	三和號	開設城下關街係油糖雜貨行業	光緒　年開設	號東朱瑾伯執事
已入商會	十六號	一鋪	公和永號	開設城下關街係油糖雜貨行業	光緒　年開設	號東唐雲泉執事
已入商會	十七號	一鋪	德和號	開設城下關街係油糖雜貨行業	光緒　年開設	號東馬德和執事
已入商會	十八號	一鋪	義和號	開設城下關街係油糖雜貨行業	光緒　年開設	號東王金華執事
已入商會	十九號	一鋪	乾順號	開設城下關街係油糖雜貨行業	光緒　年開設	號東黄志元執事
已入商會	二十號	一鋪	中和號	開設城下關街係油糖雜貨行業	光緒　年開設	號東朱瑾伯執事
已入商會	二十一號	一鋪	泰來號	開設城南門外街係油糖雜貨行業	光緒　年開設	號東梁焕森執事
已入商會	二十二號	一鋪	泰生祥號	開設城南門外街係油糖雜貨行業	光緒　年開設	號東梁焕森執事

江甯商務總會調查

已入商會　號　一鋪　森和泰號　開設城水西門街係油糖雜貨行業　光緒　年開設　號東江幹卿執事

已入商會　號　一鋪　永生和號　開設城水西門街係油糖雜貨行業　光緒　年開設　號東曹雲升王玉廷執事

已入商會　號　一鋪　彩生西號　開設城水西門街係油糖雜貨行業　光緒　年開設　號東王鳳山執事

已入商會　號　一鋪　源泰生號　開設城徐家巷街係油糖雜貨行業　光緒　年開設　號東陳蘭芝執事

已入商會　號　一鋪　同春裕號　開設城燈隆巷街係油糖雜貨行業　光緒　年開設　號東徐培基執事

已入商會　號　一鋪　恒生筠號　開設城行口街係油糖雜貨行業　光緒　年開設　號東楊純之執事

已入商會　號　一鋪　永德泰號　開設城武定橋街係油糖雜貨行業　光緒　年開設　號東酈錫奎執事

已入商會　號　一鋪　義泰瑞號　開設城坊口街係油糖雜貨行業　光緒　年開設　號東湯煥文李賢德執事

油糖雜貨行業類

已入商會 號千一 一鋪 義昌號 開設城大功坊街係油糖雜貨行業 光緒 年開設 號東馬松之 執事

已入商會 號千二 一鋪 祥興號 開設城奇望街係油糖雜貨行業 光緒 年開設 號東周其賢 執事

已入商會 號千三 一鋪 益昌號 開設城中正街係油糖雜貨行業 光緒 年開設 號東陳廷拔 執事

已入商會 號千四 一鋪 益新號 開設城中正街係油糖雜貨行業 光緒 年開設 號東陳廷拔 執事

已入商會 號千五 一鋪 德大號 開設城花牌樓街係油糖雜貨行業 光緒 年開設 號東蔣國賢 執事

已入商會 號千六 一鋪 大同號 開設城評事街係油糖雜貨行業 光緒 年開設 號東周鐵英 執事

已入商會 號千七 一鋪 福源永號 開設城大彩霞街係油糖雜貨行業 光緒 年開設 號東陳春泉 執事

已入商會 號千八 一鋪 慶陞號 開設城承恩寺街係油糖雜貨行業 光緒 年開設 號東卞梓卿 執事

江甯商務總會調查

已入商會　八十九號
一、聚隆號　開設城承恩寺街　係　執事　行業　光緒　年開設
號東甘延祥

已入商會　九十號
一、新泰號　開設城行口街　係　執事　行業　光緒　年開設
號東蘇玉伍

已入商會　九十一號
一、謙泰東號　開設城淮清橋街　係　執事　行業　光緒　年開設
號東徐植生

已入商會　九十二號
一、德泰永號　開設城淮清橋街　係　執事　行業　光緒　年開設
號東張玉衡

已入商會　九十三號
一、吉祥陞號　開設城東牌樓街　係　執事　行業　光緒　年開設
號東向潤生陸襄之

已入商會　九十四號
一、寶康祥號　開設城王府園街　係　執事　行業　光緒　年開設
號東侯筱山

已入商會　九十五號
一、聚興號　開設城奇望街　係　執事　行業　光緒　年開設
號東夏鈺成

已入商會　九十六號
一、彩生廷號　開設城油市街　係　執事　行業　光緒　年開設
號東王廷芝

油糖雜貨行業類

九十七號　已入商會
一鋪　廣興發號　開設城旋子巷街係油糖雜貨行業　光緒　年開設
號東顧秉如　執事

九十八號　已入商會
一鋪　聚隆和號　開設城下關街係油糖雜貨行業　光緒　年開設
號東甘　執事

九十九號
一鋪　萬順號　開設城下關街係油糖雜貨行業　光緒　年開設
號東陳　執事

一百號
一鋪　德茂號　開設城下關街係油糖雜貨行業　光緒　年開設
號東戴　執事

一〇一號
一鋪　李春和號　開設城朝天宫街係油糖雜貨行業　光緒　年開設
號東李長春　執事

一〇二號
一鋪　滙源號　開設城朝天宫街係油糖雜貨行業　光緒　年開設
號東蕭乾石　執事

一〇三號
一鋪　公泰號　開設城評事街係油糖雜貨行業　光緒　年開設
號東華實生　執事

一〇四號
一鋪　振興號　開設城新廊街係油糖雜貨行業　光緒　年開設
號東戴振卿　執事

江甯商務總會調查

三五號
一鋪　復興祥號　開設城新廊　街係油糖雜貨行業　光緒　年開設
號東王竹軒　執事

三六號
一鋪　錦昌祥號　開設城信府河　街係油糖雜貨行業　光緒　年開設
號東吳　執事

三七號
一鋪　三泰號　開設城水西門　街係油糖雜貨行業　光緒　年開設
號東吳壽月　執事

三八號
一鋪　生昌號　開設城倉巷　街係油糖雜貨行業　光緒　年開設
號東陳洪卿　執事

三九號
一鋪　宏興號　開設城倉巷　街係油糖雜貨行業　光緒　年開設
號東安榮貴　執事

卌號
一鋪　太來號　開設城倉巷口　街係油糖雜貨行業　光緒　年開設
號東陳　執事

卌一號
一鋪　復隆號　開設城倉巷口　街係油糖雜貨行業　光緒　年開設
號東陳受廷　執事

卌二號
一鋪　福源祥號　開設城倉巷口　街係油糖雜貨行業　光緒　年開設
號東伍福之　執事

油糖雜貨行業類

十三號　一鋪　復餘號　開設城鼎心橋街係油糖雜貨行業　光緒　年開設　號東脱振之　執事

十四號　一鋪　德太號　開設城笪橋市街係油糖雜貨行業　光緒　年開設　號東劉德記　執事

十五號　一鋪　錦生和號　開設城絨莊街係油糖雜貨行業　光緒　年開設　號東劉少泉　執事

十六號　一鋪　鎮太號　開設城馬巷街係油糖雜貨行業　光緒　年開設　號東王金科　執事

十七號　一鋪　庚源號　開設城府西大街係油糖雜貨行業　光緒　年開設　號東王　執事

十八號　一鋪　振昌號　開設城篾街街係油糖雜貨行業　光緒　年開設　號東劉實卿　執事

十九號　一鋪　裕隆號　開設城膺福街係油糖雜貨行業　光緒　年開設　號東夏　執事

廿號　一鋪　萬興號　開設城膺福街係油糖雜貨行業　光緒　年開設　號東吴　執事

江甯商務總會調查

廿一號 一鋪 倪泰山號 開設城大油坊巷街係油糖雜貨行業 光緒 年開設
號東倪 執事

廿二號 一鋪 泰來號 開設城大油坊巷街係油糖雜貨行業 光緒 年開設
號東卓 執事

廿三號 一鋪 汪復太號 開設城鈔庫街係油糖雜貨行業 光緒 年開設
號東江 執事

廿四號 一鋪 億中號 開設城鈔庫街係油糖雜貨行業 光緒 年開設
號東李 執事

廿五號 一鋪 錦昌號 開設城石壩街係油糖雜貨行業 光緒 年開設
號東賀 執事

廿六號 一鋪 坤泰號 開設城石壩街係油糖雜貨行業 光緒 年開設
號東徐 執事

廿七號 一鋪 洪泰號 開設城藏金橋街係油糖雜貨行業 光緒 年開設
號東蔣 執事

廿八號 一鋪 永和祥號 開設城箍桶巷街係油糖雜貨行業 光緒 年開設
號東孫 執事

油糖雜貨行業類

號廿九 一鋪 乾豐號 開設城琵琶巷街係油糖雜貨行業光緒 年開設 號東王 執事

號卅 一鋪 聚茂號 開設城信府河街係油糖雜貨行業光緒 年開設 號東石 執事

號卅一 一鋪 震源號 開設城東牌樓街係油糖雜貨行業光緒 年開設 號東嚴 執事

號卅二 一鋪 德森復號 開設城狀元境街係油糖雜貨行業光緒 年開設 號東朱春一 執事

號卅三 一鋪 慶成號 開設城狀元境街係油糖雜貨行業光緒 年開設 號東李光成 執事

號卅四 一鋪 源恒潤號 開設城石壩街街係油糖雜貨行業光緒 年開設 號東劉 執事

號卅五 一鋪 順泰祥號 開設城大星廟街係油糖雜貨行業光緒 年開設 號東陸榮記 執事

號卅六 一鋪 德隆號 開設城大星廟街係油糖雜貨行業光緒 年開設 號東江 執事

江甯商務總會調查

號卅七
一鋪　永順號　開設城織造署街係油糖雜貨行業　光緒　年開設
號東胡玉祖　執事

號卅八
一鋪　德祥號　開設城大中橋街係油糖雜貨行業　光緒　年開設
號東周萬記　執事

號卅九
一鋪　恒盛永號　開設城上江考棚街係油糖雜貨行業　光緒　年開設
號東程庚深　執事

號卌
一鋪　湧和號　開設城昇平橋街係油糖雜貨行業　光緒　年開設
號東方伯川　執事

號卌一
一鋪　日昇恒號　開設城内橋街係油糖雜貨行業　光緒　年開設
號東王東山　執事

號卌二
一鋪　東興號　開設城内橋街係油糖雜貨行業　光緒　年開設
號東顧厚卿　執事

號卌三
一鋪　復興隆號　開設城鴿子橋街係油糖雜貨行業　光緒　年開設
號東竇順記　執事

號卌四
一鋪　裕茂祥號　開設城木料市街係油糖雜貨行業　光緒　年開設
號東張甫爾　執事

油糖雜貨行業類

一鋪 椿陽號 開設城明瓦廊街係油糖雜貨行業 號東李錦華 執事 光緒 年開設

一鋪 湧懋號 開設城新街口街係油糖雜貨行業 號東劉宗賢 執事 光緒 年開設

一鋪 恒發祥號 開設城十廟街係油糖雜貨行業 號東魏云桃 執事 光緒 年開設

一鋪 永興號 開設城鐘鼓樓街係油糖雜貨行業 號東葉子杰 執事 光緒 年開設

一鋪 同發號 開設城洪武街係油糖雜貨行業 號東陳同記 執事 光緒 年開設

一鋪 德和號 開設城紅橋街係油糖雜貨行業 號東丁棣卿 執事 光緒 年開設

一鋪 乾泰祥號 開設城西華門街係油糖雜貨行業 號東胡春生 執事 光緒 年開設

一鋪 福盛祥號 開設城西華門街係油糖雜貨行業 號東高錦元 執事 光緒 年開設

江甯商務總會調查

三號
一鋪　森大號　開設城督院西街係油糖雜貨行業　光緒　年開設
號東仇春長　執事

四號
一鋪　湧泰號　開設城浮橋口街係油糖雜貨行業　光緒　年開設
號東陶本仁　執事

五號
一鋪　鼎昌號　開設城太平門街係油糖雜貨行業　光緒　年開設
號東姚春華　執事

六號
一鋪　天生號　開設城太平門街係油糖雜貨行業　光緒　年開設
號東魏廣長　執事

七號
一鋪　恒泰號　開設城四象橋街係油糖雜貨行業　光緒　年開設
號東鄭受之　執事

八號
一鋪　泰山號　開設城四象橋街係油糖雜貨行業　光緒　年開設
號東何東錫　執事

九號
一鋪　恒隆號　開設城罵駕橋街係油糖雜貨行業　光緒　年開設
號東徐錦堂　執事

十號
一鋪　萬森祥號　開設城八寳街街係油糖雜貨行業　光緒　年開設
號東王明清　執事

油糖雜貨行業類

號一鋪 星記號 開設城南門外街係油糖雜貨行業光緒　年開設 號東施 執事

號一鋪 恒和號 開設城西街係油糖雜貨行業光緒　年開設 號東吕 執事

號一鋪 湧興祥號 開設城西街係油糖雜貨行業光緒　年開設 號東唐 執事

號一鋪 元昌號 開設城水西門外街係油糖雜貨行業光緒　年開設 號東陸榮波 執事

號一鋪 恒昌號 開設城水西門外街係油糖雜貨行業光緒　年開設 號東夏楚卿 執事

號一鋪 根昌號 開設城水西門外街係油糖雜貨行業光緒　年開設 號東夏楚卿 執事

號一鋪 張聚興號 開設城水西門外街係油糖雜貨行業光緒　年開設 號東張直坤 執事

號一鋪 姚聚茂號 開設城水西門外街係油糖雜貨行業光緒　年開設 號東姚壽堂 執事

江甯商務總會調查

一鋪春生號　開設城黑廊街　係油糖雜貨行業　光緒　年開設
號東　執事

一鋪義太興號　開設城油市街　係油糖雜貨行業　光緒　年開設
號東陳　執事

一鋪聚興號　開設城倉巷口街　係油糖雜貨行業　光緒　年開設
號東韓文銳　執事

一鋪意興號　開設城朝天宮街　係油糖雜貨行業　光緒　年開設
號東孫　執事

一鋪恒昌祥號　開設城下浮橋街　係油糖雜貨行業　光緒　年開設
號東蕭　執事

一鋪正興號　開設城仙鶴街　係油糖雜貨行業　光緒　年開設
號東馮　執事

一鋪怡昌號　開設城倉門口街　係油糖雜貨行業　光緒　年開設
號東馬　執事

一鋪永順號　開設城倉門口街　係油糖雜貨行業　光緒　年開設
號東鄧　執事

油糖雜貨行業類

已入商會

一鋪 鑫源德號　開設城柳葉街係油糖雜貨行業　光緒　年開設
號東徐　執事

一鋪 太山祥號　開設城天青街係油糖雜貨行業　光緒　年開設
號東任　執事

一鋪 祥和號　開設城飲馬巷街係油糖雜貨行業　光緒　年開設
號東邱　執事

一鋪 正元號　開設城釣魚台街係油糖雜貨行業　光緒　年開設
號東張　執事

一鋪 仁興昌號　開設城絲市口街係油糖雜貨行業　光緒　年開設
號東馬少榮　執事

一鋪 義太號　開設城顏料坊街係油糖雜貨行業　光緒　年開設
號東陳　執事

一鋪 義鑫號　開設城三坊巷街係油糖雜貨行業　光緒　年開設
號東劉　執事

一鋪 太來號　開設城銅作坊街係油糖雜貨行業　光緒　年開設
號東劉　執事

江甯商務總會調查

號十五 一鋪 仁和祥號 開設城銅作坊街係油糖雜貨行業 光緒 年開設 號東陳位西 執事

號十六 一鋪 震太號 開設城鐵作坊街係油糖雜貨行業 光緒 年開設 號東高 執事

號十七 一鋪 吳永和號 開設城許家巷街係油糖雜貨行業 光緒 年開設 號東吳 執事

號十八 一鋪 太山號 開設城秦狀元巷街係油糖雜貨行業 光緒 年開設 號東魏 執事

號十九 一鋪 乾泰號 開設城箴街係油糖雜貨行業 光緒 年開設 號東陶 執事

號二十 一鋪 義興號 開設城箴街係油糖雜貨行業 光緒 年開設 號東陶 執事

號廿一 一鋪 永興號 開設城箴街係油糖雜貨行業 光緒 年開設 號東唐 執事

號廿二 一鋪 大森號 開設城旋子巷街係油糖雜貨行業 光緒 年開設 號東雷 執事

一鋪沈永泰號　開設城九兒巷街係油糖雜貨行業光緒　年開設
號東沈　執事

一鋪錢乙昌號　開設城陡門橋街係油糖雜貨行業光緒　年開設
號東錢　執事

一鋪乾太康號　開設城南門大街係油糖雜貨行業光緒　年開設
號東　執事

一鋪榮發祥號　開設城南門大街係油糖雜貨行業光緒　年開設
號東王　執事

一鋪合興號　開設城府東大街係油糖雜貨行業光緒　年開設
號東徐　執事

一鋪義興號　開設城府東大街係油糖雜貨行業光緒　年開設
號東余　執事

一鋪湧順祥號　開設城膺福街係油糖雜貨行業光緒　年開設
號東翟　執事

一鋪祥雲號　開設城大油坊巷街係油糖雜貨行業光緒　年開設
號東朱　執事

油糖雜貨行業類　　江甯商務總會調查

一鋪　開源號　開設城大油坊巷街係油糖雜貨行業　光緒　年開設　號東林　執事

一鋪　吳春和號　開設城鈔庫街係油糖雜貨行業　光緒　年開設　號東吳　執事

一鋪　立成號　開設城鈔庫街係油糖雜貨行業　光緒　年開設　號東周　執事

一鋪　恒泰源號　開設城鈔庫街係油糖雜貨行業　光緒　年開設　號東　執事

一鋪　天順號　開設城石壩街係油糖雜貨行業　光緒　年開設　號東席　執事

一鋪　厚昌號　開設城石壩街係油糖雜貨行業　光緒　年開設　號東　執事

一鋪　仁和號　開設城石壩街係油糖雜貨行業　光緒　年開設　號東朱　執事

一鋪　萬源號　開設城石壩街係油糖雜貨行業　光緒　年開設　號東陳　執事

九號	一鋪 永興祥號	開設城石壩街係油糖雜貨行業 號東趙 執事	光緒	年開設
廿號	一鋪 天成號	開設城石壩街係油糖雜貨行業 號東陳 執事	光緒	年開設
廿一號	一鋪 陳聚盛號	開設城石壩街係油糖雜貨行業 號東陳 執事	光緒	年開設
廿二號	一鋪 隆興號	開設城石壩街係油糖雜貨行業 號東秦 執事	光緒	年開設
廿三號	一鋪 慎昌東號	開設城石壩街係油糖雜貨行業 號東武 執事	光緒	年開設
廿四號	一鋪 萬興號	開設城豆腐巷街係油糖雜貨行業 號東萬 執事	光緒	年開設
廿五號	一鋪 復興號	開設城三条營街係油糖雜貨行業 號東金 執事	光緒	年開設
廿六號	一鋪 震泰春號	開設城三条營街係油糖雜貨行業 號東 執事	光緒	年開設

油糖雜貨行業類　　江甯商務總會調查

十七號 一鋪 坤泰祥號 開設城倉門口街係油糖雜貨行業 光緒　年開設 號東王　執事

十八號 一鋪 永大號 開設城小膺福街係油糖雜貨行業 光緒　年開設 號東嚴　執事

十九號 一鋪 萬興號 開設城剪子巷街係油糖雜貨行業 光緒　年開設 號東吴　執事

廿號 一鋪 復鑫號 開設城剪子巷街係油糖雜貨行業 光緒　年開設 號東王　執事

廿一號 一鋪 銓昌祥號 開設城馬道街係油糖雜貨行業 光緒　年開設 號東金　執事

廿二號 一鋪 永興號 開設城馬道街係油糖雜貨行業 光緒　年開設 號東金　執事

廿三號 一鋪 義和號 開設城半邊營街係油糖雜貨行業 光緒　年開設 號東柏　執事

廿四號 一鋪 森源號 開設城半邊營街係油糖雜貨行業 光緒　年開設 號東　執事

油糖雜貨行業類

[illegible]號 一鋪 永和號 開設城方井口街係油糖雜貨行業 光緒 年開設 號東許 執事

[illegible]號 一鋪 森昌號 開設城石觀音街係油糖雜貨行業 光緒 年開設 號東王 執事

[illegible]號 一鋪 章茂興號 開設城石橋街係油糖雜貨行業 光緒 年開設 號東章 執事

[illegible]號 一鋪 立成號 開設城石將軍街係油糖雜貨行業 光緒 年開設 號東周 執事

[illegible]號 一鋪 義泰號 開設城石將軍街係油糖雜貨行業 光緒 年開設 號東梅 執事

[illegible]號 一鋪 泰和號 開設城石將軍街係油糖雜貨行業 光緒 年開設 號東王春廷 執事

[illegible]號 一鋪 泰興祥號 開設城箍桶巷街係油糖雜貨行業 光緒 年開設 號東柏 執事

[illegible]號 一鋪 湧昌號 開設城小油坊巷街係油糖雜貨行業 光緒 年開設 號東鄭 執事

江甯商務總會調查

卅三號 一鋪 順興祥號 開設城千佛菴街係油糖雜貨行業 光緒 年開設 號東周 執事

卅四號 一鋪 義興隆號 開設城琵琶巷街係油糖雜貨行業 光緒 年開設 號東余 執事

卅五號 一鋪 聚章號 開設城信府河街係油糖雜貨行業 光緒 年開設 號東 執事

卅六號 一鋪 德生祥號 開設城信府河街係油糖雜貨行業 光緒 年開設 號東胡 執事

卅七號 一鋪 同春號 開設城信府河街係油糖雜貨行業 光緒 年開設 號東王 執事

卅八號 一鋪 永茂號 開設城信府河街係油糖雜貨行業 光緒 年開設 號東印 執事

卅九號 一鋪 松茂號 開設城信府河街係油糖雜貨行業 光緒 年開設 號東許 執事

四十號 一鋪 義發祥號 開設城信府河街係油糖雜貨行業 光緒 年開設 號東潘 執事

油糖雜貨行業類

號一	一鋪	義興號	開設城豐富巷街係油糖雜貨行業	號東吳義明	執事	光緒　年開設
號二	一鋪	乾泰號	開設城新街口街係油糖雜貨行業	號東王養源	執事	光緒　年開設
號三	一鋪	泰源號	開設城新街口街係油糖雜貨行業	號東楊明成	執事	光緒　年開設
號四	一鋪	泰隆號	開設城糖坊廊街係油糖雜貨行業	號東朱太興	執事	光緒　年開設
號五	一鋪	永順祥號	開設城沐府西街係油糖雜貨行業	號東宋幼康	執事	光緒　年開設
號六	一鋪	義和號	開設城雙龍巷街係油糖雜貨行業	號東李大茂	執事	光緒　年開設
號七	一鋪	正昌號	開設城鐘鼓樓街係油糖雜貨行業	號東許永慶	執事	光緒　年開設
號八	一鋪	益源號	開設城蘆妃巷街係油糖雜貨行業	號東吳	執事	光緒　年開設

江甯商務總會調查

號廿九	一鋪	泰山號	開設城蘆妃巷街係油糖雜貨行業光緒　年開設	號東樊榮桂執事
號卅	一鋪	仁和號	開設城蘆妃巷街係油糖雜貨行業光緒　年開設	號東金祥紀執事
號卅一	一鋪	通源號	開設城紅橋街係油糖雜貨行業光緒　年開設	號東俞海門執事
號卅二	一鋪	仁和西號	開設城土街口街係油糖雜貨行業光緒　年開設	號東金加桂執事
號卅三	一鋪	隆興號	開設城蘆正牌樓街係油糖雜貨行業光緒　年開設	號東費鳳山執事
號卅四	一鋪	義盛號	開設城大廳正街係油糖雜貨行業光緒　年開設	號東王義和執事
號卅五	一鋪	乾泰號	開設城大廳正街係油糖雜貨行業光緒　年開設	號東朱萬和執事
號卅六	一鋪	公興號	開設城城守協署街係油糖雜貨行業光緒　年開設	號東易性初執事

油糖雜貨行業類

號二十七 一鋪 泰昌祥號 開設城西華門街係油糖雜貨行業 光緒 年開設 號東王福錫 執事

號二十八 一鋪 復生號 開設城天津橋街係油糖雜貨行業 光緒 年開設 號東金炳南 執事

號二十九 一鋪 德祥興號 開設城督署東街係油糖雜貨行業 光緒 年開設 號東林德祥 執事

號三十 一鋪 裕盛號 開設城督署東街係油糖雜貨行業 光緒 年開設 號東童金元 執事

號三十一 一鋪 新泰號 開設城如意巷口街係油糖雜貨行業 光緒 年開設 號東李焕記 執事

號三十二 一鋪 春生號 開設城如意巷口街係油糖雜貨行業 光緒 年開設 號東葉明清 執事

號三十三 一鋪 興隆號 開設城太平門口街係油糖雜貨行業 光緒 年開設 號東戴興發 執事

號三十四 一鋪 復興號 開設城浮橋口街係油糖雜貨行業 光緒 年開設 號東朱復臣 執事

江甯商務總會調查

驗

一鋪　福源祥號　開設城四象橋街係油糖雜貨行業光緒　年開設　號東冷蔭堂執事

驗

一鋪　萬盛號　開設城大中橋街係油糖雜貨行業光緒　年開設　號東王玉山執事

驗

一鋪　復源號　開設城釣魚巷街係油糖雜貨行業光緒　年開設　號東徐耀錦執事

驗

一鋪　源興永號　開設城昇平橋街係油糖雜貨行業光緒　年開設　號東辛金才執事

驗

一鋪　錦源祥號　開設城内橋口街係油糖雜貨行業光緒　年開設　號東朱錦記執事

驗

一鋪　德裕恒號　開設城門帘橋街係油糖雜貨行業光緒　年開設　號東周宗順執事

驗

一鋪　洪吉祥號　開設城門帘橋街係油糖雜貨行業光緒　年開設　號東洪吉記執事

驗

一鋪　椿和號　開設城太平街街係油糖雜貨行業光緒　年開設　號東王遂記執事

油糖雜貨行業類

號七十四	一鋪 德發祥號	開設城東牌樓街係油糖雜貨行業	號東夏　執事	光緒　年開設
號七十五	一鋪 洪興號	開設城東牌樓街係油糖雜貨行業	號東廖　執事	光緒　年開設
號七十六	一鋪 永源號	開設城黨家巷街係油糖雜貨行業	號東任　執事	光緒　年開設
號七十七	一鋪 洪興號	開設城糧道署街係油糖雜貨行業	號東廖　執事	光緒　年開設
號七十八	一鋪 德源祥號	開設城石花園街係油糖雜貨行業	號東林　執事	光緒　年開設
號七十九	一鋪 東和號	開設城教敷營街係油糖雜貨行業	號東吳　執事	光緒　年開設
號八十	一鋪 陳聚興號	開設城全福巷街係油糖雜貨行業	號東陳　執事	光緒　年開設
號八十一	一鋪 福興號	開設城小石壩街係油糖雜貨行業	號東魏　執事	光緒　年開設

江甯商務總會調查

號十二 一鋪 通源祥號 開設城烏衣巷街係油糖雜貨行業 光緒 年開設 號東 執事

號十三 一鋪 義興號 開設城南門外街係油糖雜貨行業 光緒 年開設 號東袁 執事

號十四 一鋪 兆隆號 開設城南門外街係油糖雜貨行業 光緒 年開設 號東馮 執事

號十五 一鋪 同鑫祥號 開設城南門外街係油糖雜貨行業 光緒 年開設 號東馬 執事

號十六 一鋪 億泰號 開設城南門外街係油糖雜貨行業 光緒 年開設 號東杜 執事

號十七 一鋪 王萬順號 開設城南門外街係油糖雜貨行業 光緒 年開設 號東王 執事

號十八 一鋪 吳仁和號 開設城南門外街係油糖雜貨行業 光緒 年開設 號東吳 執事

號十九 一鋪 寶泰號 開設城南門外干長巷街係油糖雜貨行業 光緒 年開設 號東張 執事

油糖雜貨行業類

九十號	一鋪	袁義興號	開設城南門外柴院街係油糖雜貨行業光緒　年開設 號東袁　執事
九十一號	一鋪	唐公盛號	開設城南門外柴院街係油糖雜貨行業光緒　年開設 號東唐　執事
九十二號	一鋪	張永興號	開設城南門外河下街係油糖雜貨行業光緒　年開設 號東張　執事
九十三號	一鋪	潤　源號	開設城南門外窑灣街係油糖雜貨行業光緒　年開設 號東任　執事
九十四號	一鋪	鏞廣祥號	開設城南門外窑灣街係油糖雜貨行業光緒　年開設 號東　執事
九十五號	一鋪	夏萬和號	開設城南門外窑灣街係油糖雜貨行業光緒　年開設 號東夏　執事
九十六號	一鋪	曾永大號	開設城養虎巷街係油糖雜貨行業光緒　年開設 號東曹　執事
九十七號	一鋪	大　興號	開設城養虎巷街係油糖雜貨行業光緒　年開設 號東袁　執事

江甯商務總會調查

號[illegible] 一鋪 興隆號 開設城養虎巷街係油糖雜貨行業 光緒　年開設 號東周 執事

號[illegible] 一鋪 亨利號 開設城養虎巷街係油糖雜貨行業 光緒　年開設 號東張 執事

號[illegible] 一鋪 永興號 開設城馬家山街係油糖雜貨行業 光緒　年開設 號東陳 執事

號[illegible] 一鋪 復和號 開設城馬家山街係油糖雜貨行業 光緒　年開設 號東徐 執事

號[illegible] 一鋪 瑞鑫號 開設城掃幕巷街係油糖雜貨行業 光緒　年開設 號東趙 執事

號[illegible] 一鋪 振泰號 開設城南門外西街係油糖雜貨行業 光緒　年開設 號東徐 執事

號[illegible] 一鋪 太元號 開設城南門外西街係油糖雜貨行業 光緒　年開設 號東王 執事

號[illegible] 一鋪 義順號 開設城南門外西街係油糖雜貨行業 光緒　年開設 號東唐 執事

油糖雜貨行業類

一鋪　潤祥號　開設城南門外西街係油糖雜貨行業　光緒　年開設　號東葛　執事

一鋪　許復興號　開設城水西門外上河街係油糖雜貨行業　光緒　年開設　號東許祥義　執事

一鋪　根源祥號　開設城旱西門外街係油糖雜貨行業　光緒　年開設　號東　執事

一鋪　施聚和號　開設城旱西門外街係油糖雜貨行業　光緒　年開設　號東施　執事

一鋪　陳瑞昌號　開設城旱西門外街係油糖雜貨行業　光緒　年開設　號東陳　執事

一鋪　止　號　開設城　街係　行業　光緒　年開設　號東　執事

一鋪　號　開設城　街係　行業　光緒　年開設　號東　執事

一鋪　號　開設城　街係　行業　光緒　年開設　號東　執事

江寧商務總會調查

號
一鋪
號
開設城　　　街係　　　行業　光緒　年開設
號東　　　執事

號
一鋪
號
開設城　　　街係　　　行業　光緒　年開設
號東　　　執事

號
一鋪
號
開設城　　　街係　　　行業　光緒　年開設
號東　　　執事

號
一鋪
號
開設城　　　街係　　　行業　光緒　年開設
號東　　　執事

號
一鋪
號
開設城　　　街係　　　行業　光緒　年開設
號東　　　執事

號
一鋪
號
開設城　　　街係　　　行業　光緒　年開設
號東　　　執事

號
一鋪
號
開設城　　　街係　　　行業　光緒　年開設
號東　　　執事

號
一鋪
號
開設城　　　街係　　　行業　光緒　年開設
號東　　　執事

以上係油糖雜貨店鋪

合共計〇千叁百〇拾玖號

光緒三十　年　月

叁卷目錄

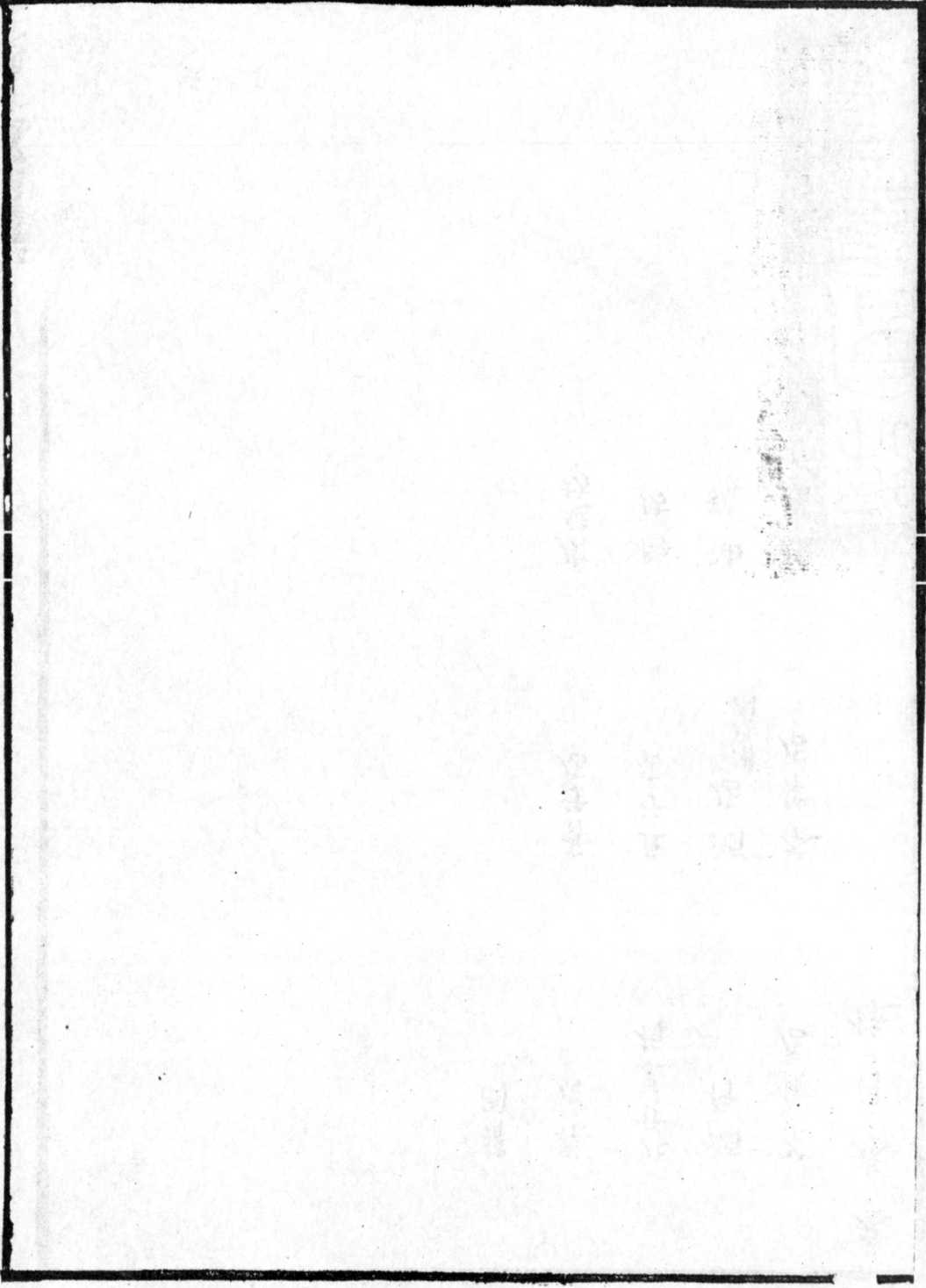

茶食行業類

已入商會
一鋪　吉祥陞號　開設城内東牌樓街係茶食店行業　光緒　年開設
號東向潤生　執事

已入商會
一鋪　稻香村號　開設城内東牌樓街係茶食店行業　光緒　年開設
號東王耀齋　執事

一鋪　同信昌號　開設城内顔樓街係茶食店行業　光緒　年開設
號東余宏興　執事

已入商會
一鋪　永德泰號　開設城内顔樓街係茶食店行業　光緒　年開設
號東厲明之　執事

已入商會
一鋪　大同號　開設城内評事街係茶食店行業　光緒　年開設
號東戴　執事

已入商會
一鋪　稻香村號　開設城内東牌樓街係茶食店行業　光緒　年開設
號東宗榫雲　執事

已入商會
一鋪　稻香村號　開設城内三山大街係茶食店行業　光緒　年開設
號東王　執事

一鋪　怡南號　開設城内花市大街係茶食店行業　光緒　年開設
號東陳　執事

江甯商務總會調查

巳入商會
九號 一鋪 湧茂號 開設城內南門大街係茶食店行業 光緒 年開設
號東吳德記 執事

十號 一鋪 金永興號 開設城內城門大街係茶食店行業 光緒 年開設
號東金四玉 執事

十一號 一鋪 陳太和號 開設城內南門大街係茶食店行業 光緒 年開設
號東陳仁甫 執事

十二號 一鋪 昇太號 開設城內南門大街係茶食店行業 光緒 年開設
號東王瑞堂 執事

十三號 一鋪 天昌號 開設城內南門大街係茶食店行業 光緒 年開設
號東王 執事

十四號 一鋪 廣來居號 開設城內坊口大街係茶食店行業 光緒 年開設
號東 執事

巳入商會
十五號 一鋪 五福齋號 開設城內講堂大街係茶食店行業 光緒 年開設
號東伍厚之 執事

巳入商會
十六號 一鋪 源茂號 開設城內彩霞大街係茶食店行業 光緒 年開設
號東伍 執事

茶食行業類

十七號	一鋪 鼎豫號	開設城内彩霞街係茶食行業光緒　年開設	號東丁子巽執事	
十八號	一鋪 福來號	開設城内評事街係茶食行業光緒　年開設	號東王得福執事	
十九號	一鋪 聚茂興號	開設城内狀元境街係茶食行業光緒　年開設	號東孫又山執事	
廿號	一鋪 吉祥陞號	開設城内淮清橋街係茶食行業光緒　年開設	號東徐桂生執事	
廿一號	一鋪 慶陞號	開設城内承恩寺街係茶食行業光緒　年開設	號東卞子清執事	已入商會
廿二號	一鋪 億元祥號	開設城内北門橋街係茶食行業光緒　年開設	號東金士朝執事	
廿三號	一鋪 廣鑫號	開設城内魚市大街係茶食行業光緒　年開設	號東蕭保隆執事	
廿四號	一鋪 湧陞號	開設城内膺福街係茶食行業光緒　年開設	號東王　執事	已入商會

江甯商務總會調查

已入商會

廿五號　一鋪　西復興號　開設城内貢院東街係茶食行業光緒　年開設　號東潘　執事

廿六號　一鋪　春森號　開設城南門外西街係茶食行業光緒　年開設　號東王　執事

廿七號　一鋪　乾太信號　開設城内黑廊大街係茶食行業光緒　年開設　號東　執事

廿八號　一鋪　廣全信號　開設城内黑廊大街係茶食行業光緒　年開設　號東胡　執事

廿九號　一鋪　永興號　開設城内府口大街係茶食行業光緒　年開設　號東徐　執事

卅號　一鋪　廣福來號　開設城内講堂大街係茶食行業光緒　年開設　號東　執事

卅一號　一鋪　東鑫號　開設城内彩霞街係茶食行業光緒　年開設　號東楊　執事

卅二號　一鋪　春陽號　開設城内彩霞街係茶食行業光緒　年開設　號東李　執事

茶食行業類

卅三號 一鋪 全興號 開設城内南捕廳街係茶食行業 光緒 年開設 號東金執事

卅四號 一鋪 黄萬興號 開設城内漢西門街係茶食行業 光緒 年開設 號東黄執事

卅五號 一鋪 德昌號 開設城内牛皮街係茶食行業 光緒 年開設 號東范執事

卅六號 一鋪 天成號 開設城内漢西門街係茶食行業 光緒 年開設 號東李執事

卅七號 一鋪 太山號 開設城内漢西門街係茶食行業 光緒 年開設 號東孫執事

卅八號 一鋪 祥興號 開設城内鴿子橋街係茶食行業 光緒 年開設 號東哈執事

卅九號 一鋪 德興號 開設城内漢西門街係茶食行業 光緒 年開設 號東臧執事

四十號 一鋪 陸恒昌號 開設城内牛皮街係茶食行業 光緒 年開設 號東陸執事

江甯商務總會調查

已入商會

號一 一鋪 恒發祥號 開設城內安品街係茶食行業光緒　年開設 號東欒 執事

號二 一鋪 義昌號 開設城內下浮橋街係茶食行業光緒　年開設 號東禮 執事

號三 一鋪 恒興復號 開設城內梧桐樹街係茶食行業光緒　年開設 號東 執事

號四 一鋪 盛祥號 開設城　街係茶食行業光緒　年開設 號東 執事

號五 一鋪 衡鈺昌號 開設城內船板巷街係茶食行業光緒　年開設 號東章 執事

號六 一鋪 虞萬興號 開設城內柳葉街係茶食行業光緒　年開設 號東虞 執事

號七 一鋪 孫恒源號 開設城內柳葉街係茶食行業光緒　年開設 號東孫 執事

號八 一鋪 生茂號 開設城內沙灣街係茶食行業光緒　年開設 號東金 執事

已入商會

九號	一鋪	慶陞號	開設城内小門口街係茶食行業	號東方執事		光緒　年開設
卅號	一鋪	源興號	開設城内三鋪西橋街係茶食行業	號東馬鳴歧執事		光緒　年開設
卅一號	一鋪	德源號	開設城内釣魚台街係茶食行業	號東朱執事		光緒　年開設
卅二號	一鋪	王錦和號	開設城内三坊巷街係茶食行業	號東王執事		光緒　年開設
卅三號	一鋪	何四喜號	開設城内三坊巷街係茶食行業	號東何執事		光緒　年開設
卅四號	一鋪	太生祥號	開設城内銅作坊街係茶食行業	號東王執事		光緒　年開設
卅五號	一鋪	衡祥號	開設城内　箆街係茶食行業	號東張執事		光緒　年開設
卅六號	一鋪	英美號	開設城内大功坊街係茶食行業	號東方執事		光緒　年開設

茶食行業類　　江甯商務總會調查

廿七號 一鋪 福陞號 開設城内府東大街係茶食行業 光緒 年開設 號東王 執事

廿八號 一鋪 福永興號 開設城内陡門橋街係茶食行業 光緒 年開設 號東何 執事

廿九號 一鋪 春芳號 開設城内水西門街係茶食行業 光緒 年開設 號東 執事

卅號 一鋪 稻香村號 開設城内府東大街係茶食行業 光緒 年開設 號東潘 執事

卅一號 一鋪 福太隆號 開設城外下關街係茶食行業 光緒 年開設 號東宋 執事

卅二號 一鋪 廣裕泰號 開設城外下關街係茶食行業 光緒 年開設 號東歐 執事

卅三號 一鋪 復茂源號 開設城外下關街係茶食行業 光緒 年開設 號東 執事

卅四號 一鋪 順興號 開設城内督署前街係茶食行業 光緒 年開設 號東劉惟興 執事

已入商會

廿五號	一鋪	茂興號	開設城内復成倉街係茶食行業 號東紀茂貴執事	光緒　年開設	
廿六號	一鋪	實興號	開設城内碑亭巷街係茶食行業 號東李和新執事	光緒　年開設	
廿七號	一鋪	信保號	開設城内碑亭巷街係茶食行業 號東東洋人執事	光緒　年開設	
廿八號	一鋪	聚盛永號	開設城内碑亭巷街係茶食行業 號東楊大聚執事	光緒　年開設	
廿九號	一鋪	慶豐號	開設城内洪武大街係茶食行業 號東潘益才執事	光緒　年開設	
卅號	一鋪	脆香齋號	開設城内三眼井街係茶食行業 號東夏大發執事	光緒　年開設	
卅一號	一鋪	復興號	開設城内大香爐街係茶食行業 號東丁榮之執事	光緒　年開設	
卅二號	一鋪	稻香村號	開設城内大行宮街係茶食行業 號東蕭永年執事	光緒　年開設	

茶食行業類　　江甯商務總會調查

號　一鋪　永盛號　開設城內籌防局前街係茶食行業光緒　年開設
號東鍾永記　執事

號　一鋪　裕昌號　開設城內內橋頂街係茶食行業光緒　年開設
號東龔渭川　執事

號　一鋪　福記號　開設城內大行宮街係茶食行業光緒　年開設
號東廣福和　執事

號　一鋪　悅陞號　開設城內淮清橋街係茶食行業光緒　年開設
號東徐廣祥　執事

号　一鋪　止　號　開設城　街係　行業光緒　年開設
號東　執事

号　一鋪　號　開設城　街係　行業光緒　年開設
號東　執事

号　一鋪　號　開設城　街係　行業光緒　年開設
號東　執事

号　一鋪　號　開設城　街係　行業光緒　年開設
號東　執事

以上係茶食店鋪

合共計〇千〇百柒拾陸號

光緒三十二年　月　日呈

已入商會 号一	一鋪	永春號	開設城内漢西門街係茶葉行業	號東李克俊 執事徐少甫	光緒捌年開設
已入商會 号二	一鋪	蘇春茂號	開設城内水西門街係茶葉行業	號東蘇承霖 執事李藍卿	光緒元年開設
已入商會 号三	一鋪	張廣豐號	開設城内天后宮街係茶葉行業	號東張旭初 執事萬學禮	光緒柒年開設
已入商會 号四	一鋪	祁開泰號	開設城内油市大街係茶葉行業	號東祁鴻卿 執事	光緒肆年開設
已入商會 号五	一鋪	廣源號	開設城内燈籠巷街係茶葉行業	號東楊舉元 執事楊仲夫	光緒元年開設
已入商會 号六	一鋪	湧泰號	開設城内甘雨巷街係茶葉行業	號東祁錦源 執事陳九如	光緒貳拾捌年開設
已入商會 号七	一鋪	楊大豐號	開設城内評事街係茶葉行業	號東楊世榮 執事楊福祿	光緒貳拾壹年開設
已入商會 号八	一鋪	徐太元號	開設城内菓子行街係茶葉行業	號東徐杰 執事陳茂修	光緒肆年開設

茶葉行業類

江甯商務總會調查

已入商會 九號 一鋪 永大號 開設城内菓子行街係茶葉行業 光緒拾叁年開設 號東華近賢 執事蘇銘之

已入商會 十號 一鋪 元太號 開設城内橋大街係茶葉行業 光緒貳拾貳年開設 號東張計臣 執事

已入商會 十一號 一鋪 和春號 開設城内坊口大街係茶葉行業 光緒貳拾伍年開設 號東葉任庵 執事周南山

已入商會 十二號 一鋪 元泰祥號 開設城内新橋大街係茶葉行業 光緒貳拾貳年開設 號東瞿述齋 執事徐月波

已入商會 十三號 一鋪 永茂號 開設城内沙灣大街係茶葉行業 光緒貳拾陸年開設 號東陳永祥 執事陳言忠

十四號 一鋪 正茂號 開設城南門外西街係茶葉行業 光緒肆年開設 號東張敬亭 執事

十五號 一鋪 泰生號 開設城内膺福大街係茶葉行業 光緒伍年開設 號東蘇祥生 執事蘇長生

十六號 一鋪 益泰號 開設城水西門外街係茶葉行業 光緒伍年開設 號東張夢陽 執事蘇致格

茶葉行業類

已入商會　號十七　一鋪　陳源茂號　開設城南門外街係茶葉行業光緒肆年開設　號東陳燮坤　執事楊應章

已入商會　號十八　一鋪　蘇泰來號　開設城内南門大街係茶葉行業光緒肆年開設　號東蘇家騊　執事蘇華先

已入商會　號十九　一鋪　陳泰和號　開設城内南門大街係茶葉行業光緒貳年開設　號東陳仁甫　執事陳殿甲

已入商會　號廿　一鋪　楊錦源號　開設城内武定橋街係茶葉行業光緒拾玖年開設　號東楊自進　執事翟駕山

已入商會　號廿一　一鋪　徐元記號　開設城内三坊巷街係茶葉行業光緒貳拾壹年開設　號東春記　執事

已入商會　號廿二　一鋪　徐源記號　開設城内三坊巷街係茶葉行業光緒叁年開設　號東廉記　執事周星齋

已入商會　號廿三　一鋪　葉長春號　開設城内三山大街係茶葉行業光緒肆年開設　號東葉任庵　執事孫厚齋

已入商會　號廿四　一鋪　葉同春號　開設城内承恩寺街係茶葉行業光緒拾年開設　號東葉任庵　執事姜綸軒

江甯商務總會調查

已入商會 號廿五	一鋪	范同和號	開設城淮清橋街係茶葉行業 號東范子壽 執事	光緒貳拾叁年開設
已入商會 號廿六	一鋪	沈永和號	開設城內大中橋街係茶葉行業 號東沈星平 執事沈三保	光緒叁年開設
已入商會 號廿七	一鋪	陳裕和號	開設城內大中橋街係茶葉行業 號東陳舜卿 執事李燮顏	光緒叁拾年開設
已入商會 號廿八	一鋪	楊源茂號	開設城內吉祥街係茶葉行業 號東楊立名 執事李世芳	光緒元年開設
已入商會 號廿九	一鋪	桂信大號	開設城北大行宮街係茶葉行業 號東桂步青 執事	光緒貳拾玖年開設
已入商會 號卅	一鋪	楊三泰號	開設城北門橋街係茶葉行業 號東楊立志 執事	光緒貳年開設
已入商會 號卅一	一鋪	楊春隆號	開設城北門橋街係茶葉行業 號東楊正元 執事	光緒貳拾玖年開設
已入商會 號卅二	一鋪	姜同泰號	開設城北門橋街係茶葉行業 號東姜厚高 執事	光緒貳拾玖年開設

以上係茶葉店鋪

合共計〇千〇百叁拾貳號

光緒 三十二年 月 日呈

烟店行業頒

已入商會

引 一鋪 蔡元和號 開設城水西門外大街係烟店行業光緒二十一年開設 號東蔡壽山 執事蔡壽山

已入商會

引 一鋪 蘇鼎新號 開設城內花市大街係烟店行業光緒二十年開設 號東蘇致和堂 執事曹蔭根

已入商會

引 一鋪 協昌號 開設城內南門大街係烟店行業光緒二十九年開設 號東傅理堂 執事傅紹文

已入商會

引四 一鋪 德隆號 開設城南門外大街係烟店行業光緒二十六年開設 號東曹赤霞 執事甯正川

已入商會

引五 一鋪 同大號 開設城南門外大街係烟店行業光緒十四年開設 號東陳政修 執事汪德修

已入商會

引六 一鋪 大豐號 開設城內水西門大街係烟店行業光緒四年開設 號東甯舜卿 執事甯舜卿

已入商會

引七 一鋪 傅義和號 開設城內南門沙灣街係烟店行業光緒八年開設 號東傅理堂 執事傅理堂

引八 一鋪 乾盛源號 開設城水西門外大街係烟店行業光緒九年開設 號東徐學振 執事徐學振

江甯商務總會關查

九號 一鋪 蕭仁和號 開設城內北門橋頂街係烟店行業光緒八年開設 號東蕭石溪 執事蕭石溪

十號 一鋪 大亨號 開設城外下關街係烟店行業光緒八年開設 號東林遐卿 執事林遐卿

已入商會
十一號 一鋪 隆泰號 開設城內大中橋街係烟店行業光緒四年開設 號東查宗敔 執事查宗敔

已入商會
十二號 一鋪 隆泰棧號 開設城內水西門大街係烟店行業光緒十八年開設 號東查一醒 執事朱旭華

已入商會
十三號 一鋪 隆泰東號 開設城內淮清橋街係烟店行業光緒二十五年開設 號東查一醒 執事查醒

已入商會
十四號 一鋪 太豐號 開設城內水西門大街係烟店行業光緒二十六年開設 號東周本仁 執事周本仁

已入商會
十五號 一鋪 仁和號 開設城內水西門大街係烟店行業光緒六年開設 號東吳寶樹 執事王筱春

十六號 一鋪 鉅隆號 開設城外東陽鎮街係烟店行業光緒二十七年開設 號東蘇金波 執事蘇金波

烟店行業類

號數	鋪數	牌號	開設地址及行業	開設年份	號東	執事	備註
十七號	一鋪	永興隆號	開設城内南門大街係烟店行業	光緒二十九年開設	盧子淋	吴潤軒	
十八號	一鋪	永昌號	開設城南門外大街係烟店行業	光緒三年開設	鄧瑞章	鄧瑞章	
十九號	一鋪	陳萬和號	開設城内吉照營街係烟店行業	光緒十八年開設	陳慶元	陳慶元	
廿號	一鋪	王同興號	開設城内評事街係烟店行業	光緒十二年開設	王瑞廷	王瑞廷	
廿一號	一鋪	慎和號	開設城南門月城街係烟店行業	光緒二十五年開設	唐紹煥	唐紹煥	
廿二號	一鋪	同豐號	開設城内評事街係烟店行業	光緒二十一年開設	查熙臣	查熙臣	
廿三號	一鋪	曹怡大號	開設城内坊口大街係烟店行業	光緒二十八年開設	曹茂如	曹茂如	已入商會
廿四號	一鋪	恒新昌號	開設城内顔料坊街係烟店行業	光緒二十五年開設	谷鄉獻	谷鄉獻	已入商會

江甯商務總會調查

已入商會

廿五號 一鋪 盧日興隆號 開設城内坊口大街係烟店行業 光緒六年開設 號東盧士良 執事吴蕙軒

廿六號 一鋪 盧大興隆號 開設城内水西門街係烟店行業 光緒十年開設 號東盧杰良 執事張福釗

廿七號 一鋪 賴萬春全號 開設城内三山大街係烟店行業 光緒十年開設 號東賴岳峰 執事

廿八號 一鋪 蘇恒盛號 開設城内花市大街係烟店行業 光緒十二年開設 號東蘇瓊堂 執事

廿九號 一鋪 蘇新泰號 開設城内行口大街係烟店行業 光緒十五年開設 號東蘇王五 執事楊純齋

卅號 一鋪 蘇厚昌號 開設城内花牌楼街係烟店行業 光緒二十三年開設 號東蘇惕忠 執事蘇晉哉

卅一號 一鋪 張義和信號 開設城内顧楼街係烟店行業 光緒二十六年開設 號東張修五 執事廖月林

卅二號 一鋪 陳同茂和號 開設城内行口大街係烟店行業 光緒二十四年開設 號東陳子煌 執事陳道全

号一鋪　庚裕豐號　開設城內大中橋小門口街　係穿煙店　行業　光緒　年開設
號東金壽　執事

号一鋪　德茂隆號　開設城內北門橋頂街　係穿煙店　行業　光緒　年開設
號東戴滙川　執事

号一鋪　日興昌號　開設城內大行宮街　係穿煙店　行業　光緒　年開設
號東李季梁　執事

号一鋪　厚昌號　開設城內大行宮街　係穿煙店　行業　光緒　年開設
號東蘇豐厚　執事

号一鋪　庚乙號　開設城內承恩寺街　係穿煙店　行業　光緒　年開設
號東傅理堂　執事

号一鋪　瑞生祥號　開設城內承恩寺街　係穿煙店　行業　光緒　年開設
號東孫宗伯　執事

号一鋪　恒豐號　開設城內顏樓大街　係穿煙店　行業　光緒　年開設
號東陳渭川　執事

号一鋪　廣隆號　開設城內貢院東街　係穿煙店　行業　光緒　年開設
號東林　執事

煙店行業類　　江甯商務總會調查

号　一鋪　鼎新號　開設城内新橋街係穿煙店行業　光緒　年開設
號東蘇　執事

号　一鋪　復源興號　開設城内仙鶴街係穿煙店行業　光緒　年開設
號東　執事

号　一鋪　震太興號　開設城内馬巷街係穿煙店行業　光緒　年開設
號東魏　執事

号　一鋪　陳聚興號　開設城内府西街係穿煙店行業　光緒　年開設
號東陳　執事

号　一鋪　春和號　開設城内漢西門街係穿煙店行業　光緒　年開設
號東李　執事

号　一鋪　鈞記號　開設城内漢西門街係穿煙店行業　光緒　年開設
號東瞿　執事

号　一鋪　昌太恒號　開設城内仙鶴街係穿煙店行業　光緒　年開設
號東　執事

号　一鋪　天和號　開設城内倉門口街係穿煙店行業　光緒　年開設
號東王　執事

一號 祥和號 開設城内倉門口街係穿煙店行業 光緒　年開設
號東　執事

一號 震太恒號 開設城内梧桐樹街係穿煙店行業 光緒　年開設
號東翁　執事

一號 元豐厚號 開設城内府東大街係穿煙店行業 光緒　年開設
號東吴　執事

一號 祥泰號 開設城内膺府大街係穿煙店行業 光緒　年開設
號東陳　執事

一號 永新和號 開設城内膺府大街係穿煙店行業 光緒　年開設
號東潘鑑堂　執事

一號 仲信隆號 開設城内膺府大街係穿煙店行業 光緒　年開設
號東仲　執事

一號 尹大生號 開設城内石壩街係穿煙店行業 光緒　年開設
號東尹　執事

一號 張恒和號 開設城内藏經樓街係穿煙店行業 光緒　年開設
號東張　執事

煙店行業類

江甯商務總會調查

号 一鋪 張同泰號
開設城南門外大街係穿煙店行業　光緒　年開設
號東張　執事

号 一鋪 森昌號
開設城內東牌樓街係穿煙店行業　光緒　年開設
號東張　執事

号 一鋪 鈺和號
開設城內東牌樓街係穿煙店行業　光緒　年開設
號東陳堯村　執事

号 一鋪 同裕昌號
開設城內貢院東街係穿煙店行業　光緒　年開設
號東楊　執事

号 一鋪 瑞泰號
開設城內火星廟街係穿煙店行業　光緒　年開設
號東趙瑞奎　執事

号 一鋪 德太恒號
開設城內織造署前街係穿煙店行業　光緒　年開設
號東陳慶海　執事

号 一鋪 謙泰號
開設城內淮清橋街係穿煙店行業　光緒　年開設
號東戴照元　執事

号 一鋪 永鑫祥號
開設城內通濟門口街係穿煙店行業　光緒　年開設
號東夏永記　執事

一鋪 鼎盛號 開設城内大中橋北街係穿煙店行業 光緒 年開設
號東王之洪 執事

一鋪 森昌祥號 開設城内廣藝街係穿煙店行業 光緒 年開設
號東彭瀚卿 執事

一鋪 永生和號 開設城内廣藝街係穿煙店行業 光緒 年開設
號東王昭錫 執事

一鋪 福生號 開設城内橋口街係穿煙店行業 光緒 年開設
號東梅福源 執事

一鋪 湧興隆號 開設城内内橋口街係穿煙店行業 光緒 年開設
號東武湧記 執事

一鋪 順東號 開設城内珠寶廊街係穿煙店行業 光緒 年開設
號東孫順記 執事

一鋪 炳興號 開設城内盧妃巷口街係穿煙店行業 光緒 年開設
號東王炳記 執事

一鋪 益豐厚號 開設城内花牌樓街係穿煙店行業 光緒 年開設
號東端菊溪 執事

煙店行業類

江甯商務總會調查

号 一鋪 振恒豐號 開設城内花牌樓街係穿煙店行業 光緒 年開設
號東丁振邦 執事

号 一鋪 泰隆號 開設城内銅井巷街係穿煙店行業 光緒 年開設
號東陳玉昆 執事

号 一鋪 德源祥號 開設城内花牌樓街係穿煙店行業 光緒 年開設
號東張手雲 執事

号 一鋪 恒春號 開設城内大行宮街係穿煙店行業 光緒 年開設
號東王子亭 執事

号 一鋪 震泰恒號 開設城内大行宮街係穿煙店行業 光緒 年開設
號東連根野 執事

号 一鋪 鏞昌祥號 開設城内沐府西街係穿煙店行業 光緒 年開設
號東陳張氏 執事

号 一鋪 福太號 開設城内北門橋頂街係穿煙店行業 光緒 年開設
號東郭賜福 執事

号 一鋪 成泰號 開設城内油市大街係穿煙店行業 光緒 年開設
號東王德章 執事

已入商會

号一鋪同和昌號
開設城内吉照營巷口街係穿煙店行業光緒　年開設
號東張竹山執事

号一鋪德和號
開設城内洪武大街係穿煙店行業光緒　年開設
號東譚德大執事

号一鋪源和號
開設城内碑亭巷街係穿煙店行業光緒　年開設
號東蔡泉記執事

号一鋪源遠長號
開設城内碑亭巷口街係穿煙店行業光緒　年開設
號東曹春生執事

号一鋪愚園號
開設城内大行宫街係穿煙店行業光緒　年開設
號東胡雨香執事

号一鋪榮盛號
開設城内西華門街係穿煙店行業光緒　年開設
號東高錦山執事

号一鋪榮生祥號
開設城内西華門街係穿煙店行業光緒　年開設
號東駱璧如執事

号一鋪同發號
開設城内督署前街係穿煙店行業光緒　年開設
號東顧松記執事

煙店行業類

江甯商務總會調查

号 一鋪 協隆號 開設城内督署西街係穿煙店行業 光緒 年開設 號東劉國珍 執事

号 一鋪 福興隆號 開設城内太平城門口街係穿煙店行業 光緒 年開設 號東蔣文龍 執事

号 一鋪 榮昌號 開設城内太平城門口街係穿煙店行業 光緒 年開設 號東卜四明 執事

号 一鋪 福興號 開設城内太平門門口街係穿煙店行業 光緒 年開設 號東吳義成 執事

号 一鋪 恒茂號 開設城内太平門門口街係穿煙店行業 光緒 年開設 號東張炳記 執事

号 一鋪 泰山永號 開設城内太平橋口街係穿煙店行業 光緒 年開設 號東姜順發 執事

号 一鋪 東興號 開設城内四象橋街係穿煙店行業 光緒 年開設 號東胡義仁 執事

号 一鋪 廣隆號 開設城内淮清橋街係穿煙店行業 光緒 年開設 號東凌厚泉 執事

號一鋪一東興號 開設城内大中橋小門口街係穿煙店行業光緒年開設 號東夏東生 執事

號一鋪一泰昌號 開設城南門外大街係穿煙店行業光緒年開設 號東吴 執事

號一鋪一德和號 開設城南門外横街係穿煙店行業光緒年開設 號東林 執事

號一鋪一信和號 開設城南門外横街係穿煙店行業光緒年開設 號東姚 執事

號一鋪一朱同泰號 開設城南門外大街係穿煙店行業光緒年開設 號東朱 執事

號一鋪一同德昌號 開設城南門外大街係穿煙店行業光緒年開設 號東郭相獻 執事

號一鋪一義鑫號 開設城南門外西街係穿煙店行業光緒年開設 號東聶 執事

號一鋪一查仁和號 開設城南門外西街係穿煙店行業光緒年開設 號東查保和 執事

煙店行業類

江甯商務總會調查

号 一鋪 乾源茂號 開設城南門外大街係穿煙店 行業 光緒 年開設 號東翟 執事

号 一鋪 隆盛和號 開設城漢西門外街係穿煙店 行業 光緒 年開設 號東王宗旭 執事

号 一鋪 元隆昌號 開設城外下關街係穿煙店行業 光緒 年開設 號東蘇 執事

号 一鋪 榮豐號 開設城內天津橋頂街係穿煙店行業 光緒 年開設 號東朱國榮 執事

号 一鋪 源茂祥號 開設城南門外西街係穿煙店行業 光緒 年開設 號東李 執事

号 一鋪 蘇恒茂號 開設城內水西門街係 烟店行業 光緒 年開設 號東 執事

号 一鋪 益茂隆號 開設城內坊口大街係 烟店行業 光緒 年開設 號東賴 執事

号 一鋪 德發建號 開設城內黑廊 街係 烟店行業 光緒 年開設 號東鄧 執事

号[illegible]
一鋪 廣茂榮號
開設城内坊口大街係烟店行業光緒　年開設
號東黄　執事

号[illegible]
一鋪 日興發號
開設城内三山大街係烟店行業光緒　年開設
號東林　執事

号
一鋪 止號
開設城　街係　行業光緒　年開設
號東　執事

号
一鋪　號
開設城　街係　行業光緒　年開設
號東　執事

号
一鋪　號
開設城　街係　行業光緒　年開設
號東　執事

号
一鋪　號
開設城　街係　行業光緒　年開設
號東　執事

号
一鋪　號
開設城　街係　行業光緒　年開設
號東　執事

号
一鋪　號
開設城　街係　行業光緒　年開設
號東　執事

烟店　行業類

江甯商務總會調查

号　一鋪　煙店　號　開設城　街係　行業　光緒　年開設　號東　執事

号　一鋪　號　開設城　街係　行業　光緒　年開設　號東　執事

号　一鋪　號　開設城　街係　行業　光緒　年開設　號東　執事

号　一鋪　號　開設城　街係　行業　光緒　年開設　號東　執事

号　一鋪　號　開設城　街係　行業　光緒　年開設　號東　執事

号　一鋪　號　開設城　街係　行業　光緒　年開設　號東　執事

号　一鋪　號　開設城　街係　行業　光緒　年開設　號東　執事

号　一鋪　號　開設城　街係　行業　光緒　年開設　號東　執事

以上係煙店鋪

合共計○千壹百壹拾肆號

光緒三十二年　月　日呈

燒酒行業類

已入商會　引　一鋪　謝湧興號　開設城南門外掃帚巷街係燒酒行業　光緒肆年開設
號東謝承興　執事

已入商會　引　一鋪　金萬茂號　開設城南門外西街係燒酒行業　光緒陸年開設
號東金湧發　執事

已入商會　引　一鋪　葉永記號　開設城南門外西街係燒酒行業　光緒拾陸年開設
號東葉克明　執事

已入商會　引　一鋪　復來號　開設城南門外街係燒酒行業　光緒貳拾肆年開設
號東張世才　執事陳永貴

已入商會　引　一鋪　久和號　開設城南門外街係燒酒行業　光緒拾捌年開設
號東陳久徵　執事毛春江

已入商會　引　一鋪　王春和號　開設城通濟門外街係燒酒行業　光緒玖年開設
號東王鐸　執事

已入商會　引　一鋪　楊永興號　開設城通濟門外街係燒酒行業　光緒玖年開設
號東楊德培　執事

已入商會　引　一鋪　馬振泰號　開設城通濟門外街係燒酒行業　光緒拾壹年開設
號東馬仁翻　執事

江寧商務總會調查

九号 已入商會
一鋪 虞漢卿號
開設城通濟門内街係燒酒行業光緒柒年開設
號東虞子湘 執事

十号 已入商會
一鋪 朱鈺成號
開設城通濟門内街係燒酒行業光緒叁拾年開設
號東朱延年 執事

十一号 已入商會
一鋪 葉甡生號
開設城通濟門大街係燒酒行業光緒叁拾年開設
號東葉長華 執事

十二号 已入商會
一鋪 聚豐源記炳號
開設城通濟門外街係燒酒行業光緒貳拾柒年開設
號東劉炳生 執事劉文華

十三号 已入商會
一鋪 咼春記號
開設城西華門外街係燒酒行業光緒叁拾年開設
號東咼春華 執事

号
一鋪 止 號
開設城 街係 行業光緒 年開設
號東 執事

号
一鋪 號
開設城 街係 行業光緒 年開設
號東 執事

号
一鋪 號
開設城 街係 行業光緒 年開設
號東 執事

以上係酒行店鋪

合共計〇千〇百〇拾叁號

光緒三十二年　月　日呈

號 一鋪 長源莊號 開設城内評事街係酒莊行業光緒　年開設
號東林子洪執事

號 一鋪 全美棧號 開設城内南捕廳街係酒棧行業光緒　年開設
號東盧瑞生執事

號 一鋪 全鶴梅號 開設城内貢院東街係酒莊行業光緒　年開設
號東全竹舟執事

號 一鋪 謙泰號 開設城内貢院東街係糟坊行業光緒　年開設
號東徐楫生執事

號 一鋪 萬源號 開設城内貢院東街係酒莊行業光緒　年開設
號東王榮莊執事

號 一鋪 方復泰號 開設城水西門外大街係酒莊行業光緒　年開設
號東方文元執事

號 一鋪 德泰號 開設城水西門外上河街係酒莊行業光緒　年開設
號東周善祿執事

號 一鋪 震太號 開設城内大水巷街係糟坊行業光緒　年開設
號東董萬順執事

酒店行業類　糟坊附　　　　江甯商務總會調查

一鋪號 鑫記公號 開設城内安品街係酒店行業光緒　年開設 號東張鑫堯 執事

一鋪號 萬太和號 開設城内船板巷街係酒店行業光緒　年開設 號東萬 執事

一鋪號 裕隆號 開設城内上浮橋街係酒店行業光緒　年開設 號東戚 執事

一鋪號 恒大號 開設城内東牌樓街係酒店行業光緒　年開設 號東李 執事

一鋪號 浚義號 開設城内東牌樓街係酒店行業光緒　年開設 號東潘 執事

一鋪號 濟美長號 開設城内承恩寺街係酒店行業光緒　年開設 號東甘書林 執事

一鋪號 恒春號 開設城内大中橋街係酒店行業光緒　年開設 號東葉仲英 執事

一鋪號 恒茂號 開設城南門月城街係酒店行業光緒　年開設 號東劉文 執事

酒店行業類糟坊附

号 一鋪 金永源號 開設城南門城外街係酒棧行業光緒　年開設 號東金　執事

号 一鋪 張復來號 開設城南門外大街係酒棧行業光緒　年開設 號東張　執事

号 一鋪 潘德和號 開設城南門外大街係糟坊行業光緒　年開設 號東潘　執事

号 一鋪 永興號 開設城南門外西街係酒店行業光緒　年開設 號東葉　執事

号 一鋪 久和號 開設城南門外西街係酒行行業光緒　年開設 號東毛春江　執事

号 一鋪 萬茂號 開設城南門外西街係酒行行業光緒　年開設 號東金正福　執事

号 一鋪 生泰號 開設城外下關街係酒店行業光緒　年開設 號東顧春華　執事

号 一鋪 周榮大號 開設城內釣魚台街係酒店行業光緒　年開設 號東周　執事

江甯商務總會調查

号 一鋪 杏花村號 開設城内致和街係酒店行業光緒　年開設 號東馮炳生執事

号 一鋪 三柳居號 開設城内利涉橋街係酒店行業光緒　年開設 號東至善執事

号 一鋪 源順祥號 開設城内小門口街係酒店行業光緒　年開設 號東謝執事

号 一鋪 馬益和號 開設城内下浮橋街係酒店行業光緒　年開設 號東馬執事

号 一鋪 錦和樓號 開設城内評事街係酒店行業光緒　年開設 號東朱執事

号 一鋪 濟美號 開設城内彩霞街係酒店行業光緒　年開設 號東張執事

号 一鋪 永太和號 開設城内陡門橋街係酒店行業光緒　年開設 號東執事

号 一鋪 陳義興號 開設城内講堂大街係酒店行業光緒　年開設 號東陳執事

酒店行業類

號	一鋪	長源號	開設城內黑廊街係酒店行業光緒　年開設	號東　執事
號	一鋪	鼎豫號	開設城內釣魚台街係酒店行業光緒　年開設	號東徐　執事
號	一鋪	榮昌號	開設城內新橋街係酒店行業光緒　年開設	號東于　執事
號	一鋪	仁昌號	開設城內新橋街係酒店行業光緒　年開設	號東宋　執事
號	一鋪	仁和東號	開設城內司署口街係糟坊酒店行業光緒　年開設	號東陳　執事
號	一鋪	慶源號	開設城內膺府大街係酒店行業光緒　年開設	號東周　執事
號	一鋪	福元祥號	開設城內大夫第街係酒店行業光緒　年開設	號東陳　執事
號	一鋪	周義源號	開設城內東牌樓街係酒店行業光緒　年開設	號東周　執事

江甯商務總會調查

号一鋪 炳泰號 開設城内顏樓大街係酒店行業 光緒 年開設 號東蔣 執事

号一鋪 永隆號 開設城内貢院街係酒店行業 光緒 年開設 號東陶 執事

号一鋪 長元號 開設城内承恩寺街係酒店行業 光緒 年開設 號東張照祥 執事

号一鋪 正大號 開設城内通濟門口街係酒店行業 光緒 年開設 號東朱雨亭 執事

号一鋪 復興號 開設城内通濟門口街係酒店行業 光緒 年開設 號東葉長林 執事

号一鋪 同源號 開設城内大中橋街係酒店行業 光緒 年開設 號東十金波 執事

号一鋪 鈺隆號 開設城内廣藝街係酒店行業 光緒 年開設 號東陳李亭 執事

号一鋪 寶善源號 開設城内花牌樓街係酒店行業 光緒 年開設 號東張魯卿 執事

一鋪號 盛源號 開設城內大行宮街係酒店行業光緒　年開設 號東林雨記 執事

一鋪號 森昌號 開設城北門橋頂街係酒店行業光緒　年開設 號東倪炳生 執事

一鋪號 錦記號 開設城內西華門大街係酒店行業光緒　年開設 號東謝承榮 執事

一鋪號 永發號 開設城內大營門正街係酒店行業光緒　年開設 號東彭永煌 執事

一鋪號 全吉號 開設城南門外北山門街係糟坊行業光緒　年開設 號東金 執事

一鋪號 謝湧興號 開設城南門外馬家街係酒店行業光緒　年開設 號東謝 執事

一鋪號 祥太號 開設城南門外大街係酒店行業光緒　年開設 號東王 執事

一鋪號 梁永大號 開設城外下關街係酒店行業光緒　年開設 號東梁 執事

酒店行業類

江甯商務總會調查

号[illegible] 一鋪 天 泰 號 開設城外下關街係酒店行業光緒　年開設 號東王 執事

号[illegible] 一鋪 森 記 號 開設城外下關街係酒店行業光緒　年開設 號東王 執事

号[illegible] 一鋪 萬 盛 號 開設城外下關街係酒店行業光緒　年開設 號東 執事

号[illegible] 一鋪 春 和 號 開設城外下關街係酒店行業光緒　年開設 號東戴 執事

号[illegible] 一鋪 炳 興 號 開設城外下關街係酒店行業光緒　年開設 號東丁 執事

号 一鋪 號 開設城　街係　行業光緒　年開設 號東 執事

号 一鋪 號 開設城　街係　行業光緒　年開設 號東 執事

号 一鋪 號 開設城　街係　行業光緒　年開設 號東 執事

以上係酒店鋪
合共計●千●百陸拾壹號

光緒三十二年　月　日呈

油號 行業類

号〡	一鋪	彩生號	開設城內水西門大街係油號	號東王鳳山	執事	行業	光緒　年開設	
号〢	一鋪	彩生西號	開設城內水西門大街係油號	號東	執事	行業	光緒　年開設	
号〣	一鋪	廣興發號	開設城內南門大街係油號	號東	執事	行業	光緒　年開設	
号〤	一鋪	東興號	開設城內膺府街係油號	號東顧	執事	行業	光緒　年開設	已入商會
号〥	一鋪	瑞芝號	開設城外養虎巷街係油號	號東何鑑	執事	行業	光緒　年開設	已入商會
号〦	一鋪	億成號	開設城外養虎巷街係油號	號東王鑑堂	執事	行業	光緒　年開設	
号〧	一鋪	義和號	開設城外馬家山街係油號	號東周元記	執事	行業	光緒　年開設	已入商會
号〨	一鋪	德茂號	開設城外掃帚巷街係油號	號東毛	執事	行業	光緒　年開設	

江甯商務總會調查

已入商會　号文　一鋪　西成號　開設城水西門外大街係油行　號東高永生執事　行業　光緒　年開設

号十　一鋪　永生和號　開設城水西門外大街係油行　號東曹虎仙執事　行業　光緒　年開設

已入商會　号〡　一鋪　瑞昌號　開設城内三山大街係油號　號東陳執事　行業　光緒　年開設

号〢　一鋪　深昌號　開設城内膺府大街係油號　號東蕭執事　行業　光緒　年開設

已入商會　号〣　一鋪　洪義號　開設城水西門外大街係油酒行　號東陳執事　行業　光緒　年開設

号〤　一鋪　堃隆號　開設城水西門外大街係洋油棧　號東盧世禮執事　行業　光緒　年開設

已入商會　号〦　一鋪　義成號　開設城水西門外大街係油酒行　號東朱敬軒執事　行業　光緒　年開設

号〥　一鋪　劉巨和號　開設城内東牌樓街係麻油號　號東劉執事　行業　光緒　年開設

以上係油號店鋪

合共計○千○百○拾陸號

光緒三十二年 月 日呈

北貨菓行業類

已入商會	一鋪	汪義利生號	開設城越城大街係北貨菓行業	號東汪心如　執事汪錦堂	光緒伍年開設
已入商會	一鋪	張九如號	開設城越城大街係北貨菓行業	號東張序東　執事林子傑	光緒玖年開設
已入商會	一鋪	張信記號	開設城越城大街係北貨菓行業	號東張祥麟　執事吳廣衡	光緒拾貳年開設
已入商會	一鋪	談復泰號	開設城越城大街係北貨菓行業	號東談雲華　執事熊正興	光緒拾年開設
已入商會	一鋪	龍義森號	開設城越城大街係北貨菓行業	號東龍清泉　執事田萬鑫	光緒貳拾伍年開設
已入商會	一鋪	張森源號	開設城越城大街係北貨菓行業	號東張宏奎　執事喻森泰	光緒玖年開設
已入商會	一鋪	周春茂號	開設城越城大街係北貨菓行業	號東周邏源　執事陳百龍	光緒貳拾年開設
已入商會	一鋪	馬協泰號	開設城水西門大街係北貨菓行業	號東馬福祿　執事馬子卿	光緒柒年開設

江甯商務總會調查

已入商會	九號	一鋪	錢裕興祥號	開設城水西門外大街係北貨菓行業光緒拾壹年開設	號東錢普安　錢海靖
已入商會	十號	一鋪	高西成號	開設城水西門外大街　北貨菓行業光緒拾年開設	號東高宏濤　高炳榮
已入商會	十一號	一鋪	陳洪義號	開設城水西門外大　北貨菓行業光緒貳拾叁年開設	號東陳潤餘　陳康祥
已入商會	十二號	一鋪	管義成號	開設城水西門外街係北貨菓行業光緒拾年開設	號東管榮椿　執事管竹金
已入商會	十三號	一鋪	王億順號	開設城越城大街係北貨菓行業光緒貳拾肆年開設	號東王景堂　執事張瑞衡
已入商會	十四號	一鋪	元盛昌號	開設城內犁頭尖街係北貨菓行業光緒貳拾玖年開設	號東許鈞昌　執事許瑞廷
已入商會	十五號	一鋪	熊合盛號	開設城水西門城門口街係北貨菓行業光緒貳拾柒年開設	號東熊文忠　執事沈德仁
已入商會	十六號	一鋪	陳福興號	開設城門口大街係北貨菓行業光緒貳拾柒年開設	號東陳福榮　執事陳國興

北貨菓行業類

已入商會	[illegible]號	一鋪	金隆泰號	開設城越城大街係北貨菓行業　號東金久魁　執事金久魁	光緒貳拾玖年開設
已入商會	十六號	一鋪	郁義隆號	開設城水西門外街係北貨菓行業　號東郁家珍　執事李元龍	光緒拾年開設
已入商會	十九號	一鋪	張鼎泰號	開設城門口大街係北貨菓行業　號東張長生　執事張啟順	光緒貳拾壹年開設
已入商會	廿一號	一鋪	楊萬隆號	開設城門口大街係北貨菓行業　號東楊長慶　執事萬源祥	光緒貳拾伍年開設
已入商會	廿號	一鋪	萬和祥號	開設城門口大街係北貨菓行業　號東曾萬和　執事江蘭垣	光緒陸年開設
已入商會	廿二號	一鋪	公和祥號	開設城水西門外街係北貨菓行業　號東朱志甡　執事朱松林	光緒叁拾壹年開設
已入商會	廿三號	一鋪	戴福昌號	開設城外大街係藥材油菓行業　號東戴朝慶　執事戴蓉波	光緒貳拾肆年開設
已入商會	廿五號	一鋪	郭樹記號	開設城南門外街係北貨菓行業　號東郭元善　執事王榮坤	光緒貳拾壹年開設

江甯商務總會調查

已入商會 十五號 一鋪 復興和號 開設城南門外街係北貨菓行業 光緒貳拾壹年開設 號東王炳章 執事王子卿

已入商會 十六號 一鋪 張泰和號 開設城南門外街係北貨菓行業 光緒叁拾年開設 號東張國志 執事周相如

已入商會 十七號 一鋪 張義順號 開設城南門外街係北貨菓行業 光緒貳拾玖年開設 號東張先甲 執事施啟云

已入商會 十八號 一鋪 魏復興號 開設城南門外街係北貨菓行業 光緒叁拾年開設 號東魏寶林 執事馮正其

已入商會 十九號 一鋪 馬祥興號 開設城南門外街係北貨菓行業 光緒拾伍年開設 號東馬祥記 執事蔡步全

已入商會 廿號 一鋪 德泰生號 開設城太平門街係菓行業 光緒貳拾玖年開設 號東王保和 執事王嘉高

已入商會 廿一號 一鋪 馬同興號 開設城南門外街係北貨菓行業 光緒叁拾壹年開設 號東王蔭芝 執事

已入商會 廿二號 一鋪 公興號 開設城南門外街係北貨菓行業 光緒貳拾陸年開設 號東傅炳坤 執事

北貨菓行業類

已入商會	卅三號	一鋪	劉大有恆號	開設城外大街係北貨菓行業	光緒叁拾壹年開設	號東劉有喜　執事劉金泉
已入商會	卅四號	一鋪	任同生福號	開設城圈大街係北貨菓行業	光緒叁拾壹年開設	號東任午樵　執事
已入商會	卅五號	一鋪	桂春森號	開設城越城大街係北貨菓行業	光緒貳拾肆年開設	號東桂春山　執事柯昭機
已入商會	卅六號	一鋪	何衡利號	開設城內大街係北貨菓行業	光緒貳拾肆年開設	號東何丈陽　執事張煥琦
已入商會	卅七號	一鋪	顧祥順號	開設城門口大街係北貨菓行業	光緒貳拾伍年開設	號東顧世華　執事丁定亭
已入商會	卅八號	一鋪	陳正大祥號	開設城外大街係北貨菓行業	光緒貳拾陸年開設	號東陳正大　執事蕭祥泰
已入商會	卅九號	一鋪	乾豐恆號	開設城門口大街係北貨菓行業	光緒貳拾年開設	號東萬恒成　執事熊政泰
已入商會	四十號	一鋪	朱裕泰號	開設城外河下街係柴蛋圩菓行業	光緒叁拾壹年開設	號東朱先之　執事

江寧商務總會調查

號 一鋪 永茂號 開設城外大街係北貨菓行業 光緒貳拾玖年開設
號東錢金山 執事

已入商會
號 一鋪 朱協和號 開設城南門外大街係北貨菓行業 光緒貳拾肆年開設
號東朱錫志 執事

已入商會
號 一鋪 施義記號 開設城南門外大街係北貨菓行業 光緒貳拾玖年開設
號東施啟雲 執事

號 一鋪 張泰源號 開設城南門外大街係北貨菓行業 光緒貳拾年開設
號東張從洲 執事

號 一鋪 張洪盛號 開設城南門外大街係北貨菓行業 光緒叁拾壹年開設
號東張從洲 執事

已入商會
號 一鋪 蔡大有號 開設城外大街係北貨菓行業 光緒貳拾捌年開設
號東蔡大有 執事張從餘

号 一鋪 止號 開設城 街係 行業 光緒 年開設
號東 執事

号 一鋪 號 開設城 街係 行業 光緒 年開設
號東 執事

以上係北貨菓店鋪

合共計〇千〇百肆拾陸號

光緒三十二年　月　日呈

一鋪 大興號 開設城内北門橋街係豆子店行業光緒　年開設 號東熊擇隆執事

一鋪 春發號 開設城内大功坊街係豆子店行業光緒　年開設 號東　執事

一鋪 聚隆號 開設城内火星廟街係豆子店行業光緒　年開設 號東馬永記執事

一鋪 萬興號 開設城内文思巷口街係豆子店行業光緒　年開設 號東金瑞芝執事

一鋪 義泰號 開設城内淮清橋街係豆子店行業光緒　年開設 號東沙義記執事

一鋪 永興號 開設城内奇望街行台街係豆子店行業光緒　年開設 號東俞長海執事

一鋪 聚盛號 開設城内王府園街係豆子店行業光緒　年開設 號東武亭漢執事

一鋪 聚興號 開設城内承恩寺街係豆子店行業光緒　年開設 號東吳亭記執事

豆子店行業類

江甯商務總會調查

九號 一鋪 裕興號 開設城内内橋頂街係豆子店行業 光緒　年開設 號東金桃園執事

十號 一鋪 衡源號 開設城内笪橋市街係豆子店行業 光緒　年開設 號東沈德仁執事

十一號 一鋪 裕興號 開設城内新街口街係豆子店行業 光緒　年開設 號東蔣雨霖執事

十二號 一鋪 祥興號 開設城内沐府西門街係豆子店行業 光緒　年開設 號東鄭積慶執事

十三號 一鋪 開泰號 開設城内火星廟街係豆子店行業 光緒　年開設 號東楊永聚執事

十四號 一鋪 鑫泰永號 開設城内吉照營街係豆子店行業 光緒　年開設 號東沙長榮執事

十五號 一鋪 泰山號 開設城内小石橋街係豆子店行業 光緒　年開設 號東卞國賢執事

十六號 一鋪 順興號 開設城内洪武街街係豆子店行業 光緒　年開設 號東張保其執事

豆子店行業類

十七號	一舖	富興號	開設城南門外大街係炒貨豆子行業 號東　執事	光緒　年開設
十八號	一舖	永盛祥號	開設城南門外大街係炒貨豆子行業 號東　執事	光緒　年開設
十九號	一舖	榮興號	開設城南門外大街係炒貨豆子行業 號東　執事	光緒　年開設
廿號	一舖	萬生號	開設城南門外大街係炒貨豆子行業 號東　執事	光緒　年開設
廿一號	一舖	同順祥號	開設城南門外西街係炒貨豆子行業 號東　執事	光緒　年開設
廿二號	一舖	全福齋號	開設城内北門橋街係炒貨豆子行業 號東　執事	光緒　年開設
廿三號	一舖	春記號	開設城内北門橋街係炒貨豆子行業 號東　執事	光緒　年開設
廿四號	一舖	金鑫泰永號	開設城内北門橋街係炒貨豆子行業 號東　執事	光緒　年開設

江甯商務總會調查

廿五號 一鋪 德興號 開設城内牌樓大街係 炒貨豆子行業 光緒 年開設 號東 執事

廿六號 一鋪 震泰永號 開設城内牌樓大街係 炒貨豆子行業 光緒 年開設 號東 執事

廿七號 一鋪 震興號 開設城内笪橋市街係 炒貨豆子行業 光緒 年開設 號東 執事

廿八號 一鋪 萬盛號 開設城内内橋北首街係 炒貨豆子行業 光緒 年開設 號東 執事

廿九號 一鋪 永興號 開設城内四象橋街係 炒貨豆子行業 光緒 年開設 號東 執事

卅號 一鋪 福同永號 開設城内陡門橋街係 炒貨豆子行業 光緒 年開設 號東 執事

卅一號 一鋪 同興號 開設城内水西門大街係 炒貨豆子行業 光緒 年開設 號東 執事

卅二號 一鋪 合興號 開設城内水西門大街係 炒貨豆子行業 光緒 年開設 號東 執事

豆子店行業類

廿三號 一鋪 春芳號 開設城内水西門大街係炒貨豆子行業 光緒 年開設 號東 執事

廿四號 一鋪 恒元號 開設城内花市大街係炒貨豆子行業 光緒 年開設 號東 執事

廿五號 一鋪 泰山號 開設城内南門大街係炒貨豆子行業 光緒 年開設 號東 執事

廿六號 一鋪 合興號 開設城内南門大街係炒貨豆子行業 光緒 年開設 號東 執事

廿七號 一鋪 金復興號 開設城内南門大街係炒貨豆子行業 光緒 年開設 號東金 執事

廿八號 一鋪 春生號 開設城内坊口大街係炒貨豆子行業 光緒 年開設 號東 執事

廿九號 一鋪 增盛號 開設城内行口大街係炒貨豆子行業 光緒 年開設 號東 執事

卅號 一鋪 祥興號 開設城内行口大街係炒貨豆子行業 光緒 年開設 號東 執事

江甯商務總會調查

第一號	一鋪	恒盛號	開設城內講堂大街係炒貨豆子行業	號東　執事	光緒　年開設
第二號	一鋪	益和號	開設城內府東大街係炒貨豆子行業	號東　執事	光緒　年開設
第三號	一鋪	馬聚興號	開設城內府東大街係炒貨豆子行業	號東　執事	光緒　年開設
第四號	一鋪	恒豫號	開設城內彩霞街係炒貨豆子行業	號東　執事	光緒　年開設
第五號	一鋪	東興號	開設城內彩霞街係炒貨豆子行業	號東　執事	光緒　年開設
第七號	一鋪	同順號	開設城內彩霞街係炒貨豆子行業	號東　執事	光緒　年開設
第八號	一鋪	義鑫號	開設城內三坊巷街係炒貨豆子行業	號東　執事	光緒　年開設
第九號	一鋪	鄭興祥號	開設城內顧樓大街係炒貨豆子行業	號東　執事	光緒　年開設

發一鋪 添興號 開設城內顧樓大街係炒貨豆子行業 光緒　年開設
號東　執事

發一鋪 恒森號 開設城內武定橋街係炒貨豆子行業 光緒　年開設
號東　執事

發一鋪 武聚鑫號 開設城內奇望街係炒貨豆子行業 光緒　年開設
號東武　執事

發一鋪 源興號 開設城內沙灣街係炒貨豆子行業 光緒　年開設
號東　執事

發一鋪 裕興號 開設城內新橋大街係炒貨豆子行業 光緒　年開設
號東　執事

發一鋪 金復興號 開設城內南門大街係炒貨豆子行業 光緒　年開設
號東金　執事

發一鋪 方萊園號 開設城內花牌樓街係炒貨豆子行業 光緒　年開設
號東方　執事

發一鋪 森茂恒號 開設城內花牌樓街係炒貨豆子行業 光緒　年開設
號東　執事

豆子店行業類　江甯商務總會調查

號八 一鋪 永裕號 開設城内大行宫街係炒貨豆子行業光緒　年開設 號東　執事

號九 一鋪 義昌號 開設城水西門外大街係炒貨豆子行業光緒　年開設 號東　執事

號十 一鋪 復興號 開設城水西門外大街係炒貨豆子行業光緒　年開設 號東　執事

號十一 一鋪 復興號 開設城水西門外大街係炒貨豆子行業光緒　年開設 號東　執事

號十二 一鋪 萬順號 開設城外乜廠街係炒貨豆子行業光緒　年開設 號東　執事

號十三 一鋪 宏興號 開設城内倉巷街係炒貨豆子行業光緒　年開設 號東　執事

號十四 一鋪 坤泰號 開設城内倉巷街係炒貨豆子行業光緒　年開設 號東　執事

號十五 一鋪 義泰號 開設城内淮清橋街係炒貨豆子行業光緒　年開設 號東　執事

豆子店行業類

號　一鋪　天成號　開設城內大星廟街係炒貨豆子行業　光緒　年開設　號東　執事

號　一鋪　義順號　開設城內東牌樓街係炒貨豆子行業　光緒　年開設　號東　執事

號　一鋪　復興號　開設城內東牌樓街係炒貨豆子行業　光緒　年開設　號東　執事

号　一鋪　止　號　開設城　街係　行業　光緒　年開設　號東　執事

号　一鋪　號　開設城　街係　行業　光緒　年開設　號東　執事

号　一鋪　號　開設城　街係　行業　光緒　年開設　號東　執事

号　一鋪　號　開設城　街係　行業　光緒　年開設　號事

号　一鋪　號　開設城　街係　行業　光緒　年開設　號東　執事

江甯商務總會調查

号
一鋪 號
開設城 街係 行業 光緒 年開設
號東 執事

号
一鋪 號
開設城 街係 行業 光緒 年開設
號東 執事

号
一鋪 號
開設城 街係 行業 光緒 年開設
號東 執事

号
一鋪 號
開設城 街係 行業 光緒 年開設
號東 執事

号
一鋪 號
開設城 街係 行業 光緒 年開設
號東 執事

号
一鋪 號
開設城 街係 行業 光緒 年開設
號東 執事

号
一鋪 號
開設城 街係 行業 光緒 年開設
號東 執事

号
一鋪 號
開設城 街係 行業 光緒 年開設
號東 執事

以上係豆子 店鋪
合共計〇千〇百陸拾柒號

光緒三十二年　月　日呈

糖坊 行業類

引 一鋪 李源興號 開設城内膺府大街係糖坊行業光緒　年開設 號東李 執事

引 一鋪 宣福興號 開設城南門外掃帚巷街係糖坊行業光緒　年開設 號東宣 執事

引 一鋪 泰山號 開設城内鼎心橋街係糖坊行業光緒　年開設 號東唐 執事

引 一鋪 王義順號 開設城内府東大街係糖坊行業光緒　年開設 號東王 執事

引 一鋪 開泰號 開設城内膺府大街係糖坊行業光緒　年開設 號東 執事

引 一鋪 雷正興號 開設城内膺府大街係糖坊行業光緒　年開設 號東雷 執事

引 一鋪 新泰號 開設城内大星廟街係糖坊行業光緒　年開設 號東殷包發 執事

引 一鋪 復興號 開設城北唱經樓街係糖坊行業光緒　年開設 號東王定才 執事

江甯商務總會調查

九号 一鋪 順興號 開設城北唱經樓街係糖坊行業光緒 年開設 號東蔡順二 執事

十号 一鋪 宣福興號 開設城南門外西街係糖坊行業光緒 年開設 號東宣 執事

十一号 一鋪 成興號 開設城内南門大街係糖坊行業光緒 年開設 號東 執事

十二号 一鋪 乾泰號 開設城内彩霞街係糖坊行業光緒 年開設 號東 執事

十三号 一鋪 大昌號 開設城内沙灣大街係糖坊行業光緒 年開設 號東 執事

十四号 一鋪 福泰號 開設城内牌樓大街係糖坊行業光緒 年開設 號東 執事

号 一鋪 止號 開設城 街係 行業光緒 年開設 號東 執事

号 一鋪 號 開設城 街係 行業光緒 年開設 號東 執事

以上係糖坊 店鋪

合共計○千○百○拾肆號

光緒 三十二年 月 日呈

藥店行業類

入會	記號	鋪數	牌號	開設地點及行業	號東	執事	開設年份
已入商會	引	一鋪	德泰永號	開設城內水西門大街係藥行業	程子餘 鄭紹眉 吳倍之	程子餘	光緒　年開設
已入商會	引	一鋪	泰和生號	開設城內水西門大街係藥行業	王文卿	本人	光緒　年開設
已入商會	引	一鋪	老廣和號	開設城內東牌樓街係藥行業	應含章 李少薰	徐金門	光緒　年開設
已入商會	[illegible]	一鋪	童恒春號	開設城內顧樓大街係藥行業	童梧鄰	徐鴻生	光緒　年開設
已入商會	[illegible]	一鋪	陸同仁號	開設城內南門大街係藥行業	陸仁齋	本人	光緒　年開設
已入商會	[illegible]	一鋪	徐濟壽號	開設城外南門西街係藥行業	徐馥蓀	本人	光緒　年開設
已入商會	[illegible]	一鋪	夏同人號	開設城外南門西街係藥行業	夏錦川	顧楚沅	光緒　年開設
已入商會	[illegible]	一鋪	夏慶昌號	開設城內武定橋街係參行業	夏煒卿	夏煒卿	光緒　年開設

江甯商務總會調查

九號 已入商會
一鋪 張福昌號 開設城内坊口大街 係藥行業 光緒 年開設
號東張繡珊 執事張繡珊

十號 已入商會
一鋪 陶長春號 開設城内淮清橋街 係藥行業 光緒 年開設
號東陶樹臣 執事陶樹臣

十一號 已入商會
一鋪 東昌祥號 開設城内大香爐街 係藥行業 光緒 年開設
號東余月樓 執事余月樓

十二號 已入商會
一鋪 萬全春號 開設城内大香爐街 係藥行業 光緒 年開設
號東鄭相臣 執事鄭相臣

十三號 已入商會
一鋪 問心福號 開設城内北門橋街 係藥行業 光緒 年開設
號東曹殿臣 執事曹殿臣

十四號 已入商會
一鋪 慶和堂號 開設城内承恩寺街 係藥行業 光緒 年開設
號東應合章 執事應仰南

十五號 已入商會
一鋪 徐裕生號 開設城外下關街 係藥行業 光緒 年開設
號東徐鴻生 執事徐紹東

十六號 已入商會
一鋪 大齡生號 開設城外下關街 係藥行業 光緒 年開設
號東劉錫齡 執事劉錫齡

藥店行業類

已入商會 十七號 一鋪 濮恆和號 開設城内淮清橋街係藥行業 光緒　年開設 號東濮青士 執事高錦堂

已入商會 十八號 一鋪 戴福昌號 開設城外水西門瓦廠街係藥材行行業 光緒　年開設 號東戴蓉波 執事戴蓉波

已入商會 十九號 一鋪 李養真號 開設城内膺福街係藥行業 光緒　年開設 號東李問樵 執事李問樵

已入商會 廿號 一鋪 丁廣仁號 開設城内沙灣街係藥行業 光緒　年開設 號東丁春山 執事丁春山

已入商會 廿一號 一鋪 存德堂號 開設城内殷高巷街係藥行業 光緒　年開設 號東王國璋 執事陳旭東

已入商會 廿二號 一鋪 陸仁記號 開設城内下江考棚街係參行業 光緒　年開設 號東陸仁齋 執事陸仁齋

已入商會 廿三號 一鋪 大生堂號 開設城内彩霞大街係藥行業 光緒　年開設 號東程喆生、楊鳳池 執事程喆生

已入商會 廿四號 一鋪 種德堂號 開設城内彩霞大街係藥行業 光緒　年開設 號東婁子青 執事李金生

已入商會 廿五號
一鋪 楊生生號
開設城内評事大街係藥行業光緒　年開設
號東楊少安　執事楊少安

已入商會 廿六號
一鋪 怡和堂號
開設城内評事大街係藥行業光緒　年開設
號東楊少安　執事楊少安

已入商會 廿七號
一鋪 慶餘堂號
開設城内評事大街係藥行業光緒　年開設
號東胡杞梁　執事胡杞梁

已入商會 廿八號
一鋪 採芝堂號
開設城内内橋街係藥行業光緒　年開設
號東汪雲階 王元章 崔紹堂　執事王元章

已入商會 廿九號
一鋪 陸松壽號
開設城内内橋街係藥行業光緒　年開設
號東陸勛臣　執事陸勛臣

已入商會 卅號
一鋪 長春永號
開設城内北門橋街係藥行業光緒　年開設
號東鄧雨生　執事鄧雨生

已入商會 卅一號
一鋪 人和堂號
開設城内大中橋街係藥行業光緒　年開設
號東吕德番　執事陶松亭

已入商會 卅二號
一鋪 陸松山號
開設城内淮清橋街係藥行業光緒　年開設
號東陸蔚生　執事陸蔚生

藥店行業類

已入商會 卅三號	一鋪	仁壽堂號	開設城內黑廊街 係參藥行業 光緒 年開設	號東汪鑑澄	執事范穉漁
已入商會 卅四號	一鋪	祥 豐號	開設城內三山大街 係參 行業 光緒 年開設	號東羅墨莊	執事羅墨莊
已入商會 卅五號	一鋪	德 大號	開設城內東牌樓街 係參藥 行業 光緒 年開設	號東陸寶森	執事陸寶森
已入商會 卅六號	一鋪	同德堂號	開設城內中正 街 係藥 行業 光緒 年開設	號東朱俊光	執事朱俊光
已入商會 卅七號	一鋪	蔡春生號	開設城內北大行宮街 係藥 行業 光緒 年開設	號東蔡壽人	執事蔡壽人
已入商會 卅八號	一鋪	鄭廣生號	開設城內花牌樓 街 係藥 行業 光緒 年開設	號東鄭錫之	執事鄭錫之
已入商會 卅九號	一鋪	高黏除號	開設城內花市大 街 係膏藥 行業 光緒 年開設	號東高耀如	執事吳月樵
已入商會 卌號	一鋪	廣春堂號	開設城內東牌樓 街 係藥 行業 光緒 年開設	號東陸筱輔	執事蔣賀卿

江甯商務總會調查

已入商會

一鋪 大年堂號 開設城内水西門 街 係藥 行業 光緒 年開設
號東魏紹宗 執事魏紹宗

一鋪 太生堂號 開設城内倉頂上 街 係藥 行業 光緒 年開設
號東魏達夫 執事魏達夫

二鋪 元吉康號 開設城内漢西門 街 係藥 行業 光緒 年開設
號東張 執事張

一鋪 許永生號 開設城内蓮花橋 街 係藥 行業 光緒 年開設
號東許元 執事許元

一鋪 大元春號 開設城内水西門 街 係藥 行業 光緒 年開設
號東鄭 執事鄭

一鋪 同生福號 開設城内笪橋市 街 係藥 行業 光緒 年開設
號東劉安標 執事劉安標

一鋪 陸仁壽號 開設城内院門口 街 係藥 行業 光緒 年開設
號東陸蔚生 執事陸蔚生

一鋪 德生祥號 開設城内花市大 街 係藥 行業 光緒 年開設
號東張蘭 執事張蘭

藥店行業類

號廿九	一鋪	益壽堂號	開設城内新橋街係藥行業光緒　年開設 號東沈益三　執事沈益三
號卅	一鋪	天一堂號	開設城内大中橋街係藥行業光緒　年開設 號東張　執事張
號卅一	一鋪	大齡生號	開設城南門外街係藥行業光緒　年開設 號東馬　執事馬
號卅二	一鋪	大生堂號	開設城南門外街係藥行業光緒　年開設 號東　執事
號卅三	一鋪	陳恒春號	開設城水西門外街係藥行業光緒　年開設 號東陳小卿　執事陳小卿
號卅四	一鋪	忠信昌號	開設城外下關街係藥行業光緒　年開設 號東　執事
號卅五	一鋪	葉開泰號	開設城外下關街係藥行業光緒　年開設 號東　執事
號卅六	一鋪	葉生生號	開設城外下關街係　行業光緒　年開設 號東葉可鎔　執事葉可鎔

江甯商務總會調查

號七 一鋪 同福康號 開設城外下關街條藥行業光緒年開設 號東朱玉甫彭俊人 執事朱玉甫

號外八 一鋪 同慶昌號 開設城外下關街條藥行業光緒年開設 號東杜瑞卿 執事

號九 一鋪 春壽永號 開設城外下關街條藥行業光緒年開設 號東黃 執事

號卄 一鋪 回春堂號 開設城外下關街條藥行業光緒年開設 號東 執事

號全 一鋪 衍慶堂號 開設城外下關街條藥丸行業光緒年開設 號東 執事

號全 一鋪 泰山堂號 開設城外下關街條藥行業光緒年開設 號東張陳龐 執事龐春林

號三 一鋪 存心泰號 開設城內大行宮街條藥行業光緒年開設 號東 執事

號五 一鋪 春生永號 開設城內陡門橋街條藥行業光緒年開設 號東葉茂林 執事葉茂林

藥店行業類

號				號東	執事	行業	
[illegible]	一鋪	余瑞和號	開設城外上新河街	號東	執事	係藥行業	光緒　年開設
[illegible]	一鋪	同吉康號	開設城外上新河街	號東賈瑞	執事賈瑞	係藥行業	光緒　年開設
[illegible]	一鋪	朱長生號	開設城外上新河街	號東朱茂林	執事朱茂林	係藥行業	光緒　年開設
[illegible]	一鋪	趙中和號	開設城外上新河街	號東趙中	執事趙中	係藥行業	光緒　年開設
[illegible]	一鋪	杜泰昌號	開設城外上新河街	號東杜瑞卿	執事杜瑞卿	係藥行業	光緒　年開設
[illegible]	一鋪	大齡生號	開設城内大中橋街	號東	執事	係藥行業	光緒　年開設
[illegible]	一鋪	吕恒生號	開設城内北門橋街	號東吕	執事吕	係藥行業	光緒　年開設
[illegible]	一鋪	程同生號	開設城内北門橋街	號東程	執事程	係藥行業	光緒　年開設

江甯商務總會調查

一鋪屈臣氏號 開設城内坊口大街係藥水行業光緒　年開設 號東　執事

一鋪中西藥房號 開設城内行口大街係藥水行業光緒　年開設 號東　執事

一鋪華美藥房號 開設城内南門大街係藥水行業光緒　年開設 號東　執事

一鋪華美藥房號 開設城内南門大街係藥水行業光緒　年開設 號東　執事

一鋪福蘭堂號 開設城内評事大街係藥丸行業光緒　年開設 號東　執事

一鋪盧大昌號 開設城内大功坊街係藥丸行業光緒　年開設 號東　執事

一鋪老德記號 開設城内黑廊街係藥丸行業光緒　年開設 號東　執事

一鋪泰西藥房號 開設城　街係藥水行業光緒　年開設 號東　執事

一鋪 保齡堂號 開設城内秤它巷街係戒烟丸行業 光緒 年開設 號東 執事

一鋪 滙川藥房號 開設城 街係 行業 光緒 年開設 號東 執事

一鋪 自强善會號 開設城 街係戒烟丸 行業 光緒 年開設 號東 執事

一鋪 號 止 開設城 街係 行業 光緒 年開設 號東 執事

一鋪 號 開設城 街係 行業 光緒 年開設 號東 執事

一鋪 號 開設城 街係 行業 光緒 年開設 號東 執事

一鋪 號 開設城 街係 行業 光緒 年開設 號事 執事

一鋪 號 開設城 街係 行業 光緒 年開設 號東 執事

藥店行業類　　江甯商務總會調查

号　一鋪　號　開設城　街係　行業　光緒　年開設
號東　執事

号　一鋪　號　開設城　街係　行業　光緒　年開設
號東　執事

号　一鋪　號　開設城　街係　行業　光緒　年開設
號東　執事

号　一鋪　號　開設城　街係　行業　光緒　年開設
號東　執事

号　一鋪　號　開設城　街係　行業　光緒　年開設
號東　執事

号　一鋪　號　開設城　街係　行業　光緒　年開設
號東　執事

号　一鋪　號　開設城　街係　行業　光緒　年開設
號東　執事

号　一鋪　號　開設城　街係　行業　光緒　年開設
號東　執事

以上係藥　店鋪

合共計〇千〇百捌拾叁號

光緒三十二年　月　日呈

一号 一舖 湧利號 開設城内坊口大街係膏子店行業 光緒　年開設 號東陳　執事

二号 一舖 郭榮興號 開設城内評事大街係膏子店行業 光緒　年開設 號東郭義興　執事

三号 一舖 陳益茂號 開設城内評事大街係膏子店行業 光緒　年開設 號東陳加明　執事

四号 一舖 湧順號 開設城内貢院東街係膏子店行業 光緒　年開設 號東陳夢和　執事

五号 一舖 廣興號 開設城内顧樓大街係膏子店行業 光緒　年開設 號東陳煥章　執事

六号 一舖 馬廣豐號 開設城内馬巷街係膏子店行業 光緒　年開設 號東馬　執事

七号 一舖 榮興祥號 開設城内釣魚台街係膏子店行業 光緒　年開設 號東郭　執事

八号 一舖 廣仁昌號 開設城内南門大街係膏子店行業 光緒　年開設 號東周　執事

膏子店 行業類

江甯商務總會調查

九号　一鋪　慶和祥號　開設城内東牌樓街係膏子店行業光緒　年開設　號東張　執事

十号　一鋪　樂仙居號　開設城内教敷营街係膏子店行業光緒　年開設　號東王芥武　執事

十一号　一鋪　廣順隆號　開設城内内橋頂街係膏子店行業光緒　年開設　號東陳　執事

十二号　一鋪　廣信昌號　開設城内珠寶廊街係膏子店行業光緒　年開設　號東黄義興　執事

十三号　一鋪　厚興號　開設城内花牌樓街係膏子店行業光緒　年開設　號東陳佐卿　執事

十四号　一鋪　合信義號　開設城内四象橋街係膏子店行業光緒　年開設　號東胡文寳　執事

十五号　一鋪　湧錩號　開設城内南門大街係膏子店行業光緒　年開設　號東陳從茂　執事

十六号　一鋪　陳榮記號　開設城内評事大街係膏子店行業光緒　年開設　號東陳玉庭　執事

十七號　一鋪　廣成信號　開設城內評事街係膏子店行業　光緒　年開設　號東陳　執事

十八號　一鋪　慶雲號　開設城內行口大街係膏子店行業　光緒　年開設　號東　執事

十九號　一鋪　裕豐號　開設城內講堂大街係膏子店行業　光緒　年開設　號東鄭　執事

廿號　一鋪　陳義豐號　開設城內講堂大街係膏子店行業　光緒　年開設　號東陳　執事

廿一號　一鋪　陳慶昌號　開設城內大板巷街係膏子店行業　光緒　年開設　號東陳　執事

廿二號　一鋪　同泰號　開設城內釣魚台街係膏子店行業　光緒　年開設　號東白　執事

廿三號　一鋪　德順祥號　開設城內南門大街係膏子店行業　光緒　年開設　號東陳　執事

廿四號　一鋪　春生號　開設城內大功坊街係膏子店行業　光緒　年開設　號東陳　執事

膏子店行業類

江甯商務總會調查

廿五號 一鋪 湧源號 開設城内府東大街係膏子店行業光緒　年開設 號東陳　執事

廿六號 一鋪 廣成號 開設城内廣藝街係膏子店行業光緒　年開設 號東郭隆和　執事

廿七號 一鋪 同興號 開設城内大行宫街係膏子店行業光緒　年開設 號東陳德海　執事

廿八號 一鋪 廣隆盛號 開設城内魚市大街係膏子店行業光緒　年開設 號東陳子庭　執事

廿九號 一鋪 廣義隆號 開設城内魚市大街係膏子店行業光緒　年開設 號東陳　執事

卅號 一鋪 南園號 開設城外下關街係膏子店行業光緒　年開設 號東陳　執事

卅一號 一鋪 永泰興號 開設城内南捕廳街係膏子店行業光緒　年開設 號東　執事

卅二號 一鋪 翁松記號 開設城内東牌樓街係膏子店行業光緒　年開設 號東翁　執事

廿三號 一鋪 怡園號 開設城内司門口街係膏子店行業 光緒　年開設 號東　執事

廿四號 一鋪 恒順祥號 開設城内狀元境街係膏子店行業 光緒　年開設 號東　執事

廿五號 一鋪 廣慶昌號 開設城内陡門橋街係膏子店行業 光緒　年開設 號東　執事

廿六號 一鋪 同發祥號 開設城内新橋街係膏子店行業 光緒　年開設 號東　執事

廿七號 一鋪 一樂園號 開設城内油市大街係膏子店行業 光緒　年開設 號東　執事

廿八號 一鋪 義興隆號 開設城内新橋街係膏子店行業 光緒　年開設 號東　執事

廿九號 一鋪 永　興號 開設城内倉巷街係膏子店行業 光緒　年開設 號東　執事

卅號 一鋪 老廣和號 開設城内倉巷街係膏子店行業 光緒　年開設 號東　執事

膏子店行業類

江甯商務總會調查

四十一号 一鋪 榮和號 開設城內評事大街係膏子店行業光緒 年開設 號東 執事

四十二号 一鋪 同盛號 開設城內大行宮街係膏子店行業光緒 年開設 號東 執事

四十三号 一鋪 廣和號 開設城內新橋街係膏子店行業光緒 年開設 號東 執事

四十四号 一鋪 廣豐號 開設城內淮清橋街係膏子店行業光緒 年開設 號東 執事

四十五号 一鋪 眠雲樓號 開設城內奇望街係膏子店行業光緒 年開設 號東 執事

四十六号 一鋪 陳怡記號 開設城內奇望街係膏子店行業光緒 年開設 號東 執事

四十七号 一鋪 一品香號 開設城內講堂大街係膏子店行業光緒 年開設 號東 執事

号 一鋪 □止號 開設城 街係 行業光緒 年開設 號東 執事

以上係膏子店鋪

合共計○千○百肆拾柒號

膏子行業類

江寧商務總會調查

光緒三十二年　月　日呈

一號 一鋪 益新公司號 開設城内講堂大街係 麵坊 行業 光緒 年開設 號東章 執事

二號 一鋪 李義興號 開設城内轉龍巷口街係 麵坊 行業 光緒 年開設 號東李 執事

三號 一鋪 夏義興號 開設城内大夫地街係 麸坊 行業 光緒 年開設 號東夏 執事

四號 一鋪 順興號 開設城内教敷營街係 麸坊 行業 光緒 年開設 號東陳 執事

五號 一鋪 陳永興號 開設城内貢院東街係 麸坊 行業 光緒 年開設 號東陳 執事

六號 一鋪 鈺興號 開設城内唱經樓街係 麵坊 行業 光緒 年開設 號東曹玉和 執事

七號 一鋪 張聚興號 開設城内彩霞街係 行業 光緒 年開設 號東張 執事

八號 一鋪 嚴源興號 開設城内倉巷口街係 磨坊 行業 光緒 年開設 號東嚴 執事

磨麵坊行業類麸坊附

江甯商務總會調查

九號 一鋪 馬永興號 開設城内鼎心橋街係磨坊行業光緒　年開設
號東馬　執事

十號 一鋪 錢義興號 開設城内江甯府西街係麵坊行業光緒　年開設
號東錢　執事

十一號 一鋪 胡永和號 開設城内千章巷街係麵坊行業光緒　年開設
號東胡　執事

十二號 一鋪 宣泰山號 開設城内平安街係磨坊行業光緒　年開設
號東宣　執事

十三號 一鋪 蔣長興號 開設城内下浮橋街係磨坊行業光緒　年開設
號東蔣　執事

十四號 一鋪 張順興號 開設城内梧桐樹街係麵坊行業光緒　年開設
號東張　執事

十五號 一鋪 王萬興號 開設城内船板巷街係麵坊行業光緒　年開設
號東王　執事

十六號 一鋪 馮萬順號 開設城内船板巷街係麵坊行業光緒　年開設
號東馮　執事

磨麵坊行業類 麩坊附

十七號	一鋪	陳聚興號	開設城內小門口街 係 磨坊 行業	光緒 年開設	號東陳 執事
十八號	一鋪	錢復興號	開設城內銅作坊街 係 磨坊 行業	光緒 年開設	號東錢 執事
十九號	一鋪	何聚源號	開設城內箋街 係 磨坊 行業	光緒 年開設	號東何 執事
廿號	一鋪	興隆號	開設城內膺府大街 係 麵坊 行業	光緒 年開設	號東何 執事
廿一號	一鋪	王義興號	開設城內膺府大街 係 麵坊 行業	光緒 年開設	號東王 執事
廿二號	一鋪	解寶興號	開設城內膺府大街 係 麵坊 行業	光緒 年開設	號東解 執事
廿三號	一鋪	邵義興號	開設城內糖坊橋街 係 磨坊 行業	光緒 年開設	號東邵王興 執事
廿四號	一鋪	順發號	開設城內中正大街 係 麵坊 行業	光緒 年開設	號東方順記 執事

江甯商務總會調查

廿五號
一鋪 義興號 開設城内大香爐街係麵坊行業光緒 年開設
號東周義和執事

廿六號
一鋪 合興號 開設城内吉兆營街係麵坊行業光緒 年開設
號東殷合泰執事

廿七號
一鋪 義源號 開設城内吉兆營街係麵坊行業光緒 年開設
號東仝泰榮執事

廿八號
一鋪 添鑫號 開設城内三眼井巷内街係麵坊行業光緒 年開設
號東恵天興執事

廿九號
一鋪 慶記坊號 開設城内洪武大街係麵坊行業光緒 年開設
號東王慶魁執事

三十號
一鋪 順興號 開設城内蘆妃巷街係麵坊行業光緒 年開設
號東陳順記執事

卅一號
一鋪 永興號 開設城内西華門街係麵坊行業光緒 年開設
號東王金和執事

卅二號
一鋪 和生號 開設城内西華門街係麵坊行業光緒 年開設
號東劉永和執事

磨麵坊行業類 麩坊附

三十三号 一鋪 永興號 開設城内督署前街係麵坊行業 光緒 年開設 號東王永記執事

三十の号 一鋪 史復興號 開設城外下關大街係磨坊行業 光緒 年開設 號東史 執事

卅五号 一鋪 聞萬盛號 開設城内牌樓大街係麩坊行業 光緒 年開設 號東聞 執事

卅六号 一鋪 于店號 開設城内牌樓大街係麩坊行業 光緒 年開設 號東于 執事

卅七号 一鋪 何聚興號 開設城内牌樓大街係麩坊行業 光緒 年開設 號東何 執事

卅八号 一鋪 秦山號 開設城内漢西門街係麩坊行業 光緒 年開設 號東 執事

卅九号 一鋪 周店號 開設城内漢西門街係磨坊行業 光緒 年開設 號東周 執事

の十号 一鋪 胡萬興號 開設城内北門橋街係麩坊行業 光緒 年開設 號東胡 執事

江甯商務總會調查

一鋪	秦復興號	開設城内北門橋街係　麩坊　行業　光緒　年開設	號東秦　執事
一鋪	錢正興號	開設城内油市大街係　麩坊　行業　光緒　年開設	號東錢　執事
一鋪	吴三盛號	開設城内笪橋市街係　磨坊　行業　光緒　年開設	號東吴　執事
一鋪	錢　店號	開設城内上元縣西首街係　麩坊　行業　光緒　年開設	號東錢　執事
一鋪	解永興號	開設城内上元縣西首街係　磨坊　行業　光緒　年開設	號東解　執事
一鋪	馮　店號	開設城内四象橋街係　麩坊　行業　光緒　年開設	號東馮　執事
一鋪	陳義興號	開設城内絨莊街係　麩磨坊行業　光緒　年開設	號東陳　執事
一鋪	巫　店號	開設城南門外大街係　麩坊　行業　光緒　年開設	號東巫　執事

磨麵坊行業類 麩坊附

九號 一鋪 朱店號 開設城南門外大街係麩坊行業光緒　年開設 號東朱　執事

卅號 一鋪 朱利和號 開設城南門外西街係麩坊行業光緒　年開設 號東朱　執事

卅一號 一鋪 凌順興號 開設城南門外西街係麩坊行業光緒　年開設 號東凌　執事

卅二號 一鋪 朱店號 開設城南門外西街係麩坊行業光緒　年開設 號東朱　執事

卅三號 一鋪 王店號 開設城南門外西街係麩坊行業光緒　年開設 號東王　執事

卅四號 一鋪 朱正興號 開設城南門外掃箒巷街係麩坊行業光緒　年開設 號東朱　執事

卅五號 一鋪 協和號 開設城內狀元境街係洋麵公司行業光緒　年開設 號東　執事

卅六號 一鋪 順泰興號 開設城內顧樓大街係麩磨坊行業光緒　年開設 號東　執事

江甯商務總會調查

號 一鋪 胡順興號 開設城內顧樓大街係 麩坊 行業 光緒 年開設 號東胡 執事

號 一鋪 談聚興號 開設城內奇望街係 麩坊 行業 光緒 年開設 號東談 執事

號 一鋪 湧 興號 開設城內新橋大街係 麩坊 行業 光緒 年開設 號東 執事

號 一鋪 趙復興號 開設城內新橋大街係 麩坊 行業 光緒 年開設 號東趙 執事

號 一鋪 黄萬興號 開設城內新橋大街係 麩坊 行業 光緒 年開設 號東黄 執事

號 一鋪 彭義興號 開設城內南門大街係 麩坊 行業 光緒 年開設 號東彭 執事

號 一鋪 同 興號 開設城內花牌樓大街係 磨坊 行業 光緒 年開設 號東 執事

號 一鋪 正 興號 開設城內花牌樓大街係 磨坊 行業 光緒 年開設 號東 執事

六十五號　一鋪　馬元興號　開設城内新街口街係磨坊　行業　光緒　年開設　號東馬　執事

六十六號　一鋪　李店號　開設城内新街口街係麩坊　行業　光緒　年開設　號東李　執事

六十七號　一鋪　義興號　開設城内沐府西門街係磨坊　行業　光緒　年開設　號東　執事

六十八號　一鋪　源興號　開設城内沐府西門街係麩坊　行業　光緒　年開設　號東　執事

六十九號　一鋪　婁順興號　開設城内評事大街係麩坊　行業　光緒　年開設　號東婁　執事

七十號　一鋪　義盛祥號　開設城内評事大街係磨坊　行業　光緒　年開設　號東　執事

七十一號　一鋪　葉順興號　開設城内奇望街係麩坊　行業　光緒　年開設　號東葉　執事

七十二號　一鋪　王店號　開設城内奇望街係麩坊　行業　光緒　年開設　號東王　執事

磨麵坊行業類　麩坊附

江甯商務總會調查

號 一鋪 元盛號 開設城内淮清橋街係磨坊行業光緒　年開設 號東 執事

號 一鋪 乾泰號 開設城内東牌樓街係麩坊行業光緒　年開設 號東 執事

號 一鋪 止號 開設城　街係　行業光緒　年開設 號東 執事

號 一鋪　號 開設城　街係　行業光緒　年開設 號東 執事

號 一鋪　號 開設城　街係　行業光緒　年開設 號東 執事

號 一鋪　號 開設城　街係　行業光緒　年開設 號東 執事

號 一鋪　號 開設城　街係　行業光緒　年開設 號東 執事

號 一鋪　號 開設城　街係　行業光緒　年開設 號東 執事

以上係磨麸坊店鋪
合共計〇千〇百柒拾肆號

光緒三十二年　月　日呈

醬園行業類

已入商會 号〡 一鋪 張順興號 開設城中倉巷街係醬園行業 光緒伍年開設
號東張子韶 執事

已入商會 号〢 一鋪 聚和號 開設城中坊口大街係醬園行業 光緒貳年開設
號東 執事倪雨生

已入商會 号〣 一鋪 源和號 開設城中膺福街係醬園行業 光緒　年開設
號東桂定之 執事

已入商會 号〤 一鋪 福來春號 開設城中顧樓街係醬園行業 光緒　年開設
號東 執事楊玉亭

已入商會 号〥 一鋪 開泰永號 開設城中大行宮街係醬園行業 光緒　年開設
號東鄺錫奎許其仁執事

已入商會 号〦 一鋪 恒生號 開設城中行口大街係醬園行業 光緒　年開設
號東楊松記 執事

已入商會 号〧 一鋪 永益號 開設城中武定橋街係醬園行業 光緒　年開設
號東鄺錫奎 執事

已入商會 号〨 一鋪 趙德豐號 開設城北紅紙廊街係醬園行業 光緒　年開設
號東趙愛楓 執事

江寧商務總會調查

已入商會　九号　一鋪　徐祥泰號　開設城淮清橋街係醬園行業光緒　年開設　號東徐植生　執事

已入商會　十号　一鋪　義昌號　開設城望鶴岡街係醬園行業光緒　年開設　號東馬松之　執事

已入商會　十一号　一鋪　兆億號　開設城小門口街係醬園行業光緒　年開設　號東陳質夫　執事

已入商會　十二号　一鋪　萬順號　開設城北唱經樓街係醬園行業光緒　年開設　號東李品鑫　執事

已入商會　十三号　一鋪　吴春和號　開設城水西門大街係醬園行業光緒　年開設　號東吴鈞和　執事

已入商會　十四号　一鋪　乾源號　開設城北花牌樓街係醬園行業光緒　年開設　號東朱炳臣　執事

已入商會　十五号　一鋪　裕泰和號　開設城南門外街係醬園行業光緒　年開設　號東江棓鈺　執事

已入商會　十六号　一鋪　徐廣泰號　開設城北魚市街係醬園行業光緒　年開設　號東徐定員　執事

醬園行業類

十七号　已入商會
一鋪　乾泰號　開設城北門橋街係醬園行業　光緒　年開設
號東萬湧泉　執事

十八号　已入商會
一鋪　泰來西號　開設城南門外西街係醬園行業　光緒　年開設
號東楊衡三　執事

十九号　已入商會
一鋪　庚興號　開設城奇望街係醬園行業　光緒　年開設
號東夏鈺成　執事

廿号　已入商會
一鋪　儀昌號　開設城牛首巷街係醬園行業　光緒　年開設
號東張子韶　執事

廿一号　已入商會
一鋪　永昌號　開設城南門外西街係醬園行業　光緒　年開設
號東陳仲良　王瑞卿　執事

廿二号　已入商會
一鋪　源記號　開設城陡門橋街係醬園行業　光緒　年開設
號東周永源　執事

廿三号　已入商會
一鋪　同和號　開設城李府巷街係醬園行業　光緒　年開設
號東陳春泉　執事

廿四号　已入商會
一鋪　甡昌號　開設城大行宫街係醬園行業　光緒　年開設
號東徐鑑　陶錫元　執事

江甯商務總會調查

已入商會 十五號	一鋪	位記號	開設城洋珠巷口街　係醬園　行業　光緒　年開設	號東陳位西　執事
已入商會 十六號	一鋪	永興號	開設城評事街　係醬園　行業　光緒　年開設	號東李漢臣　執事
已入商會 十七號	一鋪	星記號	開設城南門外大米行街　係醬園　行業　光緒　年開設	號東史咸德　執事
已入商會 十八號	一鋪	德昌號	開設城南門外米行街　係醬園　行業　光緒　年開設	號東趙祝三　執事
已入商會 十九號	一鋪	鼎裕號	開設城通濟門外米行街　係醬園　行業　光緒　年開設	號東徐培基　執事
已入商會 廿號	一鋪	馬輔記號	開設城安　品　街　係醬園　行業　光緒　年開設	號東馬輔臣　執事
已入商會 廿一號	一鋪	盛泰號	開設城衙巷口　街　係醬園　行業　光緒　年開設	號東朱福臣　執事
已入商會 廿二號	一鋪	益泰號	開設城大香爐　街　係醬園　行業　光緒　年開設	號東劉瀛生　執事

醬園行業類

已入商會 廿三號 一鋪 馬仁昌榮記號 開設城新橋大街係醬園行業光緒年開設 號東馬少榮 執事

已入商會 廿四號 一鋪 鼎和新號 開設城湖熟鎮街係醬園行業光緒年開設 號東李善之 執事

已入商會 廿五號 一鋪 泳源號 開設城湖熟鎮街係醬園行業光緒年開設 號東鄧雨村 執事

已入商會 廿六號 一鋪 竇復興號 開設城木料市街係醬園行業光緒年開設 號東竇均 執事

已入商會 廿七號 一鋪 景昌號 開設城大中橋街係醬園行業光緒年開設 號東劉潤芝 執事

已入商會 廿八號 一鋪 益源號 開設城下關街係醬園行業光緒年開設 號東 執事

已入商會 廿九號 一鋪 漢泰號 開設城馬道街係醬園行業光緒年開設 號東汪正毅 執事

已入商會 卅號 一鋪 吉昌號 開設城南門外街係醬園行業光緒年開設 號東梁步洲 執事

江甯商務總會調查

号　一鋪　止　號　開設城　街係　行業光緒　年開設
號東　執事

号　一鋪　號　開設城　街係　行業光緒　年開設
號東　執事

号　一鋪　號　開設城　街係　行業光緒　年開設
號東　執事

号　一鋪　號　開設城　街係　行業光緒　年開設
號東　執事

号　一鋪　號　開設城　街係　行業光緒　年開設
號東　執事

号　一鋪　號　開設城　街係　行業光緒　年開設
號東　執事

号　一鋪　號　開設城　街係　行業光緒　年開設
號東　執事

号　一鋪　號　開設城　街係　行業光緒　年開設
號東　執事

以上係醬園店鋪

合共計〇千〇百肆拾〇號

光緒三[illegible]年

江甯商務總會關防

肆卷目錄

衣莊行業類

已入商會 号一 一鋪 協隆號 開設城花市大街係衣莊行業 光緒元年開設
號東傅 執事陳玉卿

已入商會 号二 一鋪 公成號 開設城三山大街係衣莊行業 光緒拾肆年開設
號東朱 執事劉輔臣

已入商會 号三 一鋪 仁源號 開設城李府巷街係衣莊行業 光緒貳十玖年開設
號東李 執事李子俊

已入商會 号〤 一鋪 庚興南號 開設城大功坊街係衣莊行業 光緒貳十玖年開設
號東 執事戴鴻卿

已入商會 号〥 一鋪 庚興源號 開設城水西門大街係衣莊行業 光緒叁十年開設
號東 執事戴慶庭

已入商會 号〦 一鋪 和記號 開設城大功坊街係衣莊行業 光緒貳十玖年開設
號東宋樹滋 執事

已入商會 号〧 一鋪 裕昌號 開設城油市大街係衣莊行業 光緒貳十柒年開設
號東宋樹滋 執事

已入商會 号〨 一鋪 永益號 開設城三山大街係衣莊行業 光緒拾柒年開設
號東陸 執事程青甫

江甯商務總會調查

已入商會 〩号
一鋪 德餘號
開設城油市大街係衣莊行業 光緒拾捌年開設
號東唐培之 執事

已入商會 〸号
一鋪 乾泰號
開設城南門大街係衣莊行業 光緒拾 年開設
號東路星齋 執事

已入商會 〸一号
一鋪 協泰號
開設城三山大街係衣莊行業 光緒叁十年開設
號東 執事萬玉樹

已入商會 〸二号
一鋪 福源號
開設城花市大街係衣莊行業 光緒叁十年開設
號東陸仁齋 執事陸粹庵

已入商會 〸三号
一鋪 元和號
開設城花市大街係衣莊行業 光緒貳十捌年開設
號東江澤長 執事徐敬之

已入商會 〸〤号
一鋪 恒源號
開設城花市大街係衣莊行業 光緒叁十壹年開設
號東 執事戴漢三

已入商會 〸〥号
一鋪 庚源號
開設城花市大街係衣莊行業 光緒叁十壹年開設
號東 執事陳省三

已入商會 〸〦号
一鋪 榮元號
開設城花市大街係衣莊行業 光緒貳十陸年開設
號東謝玉堂 執事戴南君

衣莊行業類

已入商會　拾七號　一鋪　永源號　開設城内大功坊街係衣莊行業　光緒二十九年開設　號東　執事呂雙桃

已入商會　拾三號　一鋪　彩章號　開設城内大功坊街係衣莊行業　光緒三十年開設　號東李石甫　執事

已入商會　拾玖號　一鋪　華彰號　開設城内大功坊街係衣莊行業　光緒二十一年開設　號東李鑑堂　執事

已入商會　廿號　一鋪　恒章號　開設城内大功坊街係衣莊行業　光緒三十年開設　號東呂春庭　執事

已入商會　廿一號　一鋪　懋泰號　開設城内大功坊街係衣莊行業　光緒二十八年開設　號東張春懋　執事

已入商會　廿二號　一鋪　庚餘號　開設城内油市大街係衣莊行業　光緒十六年開設　號東尤其相　執事

已入商會　廿三號　一鋪　金復餘號　開設城内油市大街係衣莊行業　光緒二十八年開設　號東金錫之　執事

已入商會　廿四號　一鋪　長泰號　開設城内油市大街係衣莊行業　光緒二十年開設　號東王麟書　執事

江甯商務總會調查

已入商會 号[illegible]	一鋪	興發號	開設城内油市大街係衣莊行業	光緒三十一年開設	號東周玉田　執事張茂之
已入商會 号[illegible]	一鋪	源泰號	開設城内油市大街係衣莊行業	光緒三十一年開設	號東　執事方稺庭
已入商會 号[illegible]	一鋪	森昌號	開設城内油市大街係衣莊行業	光緒十九年開設	號東速國柱　執事
已入商會 号[illegible]	一鋪	億隆號	開設城内油市大街係衣莊行業	光緒三十一年開設	號東　執事高舜臣
已入商會 号[illegible]	一鋪	戴裕興號	開設城内油市大街係衣莊行業	光緒二十七年開設	號東　執事袁錦輝
已入商會 号[illegible]	一鋪	源興號	開設城内油市大街係衣莊行業	光緒十二年開設	號東戴蘭芳　執事
已入商會 号[illegible]	一鋪	復盛號	開設城内油市大街係衣莊行業	光緒二十年開設	號東潘星山　執事
已入商會 号[illegible]	一鋪	裕泰號	開設城内油市大街係衣莊行業	光緒三十年開設	號東馬雲山　執事

衣莊行業類

已入商會　一鋪　永康號　開設城內花市大街係衣莊行業　光緒三十年開設
號東朱竹君　執事

已入商會　一鋪　恒泰號　開設城內花市大街係衣莊行業　光緒二十七年開設
號東朱俊芝　執事

已入商會　一鋪　永和號　開設城內花市大街係衣莊行業　光緒三十一年開設
號東田雨生　執事

已入商會　一鋪　仁昌號　開設城內南門大街係衣莊行業　光緒三十年開設
號東　執事夏槐卿

已入商會　一鋪　德隆號　開設城內南門大街係衣莊行業　光緒三十一年開設
號東　執事朱兆豐

已入商會　一鋪　德興號　開設城內南門大街係衣莊行業　光緒三十一年開設
號東劉星泉　執事

已入商會　一鋪　同裕號　開設城內南門大街係衣莊行業　光緒三十年開設
號東　執事王耀南

已入商會　一鋪　泰隆號　開設城內南門大街係衣莊行業　光緒三十年開設
號東沈悅生　執事徐福卿

江甯商務總會調查

已入商會 號〤〡 一鋪 福興號 開設城内南門大街係衣莊行業 光緒三十年開設 號東陳雲生 執事

已入商會 號〤〢 一鋪 復源號 開設城内南門大街係衣莊行業 光緒三十年開設 號東周雲錦 執事

已入商會 號〤〣 一鋪 乾豐號 開設城内南門大街係衣莊行業 光緒二十一年開設 號東路星齋 執事李德輝

已入商會 號〤〤 一鋪 億和厚號 開設城内花市大街係衣莊行業 光緒三十一年開設 號東游竹軒 執事

已入商會 號〤〥 一鋪 源源號 開設城内花市大街係衣莊行業 光緒三十一年開設 號東 執事戴春庭

已入商會 號〤〦 一鋪 成章號 開設城内花市大街係衣莊行業 光緒三十一年開設 號東 執事蔣星伯

已入商會 號〤〧 一鋪 天泰號 開設城内大功坊街係衣莊行業 光緒二十二年開設 號東任蔚文 執事

已入商會 號〤〨 一鋪 同康號 開設城内大功坊街係衣莊行業 光緒二十九年開設 號東劉鎮生 執事[illegible]

衣莊行業類

已入商會
一鋪　裕源號　開設城内油市大街係衣莊行業光緒三十一年開設
號東　執事馬玉記

已入商會
一鋪　裕豐號　開設城内油市大街係衣莊行業光緒十年開設
號東呂雲南　執事

已入商會
一鋪　長泰號　開設城内油市大街係衣莊行業光緒三十年開設
號東匡子澄　執事柳仁山

已入商會
一鋪　聚泰號　開設城内油市大街係衣莊行業光緒二十年開設
號東沈實生　執事俞鑑秋

已入商會
一鋪　恒茂號　開設城内油市大街係衣莊行業光緒三十年開設
號東徐茂榮　執事周炳臣

一鋪　止號　開設城　街係　行業光緒　年開設
號東　執事

一鋪　號　開設城　街係　行業光緒　年開設
號東　執事

一鋪　號　開設城　街係　行業光緒　年開設
號東　執事

江寧商務總會圖全

号一鋪　號　開設城　街係　行業　光緒　年開設
號東　執事

号一鋪　號　開設城　街係　行業　光緒　年開設
號東　執事

号一鋪　號　開設城　街係　行業　光緒　年開設
號東　執事

号一鋪　號　開設城　街係　行業　光緒　年開設
號東　執事

号一鋪　號　開設城　街係　行業　光緒　年開設
號東　執事

号一鋪　號　開設城　街係　行業　光緒　年開設
號東　執事

号一鋪　號　開設城　街係　行業　光緒　年開設
號東　執事

号一鋪　號　開設城　街係　行業　光緒　年開設
號東　執事

以上係衣　店鋪

合共計○千○百伍拾叁號

光緒三十二年　月　日呈

皮貨店行業類 皮毛匠附

一号 一鋪 隆興合號 開設城内坊口大街係皮貨店行業光緒年開設 號東李 執事

二号 一鋪 隆興永號 開設城内坊口大街係皮貨店行業光緒年開設 號東張志廣 執事

三号 一鋪 德茂號 開設城内坊口大街係皮貨店行業光緒年開設 號東劉 執事

四号 一鋪 德慶號 開設城内司署大街係皮貨店行業光緒年開設 號東趙 執事

五号 一鋪 永興同號 開設城内坊口大街係皮貨店行業光緒年開設 號東趙 執事

六号 一鋪 惠風齋號 開設城内黑廊大街係皮貨店行業光緒年開設 號東楊 執事

七号 一鋪 復泰永號 開設城内黑廊大街係皮貨店行業光緒年開設 號東 執事

八号 一鋪 魁盛號 開設城内黑廊大街係皮貨店行業光緒年開設 號東高 執事

江甯商務總會調查

九號 一鋪 林祥泰號
開設城內黑廊大街係皮貨店行業 光緒 年開設
號東林 執事

十號 一鋪 金源興號
開設城內黑廊大街係皮貨店行業 光緒 年開設
號東金 執事

十一號 一鋪 德義號
開設城內坊口大街係皮貨店行業 光緒 年開設
號東 執事

十二號 一鋪 恒興昌號
開設城內倉巷口街係皮貨店行業 光緒 年開設
號東高 執事

十三號 一鋪 聚興成號
開設城內評事大街係皮貨店行業 光緒 年開設
號東馬 執事

十四號 一鋪 義興昌號
開設城內南門大街係皮毛匠行業 光緒 年開設
號東 執事

十五號 一鋪 德源祥號
開設城內南門大街係皮毛匠行業 光緒 年開設
號東 執事

十六號 一鋪 永茂合號
開設城內南門大街係皮貨店行業 光緒 年開設
號東劉 執事

十七号 一鋪 李皮貨店號 開設城內南門大街係 皮貨店行業 光緒 年開設
號東李 執事

十八号 一鋪 志興永號 開設城內花市大街係 皮貨店行業 光緒 年開設
號東侯 執事

十九号 一鋪 廣世昌號 開設城內三山大街係 皮貨店行業 光緒 年開設
號東夏 執事

廿号 一鋪 王元記號 開設城南門外西街係 皮毛匠行業 光緒 年開設
號東王 執事

号 一鋪 止 號 開設城 街係 行業 光緒 年開設
號東 執事

号 一鋪 號 開設城 街係 行業 光緒 年開設
號東 執事

号 一鋪 號 開設城 街係 行業 光緒 年開設
號東 執事

号 一鋪 號 開設城 街係 行業 光緒 年開設
號東 執事

皮貨店行業類 皮毛匠附

号一鋪　號　開設城　　街係　　行業光緒　　年開設
號東　　執事

号一鋪　號　開設城　　街係　　行業光緒　　年開設
號東　　執事

号一鋪　號　開設城　　街係　　行業光緒　　年開設
號東　　執事

号一鋪　號　開設城　　街係　　行業光緒　　年開設
號東　　執事

号一鋪　號　開設城　　街係　　行業光緒　　年開設
號東　　執事

号一鋪　號　開設城　　街係　　行業光緒　　年開設
號東　　執事

号一鋪　號　開設城　　街係　　行業光緒　　年開設
號東　　執事

号一鋪　號　開設城　　街係　　行業光緒　　年開設
號東　　執事

以上係皮貨店鋪
合共計〇千〇百貳拾號

光緒三十二年　月　日呈

火腿行業類

已入商會　号〡　一鋪　周益興號　開設城内大彩霞街係火腿行業　光緒四年開設　號東周月齋　執事宋邦壐

已入商會　号〢　一鋪　馬公益號　開設城内講堂大街係火腿行業　光緒十一年開設　號東馬繼周　執事

已入商會　号〣　一鋪　大昌祥號　開設城内大彩霞街係火腿行業　光緒十七年開設　號東黄正德　執事

已入商會　号〤　一鋪　長興號　開設城内行口大街係火腿行業　光緒四年開設　號東周長慶　執事

号〥　一鋪　泰和祥號　開設城内行口大街係火腿行業　光緒二十八年開設　號東劉有貴　執事

已入商會　号〦　一鋪　德順祥號　開設城内水西門大街係火腿行業　光緒二十四年開設　號東趙焜山　執事

已入商會　号〧　一鋪　鴻泰祥號　開設城内沙灣街係火腿行業　光緒三十年開設　號東李鴻源　執事

已入商會　号〨　一鋪　庚興號　開設城内新橋街係火腿行業　光緒三十年開設　號東黄光瑩　執事

江甯商務總會調查

已入商會 九号 一鋪 鼎泰號 開設城内南門大街係火腿行業光緒十六年開設 號東莊有根 執事

已入商會 十号 一鋪 森源祥號 開設城内顧楼大街係火腿行業光緒二十六年開設 號東戚慎炳 執事

已入商會 十一号 一鋪 陳益源號 開設城南門大街係火腿行業光緒二十四年開設 號東陳奎 執事

已入商會 十二号 一鋪 傅義興號 開設城内承恩寺街係火腿行業光緒二十年開設 號東傅相文 執事

已入商會 十三号 一鋪 馬公興號 開設城内三坊巷街係火腿行業光緒十年開設 號東馬紹仁 執事

已入商會 十四号 一鋪 鎔泰森號 開設城内花牌樓街係火腿行業光緒二十七年開設 號東李松亭 執事

已入商會 十五号 一鋪 益興祥號 開設城北魚市大街係火腿行業光緒十七年開設 號東何慶餘 執事

已入商會 十六号 一鋪 裕泰祥號 開設城内坊口大街係火腿行業光緒二十八年開設 號東鍾兆祥 執事

火腿行業類

號一鋪 一興齋號 開設城北北門橋街係火腿行業光緒二十四年開設 號東郭耀福執事

已入商會

號一鋪 永和祥號 開設城內淮清橋街係火腿行業光緒二十四年開設 號東趙庭漢執事

号一鋪 止 號 開設城 街係 行業光緒 年開設 號東 執事

号一鋪 號 開設城 街係 行業光緒 年開設 號東 執事

号一鋪 號 開設城 街係 行業光緒 年開設 號東 執事

号一鋪 號 開設城 街係 行業光緒 年開設 號東 執事

号一鋪 號 開設城 街係 行業光緒 年開設 號東 執事

号一鋪 號 開設城 街係 行業光緒 年開設 號東 執事

江甯商務總會調查

号 一鋪 號 開設城 街係 行業光緒 年開設
號東 執事

号 一鋪 號 開設城 街係 行業光緒 年開設
號東 執事

号 一鋪 號 開設城 街係 行業光緒 年開設
號東 執事

号 一鋪 號 開設城 街係 行業光緒 年開設
號東 執事

号 一鋪 號 開設城 街係 行業光緒 年開設
號東 執事

号 一鋪 號 開設城 街係 行業光緒 年開設
號東 執事

号 一鋪 號 開設城 街係 行業光緒 年開設
號東 執事

号 一鋪 號 開設城 街係 行業光緒 年開設
號東 執事

以上係火腿　店鋪

合共計〇千〇百〇拾捌號

光緒三十二年　月　日呈

已入商會 号一
一鋪 姜啓興號 開設城內膺府街係肉店行業光緒　年開設
號東姜　執事

已入商會 号二
一鋪 裕興號 開設城內顧樓街係肉店行業光緒　年開設
號東毛五福　執事

已入商會 号三
一鋪 張益興號 開設城內顧樓街係肉店行業光緒　年開設
號東張德榮　執事

已入商會 号四
一鋪 周隆記號 開設城內倉巷口街係肉店行業光緒　年開設
號東周　執事

已入商會 号五
一鋪 永鑫號 開設城內船板巷街係肉店行業光緒　年開設
號東牛　執事

已入商會 号六
一鋪 王庚興號 開設城內新橋街係肉店行業光緒　年開設
號東黄嘉林　執事

已入商會 号七
一鋪 袁順興號 開設城內顧樓街係肉店行業光緒　年開設
號東袁　執事

已入商會 号八
一鋪 王萬興號 開設城內南門口街係肉店行業光緒　年開設
號東王德福　執事

肉店　行業類

江甯商務總會調查

已入商會 九號
一鋪 宏興號
開設城南門外大街係內店 行業 光緒 年開設
號東朱 執事

已入商會 十號
一鋪 胡南店號
開設城南門外大街係內店 行業 光緒 年開設
號東胡 執事

已入商會 十一號
一鋪 宏興號
開設城內水西門大街係內店 行業 光緒 年開設
號東張 執事

已入商會 十二號
一鋪 章嘉隆號
開設城內彩霞街係內店 行業 光緒 年開設
號東章 執事

已入商會 十三號
一鋪 萬盛號
開設城內彩霞街係內店 行業 光緒 年開設
號東馬 執事

已入商會 十四號
一鋪 金湧盛號
開設城內倉巷口街係內店 行業 光緒 年開設
號東金祥興 執事

已入商會 十五號
一鋪 陶內店號
開設城內倉巷口街係內店 行業 光緒 年開設
號東陶 執事

已入商會 十六號
一鋪 陳義興號
開設城內評事大街係內店 行業 光緒 年開設
號東陳 執事

已入商會 十七号 一鋪 張鴻興號 開設城内評事大街係肉店行業 光緒 年開設 號東張 執事

已入商會 十八號 一鋪 聚興號 開設城内評事大街係肉店行業 光緒 年開設 號東沈 執事

已入商會 十九号 一鋪 公興祥號 開設城内大板巷街係肉店行業 光緒 年開設 號東鍾 執事

已入商會 廿号 一鋪 杜榮興號 開設城内府西街係肉店行業 光緒 年開設 號東 執事

已入商會 廿一号 一鋪 裕興號 開設城内漢西門大街係肉店行業 光緒 年開設 號東李 執事

已入商會 廿二号 一鋪 公興號 開設城内漢西門大街係肉店行業 光緒 年開設 號東倪 執事

已入商會 廿三号 一鋪 劉順興號 開設城内仙鶴街係肉店行業 光緒 年開設 號東吴 執事

已入商會 廿四号 一鋪 萬公興號 開設城内倉門口街係肉店行業 光緒 年開設 號東萬 執事

肉店 行業類

江甯商務總會調查

已入商會 廿五号
一鋪 王順興號 開設城内梧桐樹街係内店行業 光緒 年開設 號東王 執事

已入商會 廿六号
一鋪 王洪興號 開設城内船板巷街係内店行業 光緒 年開設 號東王 執事

已入商會 廿七号
一鋪 復興號 開設城内飲馬巷街係内店行業 光緒 年開設 號東魏 執事

已入商會 廿八号
一鋪 劉萬順號 開設城内小門口街係内店行業 光緒 年開設 號東劉 執事

已入商會 廿九号
一鋪 庚興坊號 開設城内新橋街係内店行業 光緒 年開設 號東黄 執事

已入商會 卅号
一鋪 陳萬盛號 開設城内南門大街係内店行業 光緒 年開設 號東陳 執事

已入商會 卅一号
一鋪 恒益昌號 開設城内花市大街係内店行業 光緒 年開設 號東汪 執事

已入商會 卅二号
一鋪 謝有興號 開設城内府東大街係内店行業 光緒 年開設 號東謝 執事

肉店 行業類

已入商會 卅三号 一鋪 佘聚興號 開設城内膺府街係肉店行業 光緒 年開設 號東 執事

已入商會 卅四号 一鋪 劉萬盛號 開設城内膺府街係肉店行業 光緒 年開設 號東 執事

已入商會 卅五号 一鋪 唐肉店號 開設城内鈔庫街係肉店行業 光緒 年開設 號東 執事

已入商會 卅六号 一鋪 徐肉店號 開設城内石壩街係肉店行業 光緒 年開設 號東 執事

已入商會 卅七号 一鋪 陶永和號 開設城内石壩街係肉店行業 光緒 年開設 號東 執事

已入商會 卅八号 一鋪 丁肉店號 開設城内藏金橋街係肉店行業 光緒 年開設 號東 執事

已入商會 卅九号 一鋪 陶肉店號 開設城内剪子巷街係肉店行業 光緒 年開設 號東 執事

已入商會 四十号 一鋪 滕肉店號 開設城内新廊街係肉店行業 光緒 年開設 號東 執事

江甯商務總會調查

入會	字號	鋪	店名	開設地點及行業	開設年份	號東	執事
已入商會	字号	一鋪	汪聚興號	開設城内大夫地街係肉店行業	光緒　年開設	號東	執事
已入商會	字二号	一鋪	米萬興號	開設城内顧樓街係牛肉行業	光緒　年開設	號東	執事
已入商會	字三号	一鋪	祁公興號	開設城内顧樓街係肉店行業	光緒　年開設	號東	執事
已入商會	字四号	一鋪	聚興號	開設城内顧樓街係牛肉行業	光緒　年開設	號東展	執事
已入商會	字五号	一鋪	泰和號	開設城内顧樓街係肉店行業	光緒　年開設	號東蕭	執事
已入商會	字六号	一鋪	馬復興號	開設城内顧樓街係牛肉行業	光緒　年開設	號東夏	執事
已入商會	字七号	一鋪	湧茂號	開設城内顧樓街係肉店行業	光緒　年開設	號東劉	執事
已入商會	字八号	一鋪	唐泰山號	開設城内狀元境街係肉店行業	光緒　年開設	號東	執事

肉店行業類

廿九號（已入商會）	一鋪 復興號	開設城内大中橋街係肉店行業	號東孫執事	光緒年開設
卅號（已入商會）	一鋪 四合成號	開設城内淮清橋街係肉店行業	號東陳執事	光緒年開設
卅一號（已入商會）	一鋪 萬興號	開設城内淮清橋街係肉店行業	號東王執事	光緒年開設
卅二號（已入商會）	一鋪 松泰號	開設城内淮清橋街係肉店行業	號東陳執事	光緒年開設
卅三號（已入商會）	一鋪 榮興號	開設城内承恩寺街係肉店行業	號東杜執事	光緒年開設
卅四號（已入商會）	一鋪 公興號	開設城内大中橋街係肉店行業	號東吴執事	光緒年開設
卅五號（已入商會）	一鋪 公興號	開設城内大中橋街係肉店行業	號東吴執事	光緒年開設
卅六號（已入商會）	一鋪 永興號	開設城内中正街係肉店行業	號東王執事	光緒年開設

江甯商務總會調查

已入商會 號[illegible]
一鋪 公陞坊號 開設城内中正街係内 店 行業 光緒 年開設 號東劉 執事

已入商會 號[illegible]
一鋪 玉興號 開設城内廣藝街係内 店 行業 光緒 年開設 號東呂 執事

已入商會 號[illegible]
一鋪 復興泰號 開設城内内橋街係内 店 行業 光緒 年開設 號東杜 執事

已入商會 號[illegible]
一鋪 聚興號 開設城内盧妃巷街係内 店 行業 光緒 年開設 號東陳 執事

已入商會 號[illegible]
一鋪 榮興號 開設城内花牌樓街係内 店 行業 光緒 年開設 號東郭 執事

已入商會 號[illegible]
一鋪 公興號 開設城内木料市街係内 店 行業 光緒 年開設 號東孔 執事

已入商會 號[illegible]
一鋪 義興號 開設城内富民坊街係内 店 行業 光緒 年開設 號東王 執事

已入商會 號〤〇
一鋪 永興號 開設城内薪街口街係内 店 行業 光緒 年開設 號東陳 執事

肉店 行業類

已入商會 號[illegible] 一鋪 洪興號 開設城北糖坊橋街係肉店行業 光緒 年開設 號東陳 執事

已入商會 號[illegible] 一鋪 義興號 開設城北豐子巷街係肉店行業 光緒 年開設 號東朱 執事

已入商會 號[illegible] 一鋪 義盛號 開設城内北門橋街係肉店行業 光緒 年開設 號東王 執事

已入商會 號[illegible] 一鋪 公陞號 開設城内北門橋街係肉店行業 光緒 年開設 號東汪 執事

已入商會 號[illegible] 一鋪 裕興坊號 開設城内北門橋街係肉店行業 光緒 年開設 號東楊 執事

已入商會 號[illegible] 一鋪 寶興號 開設城内吉兆營街係肉店行業 光緒 年開設 號東吴 執事

已入商會 號[illegible] 一鋪 公陞號 開設城内唱經樓街係肉店行業 光緒 年開設 號東汪 執事

已入商會 號[illegible] 一鋪 春記號 開設城内唱經樓街係肉店行業 光緒 年開設 號東陶 執事

江甯商務總會調查

號七十三 一鋪 金記號 開設城北三眼井街係肉店行業光緒　年開設
號東湯　執事

號七十四 一鋪 恒森號 開設城北洪武街係肉店行業光緒　年開設
號東李　執事

號七十五 一鋪 興記號 開設城北洪武街係肉店行業光緒　年開設
號東王　執事

號七十六 一鋪 公興號 開設城北大行宫街係肉店行業光緒　年開設
號東沈　執事

號七十七 一鋪 元興號 開設城北西華門街係肉店行業光緒　年開設
號東陳　執事

號七十八 一鋪 永茂號 開設城北天津橋街係肉店行業光緒　年開設
號東殷　執事

號七十九 一鋪 萬和號 開設城北督署西街係肉店行業光緒　年開設
號東楊　執事

號八十 一鋪 義興號 開設城北成賢街係肉店行業光緒　年開設
號東冷　執事

號[illegible]	一鋪 義興號	開設城北大平門街係肉店行業	光緒　年開設	號東黃	執事
號[illegible]	一鋪 有興號	開設城北太平門街係肉店行業	光緒　年開設	號東吳	執事
號[illegible]	一鋪 同發號	開設城北太平橋街係肉店行業	光緒　年開設	號東曾	執事
號[illegible]	一鋪 興發號	開設城內大中橋街係肉店行業	光緒　年開設	號東吳	執事
號[illegible]	一鋪 長發號	開設城北浮橋口街係肉店行業	光緒　年開設	號東曾	執事
號[illegible]	一鋪 陳肉店號	開設城南門外街係肉店行業	光緒　年開設	號東陳	執事
號[illegible]	一鋪 全園號	開設城南門外街係肉店行業	光緒　年開設	號東劉	執事
號[illegible]	一鋪 陳牛肉店號	開設城南門外街係牛肉行業	光緒　年開設	號東陳	執事

肉店　行業類

江甯商務總會調查

已入商會

八十九號 一鋪 徐肉店號 開設城南門外街係肉店行業光緒　年開設 號東　執事

九十號 一鋪 王肉店號 開設城南門外街係肉店行業光緒　年開設 號東　執事

九十一號 一鋪 吴公興號 開設城南門外街係肉店行業光緒　年開設 號東　執事

九十二號 一鋪 馬順祥號 開設城南門外街係牛肉行業光緒　年開設 號東　執事

九十三號 一鋪 吴牛肉店號 開設城南門外街係牛肉行業光緒　年開設 號東　執事

九十四號 一鋪 楊復興號 開設城外南門外街係肉店行業光緒　年開設 號東　執事

九十五號 一鋪 焦肉店號 開設城外養虎橋街係肉店行業光緒　年開設 號東　執事

九十六號 一鋪 胡肉店號 開設城外掃帚巷街係肉店行業光緒　年開設 號東　執事

已入商會

一鋪	宗牛肉店號	開設城南門外街係牛肉行業光緒　年開設	號東	執事
一鋪	馮牛肉店號	開設城南門外街係牛肉行業光緒　年開設	號東	執事
一鋪	陳肉店號	開設城南門外街係肉店行業光緒　年開設	號東	執事
一鋪	復興號	開設城南門外街係肉店行業光緒　年開設	號東張	執事
一鋪	許聚興號	開設城水西門外街係肉店行業光緒　年開設	號東	執事
一鋪	恒興號	開設城外下關江口街係肉店行業光緒　年開設	號東設	執事
一鋪	楊恒興號	開設城外下關江口街係肉店行業光緒　年開設	號東	執事
一鋪	郭添盛號	開設城外下關江口街係肉店行業光緒　年開設	號東	執事

肉店　行業類

江甯商務總會調查

號〡〤	一鋪	曹榮興號	開設城外下關江口街係	號東執事	內店行業	光緒年開設
號〡〥	一鋪	劉源盛號	開設城外下關江口街係	號東執事	內店行業	光緒年開設
號〡〦	一鋪	姜順興號	開設城外下關渡口街係	號東執事	內店行業	光緒年開設
號〡〧	一鋪	梅集盛號	開設城外下關渡口街係	號東執事	內店行業	光緒年開設
號〡〩	一鋪	楊恒興號	開設城外下關渡口街係	號東執事	內店行業	光緒年開設
號〹	一鋪	李永盛號	開設城外下關渡口街係	號東執事	內店行業	光緒年開設
号	一鋪	止號	開設城街係	號東執事	行業	光緒年開設
号	一鋪	號	開設城街係	號東執事	行業	光緒年開設

以上係肉　店鋪
合共計〇千壹百壹拾〇號

光緒 三十二年 月 日呈

番菜辦館行業類

已入商會	号一	一鋪	金陵春號	開設城内貢院東街係番菜辦館行業 光緒二十七年開設	號東股票 執事胡賓秋
已入商會	号二	一鋪	潤昌號	開設城外下關街係辦館行業 光緒 年開設	號東集股 執事黎孟餘
已入商會	号三	一鋪	悦生公司號	開設城内昇平橋街係番菜辦館行業 光緒三十一年開設	號東集股 執事王植三
已入商會	号四	一鋪	第一樓號	開設城外下關街係番菜洋寓行業 光緒二十九年開設	號東集股 執事馬裕泰
已入商會	号五	一鋪	東惠春號	開設城内貢院東街係番菜行業 光緒三十年開設	號東鄭錫珊 執事
已入商會	号六	一鋪	江南春號	開設城内貢院東街係番菜行業 光緒 年開設	號東集股 執事
已入商會	号七	一鋪	一枝春號	開設城内利涉橋街係番菜辦館行業 光緒二十八年開設	號東集股 執事方寶成
已入商會	号八	一鋪	昇昌號	開設城内鐘鼓樓街係辦館行業 光緒三十年開設	號東朱松亭 執事

江甯商務總會調查

九号　一鋪　永和號　開設城外下關街係辦館行業光緒二十六年開設　號東舒公館　執事裴立基

号　一鋪　止號　開設城　街係　行業光緒　年開設　號東　執事

号　一鋪　號　開設城　街係　行業光緒　年開設　號東　執事

号　一鋪　號　開設城　街係　行業光緒　年開設　號東　執事

号　一鋪　號　開設城　街係　行業光緒　年開設　號東　執事

号　一鋪　號　開設城　街係　行業光緒　年開設　號東　執事

号　一鋪　號　開設城　街係　行業光緒　年開設　號東　執事

号　一鋪　號　開設城　街係　行業光緒　年開設　號東　執事

以上係番菜館店鋪

合共計〇千〇百〇拾玖號

光緒 三十二年 月 日呈

已入商會	一号	一鋪	益新園號	開設城内利涉橋大街	係酒席館行業	光緒叁年開設	號東陳竹銘	執事王德標
已入商會	二号	一鋪	葉福新號	開設城内桃葉渡大街	係酒席館行業	光緒拾貳年開設	號東葉萬餘	執事葉萬餘
已入商會	三号	一鋪	問柳園號	開設城内貢院東街	係酒席館行業	光緒肆年開設	號東胡記	執事鄭占鰲
已入商會	四号	一鋪	留春號	開設城内桃葉渡大街	係酒席館行業	光緒貳拾捌年開設	號東胡賓秋	執事顧天福
已入商會	五号	一鋪	慶和園號	開設城内淮清橋灣街	係酒席館行業	光緒貳拾叁年開設	號東韓春和	執事韓春和
已入商會	六号	一鋪	新太和號	開設城内講堂大街	係酒席館行業	光緒貳拾肆年開設	號東陳鍾聚	執事王文軒
已入商會	七号	一鋪	長松園號	開設城内彩霞大街	係酒席館行業	光緒貳拾柒年開設	號東陳長源	執事張學松
已入商會	八号	一鋪	菜羹香號	開設城内桃葉渡大街	係素菜館行業	光緒貳拾捌年開設	號東趙德明	執事李忠盛

酒席飯菜行業類

江寗商務總會調查

九號	一鋪	三元館號	開設城內狀元境大街	係酒席館行業	光緒貳拾貳年開設	號東陳佑之	執事陳佑之	
十號	一鋪	保合樓號	開設城內承恩寺大街	係酒席館行業	光緒叁拾年開設	號東熊長洪	執事袁漢泉	已入商會
十一號	一鋪	寶和樓號	開設城內府東大街	係酒席館行業	光緒叁拾年開設	號東盧學五	執事盧學五	
十二號	一鋪	品仙樓號	開設城內銅作坊大街	係酒席館行業	光緒捌年開設	號東劉厚明	執事劉厚明	已入商會
十三號	一鋪	億興樓號	開設城內彩霞街	係素飯菜館行業	光緒貳拾陸年開設	號東葉慶元	執事葉慶元	
十四號	一鋪	聚賓園號	開設城內彩霞街	係飯菜館行業	光緒貳拾陸年開設	號東徐兆森	執事徐兆森	已入商會
十五號	一鋪	新興館號	開設城內菓子行大街	係飯菜館行業	光緒貳拾年開設	號東董萬銀	執事董萬銀	
十六號	一鋪	華源樓號	開設城內評事大街	係素飯菜館行業	光緒貳拾陸年開設	號東黃子淵	執事黃子淵	

酒席飯菜行業類

十七號 已入商會
一鋪 滿春園號 開設城内沙灣大街係酒席館行業 光緒叁拾年開設
號東曲錦年 執事曲錦年

十八號 已入商會
一鋪 聚寶園號 開設城内膺福大街係酒席館行業 光緒貳拾柒年開設
號東朱榮貴 執事饒世培

十九號
一鋪 松鶴園號 開設城内膺福大街係酒席館行業 光緒貳拾年開設
號東夏長福 執事夏長福

廿號
一鋪 連元館號 開設城内沙灣大街係麪館行業 光緒貳拾肆年開設
號東朱有和 執事朱有和

廿一號 已入商會
一鋪 嵩風園號 開設城外米行大街係酒席館行業 光緒貳拾柒年開設
號東周桂生 執事周桂生

廿二號 已入商會
一鋪 田興記號 開設城内船板巷大街係酒席館行業 光緒貳拾貳年開設
號東田興洪 執事田興洪

廿三號 已入商會
一鋪 斌園號 開設城内東牌樓大街係酒席館行業 光緒貳拾柒年開設
號東張麗生 執事張麗生

廿四號
一鋪 蓮興樓號 開設城内沙灣大街係素菜館行業 光緒元年開設
號東黄世發 執事黄世發

江甯商務總會調查

廿五號 一鋪 陸裕源號 開設城内司署口大街 係酒席飯菜館行業 光緒貳拾陸年開設
號東陸裕記 執事陸裕記

已入商會 廿六號 一鋪 福源館號 開設城内府東大街 係酒席飯菜館行業 光緒貳拾伍年開設
號東王福朝 執事王福朝

已入商會 廿七號 一鋪 四和園號 開設城内内橋大街 係酒席飯菜館行業 光緒貳拾陸年開設
號東鄭天福 執事鄭天福

廿八號 一鋪 金淮園號 開設城内蘆妃巷大街 係酒席麫館行業 光緒拾捌年開設
號東胡松亭 執事胡松亭

廿九號 一鋪 寶新園號 開設城内東牌樓大街 係教席館行業 光緒貳拾貳年開設
號東沙友筠 執事沙友筠

已入商會 卅號 一鋪 義和公號 開設城内絨莊大街 係酒席館行業 光緒貳拾壹年開設
號東常錫記 執事常錫記

已入商會 卅一號 一鋪 小樂意號 開設城内東牌樓大街 係酒席麫館行業 光緒貳拾玖年開設
號東王靜波 執事王靜波

卅二號 一鋪 泰山館號 開設城内奇望街 係飯菜館行業 光緒貳拾玖年開設
號東陳漢飛 執事陳漢飛

廿三號 一鋪 聚賓園號　開設城南門外大街係酒席館行業　號東丁榮和　執事丁榮和　光緒叁拾年開設

廿四號 一鋪 益順園號　開設城南門外掃箒巷街係酒席飯菜館行業　號東端禮福　執事端禮福　光緒肆年開設

廿五號 一鋪 富春園號　開設城南門外大街係酒席飯菜館行業　號東朱志成　執事朱志成　光緒叁拾年開設

廿六號 一鋪 慶春園號　開設城南門外西街係酒席飯菜館行業　號東慶文斌　執事慶文斌　光緒貳拾捌年開設

廿七號 一鋪 連春館號　開設城南門外大街係飯菜館行業　號東高連春　執事高連春　光緒元年開設

廿八號 一鋪 義興館號　開設城南門外西街係飯菜館行業　號東婁長桂　執事婁長桂　光緒貳拾捌年開設

廿九號 一鋪 西來園號　開設城南門外西街係飯菜館行業　號東王永喜　執事王永喜　光緒貳拾捌年開設

卅號 一鋪 正陽館號　開設城南門外西街係飯菜館行業　號東楊保成　執事楊保成　光緒貳拾玖年開設

酒席飯菜行業類

江甯商務總會謹查

已入商會

一鋪 長興館號 開設城南門外掃箒巷街係飯菜館行業 光緒肆年開設
號東張長賢 執事張長賢

一鋪 東來園號 開設城內利涉橋大街係飯菜館行業 光緒叁拾年開設
號東陳學江 執事陳學江

一鋪 永興館號 開設城內涉灣大街係飯菜館行業 光緒貳拾年開設
號東錢克臣 執事錢克臣

一鋪 聚樂館號 開設城內板巷大街係酒席館行業 光緒陸年開設
號東張德全 執事張德全

一鋪 增春園號 開設城內東牌樓大街係飯菜館行業 光緒貳拾玖年開設
號東吳炳章 執事吳炳章

一鋪 榮興樓號 開設城內利涉橋塊街係素菜館行業 光緒叁拾壹年開設
號東韓春和 執事韓春和

一鋪 大興號 開設城外下關街係茶酒店行業 光緒　年開設
號東李 執事

一鋪 號 開設城　街係　行業 光緒　年開設
號東 執事

以上係酒飯　店鋪

合共計〇千〇百肆拾柒號

光緒 三十二年 月 日呈

茶館行業類

〡号 一鋪 萬松號 開設城內膺府大街係茶館行業 光緒 年開設 號東夏 執事

〢号 一鋪 義順號 開設城內東牌樓街係茶館行業 光緒 年開設 號東禹宏春 執事

〣号 一鋪 德星聚號 開設城內文德橋旁街係茶館行業 光緒 年開設 號東馬合成 執事

〤号 一鋪 得月臺號 開設城內文德橋旁街係茶館行業 光緒 年開設 號東虎桂馨 執事

〥号 一鋪 近水臺號 開設城內利涉橋街係茶館行業 光緒 年開設 號東王華堂 執事

〦号 一鋪 萬成軒號 開設城內糧道署街係茶館行業 光緒 年開設 號東李 執事

〧号 一鋪 買春號 開設城內狀元境街係茶館行業 光緒 年開設 號東許進賢 執事

〨号 一鋪 芍藥館號 開設城內南門月城內街係茶館行業 光緒 年開設 號東唐有林 執事

江甯商務總會調查

一鋪　三多園號　開設城水西門外大街係茶館行業光緒　年開設　號東蕭東海　執事

一鋪　太和園號　開設城水西門外大街係茶館行業光緒　年開設　號東徐岩光　執事

一鋪　三和號　開設城水西門外大街係茶館行業光緒　年開設　號東魏長林　執事

一鋪　江南春號　開設城内信府河街係茶館行業光緒　年開設　號東唐　執事

一鋪　順興樓號　開設城内彩霞街係茶館行業光緒　年開設　號東　執事

一鋪　長樂園號　開設城内犂頭巷街係茶館行業光緒　年開設　號東陳　執事

一鋪　鴻源號　開設城内犂頭巷街係茶館行業光緒　年開設　號東張　執事

一鋪　松鶴園號　開設城内綫莊巷街係茶館行業光緒　年開設　號東熊　執事

茶館行業類

号[illegible]	一鋪	人和園號	開設城內評事街	係茶館行業	號東喻同具執事	光緒　年開設
号[illegible]	一鋪	益源樓號	開設城內釣魚台街	係茶館行業	號東沈執事	光緒　年開設
号[illegible]	一鋪	品仙樓號	開設城內銅作坊街	係茶館行業	號東劉執事	光緒　年開設
号[illegible]	一鋪	萬興樓號	開設城內牛市街	係茶館行業	號東金執事	光緒　年開設
号[illegible]	一鋪	長興號	開設城內曆府大街	係茶館行業	號東胡執事	光緒　年開設
号[illegible]	一鋪	順興號	開設城內新郎石將軍街	係茶館行業	號東湯執事	光緒　年開設
号[illegible]	一鋪	得月分座號	開設城內文德橋街	係茶館行業	號東馬執事	光緒　年開設
号[illegible]	一鋪	寶新館號	開設城內東牌樓街	係茶館行業	號東沙執事	光緒　年開設

江甯商務總會調查

號 一鋪 芹香號 開設城内東牌樓街係茶館行業光緒年開設 號東徐執事

號 一鋪 問渠號 開設城内貢院西街係茶館行業光緒年開設 號東王執事

號 一鋪 喚渡號 開設城内貢院西街係茶館行業光緒年開設 號東王執事

號 一鋪 順興號 開設城内狀元境街係茶館行業光緒年開設 號東許殿成執事

號 一鋪 悦来信號 開設城内驢子市街係洋點心館行業光緒年開設 號東鄧泰茂執事

號 一鋪 和興號 開設城内花牌樓街係茶館行業光緒年開設 號東馬德子執事

號 一鋪 華利園號 開設城内花牌樓街係茶館行業光緒年開設 號東蕭月来執事

號 一鋪 榮春號 開設城内銅井巷口街係茶館行業光緒年開設 號東陳永記執事

茶館行業類

号〢〣	一鋪 同樂園號	開設城内明瓦廊街係	號東孫舉錦 執事	茶館行業	光緒 年開設
号〣〤	一鋪 順興號	開設城内魚市大街係	號東沈順記 執事	茶館行業	光緒 年開設
号〢〦	一鋪 潮園號	開設城内魚市大街係	號東張潮記 執事	茶館行業	光緒 年開設
号〣〡	一鋪 雙和號	開設城内吉照營巷街係	號東李德和 執事	茶館行業	光緒 年開設
号〢〥	一鋪 義園號	開設城内吉照營巷街係	號東王大義 執事	茶館行業	光緒 年開設
号〢〩	一鋪 椿和號	開設城内唱經樓街係	號東徐森和 執事	茶館行業	光緒 年開設
号〢〨	一鋪 人和號	開設城内唱經樓街係	號東李仁記 執事	茶館行業	光緒 年開設
号〤〩	一鋪 品泉號	開設城内小石橋街係	號東吳照泉 執事	茶館行業	光緒 年開設

江甯商務總會調查

号〤〡 一鋪 三元號 開設城内小石橋街係茶館行業光緒　年開設 號東錢三大執事

号〤〢 一鋪 福和號 開設城内薛家巷口街係茶館行業光緒　年開設 號東谷士貴執事

号〤〣 一鋪 鍾陵泉號 開設城内北坡下街係茶館行業光緒　年開設 號東彭天永執事

号〤〤 一鋪 義和號 開設城内北坡下街係茶館行業光緒　年開設 號東張林和執事

号〤〥 一鋪 三元號 開設城内北坡下街係茶館行業光緒　年開設 號東鍾茂林執事

号〤〦 一鋪 雙和號 開設城内蘆妃巷街係茶館行業光緒　年開設 號東許桐臣執事

号〤〧 一鋪 金淮園號 開設城内蘆妃巷街係茶館行業光緒　年開設 號東胡松亭執事

号〤〨 一鋪 德春園號 開設城内大行宫街係茶館行業光緒　年開設 號東羅德記執事

一鋪 春暉園號 開設城内大行宫街係茶館行業光緒　年開設 號東宣霈和執事

一鋪 清泉號 開設城内大行宫街係茶館行業光緒　年開設 號東查清記執事

一鋪 玲珠泉號 開設城内浮橋口正街係茶館行業光緒　年開設 號東孫大泉執事

一鋪 寶源園號 開設城内廣義街巷口街係茶館行業光緒　年開設 號東杭太源執事

一鋪 東谷樓號 開設城水西門外上河街係茶館行業光緒　年開設 號東張維正執事

一鋪 嵩風館號 開設城南門外大街係茶館行業光緒　年開設 號東周執事

一鋪 營樂園號 開設城南門外西街係茶館行業光緒　年開設 號東楊執事

一鋪 劉寶和號 開設城南門外西街係茶館行業光緒　年開設 號東劉執事

茶館行業類

江甯商務總會調查

一鋪　天河號　開設城内朝天宫街係茶館行業光緒　年開設　號東洪　執事

一鋪　聚興號　開設城内講堂大街係茶館行業光緒　年開設　號東　執事

一鋪　合記號　開設城内講堂大街係茶館行業光緒　年開設　號東　執事

一鋪　祥興號　開設城内油市大街係茶館行業光緒　年開設　號東　執事

一鋪　福興號　開設城内油市大街係茶館行業光緒　年開設　號東　執事

一鋪　太和號　開設城内水西門大街係茶館行業光緒　年開設　號東　執事

一鋪　得奎園號　開設城内水西門大街係茶館行業光緒　年開設　號東　執事

一鋪　廣鑫記號　開設城内彩霞街係茶館行業光緒　年開設　號東章　執事

一鋪 義興號 開設城內犂頭巷街係飯館行業光緒　年開設 號東鄭　執事

一鋪 廣興隆號 開設城內彩霞街係麪館行業光緒　年開設 號東鄧　執事

一鋪 聚寶園號 開設城內彩霞街係茶館行業光緒　年開設 號東　執事

一鋪 清泉園號 開設城內彩霞街係茶館行業光緒　年開設 號東　執事

一鋪 永源號 開設城內犂頭巷街係茶館行業光緒　年開設 號東王　執事

一鋪 聚樂號 開設城內倉巷口街係茶館行業光緒　年開設 號東安　執事

一鋪 丹桂號 開設城內倉巷口街係茶館行業光緒　年開設 號東伍　執事

一鋪 三興號 開設城內倉巷口街係茶館行業光緒　年開設 號東李　執事

茶館行業類　江甯商務總會調查

一鋪 文泉號 開設城内倉巷街係茶館行業光緒　年開設 號東左　執事

一鋪 吉兆園號 開設城内鼎心橋街係茶館行業光緒　年開設 號東　執事

一鋪 鄭慶元號 開設城内鼎心橋街係茶館行業光緒　年開設 號東鄭　執事

一鋪 聚和園號 開設城内鼎心橋街係茶館行業光緒　年開設 號東鮑　執事

一鋪 得順號 開設城内笪橋市街係茶館行業光緒　年開設 號東陳　執事

一鋪 長興號 開設城内評事街係茶館行業光緒　年開設 號東　執事

一鋪 益興號 開設城内評事街係茶館行業光緒　年開設 號東　執事

一鋪 福春號 開設城内評事街係茶館行業光緒　年開設 號東　執事

茶館行業類

號[illegible]	一鋪	永和號	開設城内評事街	號東	執事	係茶館行業	光緒　年開設
號[illegible]	一鋪	義和號	開設城内評事街	號東	執事	係茶館行業	光緒　年開設
號[illegible]	一鋪	興和號	開設城内評事街	號東	執事	係茶館行業	光緒　年開設
號[illegible]	一鋪	如意號	開設城内評事街	號東	執事	係茶館行業	光緒　年開設
號[illegible]	一鋪	雙銘泉號	開設城内大板巷街	號東劉正廣	執事	係茶館行業	光緒　年開設
號[illegible]	一鋪	萬興號	開設城内大板巷街	號東	執事	係茶館行業	光緒　年開設
號[illegible]	一鋪	鈺興園號	開設城内江甯府西街	號東	執事	係茶館行業	光緒　年開設
號[illegible]	一鋪	永興號	開設城内漢西門街	號東	執事	係茶館行業	光緒　年開設

江甯商務總會調查

[illegible]	一鋪	小蓬萊號	開設城内漢西門街係茶館行業光緒　年開設	號東	執事
[illegible]	一鋪	品輝號	開設城内安品街係茶館行業光緒　年開設	號東	執事
[illegible]	一鋪	聚寶園號	開設城内安品街係茶館行業光緒　年開設	號東	執事
[illegible]	一鋪	魁星園號	開設城内銅作坊街係茶館行業光緒　年開設	號東吴	執事
[illegible]	一鋪	雙和號	開設城内銅作坊街係茶館行業光緒　年開設	號東馬	執事
[illegible]	一鋪	同安居號	開設城内鐵作坊街係茶館行業光緒　年開設	號東李	執事
[illegible]	一鋪	鄧長春號	開設城内牛市街係茶館行業光緒　年開設	號東鄧	執事
[illegible]	一鋪	鴻福號	開設城内箴街係茶館行業光緒　年開設	號東黄	執事

茶館行業類

一鋪	長興號	開設城內篾街係茶館行業光緒　年開設	號東伍　執事
一鋪	義和號	開設城內篾街係茶館行業光緒　年開設	號東章　執事
一鋪	慶春號	開設城內九兒巷街係茶館行業光緒　年開設	號東張　執事
一鋪	聚興號	開設城內玉帶巷街係茶館行業光緒　年開設	號東王　執事
一鋪	永鑫號	開設城內陡門橋東巷街係茶館行業光緒　年開設	號東　執事
一鋪	連順號	開設城內郭家巷街係茶館行業光緒　年開設	號東　執事
一鋪	探春號	開設城內南門大街係茶館行業光緒　年開設	號東馬營生　執事
一鋪	興和號	開設城內南門大街係茶館行業光緒　年開設	號東吳　執事

江甯商務總會調查

一鋪 仁和號 開設城内南門大街係茶館行業 光緒 年開設 號東呂 執事

一鋪 泰和號 開設城内花市大街係茶館行業 光緒 年開設 號東蔣 執事

一鋪 萬有號 開設城内花市大街係茶館行業 光緒 年開設 號東余 執事

一鋪 鴻奎號 開設城内三山大街係茶館行業 光緒 年開設 號東喻 執事

一鋪 長春園號 開設城内府東大街係茶館行業 光緒 年開設 號東王 執事

一鋪 義興號 開設城内府東大街係茶館行業 光緒 年開設 號東馬 執事

一鋪 蔣興和號 開設城内府東大街係茶館行業 光緒 年開設 號東蔣 執事

一鋪 順興號 開設城内府東大街係麪館行業 光緒 年開設 號東葉 執事

茶館行業類

號廿三 一鋪 松鶴園號 開設城内膺府大街係茶館行業 光緒　年開設 號東夏 執事

號廿四 一鋪 聚和號 開設城内膺府大街係茶館行業 光緒　年開設 號東王 執事

號廿五 一鋪 雷正興號 開設城内膺府大街係茶館行業 光緒　年開設 號東雷 執事

號廿六 一鋪 泰山號 開設城内膺府大街係茶館行業 光緒　年開設 號東車 執事

號廿七 一鋪 福東園號 開設城内膺府大街係茶館行業 光緒　年開設 號東吴 執事

號廿八 一鋪 鴻源號 開設城内膺府大街係茶館行業 光緒　年開設 號東朱 執事

號廿九 一鋪 張萬全號 開設城内膺府大街係茶館行業 光緒　年開設 號東張 執事

號卅 一鋪 聚樂園號 開設城内石埧街係茶館行業 光緒　年開設 號東楊 執事

江甯商務總會調查

號[illegible]
一鋪 雙和號
開設城内三条營街係茶館行業光緒　年開設
號東夏　執事

號[illegible]
一鋪 清和號
開設城内倉門口街係茶館行業光緒　年開設
號東邢　執事

號[illegible]
一鋪 周聚春號
開設城内剪子巷街係點心館行業光緒　年開設
號東周　執事

號[illegible]
一鋪 復興號
開設城内半邊營街係茶館行業光緒　年開設
號東黄　執事

號[illegible]
一鋪 同興號
開設城内半邊營街係點心館行業光緒　年開設
號東周　執事

號[illegible]
一鋪 方品新號
開設城内新郎石將軍街係茶館行業光緒　年開設
號東方　執事

號[illegible]
一鋪 春生號
開設城内新郎石將軍街係點心館行業光緒　年開設
號東　執事

號[illegible]
一鋪 福鑫號
開設城内新郎石將軍街係茶館行業光緒　年開設
號東張　執事

號廿九　一鋪　萬順號　開設城内大夫地街係茶館行業光緒　年開設　號東黄　執事

號卅　一鋪　刁松如號　開設城内大夫地街係茶館行業光緒　年開設　號東刁　執事

號卅一　一鋪　劉合興號　開設城内琵琶巷街係茶館行業光緒　年開設　號東劉　執事

號卅二　一鋪　李順興號　開設城内文德橋街係點心館行業光緒　年開設　號東李　執事

號卅三　一鋪　慎春號　開設城内信府河街係茶館行業光緒　年開設　號東傅　執事

號卅四　一鋪　聚興號　開設城内信府河街係茶館行業光緒　年開設　號東王　執事

號卅五　一鋪　文鑫號　開設城内信府河街係茶館行業光緒　年開設　號東余　執事

號卅六　一鋪　雙和號　開設城内信府河街係茶館行業光緒　年開設　號東楊　執事

茶館行業類

江甯商務總會調查

一鋪　同順興號　開設城内東牌樓街係點心館行業　光緒　年開設
號東仝　執事

一鋪　鄭同興號　開設城内東牌樓街係飯菜館行業　光緒　年開設
號東鄭　執事

一鋪　隆興號　開設城内東牌樓街係飯館行業　光緒　年開設
號東　執事

一鋪　信保號　開設城内東牌樓街係點心館行業　光緒　年開設
號東　執事

一鋪　義源號　開設城内東牌樓街係點心館行業　光緒　年開設
號東夏　執事

一鋪　榮興號　開設城内東牌樓街係飯館行業　光緒　年開設
號東王　執事

一鋪　陳泰山號　開設城内東牌樓街係麪館行業　光緒　年開設
號東陳　執事

一鋪　楊得意號　開設城内貢院西街係飯館行業　光緒　年開設
號東楊　執事

茶館 行業類

号[illegible] 一鋪 同樂園號 開設城內貢院西街係茶館行業 光緒 年開設 號東陳 執事

号[illegible] 一鋪 慶春號 開設城內顧樓大街係茶館行業 光緒 年開設 號東徐 執事

号[illegible] 一鋪 包順興號 開設城內顧樓大街係點心館行業 光緒 年開設 號東包 執事

号[illegible] 一鋪 佛地閣號 開設城內顧樓大街係茶館行業 光緒 年開設 號東李宏福 執事

号[illegible] 一鋪 裕源樓號 開設城內糧道署正街係飯館行業 光緒 年開設 號東陸 執事

号[illegible] 一鋪 濮永興號 開設城內糧道署正街係點心館行業 光緒 年開設 號東濮 執事

号[illegible] 一鋪 郭復興號 開設城內狀元境街係點心館行業 光緒 年開設 號東郭 執事

号[illegible] 一鋪 董義興號 開設城內狀元境街係點心館行業 光緒 年開設 號東董 執事

江甯商務總會調查

一鋪　海裕興號
開設城内狀元境街係點心館　行業　光緒　年開設
號東　執事

一鋪　張順興號
開設城内南門月城内街係點心館　行業　光緒　年開設
號東張　執事

一鋪　米順興號
開設城南門月城内街係點心館行業光緒　年開設
號東　執事

一鋪　張巨寶號
開設城南門月城内街係點心館行業光緒　年開設
號東張　執事

一鋪　聚福閣號
開設城内司署巷新路街係茶館　行業　光緒　年開設
號東趙成興　執事

一鋪　榮春樓號
開設城内淮清橋下街係　茶館　行業　光緒　年開設
號東李祥福　執事

一鋪　順和號
開設城内奇望街行台巷街　係　茶館　行業　光緒　年開設
號東陳順記　執事

一鋪　裕興號
開設城内承恩寺街係點心館行業光緒　年開設
號東項大記　執事

茶館行業類

第　號　一鋪　順興號　開設城内通濟門街係茶館行業光緒　年開設
號東張老四　執事

第　號　一鋪　義園號　開設城内通濟門街係茶館行業光緒　年開設
號東莊順和　執事

第　號　一鋪　金順園號　開設城内通濟門街係茶館行業光緒　年開設
號東王有九　執事

第　號　一鋪　同興號　開設城内通濟門街係茶館行業光緒　年開設
號東謝榮貴　執事

第　號　一鋪　四松園號　開設城内斛斗巷街係茶館行業光緒　年開設
號東楊炳記　執事

第　號　一鋪　四和園號　開設城内内橋頂街係茶館行業光緒　年開設
號東鄭松周　執事

第　號　一鋪　玉和園號　開設城内内橋頂街係茶館行業光緒　年開設
號東董玉記　執事

第　號　一鋪　鈺興號　開設城内内橋頂街係麵館行業光緒　年開設
號東金鈺記　執事

江甯商務總會調查

一鋪　得和號　開設城內內橋頂街係茶館行業光緒　年開設
號東馬和記　執事

一鋪　名利園號　開設城內門簾橋街係茶館行業光緒　年開設
號東王春記　執事

一鋪　義和號　開設城內東釣魚巷街係茶館行業光緒　年開設
號東李祥和　執事

一鋪　順興號　開設城內火星廟街係茶館行業光緒　年開設
號東余和記　執事

一鋪　鍾陵泉號　開設城內鍾鼓樓北坡下街係茶館行業光緒　年開設
號東彭天永　執事

一鋪　福興號　開設城內焦狀元巷街係茶館行業光緒　年開設
號東王富記　執事

一鋪　隆源號　開設城內焦狀元巷內街係茶館行業光緒　年開設
號東馬隆大　執事

一鋪　長興號　開設城內三眼井巷內街係茶館行業光緒　年開設
號東馬長興　執事

茶館行業類

一鋪 清和號 開設城内洪武大街 係茶館行業 光緒 年開設 號東張清記 執事

一鋪 照和號 開設城内洪武大街 係茶館行業 光緒 年開設 號東施照才 執事

一鋪 榮興號 開設城内洪武大街 係茶館行業 光緒 年開設 號東葉榮興 執事

一鋪 順興號 開設城内盧妃巷街 係茶館行業 光緒 年開設 號東金順和 執事

一鋪 聚源號 開設城内紅橋境街 係茶館行業 光緒 年開設 號東張聚記 執事

一鋪 福興號 開設城内土街口街 係茶館行業 光緒 年開設 號東耿修記 執事

一鋪 悦來號 開設城内土街口街 係茶館行業 光緒 年開設 號東火守榮 執事

一鋪 從興號 開設城内盧正牌樓街 係茶館行業 光緒 年開設 號東陳從記 執事

江甯商務總會調查

一鋪	順興號	開設城内盧正牌樓街係茶館行業光緒　年開設	號東張順和執事
一鋪	四和園號	開設城内碑亭巷街係茶館行業光緒　年開設	號東陳萬和執事
一鋪	裕和號	開設城内碑亭巷街係點心館行業光緒　年開設	號東石裕興執事
一鋪	紫金泉號	開設城内天津極頂街係茶館行業光緒　年開設	號東潘興和執事
一鋪	順興號	開設城内督署東轅門街係茶館行業光緒　年開設	號東朱相禮執事
一鋪	仁和號	開設城内督署前正街係茶館行業光緒　年開設	號東楊仁興執事
一鋪	聚興號	開設城内督署前正街係茶館行業光緒　年開設	號東李聚和執事
一鋪	大有號	開設城内督署西轅門街係茶館行業光緒　年開設	號東趙兆興執事

茶館行業類

[illegible]號 一鋪 聚樂園號 開設城内浮橋口街係茶館行業光緒　年開設
號東袁聚仁執事

[illegible]號 一鋪 雙和號 開設城内浮橋口街係茶館行業光緒　年開設
號東張雲昆執事

[illegible]號 一鋪 同興號 開設城内如意里街係茶館行業光緒　年開設
號東谷同記執事

[illegible]號 一鋪 太平泉號 開設城内太平城門口街係茶館行業光緒　年開設
號東葛國臣執事

[illegible]號 一鋪 同興號 開設城内太平城門口街係茶館行業光緒　年開設
號東劉錫陰執事

[illegible]號 一鋪 紫金泉號 開設城内太平城門口内街係茶館行業光緒　年開設
號東俞小培執事

[illegible]號 一鋪 悦興號 開設城内太平城門口内街係茶館行業光緒　年開設
號東趙茂源執事

[illegible]號 一鋪 同興號 開設城内太平城門内街係茶館行業光緒　年開設
號東丁雲章執事

江甯商務總會調查

號[illegible] 一鋪 文記號 開設城内太平城門口内街係飯館行業 光緒 年開設 號東徐文友 執事

號[illegible] 一鋪 慶記號 開設城内大影壁街係茶館行業 光緒 年開設 號東業有慶 執事

號[illegible] 一鋪 長春泉號 開設城内太平橋口街係茶館行業 光緒 年開設 號東王金和 執事

號[illegible] 一鋪 聚和號 開設城内復成倉街係茶館行業 光緒 年開設 號東劉伯元 執事

號[illegible] 一鋪 榮興號 開設城内復成倉街係茶館行業 光緒 年開設 號東穆學時 執事

號[illegible] 一鋪 人和號 開設城内復成倉街係茶館行業 光緒 年開設 號東田玉 執事

號[illegible] 一鋪 鴻福興號 開設城内四象橋街係茶館行業 光緒 年開設 號東孫文賓 執事

號[illegible] 一鋪 滿香泉號 開設城内大中橋小門口街係茶館行業 光緒 年開設 號東李清文 執事

茶館 行業類

號[illegible] 一鋪 茗香園號 開設城内八寶圖街係 茶館 行業 光緒 年開設 號東小桃 執事

號[illegible] 一鋪 萬福號 開設城内都統衙門前街係 茶館 行業 光緒 年開設 號東趙三福 執事

號[illegible] 一鋪 天和號 開設城内致和街係 茶館 行業 光緒 年開設 號東楊天源 執事

號[illegible] 一鋪 錦春樓號 開設城内評事街係 茶館 行業 光緒 年開設 號東朱 執事

號[illegible] 一鋪 鴻興號 開設城内下浮橋街係 茶館 行業 光緒 年開設 號東 執事

號[illegible] 一鋪 鳳來園號 開設城内下浮橋街係 茶館 行業 光緒 年開設 號東 執事

號[illegible] 一鋪 春芳號 開設城内仙鶴街係 茶館 行業 光緒 年開設 號東 執事

號[illegible] 一鋪 義順園號 開設城内倉門口街係 茶館 行業 光緒 年開設 號東 執事

江甯商務總會調查

廿七號 一鋪 雙鳳號 開設城内梧桐樹街係茶館行業光緒　年開設 號東　執事

廿八號 一鋪 奎陽樓號 開設城内船板巷街係茶館行業光緒　年開設 號東　執事

廿九號 一鋪 源興號 開設城内船板巷街係茶館行業光緒　年開設 號東　執事

卅號 一鋪 長樂園號 開設城内船板巷街係茶館行業光緒　年開設 號東　執事

卅一號 一鋪 張順興號 開設城内沙灣里街係點心館行業光緒　年開設 號東張　執事

卅二號 一鋪 連元館號 開設城内沙灣里街係飯館行業光緒　年開設 號東　執事

卅三號 一鋪 興隆園號 開設城内沙灣里街係茶館行業光緒　年開設 號東　執事

卅四號 一鋪 庚鑫號 開設城内飲馬巷街係茶館行業光緒　年開設 號東　執事

號廿五 一鋪 正順樓號 開設城內殷高巷街係 茶館行業 光緒 年開設
號東 執事

號廿六 一鋪 永興號 開設城內釣魚台街係 茶館行業 光緒 年開設
號東 執事

號廿七 一鋪 勝春園號 開設城內顏料坊街係 茶館行業 光緒 年開設
號東 執事

號廿八 一鋪 源順號 開設城內弓箭坊街係 茶館行業 光緒 年開設
號東 執事

號廿九 一鋪 樂鳳園號 開設城內弓箭坊街係 茶館行業 光緒 年開設
號東 執事

號卅 一鋪 振興號 開設城內弓箭坊街係 茶館行業 光緒 年開設
號東 執事

號卅一 一鋪 梁泳興號 開設城內三坊巷街係 茶館行業 光緒 年開設
號東梁 執事

號卅二 一鋪 益和號 開設城內三坊巷街係 茶館行業 光緒 年開設
號東帥 執事

茶館行業類 江甯商務總會調查

廿二號
一鋪　王春園號　開設城南門外大街係茶館行業光緒　年開設
號東過　執事

廿三號
一鋪　湧福園號　開設城南門外大街係茶館行業光緒　年開設
號東解　執事

廿四號
一鋪　悅來號　開設城南門外大街係茶館行業光緒　年開設
號東馬　執事

廿五號
一鋪　老萬全號　開設城南門外大街係茶館行業光緒　年開設
號東劉　執事

廿六號
一鋪　馬夏鑫號　開設城南門外大街係茶館行業光緒　年開設
號東馬　執事

廿七號
一鋪　王聚源號　開設城南門外大街係茶館行業光緒　年開設
號東王　執事

廿八號
一鋪　高聚源號　開設城南門外長干巷街係茶館行業光緒　年開設
號東高　執事

廿九號
一鋪　聚和號　開設城南門外柴苑街係茶館行業光緒　年開設
號東楊　執事

号卅	一鋪	聚源號	開設城南門外宗苑街係	茶館行業	光緒　年開設	號東胡　執事
号[illegible]	一鋪	沈復興號	開設城南門外河下碼頭街係	茶館行業	光緒　年開設	號東沈　執事
号[illegible]	一鋪	劉寶和號	開設城南門外河下碼頭街係	茶館行業	光緒　年開設	號東劉　執事
号[illegible]	一鋪	慶春號	開設城南門外燕趙内街係	茶館行業	光緒　年開設	號東湯　執事
号[illegible]	一鋪	義興號	開設城南門外掃箒巷街係	茶館行業	光緒　年開設	號東嚴　執事
号[illegible]	一鋪	永興號	開設城南門外掃箒巷街係	茶館行業	光緒　年開設	號東張　執事
号[illegible]	一鋪	許三元號	開設城南門外掃箒巷街係	茶館行業	光緒　年開設	號東許　執事
号[illegible]	一鋪	益順號	開設城南門外掃箒巷街係	茶館行業	光緒　年開設	號東端　執事

茶館行業類

江甯商務總會調查

一鋪　義和號　開設城南門外掃帚巷街係茶館行業光緒　年開設　號東嚴　執事

一鋪　順興號　開設城南門外蘆蓆巷街係茶館行業光緒　年開設　號東汪　執事

一鋪　伍復興號　開設城南門外西街係茶館行業光緒　年開設　號東伍　執事

一鋪　劉又來號　開設城南門外西街係茶館行業光緒　年開設　號東劉　執事

一鋪　開源號　開設城南門外西街係茶館行業光緒　年開設　號東湯　執事

一鋪　慶春園號　開設城南門外西街係茶館行業光緒　年開設　號東唐　執事

一鋪　震興園號　開設城南門外西街係茶館行業光緒　年開設　號東王　執事

一鋪　五福園號　開設城南門外西街係茶館行業光緒　年開設　號東張　執事

一鋪 一心園號 開設城南門外西街係茶館行業光緒　年開設
號東劉　執事

一鋪 聚源號 開設城南門外西街係茶館行業光緒　年開設
號東呂　執事

一鋪 高湧興號 開設城外北山門街係茶館行業光緒　年開設
號東高　執事

一鋪 金谷號 開設城水西門外大街係茶館行業光緒　年開設
號東鄧　執事

一鋪 順興號 開設城外下關大街係茶館行業光緒　年開設
號東　執事

一鋪 太和公號 開設城外下關大街係茶館行業光緒　年開設
號東　執事

一鋪 最樂軒號 開設城外下關大街係茶館行業光緒　年開設
號東　執事

一鋪 春和號 開設城外下關大街係茶館行業光緒　年開設
號東　執事

茶館行業類　江甯商務總會調查

號 一鋪 順興號
開設城外下關大街係茶館行業 光緒 年開設
號東 執事

號 一鋪 行樂園號
開設城外下關大街係茶館行業 光緒 年開設
號東 執事

號 一鋪 祥順號
開設城外下關大街係茶館行業 光緒 年開設
號東 執事

号 一鋪 止 號
開設城 街係 行業 光緒 年開設
號東 執事

号 一鋪 號
開設城 街係 行業 光緒 年開設
號東 執事

号 一鋪 號
開設城 街係 行業 光緒 年開設
號東 執事

号 一鋪 號
開設城 街係 行業 光緒 年開設
號東 執事

号 一鋪 號
開設城 街係 行業 光緒 年開設
號東 執事

以上係茶館店鋪

合共計〇千貳百陸拾柒號

光緒 三十二年 月 日呈

雞鴨店行業類

已入商會	〡号	一鋪	宗恒源號	開設城内承恩寺街係雞鴨行業光緒　年開設 號東宗璧源　執事
已入商會	〢号	一鋪	劉天興號	開設城内東牌樓街係雞鴨行業光緒　年開設 號東劉玉生　執事
已入商會	〣号	一鋪	韓復興號	開設城内三山大街係雞鴨行業光緒　年開設 號東韓裕堂　執事
已入商會	〤号	一鋪	韓復興號	開設城内坊口大街係雞鴨行業光緒　年開設 號東韓裕堂　執事
已入商會	〥号	一鋪	韓復興號	開設城内倉巷街係雞鴨行業光緒　年開設 號東韓裕堂　執事
已入商會	〦号	一鋪	馬恒源號	開設城内行口大街係雞鴨行業光緒　年開設 號東馬春生　執事
已入商會	〧号	一鋪	春生和號	開設城内評事大街係雞鴨行業光緒　年開設 號東沙聚茂　執事
已入商會	〨号	一鋪	公恒興號	開設城内笪橋市街係雞鴨行業光緒　年開設 號東陳文彬　執事

江甯商務總會調查

已入商會　九号　一鋪　震源號　開設城内承恩寺街係雞鴨行業光緒　年開設　號東宋袁金　執事

已入商會　十号　一鋪　濮恒興號　開設城内沙灣大街係雞鴨行業光緒　年開設　號東濮永財　執事

已入商會　十一号　一鋪　濮恒興號　開設城南門外大街係雞鴨行業光緒　年開設　號東濮永財　執事

已入商會　十二号　一鋪　公恒興號　開設城内淮清橋街係雞鴨行業光緒　年開設　號東濮馬　執事

已入商會　十三号　一鋪　金萬興號　開設城内彩霞街係雞鴨行業光緒　年開設　號東金士發　執事

已入商會　十四号　一鋪　金萬興號　開設城内新橋大街係雞鴨行業光緒　年開設　號東金士發　執事

已入商會　十五号　一鋪　金萬順號　開設城内三鋪兩橋街係雞鴨行業光緒　年開設　號東金魁　執事

已入商會　十六號　一鋪　公長興號　開設城内武定橋街係雞鴨行業光緒　年開設　號東楊萬春　執事

雞鴨店行業類

十七號	已入商會	一鋪	沙長興號	開設城内陡門橋街係雞鴨行業光緒　年開設	號東沙合之	執事
十八號	已入商會	一鋪	井萬興號	開設城内新橋大街係雞鴨行業光緒　年開設	號東井錫榮	執事
十九號	已入商會	一鋪	井萬興號	開設城内倉門口街係雞鴨行業光緒　年開設	號東井桂榮	執事
廿號	已入商會	一鋪	馬天興號	開設城内剪子巷口街係雞鴨行業光緒　年開設	號東馬錫之	執事
廿一號	已入商會	一鋪	馬嘉興號	開設城内行口大街係雞鴨行業光緒　年開設	號東馬長元	執事
廿二號	已入商會	一鋪	馬聚興號	開設城内評事大街係雞鴨行業光緒　年開設	號東馬長元	執事
廿三號	已入商會	一鋪	馬湧興號	開設城内評事大街係雞鴨行業光緒　年開設	號東馬仲賓	執事
廿四號	已入商會	一鋪	金萬源號	開設城内菓子行街係雞鴨行業光緒　年開設	號東金士源	執事

江甯商務總會調查

廿五號 已入商會
一鋪 井萬順號 開設城内善司廟街係雞鴨行業 光緒 年開設
號東井昌福 執事

廿六號 已入商會
一鋪 李長興號 開設城内内橋街係雞鴨行業 光緒 年開設
號東李茂雲 執事

廿七號 已入商會
一鋪 劉生和號 開設城内油市大街係雞鴨行業 光緒 年開設
號東劉達雙 執事

廿八號 已入商會
一鋪 復源號 開設城内九兒巷口街係雞鴨行業 光緒 年開設
號東宋長元 執事

廿九號 已入商會
一鋪 公興號 開設城内船板巷街係雞鴨行業 光緒 年開設
號東李長茂 執事

卅號 已入商會
一鋪 馬萬興號 開設城内上浮橋街係雞鴨行業 光緒 年開設
號東馬長清 執事

卅號 已入商會
一鋪 馬天興號 開設城内馬巷街係雞鴨行業 光緒 年開設
號東馬順興 執事

卅一號 已入商會
一鋪 金順興號 開設城内評事大街係雞鴨行業 光緒 年開設
號東金士玉 執事

雞鴨店行業類

廿三號 已入商會
一鋪 海長興號
開設城内淮清橋街係雞鴨行業光緒　年開設
號東海子試　執事

廿四號 已入商會
一鋪 福興號
開設城内桃葉渡街係雞鴨行業光緒　年開設
號東宗璧富　執事

廿五號 已入商會
一鋪 金源興號
開設城内南門大街係雞鴨行業光緒　年開設
號東金士和　執事

廿六號 已入商會
一鋪 馮永興號
開設城内南門橋街係雞鴨行業光緒　年開設
號東馮永源　執事

廿七號 已入商會
一鋪 何盛興號
開設城内武定橋街係雞鴨行業光緒　年開設
號東何壽卿　執事

廿八號 已入商會
一鋪 何聚興號
開設城内倉巷街係雞鴨行業光緒　年開設
號東何春甫　執事

廿九號 已入商會
一鋪 馬成源號
開設城内顧樓大街係雞鴨行業光緒　年開設
號東馬金保　執事

卅號 已入商會
一鋪 復興號
開設城内小門口街係雞鴨行業光緒　年開設
號東魁永林　執事

江甯商務總會調查

已入商會　號[illegible]
一鋪　馬長興號
開設城內院門口街係雞鴨行業光緒　年開設
號東馬長福　執事

已入商會　號[illegible]
一鋪　大發號
開設城內倉巷街係雞鴨行業光緒　年開設
號東金大發　執事

已入商會　號[illegible]
一鋪　源鑫號
開設城內膺府大街係雞鴨行業光緒　年開設
號東李德荣　執事

已入商會　號[illegible]
一鋪　嘉盛坊號
開設城內藏金橋街係雞鴨行業光緒　年開設
號東朱松元　執事

已入商會　號[illegible]
一鋪　馬順興號
開設城南門外大街係雞鴨行業光緒　年開設
號東馬長梅　執事

已入商會　號[illegible]
一鋪　曹洪興號
開設城南門外西街係雞鴨行業光緒　年開設
號東曹立明　執事

已入商會　號[illegible]
一鋪　元萬興號
開設城南門外西街係雞鴨行業光緒　年開設
號東袁士明　執事

已入商會　號[illegible]
一鋪　胡公興號
開設城南門外大街係雞鴨行業光緒　年開設
號東胡忠瀛　執事

雞鴨店行業類

江甯商務總會調查

已入商會 號	一鋪	楊恒興號	開設城內南門大街係雞鴨行業 光緒　年開設	號東楊德成　執事
已入商會 號	一鋪	韓復興號	開設城內大香爐街係雞鴨行業 光緒　年開設	號東韓吉福　執事
已入商會 號	一鋪	馬恒興號	開設城內土街口街係雞鴨行業 光緒　年開設	號東馬　執事
已入商會 號	一鋪	仝裕興號	開設城內新街口街係雞鴨行業 光緒　年開設	號東仝香甫　執事
已入商會 號	一鋪	伍長興號	開設城內新街口街係雞鴨行業 光緒　年開設	號東伍必中　執事
已入商會 號	一鋪	馬萬興號	開設城內沐府西門街係雞鴨行業 光緒　年開設	號東馬長青　執事
已入商會 號	一鋪	馬萬順號	開設城內沐府西門街係雞鴨行業 光緒　年開設	號東馬宜才　執事
已入商會 號	一鋪	蔡恒興號	開設城內北門橋街係雞鴨行業 光緒　年開設	號東蔡汝林　執事

一鋪　王福興號　開設城内北門橋街係雞鴨行業光緒　年開設　號東王萬才執事　已入商會　廿七號

一鋪　源興號　開設城内同仁大街係雞鴨行業光緒　年開設　號東孫源興執事　已入商會　廿八號

一鋪　高長興號　開設城内唱經樓街係雞鴨行業光緒　年開設　號東高柏金執事　已入商會　廿九號

一鋪　沈萬順號　開設城内唱經樓街係雞鴨行業光緒　年開設　號東沈增隆執事　已入商會　三十號

一鋪　李宏興號　開設城内唱經樓街係雞鴨行業光緒　年開設　號東李執事　已入商會　三十一號

一鋪　武聚興號　開設城内大行宫街係雞鴨行業光緒　年開設　號東武尚賔執事　已入商會　三十二號

一鋪　沈永源號　開設城内大行宫街係雞鴨行業光緒　年開設　號東沈永桂執事　已入商會　三十三號

一鋪　同興發號　開設城内中正大街係雞鴨行業光緒　年開設　號東黄德昌執事　已入商會　三十四號

雞鴨店行業類

已入商會	號六十五	一鋪 楊萬興號	開設城内中正街係雞鴨行業光緒年開設 號東楊萬清執事
已入商會	號六十六	一鋪 馬長興號	開設城内大中橋街係雞鴨行業光緒年開設 號東馬長林執事
已入商會	號六十七	一鋪 震興恒號	開設城内大中橋街係雞鴨行業光緒年開設 號東沙耀庭執事
已入商會	號六十八	一鋪 震萬源號	開設城内科巷口街係雞鴨行業光緒年開設 號東姜子江執事
已入商會	號六十九	一鋪 王洪興號	開設城内漢西門街係雞鴨行業光緒年開設 號東王洪年執事
已入商會	號七十	一鋪 梁永興號	開設城内犁頭尖街係雞鴨行業光緒年開設 號東梁明貴執事
已入商會	號七十一	一鋪 何盛興號	開設城内水西門街係雞鴨行業光緒年開設 號東何華亭執事
已入商會	號七十二	一鋪 宋鈺茂號	開設城水西門外街係雞鴨行業光緒年開設 號東宋長根執事

江甯商務總會調查

已入商會

七十三號　一鋪　童公興號

開設城水西門外街係　雞鴨　行業　光緒　年開設

號東童有臣　執事

已入商會

七十四號　一鋪　三和園號

開設城水西門外街係　雞鴨　行業　光緒　年開設

號東王子平　執事

已入商會

七十五號　一鋪　袁福興號

開設城內下浮橋街係　雞鴨　行業　光緒　年開設

號東袁春記　執事

已入商會

七十六號　一鋪　義盛興號

開設城內大功坊街係　雞鴨　行業　光緒　年開設

號東繆彩義　執事

已入商會

七十七號　一鋪　王長興號

開設城南門外大街係　雞鴨　行業　光緒　年開設

號東王學海　執事

號　一鋪　止　號

開設城　街係　行業　光緒　年開設

號東　執事

號　一鋪　號

開設城　街係　行業　光緒　年開設

號東　執事

號　一鋪　號

開設城　街係　行業　光緒　年開設

號東　執事

以上係雞鴨店鋪

合共計〇千〇百柒拾柒號

光緒三十二年　月　日呈

一鋪 陳聚豐號 開設城水西門外街係魚行行業光緒　年開設 號東陳　執事

一鋪 合興號 開設城外下關街係魚行行業光緒　年開設 號東秦　執事

一鋪 王永祥號 開設城外下關街係魚行行業光緒　年開設 號東王　執事

一鋪 金店號 開設城内沙灣街係魚行行業光緒　年開設 號東金　執事

一鋪 鑫元祥號 開設城外石城橋街係魚行行業光緒　年開設 號東馬　執事

一鋪 止號 開設城　街係　行業光緒　年開設 號東　執事

一鋪 號 開設城　街係　行業光緒　年開設 號東　執事

一鋪 號 開設城　街係　行業光緒　年開設 號東　執事

魚行行業類

江甯商務總會調查

号　一鋪　　號　開設城　　街係　　行業光緒　　年開設
號東　　執事

号　一鋪　　號　開設城　　街係　　行業光緒　　年開設
號東　　執事

号　一鋪　　號　開設城　　街係　　行業光緒　　年開設
號東　　執事

号　一鋪　　號　開設城　　街係　　行業光緒　　年開設
號東　　執事

号　一鋪　　號　開設城　　街係　　行業光緒　　年開設
號東　　執事

号　一鋪　　號　開設城　　街係　　行業光緒　　年開設
號東　　執事

号　一鋪　　號　開設城　　街係　　行業光緒　　年開設
號東　　執事

号　一鋪　　號　開設城　　街係　　行業光緒　　年開設
號東　　執事

以上係魚行 店鋪
合共計〇千〇百〇拾伍號

光緒三十二年　月　日呈

江甯商會

號數	鋪數	店號	開設地點、行業、年份	號東、執事
〡号	一鋪	胡裕興號	開設城水西門外大街係腐乾行業光緒　年開設	號東胡　執事
〢号	一鋪	福　泰號	開設城內顧樓大街係腐乾行業光緒　年開設	號東徐　執事
〣号	一鋪	福　盛號	開設城內彩霞街係豆腐行業光緒　年開設	號東王　執事
〤号	一鋪	洪復興號	開設城內彩霞街係豆腐行業光緒　年開設	號東洪　執事
〥号	一鋪	劉義和號	開設城內倉巷口街係豆腐行業光緒　年開設	號東劉　執事
〦号	一鋪	彭長發號	開設城內鼎心橋街係豆腐行業光緒　年開設	號東彭　執事
〧号	一鋪	馬生和號	開設城內評事大街係腐乾行業光緒　年開設	號東馬　執事
〨号	一鋪	義興隆號	開設城內綾莊巷街係豆腐行業光緒　年開設	號東　執事

豆腐店行業類腐乾淮乾附　　江甯商務總會調查

九號　一鋪　聚興號　開設城内漢西門街係　豆腐　行業　光緒　年開設　號東王　執事

十號　一鋪　復泰號　開設城内九兒巷街係　豆腐　行業　光緒　年開設　號東安　執事

十一號　一鋪　復興號　開設城内鈔庫街係　豆腐　行業　光緒　年開設　號東萬　執事

十二號　一鋪　田義和號　開設城内大夫地街係　豆腐　行業　光緒　年開設　號東田　執事

十三號　一鋪　洪森泰號　開設城内東牌樓街係　腐乾　行業　光緒　年開設　號東洪　執事

十四號　一鋪　彭裕興號　開設城内顧樓大街係　豆腐　行業　光緒　年開設　號東彭　執事

十五號　一鋪　天盛號　開設城内大中橋街係　豆腐　行業　光緒　年開設　號東杜　執事

十六號　一鋪　萬源號　開設城北唱經樓街係　豆腐　行業　光緒　年開設　號東李　執事

十七號 一鋪 正發號 開設城北洪武大街係豆腐行業 光緒　年開設 號東蔡 執事

十八號 一鋪 春茂號 開設城北督署東街係豆腐行業 光緒　年開設 號東黃 執事

十九號 一鋪 益昌祥號 開設城內大平門口街係豆腐行業 光緒　年開設 號東廣 執事

廿號 一鋪 順興號 開設城北浮橋口街係豆腐行業 光緒　年開設 號東李 執事

廿一號 一鋪 貴興號 開設城內復成倉街係豆腐行業 光緒　年開設 號東張 執事

廿二號 一鋪 聚興號 開設城皇城內八寶街係豆腐行業 光緒　年開設 號東彭 執事

廿三號 一鋪 王義鑫號 開設城南門外大街係豆腐乾行業 光緒　年開設 號東王 執事

廿四號 一鋪 張洪興號 開設城南門外大街係淮乾行業 光緒　年開設 號東張 執事

豆腐店行業類 腐乾淮乾附

江甯商務總會調查

廿五號 一鋪 劉義和號 開設城水西門外大街係 豆腐 行業 光緒 年開設 號東劉 執事

廿六號 一鋪 周祥興號 開設城外下關老江口街係 豆腐 行業 光緒 年開設 號東周 執事

廿七號 一鋪 天 昌號 開設城外下關老渡口街係 豆腐 行業 光緒 年開設 號東黄 執事

廿八號 一鋪 吴 店號 開設城内漢西門街係 豆腐 行業 光緒 年開設 號東吴 執事

廿九號 一鋪 王復興號 開設城外石城橋街係 豆腐 行業 光緒 年開設 號東王 執事

卅號 一鋪 年 和號 開設城内北門橋街係 豆腐 行業 光緒 年開設 號東 執事

卅一號 一鋪 王成泰號 開設城内北門橋街係 乾店 行業 光緒 年開設 號東王 執事

卅二號 一鋪 楊 店號 開設城内北門橋街係 豆腐 行業 光緒 年開設 號東楊 執事

卅三號 一鋪 秦森祥號 開設城內東牌樓街係 乾店 行業 光緒 年開設 號東 執事

卅四號 一鋪 石順興號 開設城南門外大街係 豆腐 行業 光緒 年開設 號東石 執事

卅五號 一鋪 桑義和號 開設城南門外西街係 豆腐 行業 光緒 年開設 號東桑 執事

卅六號 一鋪 王 店號 開設城南門外西街係 豆腐 行業 光緒 年開設 號東王 執事

卅七號 一鋪 尹 店號 開設城南門外掃帚巷街係 豆腐 行業 光緒 年開設 號東尹 執事

卅八號 一鋪 徐復昌號 開設城內大香爐街係 豆腐 行業 光緒 年開設 號東徐 執事

卅九號 一鋪 陳聚興號 開設城內木料市街係 豆腐 行業 光緒 年開設 號東陳 執事

四十號 一鋪 傅 店號 開設城內上元縣西首街係 豆腐 行業 光緒 年開設 號東傅 執事

豆腐店行業類 腐乾淮乾附

江甯商務總會調查

一鋪 泰山號 開設城内上元縣西首街係豆腐行業光緒　年開設
號東　執事

一鋪 楊店號 開設城内四象橋街係豆腐行業光緒　年開設
號東楊　執事

一鋪 孫恒泰號 開設城内四象橋街係豆腐行業光緒　年開設
號東孫　執事

一鋪 何店號 開設城内益仁巷街係豆腐行業光緒　年開設
號東何　執事

一鋪 雷正興號 開設城内絨莊街係豆腐行業光緒　年開設
號東雷　執事

一鋪 秦店號 開設城内鴿子橋街係豆腐行業光緒　年開設
號東秦　執事

一鋪 福興號 開設城内陡門橋街係豆腐行業光緒　年開設
號東　執事

一鋪 石店號 開設城内水西門大街係豆腐行業光緒　年開設
號東石　執事

豆腐店行業類　腐乾淮乾附

江甯商務總會調查

號廿九 一鋪　沈義和號　開設城内三山大街係豆腐行業　光緒　年開設　號東沈　執事

號卅 一鋪　龔正興號　開設城内南門大街係豆腐行業　光緒　年開設　號東龔　執事

號卅一 一鋪　源興號　開設城内行口大街係豆腐行業　光緒　年開設　號東　執事

號卅二 一鋪　徐正興號　開設城内彩霞街係豆腐行業　光緒　年開設　號東徐　執事

號卅三 一鋪　孫店號　開設城内彩霞街係豆腐行業　光緒　年開設　號東孫　執事

號卅四 一鋪　周店號　開設城内三坊巷街係豆腐行業　光緒　年開設　號東周　執事

號卅五 一鋪　順興號　開設城内武定橋街係豆腐行業　光緒　年開設　號東　執事

號卅六 一鋪　福元號　開設城内馬巷街係豆腐行業　光緒　年開設　號東　執事

號八十七 一舖 吳義順號 開設城内馬巷街係豆腐行業光緒　年開設 號東吳　執事

號八十八 一舖 陳正泰號 開設城内奇望街係豆腐行業光緒　年開設 號東陳　執事

號八十九 一舖 王義興號 開設城内奇望街係豆腐行業光緒　年開設 號東王　執事

號九十 一舖 正源號 開設城内沙灣街係豆腐行業光緒　年開設 號東　執事

號九十一 一舖 楊店號 開設城内新橋街係豆腐行業光緒　年開設 號東楊　執事

號九十二 一舖 俞店號 開設城内銅作坊街係豆腐行業光緒　年開設 號東俞　執事

號九十三 一舖 王寶興號 開設城内南門大街係豆腐行業光緒　年開設 號東王　執事

號九十四 一舖 田順興號 開設城内花牌樓街係豆腐行業光緒　年開設 號東田　執事

豆腐店行業類 腐乾淮乾附

號 一鋪 江店號 開設城內花牌樓街係豆腐行業光緒　年開設
號東江 執事

號 一鋪 陳正泰號 開設城內大行宫街係豆腐行業光緒　年開設
號東陳 執事

號 一鋪 梁店號 開設城內新街口街係豆腐行業光緒　年開設
號東梁 執事

號 一鋪 張店號 開設城內沐府西門街係豆腐行業光緒　年開設
號東張 執事

號 一鋪 季店號 開設城水西門外乞廠街係豆腐行業光緒　年開設
號東季 執事

號 一鋪 順興號 開設城外乞廠街係豆腐行業光緒　年開設
號東 執事

號 一鋪 王元興號 開設城外乞廠街係豆腐行業光緒　年開設
號東王 執事

號 一鋪 昌記號 開設城內奇望街係乾店行業光緒　年開設
號東 執事

江甯商務總會調查

號 一鋪 聚隆號 開設城内奇望街係豆腐行業光緒　年開設 號東　執事

號 一鋪 强店號 開設城内淮清橋街係豆腐行業光緒　年開設 號東强　執事

號 一鋪 萬興號 開設城内淮清橋街係豆腐行業光緒　年開設 號東　執事

號 一鋪 炳興號 開設城内淮清橋街係豆腐行業光緒　年開設 號東　執事

号 一鋪 止　號 開設城　街係　行業光緒　年開設 號東　執事

号 一鋪 　號 開設城　街係　行業光緒　年開設 號東　執事

号 一鋪 　號 開設城　街係　行業光緒　年開設 號東　執事

号 一鋪 　號 開設城　街係　行業光緒　年開設 號東　執事

以上係豆腐店鋪

合共計○千○百柒拾陸號

光緒三十二年　月　日呈

猪行業類

一号 已入商會
一鋪 韋裕興號
開設城四条巷街係猪行業 光緒伍年開設
號東韋大裕 執事

二号 已入商會
一鋪 陳萬興號
開設城二郎廟街係猪行業 光緒貳拾叁年開設
號東陳和 執事

三号 已入商會
一鋪 張正興號
開設城双龍巷街係猪行業 光緒元年開設
號東張合 執事

四号 已入商會
一鋪 李公興號
開設城双龍巷街係猪行業 光緒元年開設
號東李兆林 執事

五号
一鋪 張根源號
開設城唱經樓街係猪行業 光緒貳拾六年開設
號東 執事

六号 已入商會
一鋪 吴恒興號
開設城衛巷內街係猪行業 光緒拾柒年開設
號東吴金龍 執事

七号 已入商會
一鋪 鄒億泰號
開設城新街口街係猪行業 光緒伍年開設
號東鄒文志 執事

八号 已入商會
一鋪 馬豫興號
開設城新街口街係猪行業 光緒拾年開設
號東 執事張順銘

江甯商務總會調查

已入商會
第九號
一鋪　屠永興號
開設城土街口街係猪行業　光緒元年開設
號東　執事

第十號
一鋪　黃庚興號
開設城二郎廟街係猪行業　光緒拾年開設
號東黃志永　執事

已入商會
第十一號
一鋪　何鈺興號
開設城釘橋街係猪行業　光緒貳拾四年開設
號東何雨田　執事

第十二號
一鋪　金萬興號
開設城三道高井街係猪行業　光緒貳拾年開設
號東金長玉　執事

第十三號
一鋪　萬興號
開設城新街口街係猪行業　光緒貳拾玖年開設
號東周濟先　執事

第十四號
一鋪　蘇萬興號
開設城土街口街係猪行業　光緒叁拾年開設
號東蘇尚倫　執事

第十五號
一鋪　楊萬興號
開設城新街口街係猪行業　光緒貳拾年開設
號東　執事

已入商會
第十六號
一鋪　王公興號
開設城南門外西街係猪行業　光緒貳拾捌年開設
號東王清甫　執事

猪行業類

已入商會 十七號 一鋪 李萬興號 開設城南門外西街係猪行業 光緒元年開設
號東李國楨 執事

十八號 一鋪 王森泰號 開設城外南山門口街係猪行業 光緒拾五年開設
號東王長義 執事

十九號 一鋪 陸順興號 開設城南門外西街係猪行業 光緒貳拾五年開設
號東陸鴻 執事魯聚興

已入商會 廿號 一鋪 楊公興號 開設城南門外西街係猪行業 光緒拾五年開設
號東楊新之 執事

已入商會 廿一號 一鋪 陳榮興號 開設城南門外西街係猪行業 光緒貳拾捌年開設
號東陳家志 執事

已入商會 廿二號 一鋪 蔡順興號 開設城外掃帚巷街係猪行業 光緒貳拾柒年開設
號東 執事

已入商會 廿三號 一鋪 姜合興號 開設城下關街係猪行業 光緒 年開設
號東姜得才 執事

已入商會 廿四號 一鋪 陳德興號 開設城大行宮街係猪行業 光緒叁拾壹年開設
號東陳星記 執事

江寧商務總會圖全

已入商會

號　一鋪　崇源興號　開設城內牌樓街係褚　行業　光緒拾　年開設
號東　邹文志　執事

號　一鋪　止　號　開設城　街係　行業　光緒　年開設
號東　執事

號　一鋪　號　開設城　街係　行業　光緒　年開設
號東　執事

號　一鋪　號　開設城　街係　行業　光緒　年開設
號東　執事

號　一鋪　號　開設城　街係　行業　光緒　年開設
號東　執事

號　一鋪　號　開設城　街係　行業　光緒　年開設
號東　執事

號　一鋪　號　開設城　街係　行業　光緒　年開設
號東　執事

號　一鋪　號　開設城　街係　行業　光緒　年開設
號東　執事

以上係猪行店鋪

合共計〇千〇百貳拾伍號

光緒三十二年　月　日呈

雜鴨行　行業類

〡号　一鋪　白順興號　開設城水西門外街係雜行　行業　光緒　年開設　號東　執事

已入商會　〢号　一鋪　唐復興號　開設城水西門外街係鴨行　行業　光緒　年開設　號東　執事

已入商會　〣号　一鋪　宋鈺興號　開設城水西門外街係鴨行　行業　光緒　年開設　號東　執事

〤号　一鋪　尹鑫記號　開設城水西門外街係鴨行　行業　光緒　年開設　號東　執事

已入商會　〥号　一鋪　楊億記號　開設城水西門外街係鴨行　行業　光緒　年開設　號東　執事

〦号　一鋪　祥興順號　開設城水西門外街係鴨行　行業　光緒　年開設　號東楊　執事

已入商會　〧号　一鋪　同興泰號　開設城水西門外街係鴨行　行業　光緒　年開設　號東葉　執事

已入商會　〨号　一鋪　源順祥號　開設城水西門外街係鴨行　行業　光緒　年開設　號東金　執事

江甯商務總會調查

已入商會

九号 一鋪 馬裕順號 開設城水西門外街係鴨行 行業 光緒 年開設 號東 執事

号 一鋪 止 號 開設城 街係 行業 光緒 年開設 號東 執事

号 一鋪 號 開設城 街係 行業 光緒 年開設 號東 執事

号 一鋪 號 開設城 街係 行業 光緒 年開設 號東 執事

号 一鋪 號 開設城 街係 行業 光緒 年開設 號東 執事

号 一鋪 號 開設城 街係 行業 光緒 年開設 號東 執事

号 一鋪 號 開設城 街係 行業 光緒 年開設 號東 執事

号 一鋪 號 開設城 街係 行業 光緒 年開設 號東 執事

以上係鴨行店鋪

合共計〇千〇百〇拾玖號

光緒

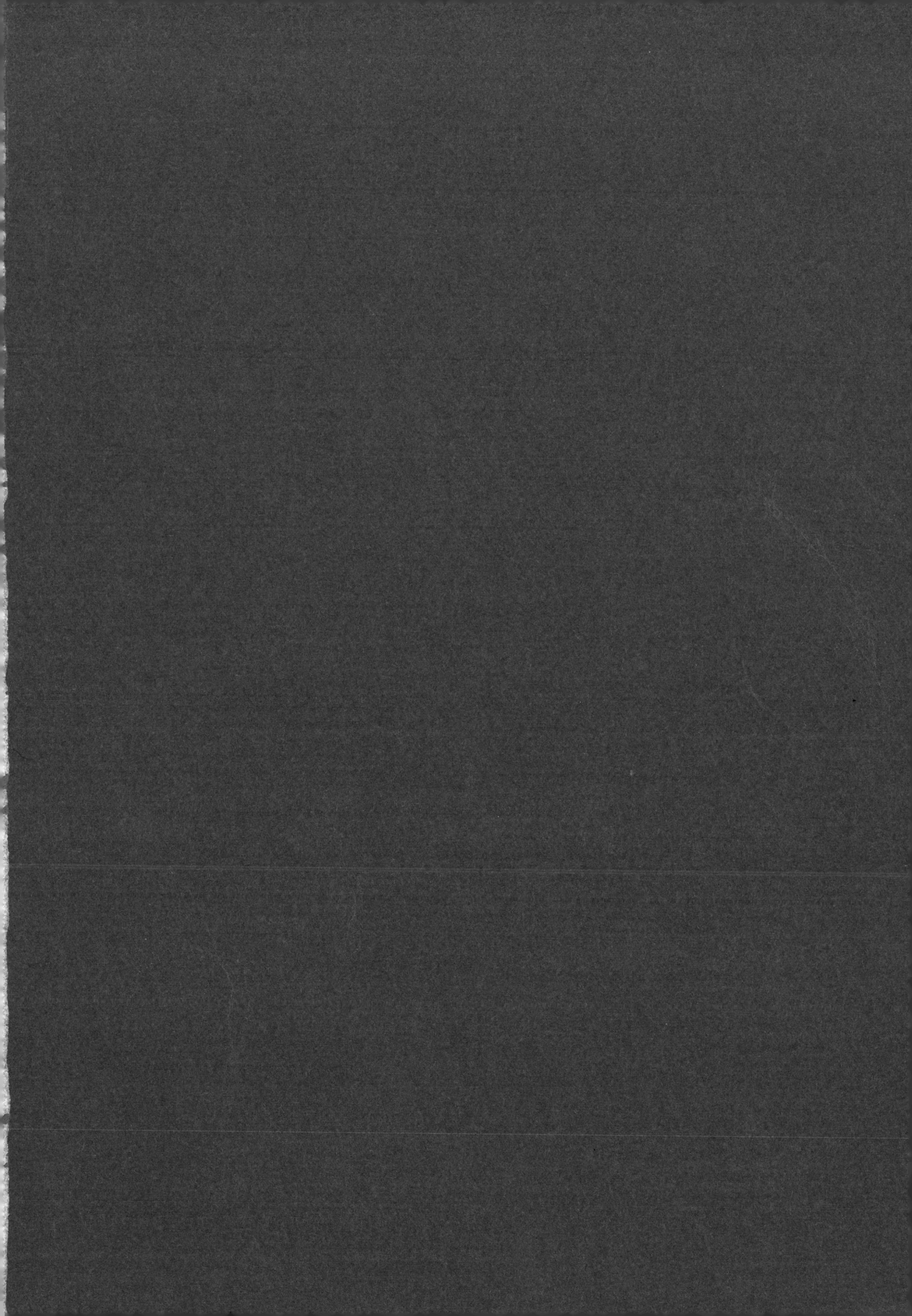

金陵全書

乙編・史料類

江甯商務分類總册（二）

（清）江甯商務總會 編

南京出版傳媒集團
南京出版社

圖書在版編目（CIP）數據

江甯商務分類總册 / 江甯商務總會編. -- 南京：南京出版社, 2024.7
（金陵全書）
ISBN 978-7-5533-4764-6

Ⅰ.①江… Ⅱ.①江… Ⅲ.①江甯府－商業企業－商業史－清代 Ⅳ.①F729.49

中國國家版本館CIP數據核字（2024）第088124號

書　　名　【金陵全書】（乙編・史料類）
　　　　　　江甯商務分類總册
作　　者　（清）江甯商務總會
出版發行　南京出版傳媒集團
　　　　　　南 京 出 版 社
　　　　　　社址：南京市太平門街53號　　郵編：210016
　　　　　　網址：http://www.njcbs.cn　　電子信箱：njcbs1988@163.com
　　　　　　聯系電話：025-83283893、83283864（營銷）　025-83112257（編務）

出 版 人　項曉寧
出 品 人　盧海鳴
責任編輯　程　瑶
裝幀設計　楊曉崗
責任印製　楊福彬

製　　版　南京新華豐製版有限公司
印　　刷　南京凱德印刷有限公司
開　　本　889毫米×1194毫米　1/16
印　　張　67
版　　次　2024年7月第1版
印　　次　2024年7月第1次印刷
書　　號　ISBN 978-7-5533-4764-6
定　　價　1600.00元（全二册）

伍卷目錄

帽店行業類

已入商會	一號	一鋪 鄭恒元號	開設城內大板巷街	係帽店行業	光緒　年開設	號東鄭麗生　執事
	二號	一鋪 寶天元號	開設城內大板巷街	係帽店行業	光緒　年開設	號東寶餘庭　執事
已入商會	三號	一鋪 同聚興號	開設城內南捕廳街	係帽店行業	光緒　年開設	號東周慶堂　執事
	四號	一鋪 翁泰和號	開設城內馬巷街	係帽店行業	光緒　年開設	號東翁泰元　執事
已入商會	五號	一鋪 啟賢堂號	開設城內花市大街	係帽店行業	光緒　年開設	號東鄭　執事
	六號	一鋪 榮民泰號	開設城內鷂子橋街	係帽店行業	光緒　年開設	號東楊相民　執事
已入商會	七號	一鋪 孫萃陽號	開設城內評事大街	係帽店行業	光緒　年開設	號東孫壽慶　執事
已入商會	八號	一鋪 唐慎東號	開設城內皇廟大街	係帽店行業	光緒　年開設	號東唐以謝溪　執事

江蘇商務總會調查

九号 一鋪 福源祥號 開設城内油市大街係帽店行業光緒　年開設 號東楊 執事

已入商會 十号 一鋪 德雲齋號 開設城内油市大街係帽店行業光緒　年開設 號東章 執事

十一号 一鋪 慶源隆號 開設城内油市大街係帽店行業光緒　年開設 號東何 執事

已入商會 十二号 一鋪 馬森盛號 開設城内水西門街係帽店行業光緒　年開設 號東馬增太 執事

已入商會 十三号 一鋪 玉鼎陞號 開設城内水西門街係帽店行業光緒　年開設 號東呂 執事

已入商會 十四号 一鋪 周春和號 開設城内評事街係帽店行業光緒　年開設 號東周 執事

已入商會 十五号 一鋪 唐忠信號 開設城内評事街係帽店行業光緒　年開設 號東唐 執事

十六号 一鋪 賜福齋號 開設城内評事街係帽店行業光緒　年開設 號東王承棠 執事

十七号 已入商會
一鋪 佩玉齋號 開設城内評事街係帽店行業 光緒　年開設
號東江圖根 執事

十八号 已入商會
一鋪 泰昌乾號 開設城内評事街係帽店行業 光緒　年開設
號東劉松亭 執事

十九号 已入商會
一鋪 黃永泰號 開設城内評事街係帽店行業 光緒　年開設
號東黃子培 執事

廿号 已入商會
一鋪 豫豐號 開設城内評事街係帽店行業 光緒　年開設
號東于恩徽 執事

廿一号 已入商會
一鋪 張嘉記號 開設城内大板巷街係帽店行業 光緒　年開設
號東張嘉增 執事

廿二号 已入商會
一鋪 劉德隆號 開設城内南捕廳街係帽店行業 光緒　年開設
號東劉玉亭 執事

廿三号 已入商會
一鋪 顧森記號 開設城内南捕廳街係帽店行業 光緒　年開設
號東顧子三 執事

廿四号 已入商會
一鋪 韋裕興號 開設城内南捕廳街係帽店行業 光緒　年開設
號東韋昇貴 執事

帽店行業類

江甯商務總會調查

已入商會 号〡〨

一鋪 昌順興號

開設城内馬巷街係帽店行業　光緒　年開設

號東昌賜元　執事

已入商會 号〡〨

一鋪 顧錦祥號

開設城内馬巷街係帽店行業　光緒　年開設

號東顧載泉　執事

号〡〣

一鋪 郁松泰號

開設城内馬巷街係帽店行業　光緒　年開設

號東郁松泉　執事

号〡〤

一鋪 顧錦揚號

開設城内馬巷街係帽店行業　光緒　年開設

號東顧再隆　執事

已入商會 号收

一鋪 榮泰東號

開設城内馬巷街係帽店行業　光緒　年開設

號東翁德業　執事

已入商會 号卅

一鋪 江福生號

開設城内馬巷街係帽店行業　光緒　年開設

號東江樹棠　執事

号〡〤

一鋪 田炳記號

開設城内府署西街係帽店行業　光緒　年開設

號東田　執事

号〡〤

一鋪 萬鑫號

開設城内府署西街係帽店行業　光緒　年開設

號東馮　執事

帽店行業類

號 已入商會
一鋪 陶義興號
開設城内千章巷街係帽店行業 光緒　年開設
號東陶吉祥 執事

號 已入商會
一鋪 楊泰源號
開設城内天青街係帽店行業 光緒　年開設
號東楊松齡 執事

號 已入商會
一鋪 源泰號
開設城内銅作坊街係帽店行業 光緒　年開設
號東王兆祥 執事

號
一鋪 永順祥號
開設城内銅作坊街係帽店行業 光緒　年開設
號東胡露雲 執事

號 已入商會
一鋪 顧祥興號
開設城内南門大街係帽店行業 光緒　年開設
號東顧 執事

號 已入商會
一鋪 杜裕泰號
開設城内花市大街係帽店行業 光緒　年開設
號東杜 執事

號 已入商會
一鋪 天鑫祥號
開設城内花市大街係帽店行業 光緒　年開設
號東劉 執事

號 已入商會
一鋪 王元興號
開設城内大功坊街係帽店行業 光緒　年開設
號東王 執事

江甯商務總會調查

已入商會	號〤〡	一鋪	正泰陞號	開設城内驢子市街係帽店行業光緒　年開設 號東周托記　執事
已入商會	號〤〢	一鋪	豫泰陞號	開設城内黑廊街係帽店行業光緒　年開設 號東陳　執事
已入商會	號〤〣	一鋪	老復興號	開設城内坊口大街係帽店行業光緒　年開設 號東　執事
	號〤〤	一鋪	東昇號	開設城内行口大街係帽店行業光緒　年開設 號東陳永命　執事
已入商會	號〤〥	一鋪	松華齋號	開設城内講堂大街係帽店行業光緒　年開設 號東吴　執事
已入商會	號〤〦	一鋪	乾盛號	開設城内水西門街係帽店行業光緒　年開設 號東王　執事
	號〤〧	一鋪	李永盛號	開設城内水西門街係帽店行業光緒　年開設 號東李　執事
	號〤〨	一鋪	榮泰號	開設城内水西門街係帽店行業光緒　年開設 號東翁　執事

帽店行業類

鋪	號名	開設處所	號東	執事	備註
一鋪	萬福隆號	開設城内水西門街係帽店行業光緒　年開設	號東殷	執事	
一鋪	源盛號	開設城内水西門街係帽店行業光緒　年開設	號東沈淦	執事	已入商會
一鋪	一品齋號	開設城内水西門街係帽店行業光緒　年開設	號東周	執事	已入商會
一鋪	隆盛祥號	開設城内評事街係帽店行業光緒　年開設	號東朱實春	執事	
一鋪	錦祥泰號	開設城内評事街係帽店行業光緒　年開設	號東陳厚田	執事	已入商會
一鋪	王耀記號	開設城内評事街係帽店行業光緒　年開設	號東王耀坤	執事	已入商會
一鋪	極品齋號	開設城内大板巷街係帽店行業光緒　年開設	號東馮定臣	執事	已入商會
一鋪	王億和號	開設城内大板巷街係帽店行業光緒　年開設	號東王	執事	已入商會

江甯商務總會調查

已入商會 號[illegible] 一鋪 查億和號 開設城内綾莊巷街係帽店行業光緒　年開設 號東查 執事

號[illegible] 一鋪 朱大興號 開設城内南捕廳街係帽店行業光緒　年開設 號東朱 執事

已入商會 號[illegible] 一鋪 徐恒盛號 開設城内南捕廳街係帽店行業光緒　年開設 號東徐貞西 執事

號[illegible] 一鋪 張萬和號 開設城内南捕廳街係帽店行業光緒　年開設 號東張 執事

已入商會 號[illegible] 一鋪 乾泰號 開設城内馬巷街係帽店行業光緒　年開設 號東高文記 執事

已入商會 號[illegible] 一鋪 汪生記號 開設城内馬巷街係帽店行業光緒　年開設 號東汪錦堂 執事

號[illegible] 一鋪 永興號 開設城内馬巷街係帽店行業光緒　年開設 號東聶 執事

已入商會 號[illegible] 一鋪 郭錦和號 開設城内馬巷街係帽店行業光緒　年開設 號東郭 執事

帽店行業類

入會	鋪數	字號	開設地點及行業	號東/執事	開設年份
	一鋪	松槵恒號	開設城内馬巷街係帽店行業	號東于 執事	光緒 年開設
	一鋪	坤榮森號	開設城内千章巷街係帽店行業	號東金 執事	光緒 年開設
已入商會	一鋪	張松茂號	開設城内牛皮街係帽店行業	號東張 執事	光緒 年開設
已入商會	一鋪	王春和號	開設城内牛皮街係帽店行業	號東王鳳書 執事	光緒 年開設
	一鋪	錢雲盛號	開設城内安品街係帽店行業	號東錢 執事	光緒 年開設
已入商會	一鋪	丁祥和號	開設城内安品街係帽店行業	號東丁 執事	光緒 年開設
	一鋪	李有定號	開設城内糯米巷街係帽店行業	號東李 執事	光緒 年開設
	一鋪	松源號	開設城内徐家巷街係帽店行業	號東 執事	光緒 年開設

江甯商務總會調查

乙六商會

號[illegible]
一鋪 孫泰和號
開設城内徐家巷街係帽店行業光緒年開設
號東孫執事

號[illegible]
一鋪 王春記號
開設城内柳葉街係帽店行業光緒年開設
號東王執事

號[illegible]
一鋪 李順泰號
開設城内天青街係帽店行業光緒年開設
號東李執事

號[illegible]
一鋪 豫生泰號
開設城内釣魚台街係帽店行業光緒年開設
號東于少章執事

號[illegible]
一鋪 陸錫齋號
開設城内弓箭坊街係帽店行業光緒年開設
號東陸執事

號[illegible]
一鋪 紀榮泰號
開設城内銅作坊街係帽店行業光緒年開設
號東紀炳之執事

號[illegible]
一鋪 汪合泰號
開設城内銅作坊街係帽店行業光緒年開設
號東汪合卿執事

號[illegible]
一鋪 劉松順號
開設城内銅作坊街係帽店行業光緒年開設
號東劉執事

帽店行業類

號數	鋪數	牌號	地址	號東	執事	行業	開設年代	附記
号〣〡	一鋪	鑫記號	開設城內許家巷街	號東王	執事	係帽店行業	光緒年開設	
号〣〢	一鋪	榮華齋號	開設城內南門大街	號東戴詮臣	執事	係帽店行業	光緒年開設	已入商會
号〣〣	一鋪	顧祥泰號	開設城內南門大街	號東顧子和	執事	係帽店行業	光緒年開設	
号〣〤	一鋪	永泰號	開設城內南門大街	號東徐峻生	執事	係帽店行業	光緒年開設	已入商會
号〣〥	一鋪	王源順號	開設城內南門大街	號東王詠詩	執事	係帽店行業	光緒年開設	
号〣〦	一鋪	朱永陞號	開設城內南門大街	號東朱	執事	係帽店行業	光緒年開設	已入商會
号〣〧	一鋪	甯祥豐號	開設城內南門大街	號東	執事	係帽店行業	光緒年開設	已入商會
号〣〨	一鋪	任錦泰號	開設城內南門大街	號東任少林	執事	係帽店行業	光緒年開設	已入商會

江甯商務總會調查

已入商會
號
一鋪 夏恒興號
開設城內南門大街係帽店行業光緒　年開設
號東夏永洲　執事

已入商會
號
一鋪 慶祥泰號
開設城內花市大街係帽店行業光緒　年開設
號東喬　執事

已入商會
號
一鋪 李隆興號
開設城內花市大街係帽店行業光緒　年開設
號東李　執事

已入商會
號
一鋪 德泰號
開設城內花市大街係帽店行業光緒　年開設
號東謝　執事

已入商會
號
一鋪 順興號
開設城內司署口街係帽店行業光緒　年開設
號東葉　執事

已入商會
號
一鋪 馮泰昌號
開設城內大功坊街係帽店行業光緒　年開設
號東馮　執事

已入商會
號
一鋪 大和齋號
開設城內三山大街係帽店行業光緒　年開設
號東江　執事

已入商會
號
一鋪 開泰陞號
開設城內三山大街係帽店行業光緒　年開設
號東丁　執事

帽店行業類

（已入商會）号〤〥 一鋪 榮泰齋號 開設城内三山大街係帽店行業 光緒　年開設 號東翁　執事

（已入商會）号〤〢 一鋪 炳元號 開設城内府東大街係帽店行業 光緒　年開設 號東竇　執事

号〤〡 一鋪 王永興號 開設城内府東大街係帽店行業 光緒　年開設 號東王　執事

（已入商會）号〤〡 一鋪 仁興號 開設城内油坊巷街係帽店行業 光緒　年開設 號東楊　執事

（已入商會）号〤〣 一鋪 京元號 開設城内水西門街係帽店行業 光緒　年開設 號東　執事

号〤〤 一鋪 威儀齋號 開設城内承恩寺街係帽店行業 光緒　年開設 號東許榮林　執事

号〤〨 一鋪 東來陞號 開設城内驢子市街係帽店行業 光緒　年開設 號東李致中　執事

（已入商會）号〤〦 一鋪 極陞齋號 開設城内驢子市街係帽店行業 光緒　年開設 號東高昆甫　執事

江甯商務總會調查

已入商會
已入商會

一鋪　泰山潤號　開設城內大中橋街係帽店行業光緒　年開設
號東朱潤之執事

一鋪　陞泰號　開設城內羊市橋街係帽店行業光緒　年開設
號東許茂之執事

一鋪　順興號　開設城內羊市橋街係帽店行業光緒　年開設
號東夏茂源執事

一鋪　廣茂昌號　開設城外下關大街係帽店行業光緒　年開設
號東賈　執事

一鋪　趙泰源號　開設城外下關大街係帽店行業光緒　年開設
號東趙鎮平執事

一鋪　止　號　開設城　街係　行業光緒　年開設
號東　執事

一鋪　。號　開設城　街係　行業光緒　年開設
號東　執事

一鋪　號　開設城　街係　行業光緒　年開設
號東　執事

以上係帽子店鋪

合共計○千壹百○拾玖號

光緒　三十二年　月　日呈

已入商會
号一
一鋪 徐合鑫號 開設城内馬巷街係帽結行業光緒　年開設
號東徐　執事

已入商會
号二
一鋪 張瑞和號 開設城内馬巷街係帽結行業光緒　年開設
號東張　執事

已入商會
号三
一鋪 榮興號 開設城内馬巷街係帽結行業光緒　年開設
號東　執事

已入商會
号〤
一鋪 泉興號 開設城内馬巷街係帽結行業光緒　年開設
號東周　執事

已入商會
号〥
一鋪 馬信記號 開設城内馬巷街係帽結行業光緒　年開設
號東馬　執事

号〦
一鋪 恒春記號 開設城内馬巷街係帽結行業光緒　年開設
號東余　執事

号〧
一鋪 李永興號 開設城内馬巷街係帽結行業光緒　年開設
號東李　執事

已入商會
号〨
一鋪 聶泉興號 開設城内馬巷街係帽結行業光緒　年開設
號東聶　執事

帽結行業類

江甯商務總會調查

玖號 一鋪 潘義興號 開設城内馬巷街係帽結行業 光緒 年開設 號東 執事

十號 一鋪 泉興隆號 開設城内馬巷街係帽結行業 光緒 年開設 號東 執事

已入商會 十一號 一鋪 源興號 開設城内馬巷街係帽結行業 光緒 年開設 號東潘 執事

十二號 一鋪 麻正興號 開設城内馬巷街係帽結行業 光緒 年開設 號東麻 執事

已入商會 十三號 一鋪 宗協泰號 開設城内馬巷街係帽結行業 光緒 年開設 號東 執事

十四號 一鋪 余順興號 開設城内銅作坊街係帽結行業 光緒 年開設 號東 執事

已入商會 十五號 一鋪 王義興號 開設城内南捕廳街係帽結行業 光緒 年開設 號東王 執事

已入商會 十六號 一鋪 福興祥號 開設城内南捕廳街係帽結行業 光緒 年開設 號東 執事

十七號　一鋪　陳順興號　開設城內坊口大街係　號東　執事　行業　光緒　年開設

十六號　一鋪　徐炳興號　開設城內紗庄街係　號東徐　執事　行業　光緒　年開設

号　一鋪　號　開設城　街係　號東　執事　行業　光緒　年開設

号　一鋪　號　開設城　街係　號東　執事　行業　光緒　年開設

号　一鋪　號　開設城　街係　號東　執事　行業　光緒　年開設

号　一鋪　號　開設城　街係　號東　執事　行業　光緒　年開設

号　一鋪　號　開設城　街係　號東　執事　行業　光緒　年開設

号　一鋪　號　開設城　街係　號東　執事　行業　光緒　年開設

帽結　行業類

江甯商務總會調查

号
一鋪
號
開設城　街係　行業光緒　年開設
號東　執事

号
一鋪
號
開設城　街係　行業光緒　年開設
號東　執事

号
一鋪
號
開設城　街係　行業光緒　年開設
號東　執事

号
一鋪
號
開設城　街係　行業光緒　年開設
號東　執事

号
一鋪
號
開設城　街係　行業光緒　年開設
號東　執事

号
一鋪
號
開設城　街係　行業光緒　年開設
號東　執事

号
一鋪
號
開設城　街係　行業光緒　年開設
號東　執事

号
一鋪
號
開設城　街係　行業光緒　年開設
號東　執事

以上係帽結店鋪

合共計○千○百○拾捌號

光緒三十二年　月　日呈

津京靴鞋行業類

已入商會	一号	一鋪	義和成號	開設城內驢子市街係津京靴鞋行業	光緒拾年開設	號東于德麟	執事
已入商會	二号	一鋪	榮陞齋號	開設城內黑廊大街係津京靴鞋行業	光緒拾伍年開設	號東劉寶賢	執事
已入商會	三号	一鋪	鴻陞齋號	開設城內司署口街係津京靴鞋行業	光緒貳十壹年開設	號東劉忠榮	執事
已入商會	四号	一鋪	慶陞和號	開設城內三山大街係津京靴鞋行業	光緒貳十叁年開設	號東楊承銑	執事
已入商會	五号	一鋪	聯昇成號	開設城內驢子市街係津京靴鞋行業	光緒貳十叁年開設	號東朱雲渠	執事
已入商會	六号	一鋪	萬陞齋號	開設城內藩署前街係津京靴鞋行業	光緒貳十捌年開設	號東楊承銑	執事
已入商會	七号	一鋪	桂陞齋號	開設城內四条巷街係津京靴鞋做坊行業	光緒貳十捌年開設	號東陳桂林	執事
已入商會	八号	一鋪	德勝齋號	開設城內府東大街係津京靴鞋行業	光緒貳十玖年開設	號東孟德林	執事

江寗商務總會調查

九号 已入商會
一鋪 隆陞齋號
開設城内馬巷口街係津京靴鞋行業 光緒貳十玖年開設
號東佘興讓 執事

十号 已入商會
一鋪 義源成號
開設城内綢緞廊街係津京靴鞋行業 光緒叁十壹年開設
號東于德麟 執事

十一号 已入商會
一鋪 潤昇齋號
開設城内許家巷口街係津京靴鞋行業 光緒叁十壹年開設
號東辛富泰 執事

号
一鋪 上 號
開設城 街係 行業 光緒 年開設
號東 執事

号
一鋪 號
開設城 街係 行業 光緒 年開設
號東 執事

号
一鋪 號
開設城 街係 行業 光緒 年開設
號東 執事

号
一鋪 號
開設城 街係 行業 光緒 年開設
號東 執事

号
一鋪 號
開設城 街係 行業 光緒 年開設
號東 執事

以上係津京靴鞋店鋪

合共計〇千〇百〇拾壹號

光緒三十二年　月　日呈

鞋店行業類

号一 一鋪 三元東號 開設城內黑廊大街係鞋店行業光緒　年開設 號東秦文福 執事

号二 一鋪 鴻陞齋號 開設城內司署口街係鞋店行業光緒　年開設 號東劉 執事

号三 一鋪 萬陞齋號 開設城內糧道署街係鞋店行業光緒　年開設 號東楊成記 執事

号〤 一鋪 隆陞號 開設城內黑廊大街係鞋店行業光緒　年開設 號東 執事

号〥 一鋪 劉榮和號 開設城內行口大街係鞋店行業光緒　年開設 號東劉 執事

号〦 一鋪 福興隆號 開設城內油市大街係鞋店行業光緒　年開設 號東徐 執事

号〧 一鋪 蔡祥興號 開設城內油市大街係鞋店行業光緒　年開設 號東蔡 執事

号〨 一鋪 萬盛號 開設城內評事大街係鞋店行業光緒　年開設 號東廖 執事

江甯商務總會調查

玖號 一鋪 榮和成號 開設城內銅作坊街係鞋店行業 光緒　年開設
號東陶元立　執事

十號 一鋪 永春恒號 開設城內花市大街係鞋店行業 光緒　年開設
號東林　執事

十一號 一鋪 聯興成號 開設城內花市大街係鞋店行業 光緒　年開設
號東朱　執事

十二號 一鋪 祥和號 開設城內大功坊街係鞋店行業 光緒　年開設
號東蔡　執事

十三號 一鋪 鋆恒齋號 開設城內三山大街係鞋店行業 光緒　年開設
號東張　執事

十四號 一鋪 德勝齋號 開設城內府東大街係鞋店行業 光緒　年開設
號東王　執事

十五號 一鋪 聯昇成號 開設城內驢子市街係鞋店行業 光緒　年開設
號東章潤田　執事

十六號 一鋪 榮慶成號 開設城內吉祥大街係鞋店行業 光緒　年開設
號東江　執事

鞋店行業類

号[illegible] 一鋪 天祥雲號 開設城内狀元境街係鞋店行業 光緒 年開設 號東丁南生執事

号[illegible] 一鋪 泰山號 開設城内狀元境街係鞋店行業 光緒 年開設 號東張子清執事

号[illegible] 一鋪 滎陞號 開設城内黑廊大街係鞋店行業 光緒 年開設 號東年執事

号[illegible] 一鋪 徐椿和號 開設城内黑廊大街係鞋店行業 光緒 年開設 號東徐執事

号[illegible] 一鋪 泰和祥號 開設城内坊口大街係鞋店行業 光緒 年開設 號東賈執事

号[illegible] 一鋪 戴恒興號 開設城内水西門街係鞋店行業 光緒 年開設 號東戴執事

号[illegible] 一鋪 天和號 開設城内倉巷口街係鞋店行業 光緒 年開設 號東葉執事

号[illegible] 一鋪 俞萬順號 開設城内倉巷口街係鞋店行業 光緒 年開設 號東俞執事

号[illegible]
一鋪 裕豐齋號
開設城内評事街係鞋店行業光緒　年開設
號東王　執事

号[illegible]
一鋪 隆興成號
開設城内評事街係鞋店行業光緒　年開設
號東王　執事

号[illegible]
一鋪 榮盛和號
開設城内評事街係鞋店行業光緒　年開設
號東王　執事

号[illegible]
一鋪 三泰興號
開設城内評事街係鞋店行業光緒　年開設
號東朱　執事

号[illegible]
一鋪 蘇廣隆號
開設城内評事街係鞋店行業光緒　年開設
號東蘇　執事

号[illegible]
一鋪 太和永號
開設城内評事街係鞋店行業光緒　年開設
號東聶　執事

号[illegible]
一鋪 廣吉翔號
開設城内評事街係鞋店行業光緒　年開設
號東楊　執事

号[illegible]
一鋪 裕和成號
開設城内評事街係鞋店行業光緒　年開設
號東周　執事

鞋店行業類

号〣乍	一鋪 義興號	開設城内千章巷街係鞋店行業	號東 執事	光緒 年開設
号〣㐅	一鋪 春和成號	開設城内千章巷街係鞋店行業	號東 執事	光緒 年開設
号〣〨	一鋪 郝萬順號	開設城内安品街係鞋店行業	號東郝 執事	光緒 年開設
号〣卜	一鋪 開福號	開設城内梧桐樹街係鞋店行業	號東 執事	光緒 年開設
号〣乍	一鋪 王全興號	開設城内梧桐樹街係鞋店行業	號東王 執事	光緒 年開設
号〣〨	一鋪 錦源號	開設城内梧桐樹街係鞋店行業	號東紀 執事	光緒 年開設
号〣㐅	一鋪 永源祥號	開設城内梧桐樹街係鞋店行業	號東范 執事	光緒 年開設
号〣十	一鋪 喜榮成號	開設城内釣魚台街係鞋店行業	號東 執事	光緒 年開設

江甯商務總會調查

一鋪 德和順號 開設城内釣魚台街係鞋店行業光緒　年開設
號東　執事

一鋪 萬源祥號 開設城内顔料坊街係鞋店行業光緒　年開設
號東陳　執事

一鋪 榮桂齋號 開設城内顔料坊街係鞋店行業光緒　年開設
號東　執事

一鋪 榮源祥號 開設城内顔料坊街係鞋店行業光緒　年開設
號東　執事

一鋪 恒興祥號 開設城内三坊巷街係鞋店行業光緒　年開設
號東屠　執事

一鋪 聯雲成號 開設城内銅作坊街係鞋店行業光緒　年開設
號東汪　執事

一鋪 榮興成號 開設城内銅作坊街係鞋店行業光緒　年開設
號東譚　執事

一鋪 徐春和號 開設城内銅作坊街係鞋店行業光緒　年開設
號東徐　執事

鞋店行業類

一鋪	長元號	開設城内銅作坊街係鞋店行業	光緒　年開設	號東施　執事
一鋪	恒興成號	開設城内鉄作坊街係鞋店行業	光緒　年開設	號東　執事
一鋪	陶正隆號	開設城内　箴街係鞋店行業	光緒　年開設	號東陶　執事
一鋪	乾泰號	開設城内郭家巷街係鞋店行業	光緒　年開設	號東　執事
一鋪	中和祥號	開設城内南門大街係鞋店行業	光緒　年開設	號東王朝珍　執事
一鋪	毛天盛號	開設城内南門大街係鞋店行業	光緒　年開設	號東毛家旦　執事
一鋪	永春恒號	開設城内南門大街係鞋店行業	光緒　年開設	號東林來儀　執事
一鋪	德興號	開設城内南門大街係鞋店行業	光緒　年開設	號東丁　執事

江甯商務總會調查

号[illegible] 一鋪 森榮陞號 開設城内南門大街係鞋店行業光緒 年開設 號東王 執事

号[illegible] 一鋪 慶陞齋號 開設城内花市大街係鞋店行業光緒 年開設 號東魏 執事

号[illegible] 一鋪 仁泰昌號 開設城内大功坊街係鞋店行業光緒 年開設 號東 執事

号[illegible] 一鋪 石春山號 開設城内三山大街係鞋店行業光緒 年開設 號東石 執事

号[illegible] 一鋪 大和順號 開設城内三山大街係鞋店行業光緒 年開設 號東楊 執事

号[illegible] 一鋪 慶陞和號 開設城内三山大街係鞋店行業光緒 年開設 號東楊 執事

号[illegible] 一鋪 隆義和號 開設城内府東大街係鞋店行業光緒 年開設 號東周 執事

号[illegible] 一鋪 炳成號 開設城内府東大街係鞋店行業光緒 年開設 號東萬 執事

号〡〨	一鋪	榮盛祥號	開設城内府東大街係鞋店行業光緒　年開設	號東華	執事
号〢〢	一鋪	永陞齋號	開設城内膺府大街係鞋店行業光緒　年開設	號東翁	執事
号〢〣	一鋪	湧椿成號	開設城内膺府大街係鞋店行業光緒　年開設	號東陶	執事
号〢〣	一鋪	永順號	開設城内石垻街係鞋店行業光緒　年開設	號東管	執事
号〢〥	一鋪	盛源祥號	開設城内奇望街係鞋店行業光緒　年開設	號東盛	執事
号〢〤	一鋪	福興號	開設城内大中橋街係鞋店行業光緒　年開設	號東夏	執事
号〢〡	一鋪	盛祥號	開設城内大中橋街係鞋店行業光緒　年開設	號東羅	執事
号〢〡	一鋪	永興號	開設城内大中橋街係鞋店行業光緒　年開設	號東朱	執事

鞋店行業類

江寧商務總會調查

一鋪　祥泰號　開設城北花牌樓街係鞋店行業　光緒　年開設
號東朱　執事

一鋪　鈺盛號　開設城北花牌樓街係鞋店行業　光緒　年開設
號東王　執事

一鋪　德陞齋號　開設城北銅井巷街係鞋店行業　光緒　年開設
號東王　執事

一鋪　裕和號　開設城北銅井巷街係鞋店行業　光緒　年開設
號東徐　執事

一鋪　萬順號　開設城北木料市街係鞋店行業　光緒　年開設
號東陳　執事

一鋪　森和祥號　開設城北糖坊橋街係鞋店行業　光緒　年開設
號東平　執事

一鋪　復順號　開設城北大星廟街係鞋店行業　光緒　年開設
號東陶　執事

一鋪　德和號　開設城北魚市大街係鞋店行業　光緒　年開設
號東徐　執事

一鋪 公成號 開設城北魚市大街係鞋店行業 光緒 年開設
號東范 執事

一鋪 義興號 開設城北唱經樓街係鞋店行業 光緒 年開設
號東查 執事

一鋪 義興號 開設城北唱經樓街係鞋店行業 光緒 年開設
號東石 執事

一鋪 森記號 開設城北三眼井街係鞋店行業 光緒 年開設
號東徐 執事

一鋪 永陞齋號 開設城內東牌樓街係鞋店行業 光緒 年開設
號東劉 執事

一鋪 龔永興號 開設城外掃箒巷街係鞋店行業 光緒 年開設
號東龔 執事

一鋪 永和成號 開設城外下關大街係鞋店行業 光緒 年開設
號東徐 執事

一鋪 郭義順號 開設城外下關大街係鞋店行業 光緒 年開設
號東郭 執事

鞋店行業類

江甯商務總會調查

一鋪 寶慶號 開設城外下關大街係鞋店行業光緒　年開設 號東執事

一鋪 寶源齋號 開設城外下關大街係鞋店行業光緒　年開設 號東執事

一鋪 登雲齋號 開設城外下關大街係鞋店行業光緒　年開設 號東賀執事

一鋪 榮慶齋號 開設城内鴿子橋街係鞋店行業光緒　年開設 號東執事

一鋪 胡永興號 開設城内三山大街係鞋店行業光緒　年開設 號東胡執事

一鋪 陳炳榮號 開設城内三山大街係鞋店行業光緒　年開設 號東陳執事

一鋪 劉東興號 開設城内三山大街係鞋店行業光緒　年開設 號東劉執事

一鋪 鴻泰和號 開設城内三山大街係鞋店行業光緒　年開設 號東執事

鞋店行業類

號	號	號	號	號	號	號	號
一鋪	一鋪	一鋪	一鋪	一鋪	一鋪	一鋪	一鋪
義泰恒號	同盛祥號	止　號	號	號	號	號	號
開設城内彩霞街係鞋店行業光緒　年開設	開設城内彩霞街係鞋店行業光緒　年開設	開設城　街係　行業光緒　年開設	開設城　街係　行業光緒　年開設	開設城　街係　行業光緒　年開設	開設城　街係　行業光緒　年開設	開設城　街係　行業光緒　年開設	開設城　街係　行業光緒　年開設
號東　執事	號東　執事	號東　執事	號東　執事	號東　執事	號東　執事	號東　執事	號東　執事

江寧商務總會調查

号　一鋪　號　開設城　街係　行業光緒　年開設
號東　執事

号　一鋪　號　開設城　街係　行業光緒　年開設
號東　執事

号　一鋪　號　開設城　街係　行業光緒　年開設
號東　執事

号　一鋪　號　開設城　街係　行業光緒　年開設
號東　執事

号　一鋪　號　開設城　街係　行業光緒　年開設
號東　執事

号　一鋪　號　開設城　街係　行業光緒　年開設
號東　執事

号　一鋪　號　開設城　街係　行業光緒　年開設
號東　執事

号　一鋪　號　開設城　街係　行業光緒　年開設
號東　執事

以上係鞋店鋪

合共計〇千〇百玖拾捌號

光緒三十二年　月　日呈

一号 一鋪 葛重興號 開設城内評事大街係皮靴行業光緒年開設 號東葛執事

二号 一鋪 徐榮興號 開設城内釣魚台街係皮靴行業光緒年開設 號東徐執事

三号 一鋪 劉萬興號 開設城内南門大街係皮靴行業光緒年開設 號東劉執事

四号 一鋪 章全興號 開設城内黑廊大街係皮靴行業光緒年開設 號東章執事

五号 一鋪 仁泰號 開設城内坊口大街係皮靴行業光緒年開設 號東執事

六号 一鋪 王榮泰號 開設城内行口大街係皮靴行業光緒年開設 號東王執事

七号 一鋪 陳廣泰號 開設城内講堂大街係皮靴行業光緒年開設 號東陳執事

八号 一鋪 三盛號 開設城内油市大街係皮靴行業光緒年開設 號東執事

皮靴店行業類

江甯商務總會調查

九號 一鋪 許順興號 開設城内油市大街係皮靴行業光緒　年開設
號東許　執事

十號 一鋪 徐廣泰號 開設城内水西門街係皮靴行業光緒　年開設
號東徐　執事

十一號 一鋪 義興號 開設城内水西門街係皮靴行業光緒　年開設
號東　執事

十二號 一鋪 章全興號 開設城内水西門街係皮靴行業光緒　年開設
號東章　執事

十三號 一鋪 耿源興號 開設城内南門大街係皮靴行業光緒　年開設
號東耿揚才　執事

十四號 一鋪 聶萬興號 開設城内南門大街係皮革行業光緒　年開設
號東聶　執事

十五號 一鋪 耿義興號 開設城内花市大街係　行業光緒　年開設
號東耿　執事

十六號 一鋪 陳復興號 開設城内花市大街係　行業光緒　年開設
號東陳　執事

号十七 一鋪 華聚盛號 開設城内大功坊街係皮靴行業光緒　年開設 號東華 執事

号十八 一鋪 吳恒泰號 開設城内大功坊街係皮靴行業光緒　年開設 號東吳 執事

号十九 一鋪 李茂林號 開設城内大功坊街係皮靴行業光緒　年開設 號東李 執事

号二十 一鋪 王萬春號 開設城内剪子巷街係皮靴行業光緒　年開設 號東王 執事

号二十一 一鋪 劉榮春號 開設城内粮道署街係皮靴行業光緒　年開設 號東劉 執事

号二十二 一鋪 茂林號 開設城内驢子市街係皮靴行業光緒　年開設 號東李茂記 執事

号二十三 一鋪 榮和號 開設城北木料市街係皮靴行業光緒　年開設 號東舒榮記 執事

号二十四 一鋪 榮興號 開設城北大行宮街係皮靴行業光緒　年開設 號東賈永和 執事

皮靴店行業類

江甯商務總會調查

廿五號 一鋪 鴻 順號 開設城北浮橋街係皮靴行業光緒 年開設
號東陳 執事

廿六號 一鋪 汪志興號 開設城南門外大街係皮靴行業光緒 年開設
號東汪 執事

廿七號 一鋪 喬正和號 開設城南門外大街係皮靴行業光緒 年開設
號東喬 執事

號 一鋪 止 號 開設城 街係 行業光緒 年開設
號東 執事

號 一鋪 號 開設城 街係 行業光緒 年開設
號東 執事

號 一鋪 號 開設城 街係 行業光緒 年開設
號東 執事

號 一鋪 號 開設城 街係 行業光緒 年開設
號東 執事

號 一鋪 號 開設城 街係 行業光緒 年開設
號東 執事

以上係皮靴店鋪
合共計〇千〇百貳拾柒號

光緒　三十二年　月　日呈

襪店行業類

号一 一鋪 張榮昌號 開設城内黑廊大街係襪店行業 光緒　年開設 號東張 執事

号二 一鋪 黄恒泰號 開設城内沙灣大街係襪店行業 光緒　年開設 號東黄 執事

号三 一鋪 長盛號 開設城内東牌樓街係襪店行業 光緒　年開設 號東沈 執事

号〤 一鋪 徐瑞和號 開設城内東牌樓街係襪店行業 光緒　年開設 號東徐 執事

号〥 一鋪 王長春號 開設城南門月城街係襪店行業 光緒　年開設 號東王兆華 執事

号〦 一鋪 王長泰號 開設城南門月城街係襪店行業 光緒　年開設 號東王兆華 執事

号〧 一鋪 茂昌號 開設城内魚市大街係襪店行業 光緒　年開設 號東邢在之 執事

号〨 一鋪 許榮發號 開設城内黑廊大街係襪店行業 光緒　年開設 號東許 執事

江甯商務總會調查

九号 一鋪 榮昌茂號 開設城内黑廊大街係襪店行業光緒　年開設 號東 執事

十号 一鋪 宏　昌號 開設城内行口大街係襪店行業光緒　年開設 號東戴 執事

十一号 一鋪 德　湧號 開設城内陡門橋街係襪店行業光緒　年開設 號東陳 執事

十二号 一鋪 福泰昌號 開設城内油市大街係襪店行業光緒　年開設 號東唐 執事

十三号 一鋪 德茂昌號 開設城内油市大街係襪店行業光緒　年開設 號東 執事

十四号 一鋪 全　盛號 開設城内水西門大街係襪店行業光緒　年開設 號東 執事

十五号 一鋪 宏茂昌號 開設城内評事街係襪店行業光緒　年開設 號東 執事

十六号 一鋪 德泰福號 開設城内評事街係襪店行業光緒　年開設 號東馬厚德 執事

十七號　一鋪　復昌祥號　開設城内評事街係襪店行業　光緒　年開設　號東馬　執事

十八號　一鋪　黄永興號　開設城内梧桐樹街係襪店行業　光緒　年開設　號東黄　執事

十九號　一鋪　榮泰昌號　開設城内馬巷街係襪店行業　光緒　年開設　號東　執事

二十號　一鋪　榮茂號　開設城内沙灣裡街係襪店行業　光緒　年開設　號東戚　執事

二十一號　一鋪　泳茂號　開設城内沙灣裡街係襪店行業　光緒　年開設　號東李　執事

二十二號　一鋪　茂林號　開設城内新橋大街係襪店行業　光緒　年開設　號東李　執事

二十三號　一鋪　慶茂號　開設城内新橋大街係襪店行業　光緒　年開設　號東　執事

二十四號　一鋪　三茂號　開設城内南門大街係襪店行業　光緒　年開設　號東陳國林　執事

襪店行業類

江甯商務總會調查

號〢〨 一鋪	徐永和號	開設城内東牌樓街係襪店行業光緒　年開設	號東徐　執事
號〢〧 一鋪	庚鑫號	開設城内東牌樓街係襪店行業光緒　年開設	號東楊　執事
號〢〦 一鋪	王同興號	開設城内東牌樓街係襪店行業光緒　年開設	號東王　執事
號〢〥 一鋪	汪時泰號	開設城内東牌樓街係襪店行業光緒　年開設	號東汪　執事
號〢〤 一鋪	張甡祥號	開設城内顧樓大街係襪店行業光緒　年開設	號東張　執事
號〢〣 一鋪	陳長喜號	開設城内粮道署街係襪店行業光緒　年開設	號東陳　執事
號〢〢 一鋪	仁記號	開設城内粮道署街係襪店行業光緒　年開設	號東吴　執事
號〢〡 一鋪	和春號	開設城内大中橋街係襪店行業光緒　年開設	號東王　執事

襪店 行業類

[illegible]	一鋪	戴萬源號	開設城内南門大街	係襪店行業	光緒 年開設	號東戴	執事
[illegible]	一鋪	鈺隆號	開設城内南門大街	係襪店行業	光緒 年開設	號東趙	執事
[illegible]	一鋪	荆春和號	開設城内府東大街	係襪店行業	光緒 年開設	號東荆	執事
[illegible]	一鋪	長鑫號	開設城内膺府大街	係襪店行業	光緒 年開設	號東王	執事
[illegible]	一鋪	殷聚元號	開設城内膺府大街	係襪店行業	光緒 年開設	號東殷	執事
[illegible]	一鋪	德昌祥號	開設城内剪子巷街	係襪店行業	光緒 年開設	號東譚	執事
[illegible]	一鋪	洪復昌號	開設城内府東大街	係襪店行業	光緒 年開設	號東	執事
[illegible]	一鋪	福生祥號	開設城内東牌樓街	係襪店行業	光緒 年開設	號東	執事

江甯商務總會調查

號〤〡	一鋪　萬源聚號	開設城内東牌樓街係襪店行業光緒　年開設	號東張　執事
號〤〢	一鋪　吳復興號	開設城内東牌樓街係襪店行業光緒　年開設	號東吳　執事
號〤〣	一鋪　德順祥號	開設城内東牌樓街係襪店行業光緒　年開設	號東羅　執事
號〤〤	一鋪　源順號	開設城内東牌樓街係襪店行業光緒　年開設	號東沙　執事
號〤〥	一鋪　永豫號	開設城内東牌樓街係襪店行業光緒　年開設	號東　執事
號〤〦	一鋪　恒足號	開設城内東牌樓街係襪店行業光緒　年開設	號東　執事
號〤〧	一鋪　永源號	開設城内東牌樓街係襪店行業光緒　年開設	號東　執事
號〤〨	一鋪　魁陞號	開設城内東牌樓街係襪店行業光緒　年開設	號東　執事

一鋪 大興號 開設城內承恩寺街係襪店行業 光緒 年開設 號東洪 執事

一鋪 德生有號 開設城內廣藝街係襪店行業 光緒 年開設 號東沈 執事

一鋪 源新號 開設城內太平橋街係襪店行業 光緒 年開設 號東童 執事

一鋪 榮記號 開設城內吉祥街係襪店行業 光緒 年開設 號東陳 執事

一鋪 萬鑫號 開設城內吉祥街係襪店行業 光緒 年開設 號東歐 執事

一鋪 恒興號 開設城內吉祥街係襪店行業 光緒 年開設 號東許 執事

一鋪 榮興號 開設城內吉祥街係襪店行業 光緒 年開設 號東柳 執事

一鋪 福興昌號 開設城內大行宮街係襪店行業 光緒 年開設 號東周 執事

襪店行業類

江甯商務總會調查

號 一鋪 天孫錦號 開設城内魚市大街係 襪店 行業 光緒 年開設
號東張 執事

號 一鋪 天 昌號 開設城内魚市大街係 襪店 行業 光緒 年開設
號東瞿 執事

號 一鋪 上 號 開設城 街係 行業 光緒 年開設
號東 執事

號 一鋪 號 開設城 街係 行業 光緒 年開設
號東 執事

號 一鋪 號 開設城 街係 行業 光緒 年開設
號東 執事

號 一鋪 號 開設城 街係 行業 光緒 年開設
號東 執事

號 一鋪 號 開設城 街係 行業 光緒 年開設
號東 執事

號 一鋪 號 開設城 街係 行業 光緒 年開設
號東 執事

以上係襪子店鋪

合共計〇千〇百伍拾捌號

光緒 三十二年 月 日呈

扇店行業類

一號 一鋪 葉聚興號 開設城內李府巷街係扇店行業光緒　年開設 號東葉執事

二號 一鋪 高錦昌號 開設城內洋珠巷街係扇店行業光緒　年開設 號東高廷蓮執事 已入商會

三號 一鋪 金蘭齋號 開設城內黑廊大街係扇店行業光緒　年開設 號東金執事

四號 一鋪 繡鳳樓號 開設城內黑廊大街係扇店行業光緒　年開設 號東賈執事

五號 一鋪 慶昇錧號 開設城內黑廊大街係扇店行業光緒　年開設 號東執事

六號 一鋪 吴瑞源號 開設城內大板巷街係扇店行業光緒　年開設 號東吴執事 已入商會

七號 一鋪 李永源號 開設城內馬巷街係扇店行業光緒　年開設 號東李執事

八號 一鋪 莊長榮號 開設城內箍桶巷街係扇店行業光緒　年開設 號東執事

江甯商務總會調查

九号　一鋪　蕭聚興號　開設城内磊功巷街係　扇店　行業　光緒　年開設　號東蕭　執事

十号　一鋪　錦榮齋號　開設城内奇望街係扇店行業　光緒　年開設　號東胡　執事

十一号　一鋪　錦華齋號　開設城内黑廊大街係扇店　行業　光緒　年開設　號東胡　執事

十二号　一鋪　慶風舘號　開設城内黑廊大街係扇店行業光緒　年開設　號東陳　執事

十三号　一鋪　老源興號　開設城内大板巷街係扇店行業光緒　年開設　號東　執事

十四号　一鋪　金瑞興號　開設城内馬巷街係扇店行業光緒　年開設　號東金　執事

十五号　一鋪　謝合泰號　開設城内水西門街係扇店行業光緒　年開設　號東謝　執事

十六号　一鋪　張瑞和號　開設城内評事街係扇店行業光緒　年開設　號東張　執事

扇店行業類

十七號 一鋪 趙聚華號 開設城内行口大街係扇店行業 光緒 年開設 號東趙 執事

十八號 一鋪 嚴義興號 開設城内石壩街係扇店行業 光緒 年開設 號東嚴 執事

十九號 一鋪 榮椿堂號 開設城内東牌樓街係扇店行業 光緒 年開設 號東楊 執事

止

號 一鋪 號 開設城 街係 行業 光緒 年開設 號東 執事

號 一鋪 號 開設城 街係 行業 光緒 年開設 號東 執事

號 一鋪 號 開設城 街係 行業 光緒 年開設 號東 執事

號 一鋪 號 開設城 街係 行業 光緒 年開設 號東 執事

號 一鋪 號 開設城 街係 行業 光緒 年開設 號東 執事

江甯商務總會調查

号
一鋪　　號
開設城　　街係　　行業光緒　　年開設
號東　　執事

号
一鋪　　號
開設城　　街係　　行業光緒　　年開設
號東　　執事

号
一鋪　　號
開設城　　街係　　行業光緒　　年開設
號東　　執事

号
一鋪　　號
開設城　　街係　　行業光緒　　年開設
號東　　執事

号
一鋪　　號
開設城　　街係　　行業光緒　　年開設
號東　　執事

号
一鋪　　號
開設城　　街係　　行業光緒　　年開設
號東　　執事

号
一鋪　　號
開設城　　街係　　行業光緒　　年開設
號東　　執事

号
一鋪　　號
開設城　　街係　　行業光緒　　年開設
號東　　執事

以上係扇子店鋪

合共計○千○百●拾玖號

光緒 三十二年 月 日呈

已入商會	鋪	號名	號東	開設	行業	執事	開設年
第一號	一鋪	董竹記號	號東 董竹亭	開設 城內古鉢營街	係洒金行業	執事	光緒 年開設
第二號	一鋪	楚惠記號	號東 楚惠亭	開設 城內句衣庵街	係洒金行業	執事	光緒 年開設
第三號	一鋪	陶福記號	號東 陶福慶	開設 城內石埧街	係洒金行業	執事	光緒 年開設
第四號	一鋪	王錦源號	號東 王宗貴	開設 城內大喜長生祠街	係洒金行業	執事	光緒 年開設
第五號	一鋪	馬永興號	號東 馬雲龍	開設 城內絨莊街	係洒金行業	執事	光緒 年開設
第六號	一鋪	汪仁記號	號東 汪仁林	開設 城內復成倉街	係洒金行業	執事	光緒 年開設
第七號	一鋪	王春記號	號東 王春發	開設 城內府東大街	係洒金行業	執事	光緒 年開設
第八號	一鋪	龔德記號	號東 龔耀卿	開設 城內虎踞關街	係洒金行業	執事	光緒 年開設

灑金行業類

江寧商務總會調查

已入商會　九号　一鋪　胡甡記號
開設城内堂子巷街係洒金行業光緒　年開設
號東胡子華　執事

已入商會　十号　一鋪　戚椿記號
開設城内轉龍巷街係洒金行業光緒　年開設
號東戚椿生　執事

已入商會　十一号　一鋪　穆瑞記號
開設城内紅土橋街係洒金行業光緒　年開設
號東穆瑞祥　執事

已入商會　十二号　一鋪　王利記號
開設城内小油坊巷街係洒金行業光緒　年開設
號東王宗義　執事

已入商會　十三号　一鋪　李養田號
開設城内戶部　街係洒金行業光緒　年開設
號東李　執事

已入商會　十四号　一鋪　吴子記號
開設城内三坊巷街係洒金行業光緒　年開設
號東吴子梅　執事

已入商會　十五号　一鋪　周永記號
開設城内府東大街係洒金行業光緒　年開設
號東周永來　執事

已入商會　十六号　一鋪　康廷記號
開設城内小胡家巷街係洒金行業光緒　年開設
號東康德祥　執事

灑金行業類

已入商會
十七號　一鋪　耿永記號　開設城內石壩街係洒金行業光緒　年開設
號東耿永祥　執事

已入商會
十八號　一鋪　岳兆記號　開設城內頭条巷街係洒金行業光緒　年開設
號東兵兆林　執事

已入商會
十九號　一鋪　許湘記號　開設城內泥馬巷街係洒金行業光緒　年開設
號東許達慶　執事

已入商會
二十號　一鋪　朱文波號　開設城內磨盤街係洒金行業光緒　年開設
號東朱　執事

号　一鋪　止號　開設城　街係　行業光緒　年開設
號東　執事

号　一鋪　號　開設城　街係　行業光緒　年開設
號東　執事

号　一鋪　號　開設城　街係　行業光緒　年開設
號東　執事

号　一鋪　號　開設城　街係　行業光緒　年開設
號東　執事

江甯商務總會調查

号
一鋪　　號
開設城　　街係　　行業光緒　　年開設
號東　　執事

号
一鋪　　號
開設城　　街係　　行業光緒　　年開設
號東　　執事

号
一鋪　　號
開設城　　街係　　行業光緒　　年開設
號東　　執事

号
一鋪　　號
開設城　　街係　　行業光緒　　年開設
號東　　執事

号
一鋪　　號
開設城　　街係　　行業光緒　　年開設
號東　　執事

号
一鋪　　號
開設城　　街係　　行業光緒　　年開設
號東　　執事

号
一鋪　　號
開設城　　街係　　行業光緒　　年開設
號東　　執事

号
一鋪　　號
開設城　　街係　　行業光緒　　年開設
號東　　執事

以上係灑金店鋪
合共計〇千〇百貳拾〇號

光緒　三十二年　月　日呈

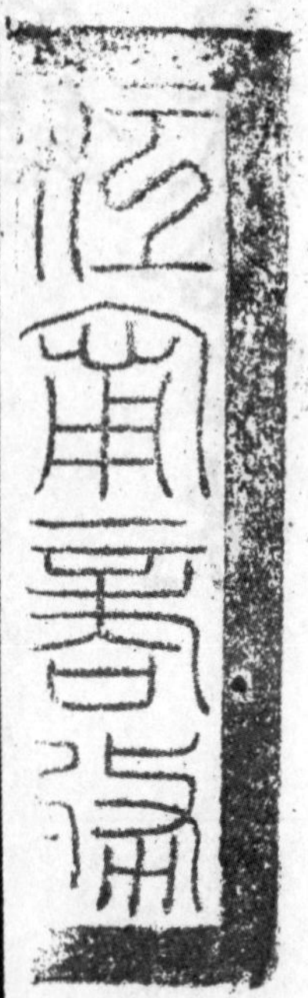

烟袋店行業類

一号 一鋪 王義和號 開設城內黑廊大街係烟袋行業光緒　年開設 號東王 執事

二号 一鋪 蘇永興號 開設城內油市大街係烟袋行業光緒　年開設 號東蘇 執事

三号 一鋪 雲德山號 開設城內油市大街係烟袋行業光緒　年開設 號東 執事

四号 一鋪 張順興號 開設城內南門大街係烟袋行業光緒　年開設 號東張炳旦 執事

五号 一鋪 王廣興號 開設城內花市大街係烟袋行業光緒　年開設 號東王 執事

六号 一鋪 謝華林號 開設城內大功坊街係烟袋行業光緒　年開設 號東謝 執事

七号 一鋪 張萬興號 開設城內東牌樓街係烟袋行業光緒　年開設 號東張 執事

八号 一鋪 怡和號 開設城內東牌樓街係烟袋行業光緒　年開設 號東賈 執事

江甯商務總會調查

九號 一鋪 侯永源號 開設城内大行宫街係烟袋行業光緒　年開設 號東侯　執事

十號 一鋪 朱永和號 開設城内油市大街係烟袋行業光緒　年開設 號東朱　執事

十一號 一鋪 萬興號 開設城内水西門街係烟袋行業光緒　年開設 號東吴　執事

十二號 一鋪 范同興號 開設城内油市大街係烟袋行業光緒　年開設 號東范　執事

十三號 一鋪 陳泰山號 開設城内油市大街係烟袋行業光緒　年開設 號東陳　執事

十四號 一鋪 郭萬順號 開設城内水西門街係烟袋行業光緒　年開設 號東郭　執事

十五號 一鋪 林茂盛號 開設城内水西門街係烟袋行業光緒　年開設 號東林　執事

十六號 一鋪 范人和號 開設城内水西門街係烟袋行業光緒　年開設 號東范　執事

十七號 一鋪 范長發號 開設城内水西門街係烟袋行業 光緒 年開設 號東范 執事

十八號 一鋪 李元順號 開設城内水西門街係烟袋行業 光緒 年開設 號東李 執事

十九號 一鋪 春和號 開設城内評事街係烟袋行業 光緒 年開設 號東朱 執事

二十號 一鋪 王萬順號 開設城内馬巷街係烟袋行業 光緒 年開設 號東王 執事

二十一號 一鋪 永源森號 開設城内銅作坊街係烟袋行業 光緒 年開設 號東侯 執事

二十二號 一鋪 王雙成號 開設城内東牌樓街係烟袋行業 光緒 年開設 號東王 執事

二十三號 一鋪 吴春森號 開設城内糧道署街係烟袋行業 光緒 年開設 號東吴 執事

二十四號 一鋪 順興號 開設城内大星廟街係烟袋行業 光緒 年開設 號東李 執事

烟袋店行業類

江甯商務總會調查

号五 一鋪 順興號 開設城内驢子市街係烟袋 行業 光緒 年開設
號東戴 執事

号 一鋪 上號 開設城 街係 行業 光緒 年開設
號東 執事

号 一鋪 號 開設城 街係 行業 光緒 年開設
號東 執事

号 一鋪 號 開設城 街係 行業 光緒 年開設
號東 執事

号 一鋪 號 開設城 街係 行業 光緒 年開設
號東 執事

号 一鋪 號 開設城 街係 行業 光緒 年開設
號東 執事

号 一鋪 號 開設城 街係 行業 光緒 年開設
號東 執事

号 一鋪 號 開設城 街係 行業 光緒 年開設
號東 執事

以上係煙袋店鋪

合共計〇千〇百貳拾伍號

光緒 三十二年 月 日呈

鐘表店行業類

一號 一鋪 袁巨隆號 開設城内貢院東街係鐘表行業 光緒　年開設 號東袁 執事

二號 一鋪 胡錦源號 開設城内顧樓大街係鐘表行業 光緒　年開設 號東胡 執事

三號 一鋪 王椿泉號 開設城内狀元境街係鐘表行業 光緒　年開設 號東王 執事

四號 一鋪 恒興號 開設城内驢子市街係鐘表行業 光緒　年開設 號東潘徐氏 執事

五號 一鋪 順興號 開設城内四象橋街係鐘表行業 光緒　年開設 號東潘 執事

六號 一鋪 紀恒昌號 開設城内黑廊大街係鐘表行業 光緒　年開設 號東紀 執事

七號 一鋪 劉復興號 開設城内油市大街係鐘表行業 光緒　年開設 號東劉 執事

八號 一鋪 劉恒升號 開設城内評事街係鐘表行業 光緒　年開設 號東劉 執事

江甯商務總會調查

九号	一鋪	江德盛號	開設城内綾莊巷街係鐘表行業光緒年開設 號東江執事
十号	一鋪	范元昌號	開設城内新橋街係鐘表行業光緒年開設 號東范執事
十一号	一鋪	梁源興號	開設城内上浮橋街係鐘表行業光緒年開設 號東梁執事
十二号	一鋪	春山號	開設城内南門大街係鐘表行業光緒年開設 號東秦執事
十三号	一鋪	天元號	開設城内南門大街係鐘表行業光緒年開設 號東孫執事
十四号	一鋪	劉順源號	開設城内三坊巷街係鐘表行業光緒年開設 號東劉執事
十五号	一鋪	高榮盛號	開設城内花市大街係鐘表行業光緒年開設 號東高執事
十六号	一鋪	益彰號	開設城内大功坊街係鐘表行業光緒年開設 號東陸執事

鐘表店行業類

十七號	一鋪	王義昌號	開設城内府東大街係鐘表行業	號東王 執事	光緒 年開設
十八號	一鋪	湧源號	開設城内淮清橋街係鐘表行業	號東董 執事	光緒 年開設
十九號	一鋪	錦隆號	開設城内淮清橋街係鐘表行業	號東袁 執事	光緒 年開設
二十號	一鋪	聚興號	開設城内承恩寺街係鐘表行業	號東絶 執事	光緒 年開設
二十一號	一鋪	湧泰號	開設城内吉祥街係鐘表行業	號東宫 執事	光緒 年開設
二十二號	一鋪	震興號	開設城内魚市大街係鐘表行業	號東李 執事	光緒 年開設
二十三號	一鋪	恒源號	開設城内大行宫街係鐘表行業	號東孫 執事	光緒 年開設
号	一鋪	止號	開設城 街係 行業	號東 執事	光緒 年開設

江甯商務總會調查

号　一鋪　號
開設城　街係　行業　光緒　年開設
號東　執事

号　一鋪　號
開設城　街係　行業　光緒　年開設
號東　執事

号　一鋪　號
開設城　街係　行業　光緒　年開設
號東　執事

号　一鋪　號
開設城　街係　行業　光緒　年開設
號東　執事

号　一鋪　號
開設城　街係　行業　光緒　年開設
號東　執事

号　一鋪　號
開設城　街係　行業　光緒　年開設
號東　執事

号　一鋪　號
開設城　街係　行業　光緒　年開設
號東　執事

号　一鋪　號
開設城　街係　行業　光緒　年開設
號東　執事

以上係鐘表店鋪
合共計〇千〇百貳拾叁號

光緒　三十二年　月　日呈

江寧商務局

一号 一鋪 聚寶齋號 開設城内大功坊街 係眼鏡行業 光緒 年開設
號東鄒 執事

二号 一鋪 三琦齋號 開設城内三山大街 係眼鏡行業 光緒 年開設
號東施 執事

三号 一鋪 聚蘭齋號 開設城内府東大街 係眼鏡行業 光緒 年開設
號東馬 執事

四号 一鋪 周德粤號 開設城内黑廊大街 係眼鏡行業 光緒 年開設
號東周 執事

五号 一鋪 聚興昌號 開設城内馬巷街 係玉器行業 光緒 年開設
號東麗 執事

六号 一鋪 桂林齋號 開設城内黑廊大街 係玉器行業 光緒 年開設
號東桂 執事

七号 一鋪 添琦齋號 開設城内黑廊大街 係玉器行業 光緒 年開設
號東 執事

八号 一鋪 漢古齋號 開設城内貢院西街 係古玩鋪行業 光緒 年開設
號東 執事

眼鏡古玩行業類 玉器料貨附

江甯商務總會調查

九号 一鋪 迪華齋號 開設城内粮道署前街係古玩鋪行業光緒年開設 號東武執事

十号 一鋪 璞玉齋號 開設城内狀元境街係古玩鋪行業光緒年開設 號東黄執事

十一号 一鋪 正源齋號 開設城内狀元境街係古玩鋪行業光緒年開設 號東胡執事

十二号 一鋪 協泰和號 開設城南門外西街係料貨店行業光緒年開設 號東魏執事

十三号 一鋪 游藝軒號 開設城内貢院西街係鑲牙行業光緒年開設 號東執事

十四号 一鋪 錦春號 開設城内貢院西街係鑲牙行業光緒年開設 號東執事

十五号 一鋪 錦華齋號 開設城内黑廊大街係眼鏡行業光緒年開設 號東執事

十六号 一鋪 恒源齋號 開設城内坊口大街係玉器行業光緒年開設 號東執事

眼鏡古玩行業類 玉器料貨附

十七号	一鋪	王泰森號	開設城内油市大街係玉器行業	光緒　年開設	號東王	執事
十八号	一鋪	沈潤生號	開設城内貢院西街係古玩行業	光緒　年開設	號東沈	執事
十九号	一鋪	袁復泰號	開設城南門外西街係料貨行業	光緒　年開設	號東袁	執事
二十号	一鋪	周椿記號	開設城南門外西街係料貨行業	光緒　年開設	號東周	執事
二十一号	一鋪	正泰昌號	開設城南門外西街係料貨行業	光緒　年開設	號東	執事
号	一鋪	止　號	開設城　街係　行業	光緒　年開設	號東	執事
号	一鋪	號	開設城　街係　行業	光緒　年開設	號東	執事
号	一鋪	號	開設城　街係　行業	光緒　年開設	號東	執事

江甯商務總會調查

号 一鋪 號
開設城 街係 行業 光緒 年開設
號東 執事

号 一鋪 號
開設城 街係 行業 光緒 年開設
號東 執事

号 一鋪 號
開設城 街係 行業 光緒 年開設
號東 執事

号 一鋪 號
開設城 街係 行業 光緒 年開設
號東 執事

号 一鋪 號
開設城 街係 行業 光緒 年開設
號東 執事

号 一鋪 號
開設城 街係 行業 光緒 年開設
號東 執事

号 一鋪 號
開設城 街係 行業 光緒 年開設
號東 執事

号 一鋪 號
開設城 街係 行業 光緒 年開設
號東 執事

以上係眼鏡店鋪

合共計〇千〇百貳拾壹號

眼鏡行業類

江甯商務總會調查

光緒 三十二年 月 日呈

鐵器店行業類

一号 一鋪 順泰興號 開設城内顧樓大街係鉄器店行業 光緒 年開設 號東葉 執事

二号 一鋪 楊鈺興號 開設城内評事大街係鉄器店行業 光緒 年開設 號東楊 執事

三号 一鋪 劉順興號 開設城内豆腐巷街係鉄器店行業 光緒 年開設 號東劉 執事

四号 一鋪 王富興號 開設城内信府河街係鉄器店行業 光緒 年開設 號東王 執事

五号 一鋪 于順和號 開設城内信府河街係鉄器店行業 光緒 年開設 號東于 執事

六号 一鋪 長興號 開設城北估衣廊街係鉄器店行業 光緒 年開設 號東韓長和 執事

七号 一鋪 元泰東號 開設城南門外掃帚巷街係鉄器店行業 光緒 年開設 號東張 兼釘店 執事

八号 一鋪 順興號 開設城南門外西街係鉄器店行業 光緒 年開設 號東袁 執事

江甯商務總會調查

九号　一鋪　葉正興號　開設城内油市大街係鉄器店行業　光緒　年開設　號東葉　執事

十号　一鋪　裕泰和號　開設城内油市大街係鉄器店行業　光緒　年開設　號東林　執事

十一号　一鋪　謝興順號　開設城内油市大街係鉄器店行業　光緒　年開設　號東謝　執事

十二号　一鋪　龔萬順號　開設城内水西門街係鉄器店行業　光緒　年開設　號東龔　執事

十三号　一鋪　曾復興號　開設城内水西門街係鉄器店行業　光緒　年開設　號東曾　執事

十四号　一鋪　史復興號　開設城内彩霞街係鉄器店行業　光緒　年開設　號東史　執事

十五号　一鋪　陳義興號　開設城内彩霞街係鉄器店行業　光緒　年開設　號東陳　執事

十六号　一鋪　王義興號　開設城内黎頭尖街係鉄器店行業　光緒　年開設　號東王　執事

十七號 一鋪 王正興號 開設城内大板巷街係鉄器店行業 光緒 年開設 號東王 執事

十八號 一鋪 龔順興號 開設城内馬巷街係鉄器店行業 光緒 年開設 號東龔 執事

十九號 一鋪 恒泰號 開設城内倉門口街係鉄器店行業 光緒 年開設 號東 執事

二十號 一鋪 丁同興號 開設城内釣魚台街係鉄器店行業 光緒 年開設 號東丁 執事

二十一號 一鋪 正大號 開設城内新橋街係鉄器店行業 光緒 年開設 號東 執事

二十二號 一鋪 陳湧興號 開設城内銅作坊街係鉄器店行業 光緒 年開設 號東陳 執事

二十三號 一鋪 福鑫號 開設城内銅作坊街係鉄器店行業 光緒 年開設 號東 執事

二十四號 一鋪 周永興號 開設城内銅作坊街係鉄器店行業 光緒 年開設 號東周 執事

鐵器店行業類　　江甯商務總會調查

號二五 一鋪 虞茂盛號 開設城内銅作坊街係鉄器店行業 光緒 年開設 號東虞 執事

號二六 一鋪 許順興號 開設城内銅作坊街係鉄器店行業 光緒 年開設 號東許 執事

號二七 一鋪 張萬隆號 開設城内銅作坊街係鉄器店行業 光緒 年開設 號東張 執事

號二八 一鋪 刁萬順號 開設城内 箋 街係鉄器店行業 光緒 年開設 號東刁 執事

號二九 一鋪 杏林茂號 開設城内陡門橋東巷街係鉄器店行業 光緒 年開設 號東 執事

號三十 一鋪 王廣源號 開設城内望鶴岡街係鉄器店行業 光緒 年開設 號東王 執事

號三一 一鋪 周萬興號 開設城内望鶴岡街係鉄器店行業 光緒 年開設 號東周 執事

號三二 一鋪 陳森泰號 開設城内望鶴岡街係鉄器店行業 光緒 年開設 號東陳 執事

鐵器店行業類

号〣〨	一鋪	周聚興號	開設城内南門大街係鉄器店行業　光緒　年開設　號東周孝直　執事
号〣〤	一鋪	張恒興號	開設城内南門大街係鉄器店行業　光緒　年開設　號東張　執事
号〣〥	一鋪	郭合興號	開設城内南門大街係鉄器店行業　光緒　年開設　號東郭　執事
号〣〤	一鋪	周源興號	開設城内府東大街係鉄器店行業　光緒　年開設　號東周　執事
号〣〧	一鋪	永順祥號	開設城内府東大街係鉄器店行業　光緒　年開設　號東周　執事
号〣〨	一鋪	唐宏盛號	開設城内府東大街係鉄器店行業　光緒　年開設　號東唐　執事
号〣〩	一鋪	陳聚興號	開設城内府東大街係鉄器店行業　光緒　年開設　號東陳　執事
号〢十	一鋪	呂森和號	開設城内府大街係鉄器店行業　光緒　年開設　號東呂　執事

江甯商務總會調查

号〤〡
一鋪 劉炳興號
開設城内信府河街係鉄器店行業 光緒 年開設
號東劉 執事

号〤〢
一鋪 于廣和號
開設城内信府河街係鉄器店行業 光緒 年開設
號東于 執事

号〤〣
一鋪 陶順興號
開設城内信府河街係鉄器店行業 光緒 年開設
號東陶 執事

号〤〤
一鋪 鄒義盛號
開設城内育院東街係鉄器店行業 光緒 年開設
號東鄒 執事

号〤〥
一鋪 盛昌號
開設城内奇望街係鉄器店行業 光緒 年開設
號東朱 執事

号〤〦
一鋪 義興號
開設城内奇望街係鉄器店行業 光緒 年開設
號東周 執事

号〤〧
一鋪 義興號
開設城内門帘橋街係鉄器店行業 光緒 年開設
號東馬 執事

号〤〨
一鋪 義興號
開設城内木料市街係鉄器店行業 光緒 年開設
號東阮 執事

一鋪 萬興號 開設城北大香爐街係鉄器店行業光緒 年開設 號東楊玉興 執事

一鋪 長興號 開設城北估衣廊街係鉄器店行業光緒 年開設 號東韓長和 執事

一鋪 通和號 開設城北魚市大街係鉄器店行業光緒 年開設 號東于宗和 執事

一鋪 順和號 開設城北唱經樓街係鉄器店行業光緒 年開設 號東于順興 執事

一鋪 廣泰號 開設城北薛家巷街係鉄器店行業光緒 年開設 號東姚廣生 執事

一鋪 發記號 開設城北三眼井南街係鉄器店行業光緒 年開設 號東高長發 執事

一鋪 正興號 開設城內盧妃巷街係鉄器店行業光緒 年開設 號東汪正太 執事

一鋪 萬順號 開設城北大行宮街係鉄器店行業光緒 年開設 號東王義和 執事

鐵器店行業類 江甯商務總會調查

号[illegible] 一鋪 義興號 開設城督署東轅門街係 鉄器店 行業 光緒 年開設 號東田 執事

号[illegible] 一鋪 合興號 開設城北碑亭巷街係鉄器店行業 光緒 年開設 號東余近上 執事

号[illegible] 一鋪 永興號 開設城皇城八寶街係鉄器店行業光緒 年開設 號東張興聚 執事

号[illegible] 一鋪 生和祥號 開設城内黑廊大街係鉄器店行業光緒 年開設 號東王 執事

号[illegible] 一鋪 復興號 開設城南門外大街係鉄器店行業光緒 年開設 號東 執事

号[illegible] 一鋪 晉祥興號 開設城南門外養虎巷街係鉄器店行業光緒 年開設 號東 執事

号[illegible] 一鋪 蔣順興號 開設城南門外馬家山街係鉄器店行業光緒 年開設 號東蔣 執事

号[illegible] 一鋪 順興號 開設城南門外西街係鉄器店行業光緒 年開設 號東袁 執事

鐵器店行業類

号〢〨 一鋪 孔正興號 開設城南門外西街係鉄器店行業 光緒 年開設 號東孔 執事

号〢〢 一鋪 義興號 開設城南門外西街係鉄器店行業 光緒 年開設 號東宣 執事

号〢〣 一鋪 徐萬盛號 開設城外下關老渡口街係鉄器店行業 光緒 年開設 號東徐 執事

号〢〣 一鋪 亨泰號 開設城外下關老渡口街係鉄器店行業 光緒 年開設 號東張建堂 執事

号〢攵 一鋪 同順仁號 開設城內三山大街係鉄器店行業 光緒 年開設 號東 執事

号〢十 一鋪 韓順興號 開設城內彩霞街係鉄器店行業 光緒 年開設 號東韓 執事

号〢〡 一鋪 劉恒大號 開設城內東牌樓街係鉄器店行業 光緒 年開設 號東劉 執事

号〣〡 一鋪 夏盛興號 開設城外西街街係鉄器店行業 光緒 年開設 號東夏 執事

江寧商務總會調查

号〢〣	一鋪	何萬興號	開設城南門外西街係鉄器店行業 光緒　年開設 號東何　執事
号〢〤	一鋪	曹鴻興號	開設城内牌樓大街係鉄器店行業 光緒　年開設 號東曹　執事
号〢〥	一鋪	徐盛興號	開設城内牌樓大街係鉄器店行業 光緒　年開設 號東徐　執事
号〢〦	一鋪	復興號	開設城水西門外大街係鉄器店行業 光緒　年開設 號東　執事
号〢〧	一鋪	韋同順號	開設城水西門外大街係鉄器店行業 光緒　年開設 號東韋　執事
号〢〨	一鋪	羅萬順號	開設城水西門外大街係鉄器店行業 光緒　年開設 號東羅　執事
号〢〩	一鋪	李正發號	開設城内油市大街係鉄器店行業 光緒　年開設 號東李　執事
号三十	一鋪	李祥發號	開設城内油市大街係鉄器店行業 光緒　年開設 號東李　執事

号〣〡 一鋪 王興泰號 開設城水西門外大街係鉄器店行業 光緒　年開設 號東王 執事

号〣〢 一鋪 金順興號 開設城内花牌樓街係鉄器店行業 光緒　年開設 號東金 執事

号〣〣 一鋪 陸榮興號 開設城内新橋大街係鉄器店行業 光緒　年開設 號東陸 執事

号〣〤 一鋪 周聚成號 開設城内南門大街係鉄器店行業 光緒　年開設 號東周 執事

号〣〥 一鋪 朱順興號 開設城内三坊巷街係鉄器店行業 光緒　年開設 號東朱 執事

号〣〦 一鋪 張萬興號 開設城内馬巷街係鉄器店行業 光緒　年開設 號東張 執事

号〣〧 一鋪 劉萬興號 開設城内馬巷街係鉄器店行業 光緒　年開設 號東劉 執事

号〣〨 一鋪 劉聚興號 開設城内大中橋街係鉄器店行業 光緒　年開設 號東劉 執事

鐵器店行業類　　江甯商務總會調查

號玖 一鋪 張萬隆號 開設城内鉄作坊街係 鉄器店 行業 光緒 年開設
號東張 執事

號卅 一鋪 戴永興號 開設城内鉄作坊街係 鉄器店 行業 光緒 年開設
號東戴 執事

號一 一鋪 永源祥號 開設城内南門大街係 鉄器店行業 光緒 年開設
號東 執事

號 一鋪 上號 開設城 街係 行業 光緒 年開設
號東 執事

號 一鋪 號 開設城 街係 行業 光緒 年開設
號東 執事

號 一鋪 號 開設城 街係 行業 光緒 年開設
號東 執事

號 一鋪 號 開設城 街係 行業 光緒 年開設
號東 執事

號 一鋪 號 開設城 街係 行業 光緒 年開設
號東 執事

以上係鐵器店鋪

合共計〇千〇百玖拾壹號

光緒三十二年　月　日呈

江甯商務

已入商會　号一　一鋪　聚泰豐號　開設城内油市大街係磁器行業光緒　年開設　號東馬康侯　執事

已入商會　号二　一鋪　胡祥盛號　開設城内油市大街係磁器行業光緒　年開設　號東胡大道　執事

已入商會　号三　一鋪　胡祥盛號　開設城内下浮橋街係磁器行業光緒　年開設　號東胡大道　執事

已入商會　号〤　一鋪　嚴興發號　開設城内油市大街係磁器行業光緒　年開設　號東嚴蓥承　執事

已入商會　号〥　一鋪　洪新發號　開設城内油市大街係磁器行業光緒　年開設　號東洪會泉　執事

已入商會　号〦　一鋪　洪興發號　開設城内評事大街係磁器行業光緒　年開設　號東洪玉泉　執事

已入商會　号〧　一鋪　開泰豐號　開設城内三山大街係磁器行業光緒　年開設　號東陳砥臣　執事

已入商會　号〨　一鋪　同泰豐號　開設城内三山大街係磁器行業光緒　年開設　號東陳嶺梅　執事

磁器行業類

江甯商務總會調查

已入商會
号文
一鋪 陳復泰號
開設城内大功坊街係磁器行業光緒　年開設
號東陳聘三　執事

已入商會
号十
一鋪 朱德源號
開設城内南門大街係磁器行業光緒　年開設
號東朱端中　鈨事

已入商會
号十一
一鋪 楊義和號
開設城南門外大街係磁器行業光緒　年開設
號東楊益庭　執事

号
一鋪 上　號
開設城　街係　行業光緒　年開設
號東　執事

号
一鋪 　號
開設城　街係　行業光緒　年開設
號東　執事

号
一鋪 　號
開設城　街係　行業光緒　年開設
號東　執事

号
一鋪 　號
開設城　街係　行業光緒　年開設
號東　執事

号
一鋪 　號
開設城　街係　行業光緒　年開設
號東　執事

以上係磁器　店鋪

合共計〇千〇百〇拾壹號

光緒三十二年　月　日呈

窑貨店行業類

号〡 一鋪 朱德源號 開設城内三坊巷街係窑貨店行業 光緒 年開設
號東朱德源 執事

号〢 一鋪 萬興號 開設城内弓箭坊街係窑貨店行業 光緒 年開設
號東 執事

号〣 一鋪 萬順號 開設城内火星廟街係窑貨店行業 光緒 年開設
號東蔡國英 執事

号〤 一鋪 義豐盛號 開設城内火星廟街係窑貨店行業 光緒 年開設
號東胡炳鑾 執事

号〥 一鋪 恒和號 開設城内淮清橋街係窑貨店行業 光緒 年開設
號東曺有慶 執事

号〦 一鋪 坤泰西號 開設城内奇望街係窑貨店行業 光緒 年開設
號東屠坤記 執事

号〧 一鋪 源泰號 開設城内洪武街係窑貨店行業 光緒 年開設
號東蔣如記 執事

号〨 一鋪 鑫記號 開設城内大行宫街係窑貨店行業 光緒 年開設
號東莊大鑫 執事

江甯商務總會調查

九號 一鋪 劉復興號 開設城外下關街 係窑貨店行業 光緒　年開設 號東　執事

十號 一鋪 同興祥號 開設城外下關街 係窑貨店行業 光緒　年開設 號東　執事

十一號 一鋪 馬和泰號 開設城南門外大街 係缸店行業 光緒　年開設 號東馬　執事

十二號 一鋪 元泰東號 開設城南門外掃箒巷街 係缸店行業 光緒　年開設 號東　執事

十三號 一鋪 陳乙生號 開設城漢西門外大街 係窑貨店行業 光緒　年開設 號東陳　執事

十四號 一鋪 隆興號 開設城内漢西門街 係窑貨店行業 光緒　年開設 號東　執事

十五號 一鋪 廣成號 開設城水西門月城街 係窑貨店行業 光緒　年開設 號東　執事

十六號 一鋪 王茂興號 開設城内顧樓大街 係窑貨店行業 光緒　年開設 號東王　執事

窑貨店行業類

一鋪 楊義和號 開設城南門外掃箒巷街係窑貨店行業 光緒　年開設 號東楊　執事

一鋪 張元泰號 開設城南門外西街係窑貨店行業 光緒　年開設 號東張　執事

一鋪 蔡元和號 開設城内大行宫街係窑貨店行業 光緒　年開設 號東蔡　執事

一鋪 復興隆號 開設城内府東大街係窑貨店行業 光緒　年開設 號東　執事

一鋪 楊萬順號 開設城内大中橋街係窑貨店行業 光緒　年開設 號東楊　執事

一鋪 陳義和號 開設城内大中橋街係窑貨店行業 光緒　年開設 號東陳　執事

一鋪 任店號 開設城内大中橋街係窑貨店行業 光緒　年開設 號東任　執事

一鋪 汪鴻興號 開設城内奇望街係窑貨店行業 光緒　年開設 號東汪　執事

江甯商務總會調查

一鋪 号
德和號
開設城内倉巷街係窑貨店行業光緒　年開設
號東　執事

一鋪 号
順興號
開設城内新橋街係窑貨店行業光緒　年開設
號東　執事

一鋪 号
陳森茂號
開設城内四象橋街係窑貨店行業光緒　年開設
號東陳　執事

一鋪 号
上　號
開設城　街係　行業光緒　年開設
號東　執事

一鋪 号
號
開設城　街係　行業光緒　年開設
號東　執事

一鋪 号
號
開設城　街係　行業光緒　年開設
號東　執事

一鋪 号
號
開設城　街係　行業光緒　年開設
號東　執事

一鋪 号
號
開設城　街係　行業光緒　年開設
號東　執事

以上係窯貨店鋪
合共計〇千〇百貳拾柒號

光緒三十二年　月　日呈

已入商會
一号 一鋪 成億興號 開設城内黑廊大街係銅錫行業 光緒 年開設 號東成 執事

已入商會
二号 一鋪 同興號 開設城内坊口大街係銅錫行業 光緒 年開設 號東唐 執事

已入商會
三号 一鋪 談湧茂號 開設城内講堂大街係銅錫行業 光緒 年開設 號東談 執事

四号 一鋪 湧昌號 開設城内花市大街係銅錫行業 光緒 年開設 號東談 執事

五号 一鋪 劉湧興號 開設城内花市大街係銅錫行業 光緒 年開設 號東劉 執事

已入商會
六号 一鋪 東興號 開設城内三山街街係銅錫行業 光緒 年開設 號東梁 執事

七号 一鋪 王福興號 開設城内釣魚台街係銅錫行業 光緒 年開設 號東王 執事

八号 一鋪 祥發號 開設城内淮清橋街係銅錫行業 光緒 年開設 號東徐 執事

銅錫店行業類

江甯商務總會調查

九號 一鋪 李萬興號 開設城內黑廊街係銅錫行業 光緒　年開設 號東　執事

十號 一鋪 譚湧昌號 開設城內黑廊街係銅錫行業 光緒　年開設 號東　執事

十一號 一鋪 劉廣泰號 開設城內黑廊街係銅錫行業 光緒　年開設 號東　執事

十二號 一鋪 義順號 開設城內黑廊街係銅錫行業 光緒　年開設 號東　執事

十三號 一鋪 李祥順號 開設城內黑廊街係銅錫行業 光緒　年開設 號東　執事

十四號 一鋪 戴德源號 開設城內黑廊街係銅錫行業 光緒　年開設 號東　執事

十五號 一鋪 王正大號 開設城內油市大街係銅錫行業 光緒　年開設 號東　執事

十六號 一鋪 沈魁源號 開設城內油市大街係銅錫行業 光緒　年開設 號東　執事

十七号 一鋪 陳玉興號 開設城内水西門街係銅錫行業 光緒 年開設 號東 執事

十八号 一鋪 馮順昌號 開設城内油市大街係銅器行業 光緒 年開設 號東 執事

十九号 一鋪 張恒順號 開設城内油市大街係銅器行業 光緒 年開設 號東 執事

廿号 一鋪 李洪興號 開設城内水西門街係銅器行業 光緒 年開設 號東 執事

廿一号 一鋪 億興號 開設城内水西門街係銅器行業 光緒 年開設 號東彭 執事

廿二号 一鋪 夏廣興號 開設城内水西門街係銅鋪行業 光緒 年開設 號東 執事

廿三号 一鋪 賀湧興號 開設城内倉巷街係錫鋪行業 光緒 年開設 號東 執事

廿四号 一鋪 李湧興號 開設城内評事街係銅錫行業 光緒 年開設 號東 執事

銅錫各行業類

江甯商務總會調查

号[illegible] 一鋪 王聚興號 開設城內綾莊巷街係銅器行業 光緒　年開設 號東 執事

号[illegible] 一鋪 柏宏源號 開設城內綾莊巷街係銅器行業 光緒　年開設 號東 執事

号[illegible] 一鋪 曹松茂號 開設城內南捕廳街係銅器行業 光緒　年開設 號東 執事

号[illegible] 一鋪 王順興號 開設城內馬巷街係銅器行業 光緒　年開設 號東 執事

号[illegible] 一鋪 洪森太號 開設城內馬巷街係銅器行業 光緒　年開設 號東 執事

号[illegible] 一鋪 張萬興號 開設城內馬巷街係銅器行業 光緒　年開設 號東 執事

号[illegible] 一鋪 劉萬興號 開設城內馬巷街係銅器行業 光緒　年開設 號東 執事

号[illegible] 一鋪 丁萬興號 開設城內馬巷街係銅器行業 光緒　年開設 號東 執事

銅錫行業類

〣〣號	一鋪 方萬順號	開設城内甘雨巷街係銅器行業 號東 執事	光緒 年開設
〣〤號	一鋪 蘇永森號	開設城内梧桐樹街係銅錫行業 號東 執事	光緒 年開設
〣〥號	一鋪 王復興號	開設城内天青街係銅絲行業 號東 執事	光緒 年開設
〣〦號	一鋪 永順號	開設城内天青街係銅器行業 號東 執事	光緒 年開設
〣〧號	一鋪 周恒太號	開設城内天青街係錫器行業 號東 執事	光緒 年開設
〣〨號	一鋪 協太號	開設城内釣魚台街係銅鋪行業 號東 執事	光緒 年開設
〣〩號	一鋪 馬萬興號	開設城内絲市口街係銅器行業 號東 執事	光緒 年開設
〤〇號	一鋪 李順興號	開設城内顔料坊街係錫器行業 號東 執事	光緒 年開設

江甯商務總會調查

号〤〡 一鋪 周恒興號 開設城内上浮橋街係錫器行業 光緒　年開設 號東　執事

号〤〢 一鋪 張恒太號 開設城内銅作坊街係銅器行業 光緒　年開設 號東　執事

号〤〣 一鋪 陳順和號 開設城内銅作坊街係銅鎖行業 光緒、年開設 號東　執事

号〤〤 一鋪 申元興號 開設城内銅作坊街係銅器行業 光緒　年開設 號東　執事

号〤〥 一鋪 康榮太號 開設城内銅作坊街係銅器行業 光緒　年開設 號東　執事

号〤〦 一鋪 韋義盛號 開設城内銅作坊街係錫器行業 光緒　年開設 號東　執事

号〤〧 一鋪 成義興號 開設城内銅作坊街係紅銅行業 光緒　年開設 號東　執事

号〤〨 一鋪 吴萬順號 開設城内銅作坊街係銅鎖行業 光緒　年開設 號東　執事

一鋪　郭永盛號　開設城内銅作坊街係銅器行業光緒年開設　號東　執事

一鋪　袁立盛號　開設城内望鶴岡街係銅鎖行業光緒年開設　號東　執事

一鋪　馬萬順號　開設城内南門大街係銅器行業光緒年開設　號東　執事

一鋪　周和昌號　開設城内南門大街係銅錫器行業光緒年開設　號東　執事

一鋪　田廣盛號　開設城内南門大街係銅器行業光緒年開設　號東　執事

一鋪　張義興號　開設城内南門大街係錫器行業光緒年開設　號東　執事

一鋪　劉義興號　開設城内南門大街係銅器行業光緒年開設　號東　執事

一鋪　陳永源號　開設城内南門大街係銅鎖行業光緒年開設　號東　執事

銅錫行業類

江寧商務總會調查

号[illegible] 一鋪 張復盛號 開設城内南門大街係銅器行業光緒　年開設 號東　執事

号[illegible] 一鋪 藍仁興號 開設城内花市大街係銅器行業光緒　年開設 號東　執事

号[illegible] 一鋪 馬萬興號 開設城内府東大街係銅器行業光緒　年開設 號東　執事

号[illegible] 一鋪 楊大興號 開設城内府東大街係紅銅行業光緒　年開設 號東　執事

号[illegible] 一鋪 萬順號 開設城内府東大街係銅鎖行業光緒　年開設 號東　執事

号[illegible] 一鋪 楊源興號 開設城内府東大街係紅銅器行業光緒　年開設 號東　執事

号[illegible] 一鋪 李大興號 開設城内府東大街係銅器行業光緒　年開設 號東　執事

号[illegible] 一鋪 張有興號 開設城内府東大街係銅器行業光緒　年開設 號東　執事

銅錫行業類

號〢〤	一鋪 時聚炳號	開設城内府東大街係銅鎖行業 光緒　年開設 號東　執事
號〢〢	一鋪 萬永昌號	開設城内府東大街係紅銅行業 光緒　年開設 號東　執事
號〢〣	一鋪 李大興號	開設城内府東大街係銅器行業 光緒　年開設 號東　執事
號〡〣	一鋪 王聚源號	開設城内府東大街係銅器行業 光緒　年開設 號東　執事
號〡〩	一鋪 孫永順號	開設城内府東大街係銅器行業 光緒　年開設 號東　執事
號〢十	一鋪 聚興號	開設城内府東大街係銅器行業 光緒　年開設 號東陳　執事
號〢〡	一鋪 劉成德號	開設城内油坊巷街係錫器行業 光緒　年開設 號東　執事
號〢〡	一鋪 楊廣東號	開設城内藏金橋街係錫器行業 光緒　年開設 號東　執事

江甯商務總會調查

号[illegible] 一鋪 蘇宏發號 開設城内半邊營街係 錫器行業 光緒 年開設 號東 執事

号[illegible] 一鋪 陳源興號 開設城内大夫第街係 錫器行業 光緒 年開設 號東 執事

号[illegible] 一鋪 任源興號 開設城内信府河街係 銅器行業 光緒 年開設 號東 執事

号[illegible] 一鋪 順昌號 開設城内大中橋街係 錫器行業 光緒 年開設 號東洪 執事

号[illegible] 一鋪 義興號 開設城内大中橋街係 銅器行業 光緒 年開設 號東阮 執事

号[illegible] 一鋪 聚興號 開設城内姚家巷街係 銅器行業 光緒 年開設 號東王 執事

号[illegible] 一鋪 萬盛號 開設城内奇望街係 銅器行業 光緒 年開設 號東王 執事

号[illegible] 一鋪 永興號 開設城内奇望街係 銅器行業 光緒 年開設 號東李 執事

銅錫行業類

號〣〡	一鋪	萬興號	開設城內奇望大街係錫器行業	光緒　年開設	號東李　執事
號〣〢	一鋪	順興號	開設城內駙子市街係錫器行業	光緒　年開設	號東王　執事
號〣〣	一鋪	春源號	開設城內花牌樓街係洋銅行業	光緒　年開設	號東劉　執事
號〣〤	一鋪	德昌號	開設城內吉祥大街係錫器行業	光緒　年開設	號東吳　執事
號〣〥	一鋪	永泰源號	開設城內吉祥大街係洋銅行業	光緒　年開設	號東高　執事
號〣〦	一鋪	順興號	開設城內銅井巷街係銅器行業	光緒　年開設	號東劉　執事
號〣〧	一鋪	源茂號	開設城內木料市街係銅器行業	光緒　年開設	號東劉　執事
號〣〨	一鋪	萬興號	開設城內魚市街係洋銅行業	光緒　年開設	號東張　執事

江甯商務總會調查

号[illegible]	一鋪	祥泰號	開設城内魚市街係銅器行業光緒　年開設 號東盛　執事
号[illegible]	一鋪	復興號	開設城内盧妃巷街係銅器行業光緒　年開設 號東王　執事
号[illegible]	一鋪	成正興號	開設城内東牌樓街係銅器行業光緒　年開設 號東　執事
号[illegible]	一鋪	熊正興號	開設城内糧道署街係銅器行業光緒　年開設 號東　執事
号[illegible]	一鋪	孫復興號	開設城内糧道署街係銅器行業光緒　年開設 號東　執事
号[illegible]	一鋪	義盛號	開設城外下關大街係銅器行業光緒　年開設 號東朱　執事
号[illegible]	一鋪	楊鑫祥號	開設城外下關大街係銅器行業光緒　年開設 號東　執事
号[illegible]	一鋪	巨盛號	開設城南門外大街係銅器行業光緒　年開設 號東　執事

銅錫行業類

號31	一鋪	泉銀樓號	開設城内坊口大街係	銅首飾行業	光緒　年開設	號東金	執事
號32	一鋪	查萬興號	開設城内行口大街係	銅首飾行業	光緒　年開設	號東	執事
号	一鋪	止　號	開設城　街係	行業	光緒　年開設	號東	執事
号	一鋪	號	開設城　街係	行業	光緒　年開設	號東	執事
号	一鋪	號	開設城　街係	行業	光緒　年開設	號東	執事
号	一鋪	號	開設城　街係	行業	光緒　年開設	號東	執事
号	一鋪	號	開設城　街係	行業	光緒　年開設	號東	執事

江寧商務總會調查

号　一鋪　號
開設城　街係　行業　光緒　年開設
號東　執事

号　一鋪　號
開設城　街係　行業　光緒　年開設
號東　執事

号　一鋪　號
開設城　街係　行業　光緒　年開設
號東　執事

号　一鋪　號
開設城　街係　行業　光緒　年開設
號東　執事

号　一鋪　號
開設城　街係　行業　光緒　年開設
號東　執事

号　一鋪　號
開設城　街係　行業　光緒　年開設
號東　執事

号　一鋪　號
開設城　街係　行業　光緒　年開設
號東　執事

号　一鋪　號
開設城　街係　行業　光緒　年開設
號東　執事

以上係銅錫店鋪

合共計◎千◎百玖拾捌號

光緒

陸卷目錄

木器行業類

号一	一鋪	張春和號	開設城內三坊巷街係木器行業光緒 年開設	號東張	執事
号二	一鋪	薛復興號	開設城內顏料坊街係文具行業光緒 年開設	號東薛	執事
号三	一鋪	杭萬興號	開設城內三坊巷街係木器行業光緒 年開設	號東杭	執事
号〤	一鋪	同盛福號	開設城內三坊巷街係木器行業光緒 年開設	號東王	執事
号〥	一鋪	李義興號	開設城內三坊巷街係木器行業光緒 年開設	號東李	執事
号〦	一鋪	王萬順號	開設城內三坊巷街係木器行業光緒 年開設	號東王	執事
号〧	一鋪	孫信鑫號	開設城內三坊巷街係紅木行業光緒 年開設	號東孫	執事
号〨	一鋪	朱湧興號	開設城內銅作坊街係文具行業光緒 年開設	號東朱	執事

江甯商務總會調查

号〩	一鋪	梁泳興號	開設城内銅作坊街係文具行業光緒　年開設 號東梁　執事
号十	一鋪	榮發祥號	開設城内銅作坊街係文具行業光緒　年開設 號東朱　執事
号〡一	一鋪	白湧興號	開設城内銅作坊街係文具行業光緒　年開設 號東白　執事
号〡〢	一鋪	張錦和號	開設城内鉄作坊街係文具行業光緒　年開設 號東張　執事
号〡〣	一鋪	王順興號	開設城内鉄作坊街係文具行業光緒　年開設 號東王　執事
号〡〤	一鋪	炳記號	開設城内牛市街係木器行業光緒　年開設 號東高　執事
号〡〥	一鋪	洪聚誠號	開設城内篾街係木器行業光緒　年開設 號東洪　執事
号〡〦	一鋪	吴恒茂號	開設城内篾街係木器行業光緒　年開設 號東吴　執事

木器行業類

号[illegible]	一鋪	魏復興號	開設城内府東大街係木器行業光緒　年開設	號東魏　執事
号[illegible]	一鋪	劉順興號	開設城内府東大街係木器行業光緒　年開設	號東劉　執事
号[illegible]	一鋪	元吉祥號	開設城内府東大街係木器行業光緒　年開設	號東李　執事
号[illegible]	一鋪	王添興號	開設城内府東大街係木器行業光緒　年開設	號東王　執事
号[illegible]	一鋪	魏聚盛號	開設城内府東大街係木器行業光緒　年開設	號東魏　執事
号[illegible]	一鋪	丁春生號	開設城内膺府大街係木器行業光緒　年開設	號東丁　執事
号[illegible]	一鋪	大　興號	開設城内淮清橋街係木器行業光緒　年開設	號東馮大記　執事
号[illegible]	一鋪	永　興號	開設城内羊市橋街係木器行業光緒　年開設	號東崔名發　執事

江甯商務總會調查

号〢〦	一鋪	復興號	開設城内洪武街係木器行業光緒年開設號東呂復元執事
号〢〤	一鋪	張元記號	開設城内鼎新橋街係木器行業光緒年開設號東執事
号〢〥	一鋪	王如干號	開設城内南捕廳街係木器行業光緒年開設號東王執事
号〢〣	一鋪	柳復興號	開設城内南捕廳街係文具行業光緒年開設號東柳執事
号〤〦	一鋪	朱起發號	開設城内馬巷街係文具行業光緒年開設號東朱執事
号〣〤	一鋪	張榮興號	開設城内馬巷街係木器行業光緒年開設號東張執事
号〣〡	一鋪	吴順興號	開設城内江甯府西街係木器行業光緒年開設號東吴執事
号〤〦	一鋪	劉萬盛號	開設城内牛皮巷街係木器行業光緒年開設號東劉執事

一鋪　何聚興號　開設城内梧桐樹街係木器行業光緒　年開設　號東何　執事

一鋪　萬永號　開設城内船板巷街係木器行業光緒　年開設　號東萬　執事

一鋪　高義源號　開設城内船板巷街係木器行業光緒　年開設　號東高　執事

一鋪　王森記號　開設城内飲馬巷街係木器行業光緒　年開設　號東王　執事

一鋪　陶萬興號　開設城内釣魚台街係木器行業光緒　年開設　號東陶　執事

一鋪　孫萬興號　開設城内釣魚台街係木器行業光緒　年開設　號東孫　執事

一鋪　陶萬祥號　開設城内釣魚台街係木器行業光緒　年開設　號東陶　執事

一鋪　孫復興號　開設城内釣魚台街係木器行業光緒　年開設　號東孫　執事

木器行業類

江甯商務總會調查

號〤〡 一鋪 陳萬源號 開設城内釣魚台街係木器行業光緒　年開設 號東陳　執事

號〤〢 一鋪 王泳昇號 開設城内新橋街係木器行業光緒　年開設 號東王　執事

號〤〣 一鋪 王順興號 開設城内顔料坊街係木器行業光緒　年開設 號東王　執事

號〤〤 一鋪 蔡意誠號 開設城内顔料坊街係木器行業光緒　年開設 號東蔡　執事

號〤〥 一鋪 沈泳興號 開設城内顔料坊街係木器行業光緒　年開設 號東沈　執事

號〤〦 一鋪 顧永興號 開設城内顔料坊街係木器行業光緒　年開設 號東顧　執事

號〤〧 一鋪 復興號 開設城内顔料坊街係木器行業光緒　年開設 號東　執事

號〤〨 一鋪 史永興號 開設城内顔料坊街係木器行業光緒　年開設 號東史　執事

一鋪 丁永興號 開設城内顏料坊街係木器行業光緒　年開設 號東丁 執事

一鋪 汪德源號 開設城内顏料坊街係木器行業光緒　年開設 號東汪 執事

一鋪 張復興號 開設城内　箴　街係木器行業光緒　年開設 號東張復記 執事

一鋪 義生利號 開設城内　箴　街係木器行業光緒　年開設 號東李 執事

一鋪 姜同興號 開設城内剪子巷街係木器行業光緒　年開設 號東姜 執事

一鋪 順興號 開設城内三眼井街係木器行業光緒　年開設 號東林順記 執事

一鋪 劉萬興號 開設城内　箴　街係木器行業光緒　年開設 號東劉 執事

一鋪 森源祥號 開設城内東牌樓街係木器行業光緒　年開設 號東朱 執事

木器行業類

江甯商務總會調查

号[illegible]	一鋪	鄭炳興號	開設城内顏料坊街係木器行業光緒　年開設	號東鄭	執事
号[illegible]	一鋪	張義興號	開設城内顏料坊街係木器行業光緒　年開設	號東張	執事
号[illegible]	一鋪	劉長興號	開設城内顏料坊街係木器行業光緒　年開設	號東劉	執事
号[illegible]	一鋪	杜復興號	開設城内顏料坊街係木器行業光緒　年開設	號東杜	執事
号[illegible]	一鋪	陳順興號	開設城内箴　街係木器行業光緒　年開設	號東陳	執事
号[illegible]	一鋪	鍾善興號	開設城内箴　街係木器行業光緒　年開設	號東鍾	執事
号[illegible]	一鋪	王乾太號	開設城内箴　街係木器行業光緒　年開設	號東王	執事
号[illegible]	一鋪	袁復興號	開設城内箴　街係木器行業光緒　年開設	號東袁	執事

木器行業類

一鋪	潘順興號	開設城內蔑街係木器行業	光緒　年開設	號東潘	執事
一鋪	張明松號	開設城內蔑街係木器行業	光緒　年開設	號東張	執事
一鋪	陳永順號	開設城內九兒巷街係木器行業	光緒　年開設	號東陳	執事
一鋪	白萬順號	開設城內望鶴岡街係紅木行業	光緒　年開設	號東白	執事
一鋪	王志炘號	開設城內府東大街係木器行業	光緒　年開設	號東王	執事
一鋪	益興號	開設城內府東大街係木器行業	光緒　年開設	號東王	執事
一鋪	魏聚興號	開設城內府東大街係木器行業	光緒　年開設	號東魏	執事
一鋪	永義興號	開設城內府東大街係木器行業	光緒　年開設	號東洪	執事

江甯商務總會調查

號[illegible]　一鋪　葛義興號
開設城內府東大街係木器行業　光緒　年開設
號東葛　執事

號[illegible]　一鋪　般根發號
開設城內府東大街係木器行業　光緒　年開設
號東般　執事

號[illegible]　一鋪　孫源興號
開設城內府東大街係木器行業　光緒　年開設
號東孫　執事

號[illegible]　一鋪　趙復興號
開設城內府東大街係木器行業　光緒　年開設
號東趙　執事

號[illegible]　一鋪　潘源興號
開設城內府東大街係木器行業　光緒　年開設
號東潘　執事

號[illegible]　一鋪　徐萬興號
開設城內膺府大街係木器行業　光緒　年開設
號東徐　執事

號[illegible]　一鋪　張德源號
開設城內剪子巷街係木器行業　光緒　年開設
號東張　執事

號[illegible]　一鋪　彭德盛號
開設城內新廊街係木器行業　光緒　年開設
號東彭　執事

一鋪 吳永盛號 開設城内信府河街係木器行業 光緒 年開設 號東吳 執事

一鋪 陳廣源號 開設城内東牌樓街係文具行業 光緒 年開設 號東陳 執事

一鋪 吳炳順號 開設城内東牌樓街係文具行業 光緒 年開設 號東吳 執事

一鋪 郭善恩號 開設城内糧道署街係文具行業 光緒 年開設 號東郭 執事

一鋪 魯繼榮號 開設城内教敷營街係文具行業 光緒 年開設 號東魯 執事

一鋪 恒源號 開設城内馬道街係木器行業 光緒 年開設 號東徐 執事

一鋪 永鑫號 開設城内奇望街係几架行業 光緒 年開設 號東柏永記 執事

一鋪 順興號 開設城内中正街係木器行業 光緒 年開設 號東張順記 執事

木器行業類

江甯商務總會調查

号[illegible]
一鋪 萬興號
開設城内珠寳廊街係木器行業光緒　年開設
號東丁萬和執事

号[illegible]
一鋪 義興號
開設城内鴿子橋街係木器行業光緒　年開設
號東萬發才執事

号[illegible]
一鋪 永盛號
開設城内羊市橋街係木器行業光緒　年開設
號東夏雨記執事

号[illegible]
一鋪 源興號
開設城内花牌樓街係木器行業光緒　年開設
號東聶元記執事

号[illegible]
一鋪 聚興號
開設城内豐富巷街係木器行業光緒　年開設
號東冷大興執事

号[illegible]
一鋪 大椿號
開設城内洪武街係木器行業光緒　年開設
號東丁大椿執事

号[illegible]
一鋪 椿記號
開設城内洪武街係木器行業光緒　年開設
號東丁椿生執事

号[illegible]
一鋪 天成號
開設城内洪武街係木器行業光緒　年開設
號東熊天記執事

一鋪	王榮記號	開設城内府東大街係木器行業	光緒　年開設	號東	執事
一鋪	劉鴻興號	開設城内府東大街係木器行業	光緒　年開設	號東	執事
一鋪	胡金興號	開設城内府東大街係木器行業	光緒　年開設	號東	執事
一鋪	葛萬順號	開設城内府東大街係文具行業	光緒　年開設	號東	執事
一鋪	劉　店號	開設城内府東大街係木作行業	光緒　年開設	號東	執事
一鋪	孫　店號	開設城内府東大街係木作行業	光緒　年開設	號東	執事
一鋪	嚴　店號	開設城内府東大街係木作行業	光緒　年開設	號東	執事
一鋪	張永鑫號	開設城内府東大街係木作行業	光緒　年開設	號東	執事

木器行業類

江甯商務總會調查

号[illegible]
一鋪 厲萬興號
開設城内府東大街係木作行業 光緒 年開設
號東 執事

号[illegible]
一鋪 周復興號
開設城内府東大街係傢伙行業 光緒 年開設
號東 執事

号[illegible]
一鋪 王化隆號
開設城内府東大街係木作行業 光緒 年開設
號東 執事

号[illegible]
一鋪 祥興號
開設城内府東大街係木作行業 光緒 年開設
號東 執事

号[illegible]
一鋪 嚴萬興號
開設城内牌樓大街係鐵木店行業 光緒 年開設
號東 執事

号[illegible]
一鋪 義興號
開設城内牌樓大街係木作行業 光緒 年開設
號東 執事

号[illegible]
一鋪 常店號
開設城内牌樓大街係木作行業 光緒 年開設
號東 執事

号[illegible]
一鋪 朱永興號
開設城内牌樓大街係木作行業 光緒 年開設
號東 執事

木器行業類

號[illegible]
一鋪　張　店號
開設城内牌樓大街係木作行業光緒　年開設
號東　執事

號[illegible]
一鋪　陳義興號
開設城内牌樓大街係木作行業光緒　年開設
號東　執事

號[illegible]
一鋪　潘萬興號
開設城内木料市街係木作行業光緒　年開設
號東　執事

號[illegible]
一鋪　益　元號
開設城内木料市街係木作行業光緒　年開設
號東　執事

號[illegible]
一鋪　鄧乾楊號
開設城内木料市街係木作行業光緒　年開設
號東　執事

號[illegible]
一鋪　高明發號
開設城内木料市街係木作行業光緒　年開設
號東　執事

號[illegible]
一鋪　王東興號
開設城内木料市街係木作行業光緒　年開設
號東　執事

號[illegible]
一鋪　朱永發號
開設城内木料市街係木作行業光緒　年開設
號東　執事

江甯商務總會調查

號[illegible]
一鋪 厲店號
開設城内木料市街係木作行業光緒　年開設
號東　執事

號[illegible]
一鋪 夏店號
開設城内木料市街係木作行業光緒　年開設
號東　執事

號[illegible]
一鋪 劉店號
開設城内木料市街係木作行業光緒　年開設
號東　執事

號[illegible]
一鋪 陳元興號
開設城内木料市街係木作行業光緒　年開設
號東　執事

號[illegible]
一鋪 武店號
開設城内木料市街係木作行業光緒　年開設
號東　執事

號[illegible]
一鋪 岳店號
開設城内木料市街係木作行業光緒　年開設
號東　執事

號[illegible]
一鋪 崔永興號
開設城内木料市街係木作行業光緒　年開設
號東　執事

號[illegible]
一鋪 夏永隆號
開設城内木料市街係木作行業光緒　年開設
號東　執事

號[illegible]
一鋪 張正記號 開設城內木料市街係木作行業 光緒 年開設
號東 執事

號[illegible]
一鋪 葛義興號 開設城內木料市街係木作行業 光緒 年開設
號東 執事

號[illegible]
一鋪 李 店號 開設城內木料市街係木作行業 光緒 年開設
號東 執事

號[illegible]
一鋪 徐森盛號 開設城內木料市街係木作行業 光緒 年開設
號東 執事

號[illegible]
一鋪 萬義興號 開設城內木料市街係木作行業 光緒 年開設
號東 執事

號[illegible]
一鋪 胡金華號 開設城內木料市街係木作行業 光緒 年開設
號東 執事

號[illegible]
一鋪 笪順興號 開設城內木料市街係木作行業 光緒 年開設
號東 執事

號[illegible]
一鋪 丁萬盛號 開設城內木料市街係木作行業 光緒 年開設
號東 執事

江甯商務總會調查

木器行業類

號 一鋪 常順興號 開設城內木料市街係木作行業光緒　年開設 號東　執事

號 一鋪 永興號 開設城內上元縣西街係木作行業光緒　年開設 號東　執事

號 一鋪 陳元興號 開設城內上元縣西街係木作行業光緒　年開設 號東　執事

號 一鋪 張店號 開設城內上元縣西街係木作行業光緒　年開設 號東　執事

號 一鋪 夏恒興號 開設城內四象橋街係木作行業光緒　年開設 號東　執事

號 一鋪 劉公和號 開設城內絨莊大街係文具行業光緒　年開設 號東　執事

號 一鋪 　號 開設城　街係　行業光緒　年開設 號東　執事

號 一鋪 　號 開設城　街係　行業光緒　年開設 號東　執事

以上係木器店鋪

合共計○千壹百肆拾貳號

光緒 三十二年 月 日呈

木器鏡台行業類

號	鋪	牌號	號東	開設	行業	執事	開設年
號八	一鋪	孫聚成號	號東	開設城內花市大街	係鏡台行業	執事	光緒　年開設
號七	一鋪	張順興號	號東張	開設城內講堂大街	係鏡台行業	執事	光緒　年開設
號六	一鋪	慶記號	號東李	開設城外下關老渡口街	係木器行業	執事	光緒　年開設
號五	一鋪	董祥記號	號東董	開設城外下關老渡口街	係木器行業	執事	光緒　年開設
號四	一鋪	蔣萬興號	號東蔣	開設城外下關老渡口街	係木器行業	執事	光緒　年開設
號三	一鋪	董洪盛號	號東董	開設城內琵琶巷街	係木器行業	執事	光緒　年開設
號二	一鋪	永興號	號東黃鈺和	開設城內珠寶廊街	係木器行業	執事	光緒　年開設
號一	一鋪	興發號	號東馮大興	開設城內致和街	係木器行業	執事	光緒　年開設

江寧商務總會調查

號數	舖數	店號	開設	號東
号九	一舖	鍾庚興號	開設城内花牌樓街係木作行業光緒　年開設	號東鍾　執事
号十	一舖	何恒興號	開設城内花牌樓街係木作行業光緒　年開設	號東何　執事
号〡一	一舖	森源祥號	開設城内花牌樓街係紅木傢伙行業光緒　年開設	號東　執事
号〡二	一舖	陶正興號	開設城内花牌樓街係紅木作行業光緒　年開設	號東陶　執事
号〡三	一舖	天陞齋號	開設城内花牌樓街係洋木洋器行業光緒　年開設	號東　執事
号〡〤	一舖	唐森森號	開設城内花牌樓街係洋木傢伙行業光緒　年開設	號東唐　執事
号〡〥	一舖	陳森記號	開設城内花牌樓街係木作行業光緒　年開設	號東陳　執事
号〡〦	一舖	葛店號	開設城内大行宮街係木作行業光緒　年開設	號東葛　執事

以上係木器鏡台店鋪

合共計〇千〇百〇拾陸號

光緒 三十二年 月 日呈

木作行業類

號一
一鋪 王永記號 開設城内釣魚台街係木作行業 光緒 年開設
號東
執事

號二
一鋪 王元興號 開設城内新橋大街係文具行業 光緒 年開設
號東
執事

號三
一鋪 王湧昇號 開設城内新橋大街係文具行業 光緒 年開設
號東
執事

號四
一鋪 薛復盛號 開設城内銅作坊街係文具行業 光緒 年開設
號東
執事

號五
一鋪 順 興號 開設城内銅作坊街係木作行業 光緒 年開設
號東
執事

號六
一鋪 楊義興號 開設城内銅作坊街係木作行業 光緒 年開設
號東
執事

號七
一鋪 王松年號 開設城内銅作坊街係木作行業 光緒 年開設
號東
執事

號八
一鋪 王億隆號 開設城内銅作坊街係木作行業 光緒 年開設
號東
執事

江甯商務總會調查

号九　一鋪　夏森昌號　開設城内銅作坊街係文具行業光緒　年開設　號東　執事

号十　一鋪　吉祥春號　開設城内東牌樓街係傢伙行業光緒　年開設　號東　執事

号〡　一鋪　陳永元號　開設城内東牌樓街係文具行業光緒　年開設　號東　執事

号〢　一鋪　魯　店號　開設城内狀元境街係文具行業光緒　年開設　號東　執事

号〣　一鋪　張福興號　開設城内狀元境街係文具行業光緒　年開設　號東　執事

号〤　一鋪　李　店號　開設城内狀元境街係木作行業光緒　年開設　號東　執事

号〥　一鋪　陳　店號　開設城内狀元境街係傢伙行業光緒　年開設　號東　執事

号〦　一鋪　順　興號　開設城内瓦廠街係木作行業光緒　年開設　號東　執事

木作行業類

號[illegible]	一鋪	匡乾泰號	開設城内倉巷街係木作行業光緒年開設 號東執事
號[illegible]	一鋪	鄧順興號	開設城内大中橋街係木作行業光緒年開設 號東執事
號[illegible]	一鋪	朱順興號	開設城内大中橋街係木作行業光緒年開設 號東執事
號[illegible]	一鋪	王店號	開設城内大中橋街係木作行業光緒年開設 號東執事
號[illegible]	一鋪	成永興號	開設城内大中橋街係木作行業光緒年開設 號東執事
號[illegible]	一鋪	印店號	開設城内大中橋街係木作行業光緒年開設 號東執事
號[illegible]	一鋪	胡店號	開設城内淮清橋灣街係木作行業光緒年開設 號東執事
號[illegible]	一鋪	趙萬興號	開設城内東牌樓街係文具行業光緒年開設 號東執事

一鋪　胡永和號　開設城内顔料坊街係木作行業光緒　年開設
號東　執事

一鋪　程萬興號　開設城内顔料坊街係木作行業光緒　年開設
號東　執事

一鋪　孫恒興號　開設城内三坊巷街係文具行業光緒　年開設
號東　執事

一鋪　杜聚鑫號　開設城内三坊巷街係木作行業光緒　年開設
號東　執事

一鋪　蔣鈺山號　開設城内府西大街係文具行業光緒　年開設
號東　執事

一鋪　益生祥號　開設城内府東大街係木器行業光緒　年開設
號東　執事

一鋪　義利生號　開設城内府東大街係木器行業光緒　年開設
號東　執事

一鋪　王永興號　開設城内府東大街係木器行業光緒　年開設
號東　執事

一鋪 黃店號 開設城内沐府西門街係木作行業 光緒　年開設 號東　執事

一鋪 張店號 開設城内沐府西門街係木作行業 光緒　年開設 號東　執事

一鋪 尹順興號 開設城内沐府西門街係木作行業 光緒　年開設 號東　執事

一鋪 湯太興號 開設城内沐府西門街係木作行業 光緒　年開設 號東　執事

一鋪 陳店號 開設城内沐府西門街係木作行業 光緒　年開設 號東　執事

一鋪 馬店號 開設城内沐府西門街係木作行業 光緒　年開設 號東　執事

一鋪 謝店號 開設城内沐府西門街係木作行業 光緒　年開設 號東　執事

一鋪 祁隆興號 開設城内沐府西門街係木作行業 光緒　年開設 號東　執事

木作行業類

江甯商務總會調查

號〤〦
一鋪 茂興永號 開設城内沐府西門街係木作行業光緒　年開設 號東　執事

號〤〧
一鋪 夏　店號 開設城内沐府西門街係木作行業光緒　年開設 號東　執事

號〤〨
一鋪 李順興號 開設城内沐府西門街係木作行業光緒　年開設 號東　執事

號〤〩
一鋪 陳　店號 開設城内沐府西門街係木作行業光緒　年開設 號東　執事

號〤〤
一鋪 方炳森號 開設城内釣魚台街係木作行業光緒　年開設 號東　執事

號〤〥
一鋪 合　興號 開設城内釣魚台街係木作行業光緒　年開設 號東　執事

號〤〢
一鋪 蔣　店號 開設城内釣魚台街係木作行業光緒　年開設 號東　執事

號〤〣
一鋪 鄭有興號 開設城内釣魚台街係木作行業光緒　年開設 號東　執事

以上係木作店鋪

合共計〇千〇百肆拾捌號

光緒 三十二年 月 日呈

盆桶店行業類

號元 一鋪 曾順泰號 開設城内油市大街係盆桶店行業 光緒 年開設
號東曾 執事

號二 一鋪 秦正福號 開設城内釣魚台街係盆桶店行業 光緒 年開設
號東秦 執事

號三 一鋪 徐源興號 開設城内顏料坊街係盆桶店行業 光緒 年開設
號東徐 執事

號〤 一鋪 朱盆桶號 開設城内南門大街係盆桶店行業 光緒 年開設
號東朱 執事

號五 一鋪 羅福興號 開設城内講堂大街係盆桶店行業 光緒 年開設
號東羅 執事

號六 一鋪 周源興號 開設城内講堂大街係盆桶店行業 光緒 年開設
號東周 執事

號七 一鋪 龔隆順號 開設城内講堂大街係盆桶店行業 光緒 年開設
號東龔 執事

號八 一鋪 陳萬興號 開設城内油市大街係盆桶店行業 光緒 年開設
號東陳 執事

江甯商務總會調查

號九 一鋪 王義興號
開設城内油市大街係盆桶店行業 光緒 年開設
號東王 執事

號十 一鋪 王義順號
開設城内油市大街係盆桶店行業 光緒 年開設
號東王 執事

號十一 一鋪 李合興號
開設城内水西門大街係盆桶店行業 光緒 年開設
號東李 執事

號十二 一鋪 洪聚成號
開設城内顏料坊街係盆桶店行業 光緒 年開設
號東洪 執事

號十三 一鋪 史福興號
開設城内顏料坊街係盆桶店行業 光緒 年開設
號東史 執事

號十四 一鋪 王義興號
開設城内顏料坊街係盆桶店行業 光緒 年開設
號東王 執事

號十五 一鋪 李文清號
開設城内顏料坊街係盆桶店行業 光緒 年開設
號東李 執事

號十六 一鋪 陳義和號
開設城内三坊巷街係盆桶店行業 光緒 年開設
號東陳 執事

一鋪　宣義興號　開設城内陡門橋東街係盆桶店行業光緒　年開設
號東宣　執事

一鋪　唐萬順號　開設城内南門大街係盆桶店行業光緒　年開設
號東唐　執事

一鋪　史德泰號　開設城内南門大街係盆桶店行業光緒　年開設
號東史　執事

一鋪　蔣隆茂號　開設城内南門大街係盆桶店行業光緒　年開設
號東蔣　執事

一鋪　聶萬興號　開設城内南門大街係盆桶店行業光緒　年開設
號東聶　執事

一鋪　順興號　開設城内大中橋街係盆桶店行業光緒　年開設
號東張太和　執事

一鋪　順興號　開設城内奇望正街係盆桶店行業光緒　年開設
號東汪順記　執事

一鋪　永興號　開設城内奇望正街係盆桶店行業光緒　年開設
號東張永記　執事

盆桶店行業類　　江甯商務總會調查

一鋪　萬順號　開設城内奇望正街係盆桶店行業光緒　年開設　號東邢萬記執事

一鋪　永盛號　開設城内木料市街係盆桶店行業光緒　年開設　號東趙永榮執事

一鋪　長德號　開設城内估衣廊街係盆桶店行業光緒　年開設　號東劉長發執事

一鋪　永興號　開設城内估衣廊街係盆桶店行業光緒　年開設　號東王榮興執事

一鋪　謝順興號　開設城南門外西街係盆桶店行業光緒　年開設　號東謝執事

一鋪　楊盆桶號　開設城内狀元境街係盆桶店行業光緒　年開設　號東楊執事

一鋪　姜榮泰號　開設城内牌樓大街係盆桶店行業光緒　年開設　號東姜執事

一鋪　許萬盛號　開設城内水西門大街係盆桶店行業光緒　年開設　號東許執事

盆桶店行業類

一鋪　朱興發號　開設城內陡門橋街係朱東號執事　盆桶店行業　光緒年開設

一鋪　嚴萬順號　開設城內油市大街係嚴東號執事　盆桶店行業　光緒年開設

一鋪　陳合興號　開設城內油市大街係陳東號執事　盆桶店行業　光緒年開設

一鋪　彭隆順號　開設城內油市大街係彭東號執事　盆桶店行業　光緒年開設

一鋪　福興號　開設城內奇望街係東號執事　盆桶店行業　光緒年開設

一鋪　鄒同興號　開設城內淮清橋街係鄒東號執事　盆桶店行業　光緒年開設

一鋪　周治興號　開設城內淮清橋街係周東號執事　盆桶店行業　光緒年開設

一鋪　歐盆桶號　開設城內大中橋街係歐東號執事　盆桶店行業　光緒年開設

江甯商務總會調查

一鋪	李復興號	開設城内倉巷街係盆桶店行業光緒　年開設	號東李　執事
一鋪	吳萬興號	開設城内花牌樓街係盆桶店行業光緒　年開設	號東吳　執事
一鋪	余德興號	開設城内花牌樓街係盆桶店行業光緒　年開設	號東余　執事
一鋪	卞恒茂號	開設城内沐府西門街係盆桶店行業光緒　年開設	號東卞　執事
一鋪	昂福興號	開設城内南門大街係盆桶店行業光緒　年開設	號東昂　執事
一鋪	史順興號	開設城内南門大街係盆桶店行業光緒　年開設	號東史　執事
一鋪	王順興號	開設城内三坊巷街係盆桶店行業光緒　年開設	號東王　執事
一鋪	周盆桶號	開設城内三坊巷街係盆桶店行業光緒　年開設	號東周　執事

號 一鋪 王萬順號 開設城內陡門橋街係盆桶店行業 光緒 年開設
號東王 執事

號 一鋪 復興號 開設城內陡門橋街係盆桶店行業 光緒 年開設
號東 執事

號 一鋪 陳順興號 開設城內陡門橋街係盆桶店行業 光緒 年開設
號東陳 執事

號 一鋪 止 號 開設城 街係 行業 光緒 年開設
號東 執事

號 一鋪 號 開設城 街係 行業 光緒 年開設
號東 執事

號 一鋪 號 開設城 街係 行業 光緒 年開設
號東 執事

號 一鋪 號 開設城 街係 行業 光緒 年開設
號東 執事

號 一鋪 號 開設城 街係 行業 光緒 年開設
號東 執事

号　一鋪　號
開設城　街係　行業光緒　年開設
號東　執事

号　一鋪　號
開設城　街係　行業光緒　年開設
號東　執事

号　一鋪　號
開設城　街係　行業光緒　年開設
號東　執事

号　一鋪　號
開設城　街係　行業光緒　年開設
號東　執事

号　一鋪　號
開設城　街係　行業光緒　年開設
號東　執事

号　一鋪　號
開設城　街係　行業光緒　年開設
號東　執事

号　一鋪　號
開設城　街係　行業光緒　年開設
號東　執事

号　一鋪　號
開設城　街係　行業光緒　年開設
號東　執事

以上係盆桶店鋪

合共計○千○百伍拾壹號

光緒三十二年　月　日呈

筬器店行業類

一鋪 丁萬順號 開設城內南門大街係筬器行業 光緒 年開設 號東丁 執事

一鋪 魏永興號 開設城內南門月城街係筬器行業 光緒 年開設 號東魏 執事

一鋪 楊復興號 開設城內南門月城街係筬器行業 光緒 年開設 號東楊慶發 執事

一鋪 曹義興號 開設城內南門月城街係筬器行業 光緒 年開設 號東曹 執事

一鋪 曾源泰號 開設城內南門月城街係筬器行業 光緒 年開設 號東曾德和 執事

一鋪 李復興號 開設城內南門月城街係筬器行業 光緒 年開設 號東李林才 執事

一鋪 曹鈺興號 開設城內南門月城街係筬器行業 光緒 年開設 號東曹德義 執事

一鋪 趙人和號 開設城內南門月城街係筬器行業 光緒 年開設 號東趙國然 執事

江寧商務總會調查

号文	一鋪	朱萬順號	開設城内南門大街係箋器行業光緒　年開設　號東朱　執事
号十	一鋪	德盛祥號	開設城内花市大街係箋器行業光緒　年開設　號東奚　執事
号卜	一鋪	宏複祥號	開設城内花市大街係箋器行業光緒　年開設　號東劉　執事
号上	一鋪	吴祥鑫號	開設城内府東大街係箋器行業光緒　年開設　號東吴　執事
号三	一鋪	陳萬興號	開設城内油市大街係箋器行業光緒　年開設　號東陳　執事
号乂	一鋪	胡萬順號	開設城内油市大街係箋器行業光緒　年開設　號東胡　執事
号〦	一鋪	李順興號	開設城内油市大街係箋器行業光緒　年開設　號東李　執事
号〢	一鋪	胡永興號	開設城内陡門橋街係箋器行業光緒　年開設　號東胡　執事

篾器店行業類

號[illegible] 一鋪 胡萬順號 開設城内講堂大街係篾器行業 光緒　年開設 號東胡　執事

號[illegible] 一鋪 饒義興號 開設城内講堂大街係篾器行業 光緒　年開設 號東饒　執事

號[illegible] 一鋪 方興順號 開設城内講堂大街係篾器行業 光緒　年開設 號東方　執事

號[illegible] 一鋪 陳竹木行號 開設城内石埧街係篾器行業 光緒　年開設 號東陳　執事

號[illegible] 一鋪 徐同茂號 開設城内陡門橋街係篾器行業 光緒　年開設 號東徐　執事

號[illegible] 一鋪 源鑫號 開設城内陡門橋東街係篾器行業 光緒　年開設 號東徐　執事

號[illegible] 一鋪 祥發號 開設城内督署西街係篾器行業 光緒　年開設 號東李　執事

號[illegible] 一鋪 義順號 開設城内督署西街係篾器行業 光緒　年開設 號東陳　執事

江甯商務總會調查

號 一鋪 雲記號 開設城北浮橋口街係篾器行業光緒　年開設 號東王雲和執事

號 一鋪 黄正興號 開設城南門外馬家山街係篾器行業光緒　年開設 號東黄執事

號 一鋪 徐永元號 開設城内南門月城街係篾器行業光緒　年開設 號東徐執事

號 一鋪 魏記號 開設城内南門月城街係篾器行業光緒　年開設 號東魏執事

號 一鋪 張泰生號 開設城内南門月城街係篾器行業光緒　年開設 號東張執事

號 一鋪 應永興號 開設城内三山大街係篩籮行業光緒　年開設 號東應執事

號 一鋪 喻金興號 開設城内南門大街係篩籮行業光緒　年開設 號東喻執事

號 一鋪 劉復興號 開設城内陡門橋街係竹貨行業光緒　年開設 號東劉執事

篾器店行業類

号[illegible] 一鋪	宋元泰號	開設城陸門橋街係竹貨行業 號東宋 執事	光緒 年開設
号[illegible] 一鋪	吴店號	開設城内陸門橋街係竹貨行業 號東吴 執事	光緒 年開設
号[illegible] 一鋪	胡萬興號	開設城内陸門橋街係竹貨行業 號東胡 執事	光緒 年開設
号[illegible] 一鋪	周店號	開設城内陸門橋街係竹貨行業 號東周 執事	光緒 年開設
号[illegible] 一鋪	湯復興號	開設城内陸門橋街係竹貨行業 號東湯 執事	光緒 年開設
号[illegible] 一鋪	宣義興號	開設城内陸門橋街係竹貨行業 號東宣 執事	光緒 年開設
号[illegible] 一鋪	李萬興號	開設城内油市大街係竹貨行業 號東李 執事	光緒 年開設
号[illegible] 一鋪	孫店號	開設城内油市大街係竹箱行業 號東孫 執事	光緒 年開設

江甯商務總會調查

號[illegible]
一鋪 陳 店號
開設城内油市大街係竹貨行業光緒　年開設
號東陳　執事

號[illegible]
一鋪 馬 店號
開設城内油市大街係竹貨行業光緒　年開設
號東馬　執事

號[illegible]
一鋪 金順興號
開設城内油市大街係竹貨行業光緒　年開設
號東金　執事

號[illegible]
一鋪 吴 店號
開設城内油市大街係竹貨行業光緒　年開設
號東吴　執事

號[illegible]
一鋪 徐 店號
開設城内漢西門大街係竹貨行業光緒　年開設
號東徐　執事

號[illegible]
一鋪 董 店號
開設城内漢西門大街係竹貨行業光緒　年開設
號東董　執事

號[illegible]
一鋪 李 店號
開設城内漢西門大街係竹貨行業光緒　年開設
號東李　執事

號[illegible]
一鋪 楊 店號
開設城内漢西門大街係竹貨行業光緒　年開設
號東楊　執事

篾器店行業類

一鋪 童聚元號 開設城内漢西門大街係竹貨行業 光緒 年開設 號東童 執事

一鋪 胡榮興號 開設城内倉巷街係竹貨行業 光緒 年開設 號東胡 執事

一鋪 朱義興號 開設城内倉巷街係竹貨行業 光緒 年開設 號東朱 執事

一鋪 汪椿元號 開設城内沙灣街係竹貨行業 光緒 年開設 號東汪 執事

一鋪 王恒興號 開設城内沙灣街係竹貨行業 光緒 年開設 號東王 執事

一鋪 沈萬興號 開設城内沙灣街係竹貨行業 光緒 年開設 號東沈 執事

一鋪 潘鑑記號 開設城内釣魚台街係竹貨行業 光緒 年開設 號東潘 執事

一鋪 蘇元興號 開設城内釣魚台街係竹貨行業 光緒 年開設 號東蘇 執事

江甯商務總會調查

号〦 一鋪 陳元興號 開設城内釣魚台街係竹貨行業光緒 年開設 號東陳 執事

号〧 一鋪 鍾順興號 開設城内笪橋市街係竹貨行業光緒 年開設 號東鍾 執事

号〨 一鋪 王店號 開設城内上元縣西街係竹貨行業光緒 年開設 號東王 執事

号〩 一鋪 王金發號 開設城内絨莊街係竹貨行業光緒 年開設 號東王 執事

号〸 一鋪 陳店號 開設城内絨莊街係竹貨行業光緒 年開設 號東陳 執事

号〡〡 一鋪 炳興號 開設城内絨莊街係竹貨行業光緒 年開設 號東 執事

号〡〢 一鋪 陳義興號 開設城内奇望街係竹貨行業光緒 年開設 號東陳 執事

号〡〣 一鋪 陶店號 開設城内奇望街係竹貨行業光緒 年開設 號東陶 執事

竹器店行業類

号[illegible] 一鋪 趙店號 開設城内奇望街係竹貨行業 光緒 年開設
號東趙 執事

号[illegible] 一鋪 葛店號 開設城内奇望街係竹貨行業 光緒 年開設
號東葛 執事

号[illegible] 一鋪 邢店號 開設城内奇望街係竹貨行業 光緒 年開設
號東邢 執事

号[illegible] 一鋪 邢店號 開設城内奇望街係竹貨行業 光緒 年開設
號東邢 執事

号[illegible] 一鋪 謝店號 開設城内府東大街係竹貨行業 光緒 年開設
號東謝 執事

号[illegible] 一鋪 熊店號 開設城内大中橋街係竹貨行業 光緒 年開設
號東熊 執事

号[illegible] 一鋪 錢品陞號 開設城内府東大街係竹簾行業 光緒 年開設
號東錢 執事

号[illegible] 一鋪 楊店號 開設城内府東大街係竹貨行業 光緒 年開設
號東楊 執事

江甯商務總會調查

号〢〣 一鋪 楊 店號 開設城内府東大街係 竹貨行業 光緒 年開設 號東楊 執事

号〢〣 一鋪 潘 店號 開設城内府東大街係 竹貨行業 光緒 年開設 號東潘 執事

号〢〤 一鋪 戴永興號 開設城内府東大街係竹貨行業 光緒 年開設 號東戴 執事

号〢〨 一鋪 李祥發號 開設城内花牌樓街係 竹貨行業 光緒 年開設 號東李 執事

号〢〡 一鋪 馮三盛號 開設城内花牌樓街係 竹貨行業 光緒 年開設 號東馮 執事

号〢〢 一鋪 義興記號 開設城内沭府西門街係竹貨店行業 光緒 年開設 號東 執事

号〢〢 一鋪 劉 店號 開設城内沭府西門街係 竹貨行業 光緒 年開設 號東劉 執事

号〢〤 一鋪 柏 店號 開設城内沭府西門街係 竹貨 行業 光緒 年開設 號東柏 執事

篾器店行業類

一舖　馬榮興號　開設城南門外大街係竹貨行業光緒　年開設　號東馬　執事

一舖　胡　店號　開設城南門外大街係竹貨行業光緒　年開設　號東胡　執事

一舖　李義興號　開設城南門外掃箒巷街係竹貨行業光緒　年開設　號東李　執事

一舖　李　店號　開設城南門外掃箒巷街係竹貨行業光緒　年開設　號東李　執事

一舖　止　號　開設城　街係　行業光緒　年開設　號東　執事

一舖　號　開設城　街係　行業光緒　年開設　號東　執事

一舖　號　開設城　街係　行業光緒　年開設　號東　執事

一舖　號　開設城　街係　行業光緒　年開設　號東　執事

江甯商務總會調查

号　一鋪　號
開設城　街係　行業　光緒　年開設
號東　執事

号　一鋪　號
開設城　街係　行業　光緒　年開設
號東　執事

号　一鋪　號
開設城　街係　行業　光緒　年開設
號東　執事

号　一鋪　號
開設城　街係　行業　光緒　年開設
號東　執事

号　一鋪　號
開設城　街係　行業　光緒　年開設
號東　執事

号　一鋪　號
開設城　街係　行業　光緒　年開設
號東　執事

号　一鋪　號
開設城　街係　行業　光緒　年開設
號東　執事

号　一鋪　號
開設城　街係　行業　光緒　年開設
號東　執事

以上係篾器店鋪

合共計○千○百捌拾肆號

光緒三十二年　月　日呈

洋鐵店行業類

一號 一鋪 生和號 開設城內黑廊大街係洋鉄店行業 號東王 執事 光緒 年開設

二號 一鋪 徐泰山號 開設城內油市大街係洋鉄店行業 號東徐 執事 光緒 年開設

三號 一鋪 朱正泰號 開設城內水西門大街係洋鉄店行業 號東朱 執事 光緒 年開設

〤號 一鋪 李順興號 開設城內水西門大街係洋鉄店行業 號東李 執事 光緒 年開設

〥號 一鋪 泰山號 開設城內水西門大街係洋鉄店行業 號東 執事 光緒 年開設

〦號 一鋪 長鑫號 開設城內新橋大街係洋鉄店行業 號東 執事 光緒 年開設

〧號 一鋪 榮盛祥號 開設城內南門大街係洋鉄店行業 號東穆光華 執事 光緒 年開設

〨號 一鋪 劉萬源號 開設城內南門大街係洋鉄店行業 號東劉 執事 光緒 年開設

江甯商務總會調查

一鋪 劉協泰號 開設城内花市大街係洋鉄店行業 光緒 年開設 號東劉 執事

一鋪 陳順興號 開設城内府東大街係洋鉄店行業 光緒 年開設 號東陳 執事

一鋪 高祥泰號 開設城内府東大街係洋鉄店行業 光緒 年開設 號東高 執事

一鋪 祥和號 開設城内淮清橋街係洋鉄店行業 光緒 年開設 號東張鳳祥 執事

一鋪 復茂號 開設城内奇望正街係洋鉄店行業 光緒 年開設 號東劉熙慶 執事

一鋪 湧茂號 開設城南門外大街係洋鉄店行業 光緒 年開設 號東李 執事

一鋪 長春號 開設城南門外大街係洋鉄店行業 光緒 年開設 號東陳 執事

一鋪 胡森泰號 開設城内三山大街係洋鉄店行業 光緒 年開設 號東胡 執事

洋鐵店行業類

一鋪 福祥號 開設城內三山大街係洋鉄店行業 光緒 年開設 號東 執事

一鋪 復興號 開設城內南門大街係洋鉄店行業 光緒 年開設 號東 執事

一鋪 德盛祥號 開設城內上元縣西街係洋鉄店行業 光緒 年開設 號東 執事

一鋪 榮昌號 開設城水西門外大街係洋鉄店行業 光緒 年開設 號東 執事

一鋪 盛祥泰號 開設城水西門外大街係洋鉄店行業 光緒 年開設 號東 執事

一鋪 李春森號 開設城內倉巷街係洋鉄店行業 光緒 年開設 號東李 執事

一鋪 岳順興號 開設城內漢西門大街係洋鉄店行業 光緒 年開設 號東岳 執事

一鋪 湧元茂號 開設城內北門橋街係洋鉄店行業 光緒 年開設 號東 執事

号[illegible]
一鋪 張萬興號
開設城内北門橋街係洋鉄店行業 光緒 年開設
號東張 執事

号[illegible]
一鋪 湧元號
開設城内北門橋街係洋鉄店行業 光緒 年開設
號東 執事

号[illegible]
一鋪 陳店號
開設城内大中橋街係洋鉄店行業 光緒 年開設
號東陳 執事

号[illegible]
一鋪 夏永盛號
開設城内坊口大街係洋鉄店行業 光緒 年開設
號東夏 執事

号[illegible]
一鋪 榮興裕號
開設城内坊口大街係洋鉄店行業 光緒 年開設
號東 執事

号[illegible]
一鋪 郭永興號
開設城内講堂大街係洋鉄店行業 光緒 年開設
號東郭 執事

号[illegible]
一鋪 董萬興號
開設城内油市大街係洋鉄店行業 光緒 年開設
號東董 執事

号[illegible]
一鋪 劉震泰號
開設城内油市大街係洋鉄店行業 光緒 年開設
號東劉 執事

洋鐵店行業類

号 一舖 徐泰生號 開設城內油市大街係洋鉄店行業 光緒 年開設 號東徐 執事

号 一舖 森元號 開設城內油市大街係洋鉄店行業 光緒 年開設 號東 執事

号 一舖 郃店號 開設城內水西門大街係洋鉄店行業 光緒 年開設 號東郃 執事

号 一舖 泰源號 開設城內花牌樓街係洋鉄店行業 光緒 年開設 號東 執事

号 一舖 順興號 開設城內大行宮街係洋鉄店行業 光緒 年開設 號東 執事

号 一舖 大豐號 開設城內花牌樓街係洋鉄行業 光緒 年開設 號東 執事

号 一舖 止號 開設城 街係 行業 光緒 年開設 號東 執事

号 一舖 號 開設城 街係 行業 光緒 年開設 號東 執事

江寧商務總會調查

号 一鋪 號
開設城 街係 行業 光緒 年開設
號東 執事

号 一鋪 號
開設城 街係 行業 光緒 年開設
號東 執事

号 一鋪 號
開設城 街係 行業 光緒 年開設
號東 執事

号 一鋪 號
開設城 街係 行業 光緒 年開設
號東 執事

号 一鋪 號
開設城 街係 行業 光緒 年開設
號東 執事

号 一鋪 號
開設城 街係 行業 光緒 年開設
號東 執事

号 一鋪 號
開設城 街係 行業 光緒 年開設
號東 執事

号 一鋪 號
開設城 街係 行業 光緒 年開設
號東 執事

以上係洋鐵店鋪

合共計〇千〇百叁拾捌號

光緒三十二年　月　日呈

鍋炭行業類

已入商會 号一 一鋪 德興號 開設城内坊口大街係鍋炭行業光緒　年開設 號東孫錦鴻執事

已入商會 号二 一鋪 利和生號 開設城外下河街係鍋炭行業光緒　年開設 號東徐春林執事

已入商會 号三 一鋪 恒泰興號 開設城下河街係鍋炭行業光緒　年開設 號東曹森春執事

已入商會 号〤 一鋪 正和祥號 開設城外下河街係鍋炭行業光緒　年開設 號東郁魯鄉執事

已入商會 号〥 一鋪 泰昌號 開設城外下河街係鍋炭行業光緒　年開設 號東夏瑯山執事

已入商會 号〦 一鋪 元鼎興號 開設城外下河街係鍋炭行業光緒　年開設 號東程朝珍執事

已入商會 号〧 一鋪 雷同生號 開設城外上河街係鍋炭行業光緒　年開設 號東雷錦堂執事

已入商會 号〨 一鋪 元亨利號 開設城外瓦廠街係鍋炭行業光緒　年開設 號東宋紹榮執事

江甯商務總會調查

已入商會 号文 一鋪 正豐信號 開設城外下河街係鍋炭行業光緒年開設 號東卞信五執事

已入商會 号十 一鋪 同盛源號 開設城外石城橋街係鍋炭行業光緒年開設 號東毛廉甫執事

已入商會 号卜 一鋪 鴻茂和號 開設城外石城橋街係鍋炭行業光緒年開設 號東吴捷三執事

已入商會 号卜 一鋪 章貞祥號 開設城外石城橋街係鍋炭行業光緒年開設 號東章良貞執事

已入商會 号ㄷ 一鋪 王和豐號 開設城外石城橋街係鍋炭行業光緒年開設 號東王彰賢執事

已入商會 号lX 一鋪 復興祥號 開設城外石城橋街係鍋炭行業光緒年開設 號東柯益暢執事

已入商會 号18 一鋪 柯萬興號 開設城漢西門大街係鍋炭行業光緒年開設 號東劉東山執事

已入商會 号12 一鋪 錦源祥號 開設城外瓦廠街係鍋炭行業光緒年開設 號東王國楚執事

鍋炭行業類

一鋪 六吉號	開設城外瓦廠街係	號東沈吟秋執事	鍋炭行業	光緒　年開設	已入商會
一鋪 洪義和號	開設城外瓦廠街係	號東江錫洲執事	鍋炭行業	光緒　年開設	已入商會
一鋪 天茂利號	開設城外瓦廠街係	號東張問清執事	鍋炭行業	光緒　年開設	已入商會
一鋪 洪義茂號	開設城外瓦廠街係	號東金雲卿執事	鍋炭行業	光緒　年開設	已入商會
一鋪 德泰和號	開設城外瓦廠街係	號東劉德鏞執事	鍋炭行業	光緒　年開設	已入商會
一鋪 裕康祥號	開設城外下河街係	號東朱玉書執事	鍋炭行業	光緒　年開設	已入商會
一鋪 正有號	開設城外瓦廠街係	號東黃春生執事	鍋炭行業	光緒　年開設	已入商會
一鋪 廣成號	開設城内水西門街係	號東孔昭文執事	鍋炭行業	光緒　年開設	已入商會

江甯商務總會調查

已入商會 号〡〨
一鋪 榮興號 開設城内倉巷大街係 鍋炭 行業 光緒 年開設 號東卞文光 執事

已入商會 号〡〧
一鋪 元興號 開設城内南門大街係 鍋炭 行業 光緒 年開設 號東程朝珍 執事

已入商會 号〡〦
一鋪 同興號 開設城南門城口街係 鍋炭 行業 光緒 年開設 號東胡達材 執事

已入商會 号〡〥
一鋪 乾泰號 開設城南門外燕翅口街係 鍋炭 行業 光緒 年開設 號東張鑑堂 執事

已入商會 号〡〤
一鋪 祥興號 開設城南外掃幕巷街係 鍋炭 行業 光緒 年開設 號東呂應廷 執事

已入商會 号〡〣
一鋪 乾泰隆號 開設城内膺福大街係 鍋炭 行業 光緒 年開設 號東談竹泉 執事

已入商會 号〡〢
一鋪 啟興號 開設城内膺福大街係 鍋炭 行業 光緒 年開設 號東楊鳴九 執事

已入商會 号〡〡
一鋪 德裕號 開設城内沙灣大街係 鍋炭 行業 光緒 年開設 號東方仲銘 執事

已入商會
一鋪 程廣興號 開設城內水西門釣魚巷街係鍋炭行業光緒　年開設
號東方良璽　執事

已入商會
一鋪 坤大元號 開設城內花市街係鍋炭行業光緒　年開設
號東唐維馨　執事

已入商會
一鋪 汪森和號 開設城內顧樓大街係鍋炭行業光緒　年開設
號東汪蘊山　執事

已入商會
一鋪 萬盛號 開設城內顧樓大街係鍋炭行業光緒　年開設
號東汪鶴亭　執事

已入商會
一鋪 元泰昌號 開設城內大夫第街係鍋炭行業光緒　年開設
號東姜錦文　執事

已入商會
一鋪 謙泰號 開設城內淮清橋街係鍋炭行業光緒　年開設
號東徐值生　執事

已入商會
一鋪 王永茂號 開設城內淮清橋街係鍋炭行業光緒　年開設
號東王彝庭　執事

已入商會
一鋪 慶盛隆號 開設城內文思巷街係鍋炭行業光緒　年開設
號東李金魁　執

鍋炭行業頁

鍋炭行業類

入會	號數	鋪數	牌號	開設地點及行業	號東	執事
已入商會		一鋪	聚興號	開設城内文思巷街係鍋炭行業光緒　年開設	號東孫金星	執事
已入商會		一鋪	和泰豐號	開設城内大中橋街係鍋炭行業光緒　年開設	號東方瑞徵	執事
已入商會		一鋪	廣興和號	開設城内大中橋街係鍋炭行業光緒　年開設	號東李錦堂	執事
已入商會		一鋪	永源祥號	開設城内講堂大街係鍋炭行業光緒　年開設	號東馬鏞生	執事
已入商會		一鋪	裕德泰號	開設城内笪橋市街係鍋炭行業光緒　年開設	號東阮植光	執事
已入商會		一鋪	福茂祥號	開設城内評事街係鍋炭行業光緒　年開設	號東王長清	執事
已入商會		一鋪	福盛號	開設城内奇望街係鍋炭行業光緒　年開設	號東李金魁	執事
已入商會		一鋪	劉義和號	開設城内中正街係鍋炭行業光緒　年開設	號東劉荒卿	執事

江甯商務總會調查

鍋炭行業類

已入商會
一鋪 晉泰號 開設城内内橋大街係鍋炭行業光緒　年開設
號東徐樹陶 執事

已入商會
一鋪 萬興號 開設城内新橋大街係鍋炭行業光緒　年開設
號東左漢泉 執事

已入商會
一鋪 元茂盛號 開設城内新橋大街係鍋炭行業光緒　年開設
號東胡沛芝 執事

已入商會
一鋪 庚大號 開設城内釣魚台街係鍋炭行業光緒　年開設
號東汪敏卿 執事

已入商會
一鋪 德和號 開設城内倉巷大街係鍋炭行業光緒　年開設
號東洪滙源 執事

已入商會
一鋪 大生榮號 開設城内上浮橋街係鍋炭行業光緒　年開設
號東柯榮卿 執事

已入商會
一鋪 天順和號 開設城内上浮橋街係鍋炭行業光緒　年開設
號東劉立鎬 執事

已入商會
一鋪 德興號 開設城内絲市口街係鍋炭行業光緒　年開設
號東張煦生 執事

江甯商務總會調查

已入商會 号〥〢 一鋪 亨泰號 開設城内東牌樓街係鍋炭行業光緒　年開設 號東許晴初 執事

已入商會 号〥〢 一鋪 永發祥號 開設城内下浮橋街係鍋炭行業光緒　年開設 號東柏善其 執事

已入商會 号〤〤 一鋪 錦大號 開設城内花牌樓街係鍋炭行業光緒　年開設 號東龔錦臣 執事

已入商會 号〢十 一鋪 永源祥號 開設城内花牌樓街係鍋炭行業光緒　年開設 號東禺洪賓 執事

已入商會 号〢〡〡 一鋪 陳恒豐號 開設城北督院西街係鍋炭行業光緒　年開設 號東陳青雲 執事

已入商會 号〢〡〡 一鋪 永源號 開設城内魚市大街係鍋炭行業光緒　年開設 號東丁保生 執事

已入商會 号〢〣 一鋪 毛義和號 開設城内唱經樓街係鍋炭行業光緒　年開設 號東毛奇江 執事

已入商會 号〢〤 一鋪 義興號 開設城内火星廟街係鍋炭行業光緒　年開設 號東王松春 執事

鍋炭行業類

已入商會 号

一鋪 鴻記號 開設城外上河街係鍋炭行業光緒年開設 號東雷鴻賓執事

已入商會 号

一鋪 康怡興號 開設城外下関大街係鍋炭行業光緒年開設 號東康冠賢執事

已入商會 号

一鋪 亨泰號 開設城外下関大街係鍋炭行業光緒年開設 號東張鑑堂執事

已入商會 号

一鋪 康義興號 開設城外下関大街係鍋炭行業光緒年開設 號東康福來執事

已入商會 号

一鋪 廣大號 開設城外下関通商場街係鍋炭行業光緒年開設 號東程西卿執事

已入商會 号

一鋪 正康號 開設城外下関通商場街係鍋炭行業光緒年開設 號東徐珊琳執事

号

一鋪 止號 開設城街係行業光緒年開設 號東執事

号

一鋪 號 開設城街係行業光緒年開設 號東執事

江甯商務總會調查

号一鋪　號　開設城　街係　行業光緒　年開設
號東　執事

号一鋪　號　開設城　街係　行業光緒　年開設
號東　執事

号一鋪　號　開設城　街係　行業光緒　年開設
號東　執事

号一鋪　號　開設城　街係　行業光緒　年開設
號東　執事

号一鋪　號　開設城　街係　行業光緒　年開設
號東　執事

号一鋪　號　開設城　街係　行業光緒　年開設
號東　執事

号一鋪　號　開設城　街係　行業光緒　年開設
號東　執事

号一鋪　號　開設城　街係　行業光緒　年開設
號東　執事

以上係鍋炭店鋪

合共計〇千〇百柒拾〇號

光緒 三十二年 月 日呈

傘店 行業類

一號	一鋪	聶源昌號	開設城南門月城内街	係傘店行業	光緒 年開設	號東聶元成	執事
二號	一鋪	裕永源號	開設城南門月城内街	係傘店行業	光緒 年開設	號東沈鶴籌	執事
三號	一鋪	徐德成號	開設城南門月城内街	係傘店行業	光緒 年開設	號東徐長福	執事
四號	一鋪	盛源號	開設城南門月城内街	係傘店行業	光緒 年開設	號東包	執事
五號	一鋪	謝長泰號	開設城内水西門大街	係傘店行業	光緒 年開設	號東謝	執事
六號	一鋪	陶萬興號	開設城南門月城内街	係傘店行業	光緒 年開設	號東陶炳奎	執事
七號	一鋪	萬和號	開設城内木料市街	係傘店行業	光緒 年開設	號東張智和	執事
八號	一鋪	湛天和號	開設城内油市大街	係傘店行業	光緒 年開設	號東湛	執事

江甯商務總會調查

号〥 一鋪 劉億泰號 開設城内水西門大街係傘店行業光緒　年開設 號東劉　執事

号〸 一鋪 謝勝泰號 開設城内水西門大街係傘店行業光緒　年開設 號東謝　執事

号〦 一鋪 劉順泰號 開設城内水西門大街係傘店行業光緒　年開設 號東劉　執事

号〦 一鋪 李茂盛號 開設城内水西門大街係傘店行業光緒　年開設 號東李　執事

号〧 一鋪 春祥盛號 開設城内漢西門大街係傘店行業光緒　年開設 號東　執事

号〤 一鋪 葉長泰號 開設城内漢西門大街係傘店行業光緒　年開設 號東葉　執事

号〡〣 一鋪 仁泰號 開設城内漢西門大街係傘店行業光緒　年開設 號東朱　執事

号〡〢 一鋪 聶榮昌號 開設城内府東大街係傘店行業光緒　年開設 號東聶　執事

一鋪 易錦源號 開設城内府東大街係 號東易 執事 傘店行業 光緒 年開設

一鋪 雲從號 開設城内大中橋街係 號東陳 執事 傘店行業 光緒 年開設

一鋪 恒大號 開設城内大中橋街係 號東查一太山 執事 傘店行業 光緒 年開設

一鋪 天雲號 開設城内驢子市街係 號東徐天記 執事 傘店行業 光緒 年開設

一鋪 義順號 開設城内羊市橋街係 號東錢義記 執事 傘店行業 光緒 年開設

一鋪 湧源號 開設城内魚市大街係 號東董長福 執事 傘店行業 光緒 年開設

一鋪 陳雲從號 開設城南門外大街係 號東陳 執事 傘店行業 光緒 年開設

一鋪 復元號 開設城南門月城内街係 號東 執事 傘店行業 光緒 年開設

傘店行業類

江甯商務總會調查

[illegible]號 一鋪 萬和祥號 開設城內笪橋市街係傘店行業 光緒 年開設 號東萬 執事

[illegible]號 一鋪 義和祥號 開設城水西門外大街係傘店行業 光緒 年開設 號東 執事

[illegible]號 一鋪 陳雲隆號 開設城水西門外大街係傘店行業 光緒 年開設 號東陳 執事

[illegible]號 一鋪 馮正泰號 開設城外瓦廠街係傘店行業 光緒 年開設 號東馮 執事

[illegible]號 一鋪 殷德泰號 開設城外瓦廠街係傘店行業 光緒 年開設 號東殷 執事

[illegible]號 一鋪 高復泰號 開設城外瓦廠街係傘店行業 光緒 年開設 號東高 執事

[illegible]號 一鋪 戚洪泰號 開設城外瓦廠街係傘店行業 光緒 年開設 號東戚 執事

[illegible]號 一鋪 葉復興號 開設城外瓦廠街係傘店行業 光緒 年開設 號東葉 執事

傘店行業類

号 一鋪 黄元泰號 開設城外瓦廠街係傘店行業 光緒 年開設 號東黄 執事

号 一鋪 黄復泰號 開設城外瓦廠街係傘店行業 光緒 年開設 號東黄 執事

号 一鋪 劉正泰號 開設城南門外大街係傘店行業 光緒 年開設 號東劉 執事

号 一鋪 義興號 開設城内沙灣街係傘店行業 光緒 年開設 號東 執事

号 一鋪 王元興號 開設城内府東大街係傘店行業 光緒 年開設 號東王 執事

号 一鋪 王萬和號 開設城水西門月城街係傘店行業 光緒 年開設 號東王 執事

号 一鋪 止號 開設城 街係 行業 光緒 年開設 號東 執事

号 一鋪 號 開設城 街係 行業 光緒 年開設 號東 執事

江甯商務總會調查

号 一鋪 號 開設城 街 係 行業 光緒 年開設
號東 執事

号 一鋪 號 開設城 街 係 行業 光緒 年開設
號東 執事

号 一鋪 號 開設城 街 係 行業 光緒 年開設
號東 執事

号 一鋪 號 開設城 街 係 行業 光緒 年開設
號東 執事

号 一鋪 號 開設城 街 係 行業 光緒 年開設
號東 執事

号 一鋪 號 開設城 街 係 行業 光緒 年開設
號東 執事

号 一鋪 號 開設城 街 係 行業 光緒 年開設
號東 執事

号 一鋪 號 開設城 街 係 行業 光緒 年開設
號東 執事

以上係傘　店鋪
合共計〇千〇百叁拾捌號

光緒 三十二年 月 日呈

蓆子店行業類

号一	一鋪	福　元號	開設城内顧樓大街係蓆子店行業 號東徐元山 執事	光緒　年開設
号二	一鋪	大　昌號	開設城内南門大街係蓆子店行業 號東常坤和 執事	光緒　年開設
号三	一鋪	湶源興號	開設城内新橋大街係蓆子店行業 號東梁 執事	光緒　年開設
号四	一鋪	福　興號	開設城内魚市大街係蓆子店行業 號東馬耀廷 執事	光緒　年開設
号五	一鋪	李恒昌號	開設城内水西門大街係蓆子店行業 號東李巽卿 執事	光緒　年開設
号六	一鋪	天　成號	開設城内水西門大街係蓆子店行業 號東葉 執事	光緒　年開設
号七	一鋪	永興同號	開設城内南門大街係蓆子店行業 號東楊錫珍 執事	光緒　年開設
号八	一鋪	和　順號	開設城内南門大街係蓆子店行業 號東孫 執事	光緒　年開設

江甯商務總會調查

号〩	一鋪 裕源號	號東劉 執事	開設城内大功坊街係蓆子店行業 光緒 年開設
号十	一鋪 義順號	號東陳松亭 執事	開設城内承恩寺街係蓆子店行業 光緒 年開設
号卜	一鋪 錦泰昌號	號東 執事	開設城内水西門大街係蓆子店行業 光緒 年開設
号〡〢	一鋪 李恒昌號	號東李 執事	開設城水西門月城街係蓆子店行業 光緒 年開設
号〡〢	一鋪 長興號	號東 執事	開設城内水西門大街係蓆子棉花行業 光緒 年開設
号〡〤	一鋪 德慶號	號東 執事	開設城内花市大街係蓆子棉花行業 光緒 年開設
号〡〣	一鋪 金元興號	號東金 執事	開設城内坊口大街係蓆子店行業 光緒 年開設
号〡〢	一鋪 德茂元號	號東 執事	開設城内坊口大街係蓆子棉花行業 光緒 年開設

一舖　湯萬鑫號　開設城南門外大街係棉花店行業　光緒　年開設　號東湯　執事

一舖　祥泰號　開設城内顧樓大街係棉花店行業　光緒　年開設　號東　執事

一舖　恒盛號　開設城内評事大街係花蓆店行業　光緒　年開設　號東　執事

一舖　源興號　開設城内評事大街係花蓆店行業　光緒　年開設　號東　執事

一舖　周椿和號　開設城内評事大街係蓆子店行業　光緒　年開設　號東周　執事

一舖　義泰號　開設城内評事大街係花蓆店行業　光緒　年開設　號東　執事

一舖　楊椿森號　開設城内評事大街係花蓆店行業　光緒　年開設　號東楊　執事

一舖　正元號　開設城内評事大街係花蓆店行業　光緒　年開設　號東　執事

蓆子店行業類

江寧商務總會調查

号〡〦 一鋪 趙寶記號 開設城内魚市大街係棉花店行業 光緒 年開設 號東趙 執事

号〡〧 一鋪 德元祥號 開設城内内橋北街係花蓆店行業 光緒 年開設 號東 執事

号〡〨 一鋪 義興盛號 開設城内驢子市街係花蓆店行業 光緒 年開設 號東 執事

号〡〩 一鋪 永興號 開設城内奇望街係棉花店行業 光緒 年開設 號東 執事

号〢〇 一鋪 德茂號 開設城内大中橋街係棉花店行業 光緒 年開設 號東 執事

号〢〡 一鋪 元盛號 開設城内坊口大街係花蓆店行業 光緒 年開設 號東 執事

号〢〢 一鋪 蘇正興號 開設城内南門大街係棉花店行業 光緒 年開設 號東蘇 執事

号〢〣 一鋪 萬和生號 開設城内彩霞街係花蓆店行業 光緒 年開設 號東 執事

蓆子店行業類

一鋪 施順元號 開設城内大行宮街係 花蓆店行業 光緒 年開設 號東施 執事

一鋪 賀錦盛號 開設城内大行宮街係 花蓆店行業 光緒 年開設 號東賀 執事

一鋪 湧錦源號 開設城内魚市大街係 花蓆店行業 光緒 年開設 號東 執事

一鋪 厚大號 開設城内魚市大街係 花蓆店行業 光緒 年開設 號東 執事

一鋪 止號 開設城 街係 行業 光緒 年開設 號東 執事

一鋪 號 開設城 街係 行業 光緒 年開設 號東 執事

一鋪 號 開設城 街係 行業 光緒 年開設 號東 執事

一鋪 號 開設城 街係 行業 光緒 年開設 號東 執事

江甯商務總會調查

号　一鋪　　號
開設城　　街係　　行業光緒　　年開設
號東　　執事

号　一鋪　　號
開設城　　街係　　行業光緒　　年開設
號東　　執事

号　一鋪　　號
開設城　　街係　　行業光緒　　年開設
號東　　執事

号　一鋪　　號
開設城　　街係　　行業光緒　　年開設
號東　　執事

号　一鋪　　號
開設城　　街係　　行業光緒　　年開設
號東　　執事

号　一鋪　　號
開設城　　街係　　行業光緒　　年開設
號東　　執事

号　一鋪　　號
開設城　　街係　　行業光緒　　年開設
號東　　執事

号　一鋪　　號
開設城　　街係　　行業光緒　　年開設
號東　　執事

以上係蓆子店鋪

合共計〇千〇百叁拾陸號

光緒三十二年　月　日呈

燈鋪 行業類

〡	一鋪	易錦源號	開設城内府東大街係燈鋪行業	光緒　年開設	號東易	執事
〢	一鋪	王炳興號	開設城内府東大街係燈鋪行業	光緒　年開設	號東王	執事
〣	一鋪	呂錦興號	開設城内黑廊大街係燈鋪行業	光緒　年開設	號東呂	執事
〤	一鋪	吴恒泰號	開設城内黑廊大街係燈鋪行業	光緒　年開設	號東吴	執事
〥	一鋪	吴恒大號	開設城内綫莊巷街係燈鋪行業	光緒　年開設	號東吴	執事
〦	一鋪	劉順興號	開設城内府東大街係燈鋪行業	光緒　年開設	號東劉	執事
〧	一鋪	柳金興號	開設城内黑廊大街係燈鋪行業	光緒　年開設	號東柳	執事
〨	一鋪	潘隆興號	開設城内奇望街係燈鋪行業	光緒　年開設	號東潘	執事

江甯商務總會調查

号 一鋪 止 號 開設城 街係 行業 光緒 年開設 號東 執事

号 一鋪 號 開設城 街係 行業 光緒 年開設 號東 執事

号 一鋪 號 開設城 街係 行業 光緒 年開設 號東 執事

号 一鋪 號 開設城 街係 行業 光緒 年開設 號東 執事

号 一鋪 號 開設城 街係 行業 光緒 年開設 號東 執事

号 一鋪 號 開設城 街係 行業 光緒 年開設 號東 執事

号 一鋪 號 開設城 街係 行業 光緒 年開設 號東 執事

号 一鋪 號 開設城 街係 行業 光緒 年開設 號東 執事

以上像燈　店鋪

合共計〇千〇百〇拾捌號

光緒 三十二年 月 日呈

皮箱店行業類

号〡	一鋪	邰榮大號	開設城内行口大街係皮箱店行業	號東邰執事	光緒　年開設
号〢	一鋪	許合興號	開設城内黑廊大街係皮箱店行業	號東許執事	光緒　年開設
号〣	一鋪	朱萬鑫號	開設城内坊口大街係皮箱店行業	號東朱執事	光緒　年開設
号〤	一鋪	劉炳元號	開設城内花市大街係皮箱店行業	號東劉執事	光緒　年開設
号〥	一鋪	朱永盛號	開設城内三山大街係皮箱店行業	號東朱執事	光緒　年開設
号〦	一鋪	劉恒泰號	開設城内南門大街係皮箱店行業	號東劉執事	光緒　年開設
号〧	一鋪	榮鎰泰號	開設城内讙堂大街係皮箱店行業	號東　執事	光緒　年開設
号〨	一鋪	劉元茂號	開設城内府東大街係皮箱店行業	號東劉執事	光緒　年開設

江甯商務總會調查

号 一鋪 止 號 開設城 街係 行業 光緒 年開設 號東 執事

号 一鋪 號 開設城 街係 行業 光緒 年開設 號東 執事

号 一鋪 號 開設城 街係 行業 光緒 年開設 號東 執事

号 一鋪 號 開設城 街係 行業 光緒 年開設 號東 執事

号 一鋪 號 開設城 街係 行業 光緒 年開設 號東 執事

号 一鋪 號 開設城 街係 行業 光緒 年開設 號東 執事

号 一鋪 號 開設城 街係 行業 光緒 年開設 號東 執事

号 一鋪 號 開設城 街係 行業 光緒 年開設 號東 執事

以上係皮箱店鋪

合共計〇千〇百●拾捌號

光緒 三十二年 月 日呈

江寧商務總會稟查

棹合店行業類

〡号 一鋪 許永源號 開設城内行口大街係棹合店行業 光緒　年開設 號東許 執事

〢号 一鋪 許永鑫號 開設城内行口大街係棹合店行業 光緒　年開設 號東許 執事

〣号 一鋪 高錦源號 開設城内講堂大街係棹合店行業 光緒　年開設 號東高 執事

〤号 一鋪 陳盛和號 開設城内講堂大街係棹合店行業 光緒　年開設 號東陳 執事

〥号 一鋪 陳泳順號 開設城内黑廊大街係棹合店行業 光緒　年開設 號東陳 執事

〦号 一鋪 李萬興號 開設城内坊口大街係漆合傘行業 光緒　年開設 號東李 執事

〧号 一鋪 邢順發號 開設城内油市大街係漆合店行業 光緒　年開設 號東邢 執事

〨号 一鋪 王萬興號 開設城内油市大街係漆合竹貨行業 光緒　年開設 號東王 執事

江甯商務總會調查

[illegible]	一鋪	王永發號	開設城内油市大街係漆合店	行業	光緒　年開設
			號東王　執事		
[illegible]	一鋪	許復興號	開設城内府東大街係漆合店	行業	光緒　年開設
			號東許　執事		
[illegible]	一鋪	戴隆興號	開設城内府東大街係漆合店	行業	光緒　年開設
			號東戴　執事		
[illegible]	一鋪	義興號	開設城内奇望街係提合店	行業	光緒　年開設
			號東　執事		
[illegible]	一鋪	楊炳興號	開設城内驢子市街係漆合店	行業	光緒　年開設
			號東楊　執事		
[illegible]	一鋪	順興號	開設城内東牌樓街係漆合店	行業	光緒　年開設
			號東　執事		
[illegible]	一鋪	上　號	開設城　街係	行業	光緒　年開設
			號東　執事		
[illegible]	一鋪	號	開設城　街係	行業	光緒　年開設
			號東　執事		

以上係楾盒店鋪

合共計〇千〇百〇拾肆號

光緒 三十二年 月 日呈

号〡	一鋪	金德新號	開設城内黑廊大街係錫箔鋪行業光緒　年開設	號東金　執事
号〢	一鋪	金善隆號	開設城内花市大街係錫箔鋪行業光緒　年開設	號東金　執事
号〣	一鋪	德新隆號	開設城内新橋大街係錫箔鋪行業光緒　年開設	號東吴鈞和　執事
号〤	一鋪	禪記號	開設城内花市大街係錫箔鋪行業光緒　年開設	號東嚴　執事
号〥	一鋪	祥豐號	開設城内三山大街係錫箔鋪行業光緒　年開設	號東　執事
号〦	一鋪	寶記號	開設城内評事大街係錫箔鋪行業光緒　年開設	號東　執事
号〧	一鋪	王元記號	開設城内天青街係錫箔鋪行業光緒　年開設	號東王　執事
号	一鋪	止號	開設城　街係　行業光緒　年開設	號東　執事

錫箔鋪行業類

江甯商務總會調查

号 一鋪　　號
開設城　　街係　　行業　光緒　　年開設
號東　　執事

号 一鋪　　號
開設城　　街係　　行業　光緒　　年開設
號東　　執事

号 一鋪　　號
開設城　　街係　　行業　光緒　　年開設
號東　　執事

号 一鋪　　號
開設城　　街係　　行業　光緒　　年開設
號東　　執事

号 一鋪　　號
開設城　　街係　　行業　光緒　　年開設
號東　　執事

号 一鋪　　號
開設城　　街係　　行業　光緒　　年開設
號東　　執事

号 一鋪　　號
開設城　　街係　　行業　光緒　　年開設
號東　　執事

号 一鋪　　號
開設城　　街係　　行業　光緒　　年開設
號東　　執事

以上係錫箔店鋪

合共計〇千〇百〇拾柒號

光緒 三十二年 月 日呈

金箔 行業類

已入商會	号〡	一鋪 施祥鑫號	開設城内府東大街係金箔行業	號東施少甫 執事		光緒 年開設
	号〢	一鋪 蘇正大號	開設城内行口大街係金箔行業	號東 執事		光緒 年開設
已入商會	号〣	一鋪 許永興號	開設城内大板巷街係金箔行業	號東 執事		光緒 年開設
已入商會	号〤	一鋪 聚興號	開設城内大板巷街係金箔行業	號東陶樹森 執事		光緒 年開設
已入商會	号〥	一鋪 榮興號	開設城内綾庄巷街係金箔行業	號東印 執事		光緒 年開設
已入商會	号〦	一鋪 陳永源號	開設城内馬巷街係金箔行業	號東 執事		光緒 年開設
	号〧	一鋪 德明號	開設城内府東大街係金箔行業	號東胡 執事		光緒 年開設
已入商會	号〨	一鋪 黃正興號	開設城内府東大街係金箔行業	號東 執事		光緒 年開設

江甯商務總會調查

已入商會

一鋪　義興號　開設城內府東大街係金箔行業光緒　年開設
號東胡　執事

一鋪　程福記號　開設城內府東大街係金箔行業光緒　年開設
號東　執事

一鋪　王億興號　開設城內府東大街係金箔行業光緒　年開設
號東　執事

一鋪　止　號　開設城　街係　行業光緒　年開設
號東　執事

一鋪　號　開設城　街係　行業光緒　年開設
號東　執事

一鋪　號　開設城　街係　行業光緒　年開設
號東　執事

一鋪　號　開設城　街係　行業光緒　年開設
號東　執事

一鋪　號　開設城　街係　行業光緒　年開設
號東　執事

以上係金箔店鋪

合共計〇千〇百〇拾壹號

光緒

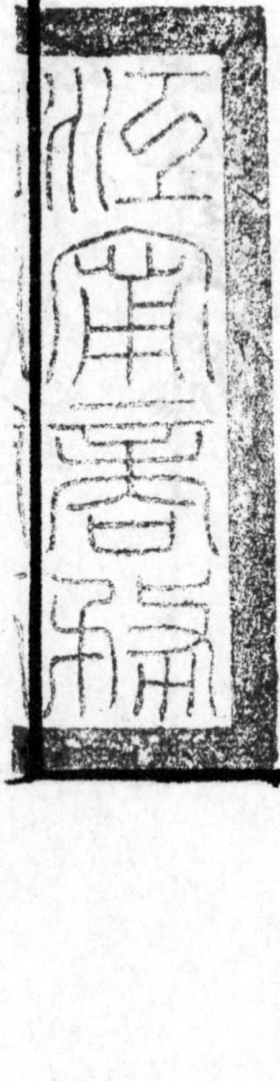

柒卷目錄

已入商會
一號 一鋪 衡山東號 開設城水西門大街係香燭行業 光緒 年開設
號東朱杏村 執事

已入商會
一號 一鋪 德泰春號 開設城水西門大街係香燭行業 光緒 年開設
號東朱品三 執事

已入商會
一號 一鋪 德泰和號 開設城行口大街係香燭行業 光緒 年開設
號東朱賢甫 執事曹青槐

已入商會
一號 一鋪 李景茂號 開設城西營門口街係香燭行業 光緒 年開設
號東李晏章 執事張泳榮

已入商會
一號 一鋪 李存心號 開設城府西大街係香燭行業 光緒 年開設
號東李晏章 執事

一號 一鋪 永心元號 開設城新橋殷高巷口街係香燭行業 光緒 年開設
號東 執事

已入商會
一號 一鋪 元豐厚號 開設城新橋大街係香燭行業 光緒 年開設
號東楊浩如 執事吳竹泉

一號 一鋪 王義興號 開設城武定橋街係香燭行業 光緒 年開設
號東王發魁 執事

香燭行業類

江甯商務總會調查

已入商會　号　一鋪　源盛祥號　開設城外養虎巷街係香燭行業光緒　年開設　號東　執事陳雨生

已入商會　号　一鋪　天成號　開設城大中橋街係香燭行業光緒　年開設　號東仇椿榮　執事

已入商會　号　一鋪　仁大號　開設城淮清橋街係香燭行業光緒　年開設　號東楊漢泉　徐善之　執事

已入商會　号　一鋪　乾泰號　開設城承恩寺街係香燭行業光緒　年開設　號東仇鈞　執事

已入商會　号　一鋪　同泰協號　開設城奇望街係香燭行業光緒　年開設　號東仇道生　執事

已入商會　号　一鋪　衡泰號　開設城水西門大街係香燭行業光緒　年開設　號東胡筱華　執事

已入商會　号　一鋪　義順號　開設城府西大街係香燭行業光緒　年開設　號東戴吉貴　執事

已入商會　号　一鋪　慎源號　開設城評事大街係香燭行業光緒　年開設　號東王敏之　執事

已入商會 号 一鋪 恒源祥號 開設城　街係香燭行業光緒　年開設 號東王少卿 執事

已入商會 号 一鋪 仇永成號 開設城内橋大街係香燭行業光緒　年開設 號東仇鑑海 執事

已入商會 号 一鋪 衡　大號 開設城北大行宮街係香燭行業光緒　年開設 號東俛佑之 執事

已入商會 号 一鋪 永　生號 開設城北雞鵝巷街係香燭行業光緒　年開設 號東張嘉榮 執事

已入商會 号 一鋪 泰　山號 開設城北門橋街係香燭行業光緒　年開設 號東朱雨人 執事

已入商會 号 一鋪 乾　源號 開設城北門橋街係香燭行業光緒　年開設 號東翟紹芝 執事

已入商會 号 一鋪 恒興祥號 開設城沐府西門街係香燭行業光緒　年開設 號東劉星垣 執事

已入商會 号 一鋪 徐泰興號 開設城大香爐街係香燭行業光緒　年開設 號東徐子和 執事

香燭行業類

江甯商務總會調查

已入商會

号

一鋪　益大號

開設城大彩霞街係香燭行業光緒　年開設

號東姜達大　執事

号

一鋪　元豐號

開設城内評事街係香燭行業光緒　年開設

號東趙　執事

号

一鋪　慎源號

開設城内評事街係香燭行業光緒　年開設

號東陸　執事

号

一鋪　太山號

開設城内小門口街係香燭行業光緒　年開設

號東徐　執事

已入商會

号

一鋪　永心元號

開設城内釣魚台街係香燭行業光緒　年開設

號東曹　執事

号

一鋪　同茂號

開設城内花市大街係香燭行業光緒　年開設

號東仉　執事

号

一鋪　義興號

開設城内顧樓大街係香燭行業光緒　年開設

號東王　執事

号

一鋪　乾泰號

開設城内驢子市街係香燭行業光緒　年開設

號東仉　執事

号 一鋪 天成號 開設城內大中橋街係香燭行業 光緒 年開設 號東仇 執事

已入商會 号 一鋪 永成號 開設城內廣藝街係香燭行業 光緒 年開設 號東仇 執事

号 一鋪 泰興號 開設城內明瓦廊街係香燭行業 光緒 年開設 號東徐 執事

号 一鋪 天順號 開設城內魚市街係香燭行業 光緒 年開設 號東吴 執事

号 一鋪 仁興號 開設城內小石橋街係香燭行業 光緒 年開設 號東金 執事

号 一鋪 同源號 開設城南門外大街係香燭行業 光緒 年開設 號東桂 執事

号 一鋪 陳源隆號 開設城南門外西街係香燭行業 光緒 年開設 號東陳 執事

已入商會 号 一鋪 義興號 開設城內彩霞街係香燭行業 光緒 年開設 號東劉 執事

香燭行業類 江甯商務總會調查

号 一鋪 森和祥號 開設城內菱角市街係香燭行業光緒　年開設 號東施　執事

已入商會

号 一鋪 源泰號 開設城內金粟庵街係香燭行業光緒　年開設 號東高　執事

号 一鋪 元大號 開設城內營門口街係香燭行業光緒　年開設 號東何　執事

号 一鋪 恒興號 開設城內營門口街係香燭行業光緒　年開設 號東王　執事

号 一鋪 榮陞號 開設城內營門口街係香燭行業光緒　年開設 號東李　執事

号 一鋪 李景茂號 開設城內營門口街係香燭行業光緒　年開設 號東李　執事

号 一鋪 德松祥號 開設城內閣漏街係香燭行業光緒　年開設 號東周　執事

号 一鋪 德源號 開設城內柳葉街係香燭行業光緒　年開設 號東于　執事

号　一鋪　開泰號　開設城内釣魚台街係香燭行業光緒　年開設
號東　執事

号　一鋪　萬源昌號　開設城内弓箭坊街係香燭行業光緒　年開設
號東錢　執事

号　一鋪　義順號　開設城内江甯府西街係香燭行業光緒　年開設
號東謝　執事

号　一鋪　春茂號　開設城内漢西門街係香燭行業光緒　年開設
號東茅　執事

号　一鋪　瑞昌號　開設城内漢西門街係香燭行業光緒　年開設
號東陳　執事

号　一鋪　復興號　開設城内漢西門街係香燭行業光緒　年開設
號東丁　執事

号　一鋪　源發號　開設城内漢西門街係香燭行業光緒　年開設
號東沈　執事

号　一鋪　公和號　開設城内漢西門街係香燭行業光緒　年開設
號東李　執事

香燭行業類　　江甯商務總會調查

号一鋪洪昌號　開設城内漢西門街係香燭行業光緒　年開設　號東章　執事

号一鋪乾泰號　開設城内漢西門街係香燭行業光緒　年開設　號東楊　執事

号一鋪春茂號　開設城内安品街係香燭行業光緒　年開設　號東張　執事

号一鋪震元號　開設城内姚家巷街係香燭行業光緒　年開設　號東陶　執事

号一鋪祥興號　開設城内奇望街係香燭行業光緒　年開設　號東周　執事

号一鋪信和泰號　開設城内大中橋街係香燭行業光緒　年開設　號東金　執事

号一鋪福興號　開設城内斛斗巷街係香燭行業光緒　年開設　號東張　執事

号一鋪永發號　開設城内大中橋街係香燭行業光緒　年開設　號東潘　執事

号 一鋪 盈泰號 開設城內斛斗巷街係香燭行業光緒　年開設 號東張 執事

号 一鋪 和記號 開設城內太平街係香燭行業光緒　年開設 號東陸 執事

号 一鋪 興祥號 開設城內吉祥街係香燭行業光緒　年開設 號東張 執事

号 一鋪 東興祥號 開設城內明瓦廊街係香燭行業光緒　年開設 號東鄭 執事

号 一鋪 同發號 開設城內明瓦廊街係香燭行業光緒　年開設 號東鮑 執事

号 一鋪 復元號 開設城內黃泥崗街係香燭行業光緒　年開設 號東周 執事

号 一鋪 乾昌號 開設城內鐘鼓樓街係香燭行業光緒　年開設 號東姚 執事

号 一鋪 永興號 開設城內鐘鼓樓街係香燭行業光緒　年開設 號東吳 執事

香燭行業類

江甯商務總會調查

号 一鋪 森記號 開設城内鐘鼓樓街係香燭行業光緒　年開設 號東魯　執事

号 一鋪 大有號 開設城内紅橋街係香燭行業光緒　年開設 號東毛　執事

号 一鋪 泰來號 開設城内土街口街係香燭行業光緒　年開設 號東佘　執事

号 一鋪 震泰恒號 開設城内城守署街係香燭行業光緒　年開設 號東谷　執事

号 一鋪 恒利和號 開設城内天津橋街係香燭行業光緒　年開設 號東　執事

号 一鋪 春茂西號 開設城内成賢正街係香燭行業光緒　年開設 號東李　執事

号 一鋪 盛昌祥號 開設城内浮橋口街係香燭行業光緒　年開設 號東孫　執事

号 一鋪 祥和號 開設城内大影壁街係香燭行業光緒　年開設 號東隆　執事

香燭行業類

江甯商務總會調查

号	一鋪	義茂號	開設城内太平橋街係香燭行業光緒　年開設	號東李　執事
号	一鋪	東泰號	開設城内浮橋口街係香燭行業光緒　年開設	號東夏　執事
号	一鋪	榮興號	開設城内浮橋口街係香燭行業光緒　年開設	號東王　執事
号	一鋪	順興號	開設城内大營門街係香燭行業光緒　年開設	號東楊　執事
号	一鋪	長記號	開設城内大營門街係香燭行業光緒　年開設	號東李　執事
号	一鋪	錦昌祥號	開設城内復成倉街係香燭行業光緒　年開設	號東許　執事
号	一鋪	義泰號	開設城内釣魚巷街係香燭行業光緒　年開設	號東張　執事
号	一鋪	萬成號	開設城内釣魚巷街係香燭行業光緒　年開設	號東周　執事

号一鋪 歸宏泰號 開設城内千章巷街係香燭行業光緒　年開設
號東　執事

号一鋪 源盛祥號 開設城南門外街係香燭行業光緒　年開設
號東繆　執事

号一鋪 永興號 開設城南門外街係香燭行業光緒　年開設
號東陳　執事

号一鋪 同興鈺號 開設城外下関街係香燭行業光緒　年開設
號東　執事

号一鋪 胡安定號 開設城外下関街係香燭行業光緒　年開設
號東胡　執事

号一鋪 乾順號 開設城外下関街係香燭行業光緒　年開設
號東黄　執事

号一鋪 乾盛號 開設城外下関街係香燭行業光緒　年開設
號東歐陽　執事

号一鋪 永和號 開設城内漢西門街係香燭行業光緒　年開設
號東王　執事

以上係香燭店鋪
合共計〇千〇百玖拾陸號

光緒三十二年　月　日呈

炮竹店行業類

[illegible]	一鋪	劉永鎏號	開設城内府東大街係炮竹店行業　光緒　年開設	號東劉　執事
[illegible]	一鋪	鈺興號	開設城内西華門街係炮竹店行業　光緒　年開設	號東姜玉和　執事
[illegible]	一鋪	王萬順號	開設城内旋子巷街係炮竹店行業　光緒　年開設	號東王　執事
[illegible]	一鋪	廣裕號	開設城内九兒巷街係炮竹店行業　光緒　年開設	號東　執事
[illegible]	一鋪	韓鍾福號	開設城内南門大街係炮竹店行業　光緒　年開設	號東韓　執事
[illegible]	一鋪	陳全盛號	開設城内南門大街係炮竹店行業　光緒　年開設	號東陳　執事
[illegible]	一鋪	喻福興號	開設城内府東大街係炮竹店行業　光緒　年開設	號東喻　執事
[illegible]	一鋪	魯順興號	開設城内府東大街係炮竹店行業　光緒　年開設	號東魯　執事

江甯商務總會調查

号九　一鋪　余萬茂號　開設城外下關大街係炮竹店行業光緒　年開設　號東余　執事

号十　一鋪　恒聚號　開設城内文思巷口街係炮竹店行業光緒　年開設　號東涂元記　執事

号十一　一鋪　萬興號　開設城内奇望街係炮竹店行業光緒　年開設　號東柯克明　執事

号十二　一鋪　順興號　開設城内吉祥街係炮竹店行業光緒　年開設　號東高　執事

号十三　一鋪　大興號　開設城内吉祥街係炮竹店行業光緒　年開設　號東丁奎　執事

号十四　一鋪　裕順號　開設城内吉祥街係炮竹店行業光緒　年開設　號東沈　執事

号十五　一鋪　聚興號　開設城内大行宫街係炮竹店行業光緒　年開設　號東夏長春　執事

号十六　一鋪　義興號　開設城内糖坊橋街係炮竹店行業光緒　年開設　號東章炳興　執事

炮竹店行業類

十七號	一鋪	復盛號	開設城内估衣廊街係炮竹店行業	號東姜漢名　執事	光緒　年開設
十八號	一鋪	復興號	開設城内督署西街係炮竹店行業	號東姜福田　執事	光緒　年開設
十九號	一鋪	崇陞號	開設城内太平橋口街係炮竹店行業	號東方大荣　執事	光緒　年開設
二十號	一鋪	永興號	開設城内四象橋街係炮竹店行業	號東劉　執事	光緒　年開設
廿一號	一鋪	源順號	開設城南門外横街係炮竹店行業	號東王　執事	光緒　年開設
廿二號	一鋪	許德昌號	開設城南門外西街係炮竹店行業	號東許　執事	光緒　年開設
廿三號	一鋪	王義和號	開設城南門外西街係炮竹店行業	號東王　執事	光緒　年開設
廿四號	一鋪	姜復興號	開設城外下關街係炮竹店行業	號東姜　執事	光緒　年開設

江甯商務總會調查

廿五號 一鋪 楊萬泰號 開設城外下關街係炮竹店行業光緒　年開設 號東楊　執事

廿六號 一鋪 劉順興號 開設城外下關街係炮竹店行業光緒　年開設 號東劉　執事

廿七號 一鋪 陶萬順號 開設城内南門大街係炮竹店行業光緒　年開設 號東陶　執事

廿八號 一鋪 庚興泰號 開設城内大行宫街係炮竹店行業光緒　年開設 號東　執事

廿九號 一鋪 周庚興號 開設城水西門外街係炮竹店行業光緒　年開設 號東周　執事

卅號 一鋪 公　順號 開設城内奇望街係炮竹店行業光緒　年開設 號東　執事

卅一號 一鋪 李天興號 開設城内北門橋街係炮竹店行業光緒　年開設 號東李　執事

卅二號 一鋪 周義和號 開設城内牌樓大街係炮竹店行業光緒　年開設 號東周　執事

號廿三	一鋪	王正興號	開設城漢西門外街係炮竹店行業光緒　年開設　號東王執事
號廿四	一鋪	李福興號	開設城漢西門外街係炮竹店行業光緒　年開設　號東李執事
號廿五	一鋪	賀祥興號	開設城漢西門外街係炮竹店行業光緒　年開設　號東賀執事
號廿六	一鋪	義興號	開設城漢西門外街係炮竹店行業光緒　年開設　號東執事
號廿七	一鋪	袁慶成號	開設城内絨莊街係炮竹店行業光緒　年開設　號東袁執事
號廿八	一鋪	上號	開設城　街係　行業光緒　年開設　號東執事
號廿九	一鋪	號	開設城　街係　行業光緒　年開設　號東執事
號卅	一鋪	號	開設城　街係　行業光緒　年開設　號東執事

号2
一鋪　號
開設城　　街係　　行業　光緒　　年開設
號東　　執事

号2
一鋪　號
開設城　　街係　　行業　光緒　　年開設
號東　　執事

号の2
一鋪　號
開設城　　街係　　行業　光緒　　年開設
號東　　執事

号
一鋪　號
開設城　　街係　　行業　光緒　　年開設
號東　　執事

号
一鋪　號
開設城　　街係　　行業　光緒　　年開設
號東　　執事

号
一鋪　號
開設城　　街係　　行業　光緒　　年開設
號東　　執事

号
一鋪　號
開設城　　街係　　行業　光緒　　年開設
號東　　執事

号
一鋪　號
開設城　　街係　　行業　光緒　　年開設
號東　　執事

以上係炮竹店鋪

合共計〇千〇百叁拾柒號

光緒三十年　月　日呈

漆店行業類

已入商會 元號 一鋪 九如同號 開設城内坊口大街係漆店行業 光緒　年開設 號東史壽松 執事

已入商會 弍號 一鋪 天興昌號 開設城内南門大街係漆店行業 光緒　年開設 號東楊豫興 執事蘇榮茂

已入商會 三號 一鋪 天順合號 開設城内南門大街係漆店行業 光緒　年開設 號東郭道本 執事郭立生

已入商會 四號 一鋪 德盛泰號 開設城内驢市大街係漆店行業 光緒　年開設 號東劉子直 執事劉𠍇

已入商會 五號 一鋪 源茂興號 開設城内南門大街係漆店行業 光緒　年開設 號東劉耀天 執事劉壽山

已入商會 六號 一鋪 慶隆鑫號 開設城内油市大街係漆店行業 光緒　年開設 號東趙湧仁 執事

已入商會 七號 一鋪 興盛魁號 開設城内油市大街係漆店行業 光緒　年開設 號東亢鉦如 執事

已入商會 八號 一鋪 源發祥號 開設城内評事大街係漆店行業 光緒　年開設 號東楊耀南 執事

江寗商務總會調查

号 一鋪 止 號
開設城 街係 行業 光緒 年開設
號東 執事

号 一鋪 號
開設城 街係 行業 光緒 年開設
號東 執事

号 一鋪 號
開設城 街係 行業 光緒 年開設
號東 執事

号 一鋪 號
開設城 街係 行業 光緒 年開設
號東 執事

号 一鋪 號
開設城 街係 行業 光緒 年開設
號東 執事

号 一鋪 號
開設城 街係 行業 光緒 年開設
號東 執事

号 一鋪 號
開設城 街係 行業 光緒 年開設
號東 執事

号 一鋪 號
開設城 街係 行業 光緒 年開設
號東 執事

以上係漆　店鋪

合共計〇千〇百〇拾捌號

光緒三十二年　月　日呈

生漆顏料行業類

已入商會 号〡 一鋪 源和號 開設城中三山大街係生漆顏料行業 光緒貳拾捌年開設 號東徐順乾 執事朱學詩

已入商會 号〢 一鋪 錦鑫號 開設城中驢子市街係生漆顏料行業 光緒貳拾伍年開設 號東楊錦鑫 執事楊麗齋

已入商會 号〣 一鋪 春茂號 開設城中三山大街係生漆顏料行業 光緒貳拾陸年開設 號東施雨根 執事

已入商會 号〤 一鋪 元和號 開設城南門大街係生漆顏料行業 光緒貳拾捌年開設 號東徐順乾 執事

止

号 一鋪 號 開設城 街係 行業 光緒 年開設 號東 執事

号 一鋪 號 開設城 街係 行業 光緒 年開設 號東 執事

号 一鋪 號 開設城 街係 行業 光緒 年開設 號東 執事

号 一鋪 號 開設城 街係 行業 光緒 年開設 號東 執事

江甯商務總會調查

号 一鋪 號 開設城 街係 行業 光緒 年開設
號東 執事

号 一鋪 號 開設城 街係 行業 光緒 年開設
號東 執事

号 一鋪 號 開設城 街係 行業 光緒 年開設
號東 執事

号 一鋪 號 開設城 街係 行業 光緒 年開設
號東 執事

号 一鋪 號 開設城 街係 行業 光緒 年開設
號東 執事

号 一鋪 號 開設城 街係 行業 光緒 年開設
號東 執事

号 一鋪 號 開設城 街係 行業 光緒 年開設
號東 執事

号 一鋪 號 開設城 街係 行業 光緒 年開設
號東 執事

以上係生漆顏料店鋪

合共計○千○百○拾肆號

光緒三十二年 月 日呈

号元 一鋪 源泰生號 開設城內徐家巷街係碱店行業光緒　年開設 號東陳 執事

号弍 一鋪 復興號 開設城內魚市街係碱店行業光緒　年開設 號東戴 執事

号三 一鋪 石泰山號 開設城南門外街係碱店行業光緒　年開設 號東 執事

号 一鋪 一　號 開設城　街係　行業光緒　年開設 號東 執事

号 一鋪 　號 開設城　街係　行業光緒　年開設 號東 執事

号 一鋪 　號 開設城　街係　行業光緒　年開設 號東 執事

号 一鋪 　號 開設城　街係　行業光緒　年開設 號東 執事

号 一鋪 　號 開設城　街係　行業光緒　年開設 號東 執事

碱店 行業類

江甯商務總會調查

号
一鋪一　　號
開設城　　街係　　行業光緒　　年開設
號東　　執事

号
一鋪一　　號
開設城　　街係　　行業光緒　　年開設
號東　　執事

号
一鋪一　　號
開設城　　街係　　行業光緒　　年開設
號東　　執事

号
一鋪一　　號
開設城　　街係　　行業光緒　　年開設
號東　　執事

号
一鋪一　　號
開設城　　街係　　行業光緒　　年開設
號東　　執事

号
一鋪一　　號
開設城　　街係　　行業光緒　　年開設
號東　　執事

号
一鋪一　　號
開設城　　街係　　行業光緒　　年開設
號東　　執事

号
一鋪一　　號
開設城　　街係　　行業光緒　　年開設
號東　　執事

以上係碱　店鋪

合共計〇千〇百〇拾叁號

光緒三十二年　月　日呈

染坊行業類

一號	一鋪	葉源興號	開設城內牛市街	係染坊行業	光緒　年開設	號東葉炳坤	執事
二號	一鋪	德泰和號	開設城內莪　街	係染坊行業	光緒　年開設	號東陶德泰	執事
三號	一鋪	福泰源號	開設城內司署口街	係染坊行業	光緒　年開設	號東李	執事
四號	一鋪	泰和號	開設城內膺府大街	係染坊行業	光緒　年開設	號東耿	執事
五號	一鋪	德和祥號	開設城內豆腐巷街	係染坊行業	光緒　年開設	號東李	執事
六號	一鋪	祥茂號	開設城內三條營街	係染坊行業	光緒　年開設	號東劉	執事
七號	一鋪	鮑益興號	開設城內翔鸞廟街	係染坊行業	光緒　年開設	號東鮑世有	執事
八號	一鋪	春森號	開設城內小油坊巷街	係染坊行業	光緒　年開設	號東韓	執事

江甯商務總會調查

九號 一鋪 三鑫祥號 開設城內信府河街係染坊行業光緒　年開設 號東王　執事

十號 一鋪 錦盛號 開設城內信府河街係染坊行業光緒　年開設 號東劉中信　執事

十一號 一鋪 源隆號 開設城內顧樓大街係染坊行業光緒　年開設 號東呂廷桂　執事

十二號 一鋪 信和號 開設城內三眼井巷內街係染坊行業光緒　年開設 號東許　執事

十三號 一鋪 泰隆號 開設城內彩霞街係染坊行業光緒　年開設 號東陶　執事

十四號 一鋪 劉恒隆號 開設城內評事街係染坊行業光緒　年開設 號東劉清　執事

十五號 一鋪 永和號 開設城內評事街係染坊行業光緒　年開設 號東楊藻如　執事

十六號 一鋪 恒豐號 開設城內鴿子橋街係染坊行業光緒　年開設 號東畢　執事

染坊行業類

號十七	一鋪	益昌號	開設城內梧桐樹街係染坊行業	號東姜具森執事	光緒　年開設
號十八	一鋪	福源號	開設城內飲馬巷街係染坊行業	號東陳竹卿執事	光緒　年開設
號十九	一鋪	坤源號	開設城內殷高巷街係染坊行業	號東劉執事	光緒　年開設
號廿	一鋪	德新號	開設城內釣魚台街係染坊行業	號東朱執事	光緒　年開設
號廿一	一鋪	鼎茂號	開設城內三坊巷街係染坊行業	號東曾昌記執事	光緒　年開設
號廿二	一鋪	熊祥興號	開設城內牛市街係染坊行業	號東熊執事	光緒　年開設
號廿三	一鋪	恒盛號	開設城內南門大街係染坊行業	號東朱執事	光緒　年開設
號廿四	一鋪	孫湧鑫號	開設城內膺府大街係染坊行業	號東孫執事	光緒　年開設

江甯商務總會調查

號[illegible] 一鋪 吴德泰號 開設城内䕶府大街係染坊行業光緒　年開設 號東吴　執事

號[illegible] 一鋪 春茂號 開設城内䕶府大街係染坊行業光緒　年開設 號東陳　執事

號[illegible] 一鋪 恒生號 開設城内豆腐巷街係染坊行業光緒　年開設 號東王　執事

號[illegible] 一鋪 恒盛元號 開設城内剪子巷街係染坊行業光緒　年開設 號東孔　執事

號[illegible] 一鋪 盛昌祥號 開設城内文思巷口街係染坊行業光緒　年開設 號東葉永發　執事

號[illegible] 一鋪 億泰號 開設城内奇望街係染坊行業光緒　年開設 號東徐道泉　執事

號[illegible] 一鋪 祥和號 開設城内木料市街係染坊行業光緒　年開設 號東王　執事

號[illegible] 一鋪 恒大號 開設城内魚市大街係染坊行業光緒　年開設 號東周　執事

染坊 行業類

卅三號 一鋪	正和昌號	開設城内大板巷街係染坊行業 光緒 年開設	號東金榮照 執事
卅四號 一鋪	公茂盛號	開設城内大板巷街係染坊行業 光緒 年開設	號東馬馮仕 執事
卅五號 一鋪	慶隆號	開設城内鴿子橋街係染坊行業 光緒 年開設	號東路 執事
卅六號 一鋪	義源號	開設城内鴿子橋街係染坊行業 光緒 年開設	號東趙 執事
卅七號 一鋪	同盛號	開設城内仙鶴街係染坊行業 光緒 年開設	號東張 執事
卅八號 一鋪	永元號	開設城内船板巷街係染坊行業 光緒 年開設	號東王 執事
卅九號 一鋪	萬源衡號	開設城内船板巷街係染坊行業 光緒 年開設	號東孫 執事
四十號 一鋪	炳盛元號	開設城内柳葉街係染坊行業 光緒 年開設	號東阮 執事

江甯商務總會調查

号2 一鋪 賈炳森號 開設城内飲馬巷街係染坊行業光緒　年開設 號東賈　執事

号[illegible] 一鋪 傅義興號 開設城内釣魚台街係染坊行業光緒　年開設 號東傅　執事

号[illegible] 一鋪 徐億豐號 開設城内府東大街係染坊行業光緒　年開設 號東徐　執事

号[illegible] 一鋪 萬和號 開設城内馬道街係染坊行業光緒　年開設 號東卜　執事

号五 一鋪 森泰和號 開設城内絨莊街係染坊行業光緒　年開設 號東　執事

号[illegible] 一鋪 周仁泰號 開設城内水西門大街係染坊行業光緒　年開設 號東周　執事

号[illegible] 一鋪 秦隆號 開設城内沐府西門街係染坊行業光緒　年開設 號東　執事

号八 一鋪 復興號 開設城内馬巷街係染坊行業光緒　年開設 號東　執事

號 一鋪 義泰號 開設城内淮清橋街係 染坊 行業 光緒 年開設
號東 執事

號卅 一鋪 益泰號 開設城内釣魚台街係 染坊 行業 光緒 年開設
號東 執事

號廿 一鋪 施義興號 開設城内飲馬巷街係 染坊 行業 光緒 年開設
號東施 執事

号 一鋪 止 號 開設城 街係 行業 光緒 年開設
號東 執事

号 一鋪 號 開設城 街係 行業 光緒 年開設
號東 執事

号 一鋪 號 開設城 街係 行業 光緒 年開設
號東 執事

号 一鋪 號 開設城 街係 行業 光緒 年開設
號東 執事

号 一鋪 號 開設城 街係 行業 光緒 年開設
號東 執事

染坊行業類　　江甯商務總會調查

号
一鋪　號　開設城　街係　行業　光緒　年開設
號東　執事

号
一鋪　號　開設城　街係　行業　光緒　年開設
號東　執事

号
一鋪　號　開設城　街係　行業　光緒　年開設
號東　執事

号
一鋪　號　開設城　街係　行業　光緒　年開設
號東　執事

号
一鋪　號　開設城　街係　行業　光緒　年開設
號東　執事

号
一鋪　號　開設城　街係　行業　光緒　年開設
號東　執事

号
一鋪　號　開設城　街係　行業　光緒　年開設
號東　執事

号
一鋪　號　開設城　街係　行業　光緒　年開設
號東　執事

以上係染坊店鋪
合共計〇千〇百伍拾壹號

光緒　三十二年　月　日呈

漂布行業類

已入商會
一鋪　懋源祥號　開設城内大中橋街係漂布行業　光緒　年開設
號東李善之　執事

已入商會
一鋪　祥泰號　開設城内太平里街係漂布行業　光緒　年開設
號東徐佐卿　執事徐厚卿

已入商會
一鋪　祥和號　開設城内棉鞋營街係漂布行業　光緒　年開設
號東孫振之　李大年　執事王子洲

已入商會
一鋪　公和號　開設城内斛斗巷街係漂布行業　光緒　年開設
號東徐幼珊　陳少川　執事

已入商會
一鋪　元鑫號　開設城内火星廟街係漂布行業　光緒　年開設
號東郭幼卿　汪明生　執事

已入商會
一鋪　森記號　開設城内三條巷街係漂布行業　光緒　年開設
號東汪達卿　潘本君　執事

号
一鋪　止號　開設城　街係　行業　光緒　年開設
號東　執事

号
一鋪　號　開設城　街係　行業　光緒　年開設
號東　執事

江甯商務總會調查

号　一鋪　號
開設城　街係　行業光緒　年開設
號東　執事

号　一鋪　號
開設城　街係　行業光緒　年開設
號東　執事

号　一鋪　號
開設城　街係　行業光緒　年開設
號東　執事

号　一鋪　號
開設城　街係　行業光緒　年開設
號東　執事

号　一鋪　號
開設城　街係　行業光緒　年開設
號東　執事

号　一鋪　號
開設城　街係　行業光緒　年開設
號東　執事

号　一鋪　號
開設城　街係　行業光緒　年開設
號東　執事

号　一鋪　號
開設城　街係　行業光緒　年開設
號東　執事

以上係漂布店鋪

合共計〇千〇百〇拾陸號

光緒　三十二年　月　日呈

已入商會

號元　一鋪　廣雅書局號　開設城内三山街係書莊行業　號東劉善夫執事　光緒　年開設

已入商會

號弍　一鋪　詞源閣號　開設城内承恩寺街係書莊行業　號東康祝三執事呂蘭生　光緒　年開設

號三　一鋪　狀元閣號　開設城内狀元境街係書莊行業　號東李鴻才執事　光緒　年開設

號四　一鋪　奎照樓號　開設城内狀元境街係書莊行業　號東朱儒珍執事　光緒　年開設

號五　一鋪　天印山房號　開設城内狀元境街係書莊行業　號東李廣和執事　光緒　年開設

號六　一鋪　同文義記號　開設城内狀元境街係書莊行業　號東錢長美執事張竹銘　光緒　年開設

號七　一鋪　茹古齋號　開設城内狀元境街係書莊行業　號東謝壽山執事　光緒　年開設

號八　一鋪　天祿閣號　開設城内狀元境街係書莊行業　號東劉名卿執事　光緒　年開設

書莊行業類

江甯商務總會調查

已入商會 九號 一鋪 文富山房號 開設城内狀元境街係書莊行業 光緒　年開設 號東朱坤 執事許炳文

十號 一鋪 天祿山房號 開設城内狀元境街係書莊行業 光緒　年開設 號東劉信成 執事馮培基

十一號 一鋪 鴻雪山房號 開設城内狀元境街係書莊行業 光緒　年開設 號東姜廷富 執事

十二號 一鋪 鑑古齋號 開設城内貢院西街係書莊行業 光緒　年開設 號東汪厚卿 執事李壽泉

十三號 一鋪 萃古山房號 開設城内貢院西街係書莊行業 光緒　年開設 號東劉以龍 執事

十四號 一鋪 文經閣號 開設城内貢院西街係書莊行業 光緒　年開設 號東葉子青 執事

十五號 一鋪 寶記書局號 開設城内狀元境街係書莊行業 光緒　年開設 號東阮灜洲 徐萍洲 執事

已入商會 十六號 一鋪 湯明林號 開設城内坊口大街係書莊行業 光緒　年開設 號東 執事

已入商會
號 一鋪 李光明號 開設城內秦狀元巷街係書莊行業光緒　年開設 號東李鴻才 執事

號 一鋪 啟新號 開設城內東牌樓街係書莊行業光緒　年開設 號東陶甲三 執事

號 一鋪 明達號 開設城內夫子廟街係書莊行業光緒　年開設 號東沈幼宜 執事傅少連

號 一鋪 中西書局號 開設城北花牌樓街係書莊行業光緒　年開設 號東魯廉溪 執事

號 一鋪 泰西書局號 開設城內奇望街係書莊行業光緒　年開設 號東胡賓秋 執事

已入商會
號 一鋪 東壁山房號 開設城內下江考棚街係書莊行業光緒　年開設 號東董煥臣 執事

號 一鋪 止號 開設城　街係　行業光緒　年開設 號東 執事

號 一鋪 　號 開設城　街係　行業光緒　年開設 號東 執事

書莊 行業類

号 一鋪 號 開設城 街係 行業 光緒 年開設
號東 執事

号 一鋪 號 開設城 街係 行業 光緒 年開設
號東 執事

号 一鋪 號 開設城 街係 行業 光緒 年開設
號東 執事

号 一鋪 號 開設城 街係 行業 光緒 年開設
號東 執事

号 一鋪 號 開設城 街係 行業 光緒 年開設
號東 執事

号 一鋪 號 開設城 街係 行業 光緒 年開設
號東 執事

号 一鋪 號 開設城 街係 行業 光緒 年開設
號東 執事

号 一鋪 號 開設城 街係 行業 光緒 年開設
號東 執事

以上係書莊店鋪

合共計〇千〇百貳拾貳號

光緒 三十二年 月 日呈

筆墨店行業類

號元 一鋪 老森記號 開設城内貢院西街係筆墨店行業光緒年開設 號東高少卿執事

號弍 一鋪 王森記號 開設城内貢院西街係筆墨店行業光緒年開設 號東王其發執事

號三 一鋪 文華閣號 開設城内狀元境街係筆墨店行業光緒年開設 號東陳執事

號四 一鋪 胡開文號 開設城内黑廊大街係筆墨店行業光緒年開設 號東胡執事

號五 一鋪 胡愛棠號 開設城内三山大街係筆墨店行業光緒年開設 號東胡執事

號六 一鋪 呂天元號 開設城内黑廊大街係筆墨店行業光緒年開設 號東呂執事

號七 一鋪 元吉祥號 開設城内大板巷街係筆墨店行業光緒年開設 號東張執事

號八 一鋪 孫聚賢號 開設城内南門大街係筆墨店行業光緒年開設 號東孫靄芝執事

江甯商務總會調查

号九	一鋪	天元號	開設城内黑廊大街係	筆店行業	光緒　年開設
			號東沈	執事	
号十	一鋪	任裕興號	開設城内坊口大街係	筆店行業	光緒　年開設
			號東任	執事	
号十一	一鋪	紀正興號	開設城内行口大街係	筆店行業	光緒　年開設
			號東紀	執事	
号十二	一鋪	凌雲堂號	開設城内倉巷口街係	筆店行業	光緒　年開設
			號東奚	執事	
号十三	一鋪	文華鋁號	開設城内評事大街係	筆店行業	光緒　年開設
			號東奚	執事	
号十四	一鋪	王永和號	開設城内馬巷街係	筆店行業	光緒　年開設
			號東王	執事	
号十五	一鋪	文竹山號	開設城内狀元境街係	筆店行業	光緒　年開設
			號東	執事	
号十六	一鋪	義興號	開設城内火星廟街係	筆店行業	光緒　年開設
			號東	執事	

筆墨店行業類

一鋪心正堂號　開設城内驢子市街係筆店行業　光緒　年開設　號東　執事

一鋪汪近聖號　開設城内三山大街係墨店行業　光緒　年開設　號東汪　執事

一鋪王朝甫號　開設城内下江考棚街係筆店行業　光緒　年開設　號東王　執事

一鋪紀裕興號　開設城内三山大街係筆墨店行業　光緒　年開設　號東紀　執事

一鋪韓錦文號　開設城内陡門橋街係筆墨店行業　光緒　年開設　號東韓　執事

一鋪宋文魁號　開設城内狀元境街係筆墨店行業　光緒　年開設　號東宋　執事

一鋪　止　號　開設城　街係　行業　光緒　年開設　號東　執事

一鋪　號　開設城　街係　行業　光緒　年開設　號東　執事

江寧商務總會調查

号
一鋪　號
開設城　街係　行業光緒　年開設
號東　執事

号
一鋪　號
開設城　街係　行業光緒　年開設
號東　執事

号
一鋪　號
開設城　街係　行業光緒　年開設
號東　執事

号
一鋪　號
開設城　街係　行業光緒　年開設
號東　執事

号
一鋪　號
開設城　街係　行業光緒　年開設
號東　執事

号
一鋪　號
開設城　街係　行業光緒　年開設
號東　執事

号
一鋪　號
開設城　街係　行業光緒　年開設
號東　執事

号
一鋪　號
開設城　街係　行業光緒　年開設
號東　執事

以上係筆墨店鋪

合共計〇千〇百貳拾貳號

光緒三十二年　月　日呈

已入商會
號一 一鋪 義新和號 開設城水西門外街係紙號行業光緒　年開設
號東張雨人　執事

已入商會
號二 一鋪 鈕祥發號 開設城水西門外街係紙號行業光緒　年開設
號東鈕善之　執事

已入商會
號三 一鋪 鈕仁記號 開設城水西門外街係紙號行業光緒　年開設
號東鈕用之　執事

已入商會
號四 一鋪 豫記號 開設城水西門外街係紙號行業光緒　年開設
號東汪熙賢　執事

已入商會
號五 一鋪 和盛號 開設城水西門外街係紙號行業光緒　年開設
號東查康成　執事

已入商會
號六 一鋪 源盛號 開設城水西門外街係紙號行業光緒　年開設
號東陳郁文　執事

已入商會
號七 一鋪 春記號 開設城水西門外街係紙號行業光緒　年開設
號東翁次春　執事

已入商會
號八 一鋪 聚成公號 開設城水西門外街係紙號行業光緒　年開設
號東魯祥麟　執事劉容之

紙號行業類　江甯商務總會調查

已入商會

九号　一鋪　裕生潤號　開設城水西門外街係紙號行業光緒　年開設
號東李泳沂　執事

号　一鋪　上號　開設城　街係　行業光緒　年開設
號東　執事

号　一鋪　號　開設城　街係　行業光緒　年開設
號東　執事

号　一鋪　號　開設城　街係　行業光緒　年開設
號東　執事

号　一鋪　號　開設城　街係　行業光緒　年開設
號東　執事

号　一鋪　號　開設城　街係　行業光緒　年開設
號東　執事

号　一鋪　號　開設城　街係　行業光緒　年開設
號東　執事

号　一鋪　號　開設城　街係　行業光緒　年開設
號東　執事

以上係紙行店鋪

合共計〇千〇百〇拾玖號

光緒三十二年　月　日呈

紙店　行業類

已入商會　號一　一鋪　松茂室號　開設城內坊口大街係紙店行業　光緒　年開設　號東阮　執事

已入商會　號弍　一鋪　郘同興號　開設城內講堂大街係紙店行業　光緒　年開設　號東郘純之　執事

已入商會　號三　一鋪　同興號　開設城內水西門街係紙店行業　光緒　年開設　號東李吉甫　執事

已入商會　號四　一鋪　朱滄洲號　開設城內大板巷街係紙店行業　光緒　年開設　號東朱劍廷　執事

已入商會　號五　一鋪　曹信義號　開設城內弓箭坊街係紙店行業　光緒　年開設　號東曹纘光　執事

已入商會　號六　一鋪　曹永隆號　開設城內弓箭坊街係紙店行業　光緒　年開設　號東曹龢臣　執事

號七　一鋪　花萼樓號　開設城內顧樓街係紙店行業　光緒　年開設　號東王浚軒　執事

號八　一鋪　豫記號　開設城水西門外街係紙店行業　光緒　年開設　號東汪熙賢　執事

江甯商務總會調查

已入商會 九號 一鋪 裕生潤號 開設城水西門外街係紙店行業光緒　年開設 號東邵呂卿執事

十號 一鋪 張聚成號 開設城水西門外街係紙店行業光緒　年開設 號東　執事劉容元

十一號 一鋪 嚴鴻泰號 開設城水西門外街係紙店行業光緒　年開設 號東嚴滙泉執事

已入商會 十二號 一鋪 同仁裕號 開設城內行口大街係紙店行業光緒　年開設 號東邵　執事

已入商會 十三號 一鋪 同仁裕號 開設城內行口大街係紙店行業光緒　年開設 號東邵理堂執事

已入商會 十四號 一鋪 同泰號 開設城內水西門大街係紙店行業光緒　年開設 號東李　執事

已入商會 十五號 一鋪 萬興號 開設城內評事大街係紙店行業光緒　年開設 號東陶華堂執事

已入商會 十六號 一鋪 慶隆號 開設城內評事大街係紙店行業光緒　年開設 號東劉鈞昌執事

已入商會
號 一鋪 楊長興號 開設城內大板巷街係紙店行業光緒　年開設
號東楊紹文　執事

號 一鋪 曹恒聚號 開設城內馬巷街係紙店行業光緒　年開設
號東曹康記　執事

號 一鋪 永順號 開設城內新橋街係紙店行業光緒　年開設
號東鄧炳之　執事

號 一鋪 曹永聚號 開設城內弓箭坊街係紙店行業光緒　年開設
號東曹湛卿　執事

號 一鋪 蘊藻齋號 開設城內南門大街係紙店行業光緒　年開設
號東陳鳴五　執事

已入商會
號 一鋪 元和泰號 開設城內南門大街係紙店行業光緒　年開設
號東嚴滙泉　執事

已入商會
號 一鋪 修鳳樓號 開設城內南門大街係紙店行業光緒　年開設
號東　執事

已入商會
號 一鋪 龍文閣號 開設城內顧樓街係紙店行業光緒　年開設
號東潘小山　執事

紙店　行業類

江甯商務總會調查

已入商會 號茲	一鋪	孔星記號	開設城内貢院西街係紙店行業光緒　年開設	號東　執事
已入商會 號共	一鋪	朱錦記號	開設城内貢院西街係紙店行業光緒　年開設	號東　執事
已入商會 號皮	一鋪	源泰興號	開設城内狀元境街係紙店行業光緒　年開設	號東陳鑑章　執事
已入商會 號卅	一鋪	聚興號	開設城内魚市大街係紙店行業光緒　年開設	號東高長寅　執事
已入商會 號先	一鋪	彭錦泰號	開設城南門外街係紙店行業光緒　年開設	號東彭　執事
號州	一鋪	和盛號	開設城水西門大街係紙店行業光緒　年開設	號東查康成　執事
已入商會 號廿	一鋪	祥發號	開設城水西門外大街係紙店行業光緒　年開設	號東鈕善之　執事
號廿	一鋪	福隆號	開設城水西門外大街係紙店行業光緒　年開設	號東　執事

紙店　行業類

鋪數	店號	開設地點及行業	開設年份	號東	執事	備註
一鋪	義新和號	開設城水西門外街係紙店行業	光緒　年開設	張雨人		
一鋪	鈕仁記號	開設城水西門外街係紙店行業	光緒　年開設			
一鋪	汪滙豐號	開設城外上河街係紙店行業	光緒　年開設			
一鋪	公記號	開設城水西門外街係紙店行業	光緒　年開設	鈕燧勳		
一鋪	繡鳳樓號	開設城内坊口大街係紙店行業	光緒　年開設			已入商會
一鋪	松盛號	開設城内坊口大街係紙店行業	光緒　年開設			已入商會
一鋪	李金和號	開設城内倉巷口街係紙店行業	光緒　年開設			已入商會
一鋪	松青齋號	開設城内評事街係紙店行業	光緒　年開設	佳		已入商會

江甯商務總會調查

已入商會 號[illegible] 一鋪 同興和號 開設城内大板巷街係紙店行業光緒　年開設 號東周 執事

已入商會 號[illegible] 一鋪 李金和號 開設城内大板巷街係紙店行業光緒　年開設 號東 執事

號[illegible] 一鋪 徐庚興號 開設城内菱角市街係紙店行業光緒　年開設 號東 執事

已入商會 號[illegible] 一鋪 蔡長煌號 開設城内菱角市街係紙店行業光緒　年開設 號東 執事

已入商會 號[illegible] 一鋪 萃華樓號 開設城内船板巷街係紙店行業光緒　年開設 號東紀 執事

已入商會 號[illegible] 一鋪 永和號 開設城内沙灣街係紙店行業光緒　年開設 號東趙 執事

號[illegible] 一鋪 福昌豐號 開設城内絲市口街係紙店行業光緒　年開設 號東張 執事

已入商會 號[illegible] 一鋪 乾盛號 開設城内顏料坊街係紙店行業光緒　年開設 號東朱 執事

紙店行業類

已入商會 號 一鋪 任興號 開設城內弓箭坊街係紙店行業光緒 年開設 號東 執事

已入商會 號 一鋪 同義和號 開設城內弓箭坊街係紙店行業光緒 年開設 號東宋 執事

號 一鋪 張雲記號 開設城內鐵作坊街係紙店行業光緒 年開設 號東 執事

已入商會 號 一鋪 和興號 開設城內江甯縣後街係紙店行業光緒 年開設 號東時 執事

已入商會 號 一鋪 陳炳興號 開設城內許家巷街係紙店行業光緒 年開設 號東 執事

號 一鋪 常順記號 開設城內陡門橋街係紙店行業光緒 年開設 號東 執事

號 一鋪 董隆泰號 開設城內望鶴崗街係紙店行業光緒 年開設 號東 執事

已入商會 號 一鋪 森泰號 開設城內南門大街係紙店行業光緒 年開設 號東石 執事

江甯商務總會調查

已入商會 [illegible] 一舖 義和號 開設城内南門大街係紙店行業光緒　年開設 號東鄧　執事

[illegible] 一舖 五鳳樓號 開設城内花市大街係紙店行業光緒　年開設 號東陳　執事

已入商會 [illegible] 一舖 紫淵閣號 開設城内大功坊街係紙店行業光緒　年開設 號東汪　執事

已入商會 [illegible] 一舖 三興號 開設城内膺府街係紙店行業光緒　年開設 號東汪　執事

[illegible] 一舖 錦茂室號 開設城内司署口街係紙店行業光緒　年開設 號東張　執事

已入商會 [illegible] 一舖 玉寶齋號 開設城内貢院西街係紙店行業光緒　年開設 號東陳　執事

已入商會 [illegible] 一舖 竹蘭室號 開設城内貢院西街係紙店行業光緒　年開設 號東徐　執事

已入商會 [illegible] 一舖 元春記號 開設城内貢院西街係紙店行業光緒　年開設 號東張　執事

紙店 行業類

已入商會 號 一鋪 永茂室號 開設城内大中橋街係紙店行業 光緒 年開設 號東張 執事

已入商會 號 一鋪 文寶齋號 開設城内大中橋街係紙店行業 光緒 年開設 號東宋 執事

已入商會 號 一鋪 飛霞室號 開設城内承恩寺街係紙店行業 光緒 年開設 號東馮 執事

已入商會 號 一鋪 衍波樓號 開設城内驢子市街係紙店行業 光緒 年開設 號東朱 執事

號 一鋪 錦昌號 開設城内大中橋街係紙店行業 光緒 年開設 號東楊 執事

已入商會 號 一鋪 瑞章室號 開設城内内橋口街係紙店行業 光緒 年開設 號東武 執事

已入商會 號 一鋪 錦蓮號 開設城北大行宫街係紙店行業 光緒 年開設 號東高 執事

已入商會 號 一鋪 義順號 開設城北大行宫街係紙店行業 光緒 年開設 號東周 執事

江甯商務總會調查

號三 已入商會
一鋪 同源號 開設城北北門橋街係紙店行業光緒　年開設
號東周　執事

號四 已入商會
一鋪 義昌號 開設城北吉北營街係紙店行業光緒　年開設
號東許　執事

號五 已入商會
一鋪 松盛號 開設城北唱經樓街係紙店行業光緒　年開設
號東邵　執事

號六
一鋪 元裕號 開設城內四象橋街係紙店行業光緒　年開設
號東熊　執事

號七
一鋪 恒茂號 開設城內承恩寺街係箋對坊行業光緒　年開設
號東張　執事

號八 已入商會
一鋪 裕泰號 開設城內南門大街係紙店行業光緒　年開設
號東周　執事

号
一鋪 止號 開設城　街係　行業光緒　年開設
號東　執事

号
一鋪　號 開設城　街係　行業光緒　年開設
號東　執事

以上係紙店鋪

合共計〇千〇百柒拾捌號

光緒 三十二年 月 日呈

首飾行業類

號〡 一鋪 寶興樓銀號 開設城内坊口大街係金珠首飾行業 光緒 年開設 號東裘同仙 執事 已入商會

號〢 一鋪 慶華樓銀號 開設城内大功坊街係金珠首飾行業 光緒 年開設 號東方 執事 已入商會

號〣 一鋪 寶慶樓銀號 開設城内承恩寺街係金珠首飾行業 光緒 年開設 號東孫敏 執事 已入商會

號〤 一鋪 寶成樓銀號 開設城内承恩寺街係金珠首飾行業 光緒 年開設 號東貢幼賓 執事

號五 一鋪 寶霞樓銀號 開設城内魚市大街係金珠首飾行業 光緒 年開設 號東毛 執事

號〦 一鋪 天寶號 開設城内南門大街係首飾行業 光緒 年開設 號東王 執事

號〧 一鋪 元吉號 開設城内南門大街係首飾行業 光緒 年開設 號東宋永豐 執事

號〨 一鋪 錦和號 開設城内顧樓街係首飾行業 光緒 年開設 號東程厚之 執事

號九 一鋪 人和號
開設城內顧樓街係首飾行業光緒　年開設
號東毛　執事

號十 一鋪 天華號
開設城內南門口街係首飾行業光緒　年開設
號東王　執事

號十一 一鋪 榮昌號
開設城內膺府街係首飾行業光緒　年開設
號東卯　執事

號十二 一鋪 慶雲號
開設城內船板巷街係首飾行業光緒　年開設
號東王　執事

號十三 一鋪 文元號
開設城內評事街係首飾行業光緒　年開設
號東鍾　執事

號十四 一鋪 張榮星號
開設城內評事街係首飾行業光緒　年開設
號東　執事

號十五 一鋪 德隆齋號
開設城內顧樓街係首飾行業光緒　年開設
號東陳　執事

一鋪 俞源東號
開設城內顧樓街係首飾行業光緒　年開設
號東　執事

號[illegible] 一鋪 寶恒源號 開設城内花市街係首飾行業 光緒 年開設 號東陳 執事

號六 一鋪 劉源興號 開設城内里廊街係首飾行業 光緒 年開設 號東 執事

號九 一鋪 張億興號 開設城内里廊街係首飾行業 光緒 年開設 號東 執事

號卅 一鋪 王復昌號 開設城内油市大街係首飾行業 光緒 年開設 號東 執事

號卅 一鋪 楊榮盛號 開設城内油市大街係首飾行業 光緒 年開設 號東 執事

號廿 一鋪 陳湧源號 開設城内水西門街係首飾行業 光緒 年開設 號東 執事

號廿 一鋪 梁永昌號 開設城内水西門街係首飾行業 光緒 年開設 號東 執事

號卌 一鋪 李增盛號 開設城内彩霞街係首飾行業 光緒 年開設 號東 執事

首飾行業類

江甯商務總會調查

廿五號 一鋪 仁興號 開設城內陡門橋街係首飾行業 光緒 年開設
號東沈 執事

廿六號 一鋪 王啓盛號 開設城內倉巷口街係首飾行業 光緒 年開設
號東 執事

廿七號 一鋪 徐錫康號 開設城內倉巷口街係首飾行業 光緒 年開設
號東 執事

廿八號 一鋪 張源鑫號 開設城內評事街係首飾行業 光緒 年開設
號東 執事

廿九號 一鋪 張正鑫號 開設城內評事街係首飾行業 光緒 年開設
號東 執事

卅號 一鋪 錦華號 開設城內大板巷街係首飾行業 光緒 年開設
號東 執事

卅一號 一鋪 庚源號 開設城內馬巷街係首飾行業 光緒 年開設
號東郭 執事

卅二號 一鋪 祥源號 開設城內府西街係首飾行業 光緒 年開設
號東 執事

號	一鋪	鎮源號	開設城內府西街係首飾行業	光緒　年開設	號東	執事
號	一鋪	興春號	開設城內漢西門街係首飾行業	光緒　年開設	號東劉	執事
號	一鋪	永聚號	開設城內漢西門街係首飾行業	光緒　年開設	號東侯	執事
號	一鋪	席湧鑫號	開設城內梧桐樹街係首飾行業	光緒　年開設	號東	執事
號	一鋪	王永興號	開設城內船板巷街係首飾行業	光緒　年開設	號東	執事
號	一鋪	天成號	開設城內沙灣街係首飾行業	光緒　年開設	號東方	執事
號	一鋪	貝永源號	開設城內鹽市街係首飾行業	光緒　年開設	號東	執事
號	一鋪	秦松源號	開設城內絲市街係首飾行業	光緒　年開設	號東	執事

首飾　行業類

江甯商務總會調查

號 一鋪 陳榮和號
開設城内三坊巷街係首飾行業光緒　年開設
號東　執事

號 一鋪 江錦源號
開設城内銅作坊街係首飾行業光緒　年開設
號東　執事

號 一鋪 張復興號
開設城内銅作坊街係首飾行業光緒　年開設
號東　執事

號 一鋪 復元號
開設城内鐵作街係首飾行業光緒　年開設
號東周　執事

號 一鋪 王興隆號
開設城内箋街係首飾行業光緒　年開設
號東　執事

號 一鋪 廣森號
開設城内南門大街係首飾行業光緒　年開設
號東黄　執事

號 一鋪 寶泰號
開設城内南門大街係首飾行業光緒　年開設
號東朱　執事

號 一鋪 銓興號
開設城内南門大街係首飾行業光緒　年開設
號東劉　執事

號[illegible]	一鋪	慶寶號	開設城內南門大街係首飾行業	光緒　年開設	號東能	執事	
號[illegible]	一鋪	廣森號	開設城內南門大街係首飾行業	光緒　年開設	號東	執事	
號[illegible]	一鋪	余寶華號	開設城內花市大街係首飾行業	光緒　年開設	號東	執事	
號[illegible]	一鋪	馬鴻亨號	開設城內花市大街係首飾行業	光緒　年開設	號東	執事	
號[illegible]	一鋪	億興號	開設城內司署口街係首飾行業	光緒　年開設	號東喬	執事	
號[illegible]	一鋪	王同興號	開設城內大功坊街係首飾行業	光緒　年開設	號東	執事	
號[illegible]	一鋪	榮森號	開設城內大功坊街係首飾行業	光緒　年開設	號東李	執事	已入商會
號[illegible]	一鋪	鳳寶號	開設城內三山大街係首飾行業	光緒　年開設	號東夏	執事	已入商會

首飾行業類

江甯商務總會調查

已入商會

號[illegible] 一鋪 廣餘號 開設城内府東大街係首飾行業 光緒 年開設 號東周 執事

號[illegible] 一鋪 永炘號 開設城内石壩街係首飾行業 光緒 年開設 號東唐 執事

號[illegible] 一鋪 王炳元號 開設城南門外街係首飾行業 光緒 年開設 號東 執事

號[illegible] 一鋪 榮盛號 開設城南門外街係首飾行業 光緒 年開設 號東陳 執事

號[illegible] 一鋪 戴義興號 開設城内東牌樓街係首飾行業 光緒 年開設 號東 執事

號[illegible] 一鋪 王萬源號 開設城内顧樓街係首飾行業 光緒 年開設 號東 執事

號[illegible] 一鋪 侯德元號 開設城内顧樓街係首飾行業 光緒 年開設 號東 執事

已入商會

號[illegible] 一鋪 宏元號 開設城内大中橋街係首飾行業 光緒 年開設 號東孫 執事

首飾 行業類

已入商會 號[illegible] 義興號 一鋪 開設城內文思巷街 係首飾行業 光緒 年開設 號東陳 執事

已入商會 號[illegible] 義盛號 一鋪 開設城內文思巷街 係首飾行業 光緒 年開設 號東吴 執事

號[illegible] 寶盛號 一鋪 開設城內淮清橋街 係首飾行業 光緒 年開設 號東城 執事

號[illegible] 滙源號 一鋪 開設城內驢子市街 係首飾行業 光緒 年開設 號東陶 執事

已入商會 號[illegible] 玉盛號 一鋪 開設城內大中橋街 係首飾行業 光緒 年開設 號東潘 執事

號[illegible] 泰祥號 一鋪 開設城內户部街 係首飾行業 光緒 年開設 號東陳 執事

號[illegible] 啟源號 一鋪 開設城內户部街 係首飾行業 光緒 年開設 號東陳 執事

號[illegible] 億盛號 一鋪 開設城內吉祥街 係首飾行業 光緒 年開設 號東江 執事

江甯商務總會調查

一鋪 鈺興號 開設城内大行宮街係首飾行業光緒　年開設
號東查　執事

一鋪 永年號 開設城内大行宮街係首飾行業光緒　年開設
號東梁　執事

一鋪 金源號 開設城内大香爐街係首飾行業光緒　年開設
號東丁　執事

一鋪 榮慶號 開設城内北門橋街係首飾行業光緒　年開設
號東禹　執事

一鋪 寶泰號 開設城内魚市街係首飾行業光緒　年開設
號東曹　執事

一鋪 義順號 開設城内魚市街係首飾行業光緒　年開設
號東任　執事

一鋪 復興號 開設城内吉兆營街係首飾行業光緒　年開設
號東張　執事

一鋪 湧興號 開設城内盧妃巷街係首飾行業光緒　年開設
號東黃　執事

首飾行業類

號廿一 一鋪 榮盛祥號 開設城内城守協署街係首飾行業 光緒 年開設 號東張 執事

號廿二 一鋪 榮興號 開設城外下關街係首飾行業 光緒 年開設 號東 執事

號廿三 一鋪 翁萬源號 開設城外下關街係首飾行業 光緒 年開設 號東 執事

號廿四 一鋪 劉慶雲號 開設城外下關街係首飾行業 光緒 年開設 號東 執事

号 一鋪 止 號 開設城 街係 行業 光緒 年開設 號東 執事

号 一鋪 號 開設城 街係 行業 光緒 年開設 號東 執事

号 一鋪 號 開設城 街係 行業 光緒 年開設 號東 執事

号 一鋪 號 開設城 街係 行業 光緒 年開設 號東 執事

江甯商務總會調查

号　一鋪　號
開設城　街係　行業　光緒　年開設
號東　執事

号　一鋪　號
開設城　街係　行業　光緒　年開設
號東　執事

号　一鋪　號
開設城　街係　行業　光緒　年開設
號東　執事

号　一鋪　號
開設城　街係　行業　光緒　年開設
號東　執事

号　一鋪　號
開設城　街係　行業　光緒　年開設
號東　執事

号　一鋪　號
開設城　街係　行業　光緒　年開設
號東　執事

号　一鋪　號
開設城　街係　行業　光緒　年開設
號東　執事

号　一鋪　號
開設城　街係　行業　光緒　年開設
號東　執事

以上係首飾店鋪

合共計〇千〇百捌拾肆號

光緒三十二年　月　日呈

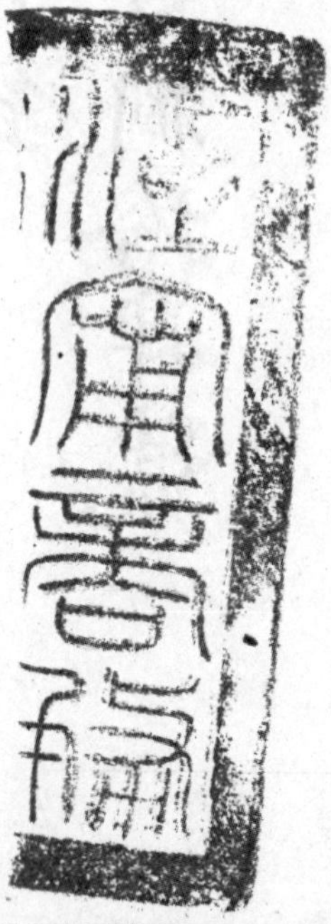

号元 一鋪 桂林春號 開設城內顧樓大街係花粉店行業光緒　年開設
號東馬光斗　執事

号弍 一鋪 吉祥春號 開設城內驢子市街係花粉店行業光緒　年開設
號東鄭　執事

号三 一鋪 鄭天中號 開設城內黑廊大街係花粉店行業光緒　年開設
號東鄭樹庭　執事

号四 一鋪 古子敬號 開設城內新橋大街係花粉店行業光緒　年開設
號東翁福興　執事

号五 一鋪 麟香室號 開設城內評事大街係花粉店行業光緒　年開設
號東張　執事

号六 一鋪 金綉川號 開設城內評事大街係花粉店行業光緒　年開設
號東金　執事

号七 一鋪 張長泰號 開設城內銅作坊街係花粉店行業光緒　年開設
號東張　執事

号八 一鋪 許永昌號 開設城內銅作坊街係花粉店行業光緒　年開設
號東許子祥　執事

花粉店行業類　江甯商務總會調查

號九　一鋪　楊萬順號　開設城内銅作坊街係　花粉店　行業　光緒　年開設　號東楊　執事

號十　一鋪　鄭天中號　開設城内花市大街係　花粉店　行業　光緒　年開設　號東鄭　執事

號十一　一鋪　鄭天一號　開設城内大功坊街係　花粉店　行業　光緒　年開設　號東鄭　執事

號十二　一鋪　梁五福號　開設城内黑廊大街係　花粉店　行業　光緒　年開設　號東梁　執事

號十三　一鋪　王恒順號　開設城内黑廊大街係　花粉店　行業　光緒　年開設　號東王　執事

號十四　一鋪　余宏興號　開設城内黑廊大街係　花粉店　行業　光緒　年開設　號東余　執事

號十五　一鋪　胡福興號　開設城内黑廊大街係　花粉店　行業　光緒　年開設　號東胡　執事

號十六　一鋪　金春林號　開設城内坊口大街係　花粉店　行業　光緒　年開設　號東金　執事

號五 一鋪 江南春號 開設城内行口大街係 花粉店行業 光緒 年開設 號東 執事

號六 一鋪 金綉川號 開設城内講堂大街係 花粉店行業 光緒 年開設 號東金 執事

號九 一鋪 許榮興號 開設城内油市大街係 花粉店行業 光緒 年開設 號東許 執事

號卄 一鋪 義和祥號 開設城内油市大街係 花粉店行業 光緒 年開設 號東張 執事

號廿 一鋪 劉得中號 開設城内水西門大街係 花粉店行業 光緒 年開設 號東劉 執事

號廿 一鋪 聚香室號 開設城内倉巷口街係 花粉店行業 光緒 年開設 號東金 執事

號廿 一鋪 古子敬號 開設城内評事大街係 花粉店行業 光緒 年開設 號東 執事

號苗 一鋪 金繡川號 開設城内評事大街係 花粉店行業 光緒 年開設 號東金 執事

花粉店行業類

江甯商務總會調査

號[illegible]	一鋪	馬正和號	開設城内評事大街係花粉店行業光緒　年開設	號東馬　執事
號[illegible]	一鋪	陳炳興號	開設城内馬巷街係花粉店行業光緒　年開設	號東陳　執事
號[illegible]	一鋪	古子敬號	開設城内釣魚台街係香粉行業光緒　年開設	號東翁　執事
號[illegible]	一鋪	景祥春號	開設城内新橋街係花粉行業光緒　年開設	號東　執事
號[illegible]	一鋪	武長春號	開設城内銅作坊街係花店行業光緒　年開設	號東武　執事
號[illegible]	一鋪	冷洪泰號	開設城内銅作坊街係花店行業光緒　年開設	號東冷　執事
號[illegible]	一鋪	鴻　昌號	開設城内銅作坊街係花店行業光緒　年開設	號東周　執事
號[illegible]	一鋪	姚長順號	開設城内銅作坊街係花店行業光緒　年開設	號東姚　執事

花粉店行業類

一鋪 陸德泰號 開設城内銅作坊街係花店行業光緒　年開設 號東陸　執事

一鋪 王炳興號 開設城内銅作坊街係花店行業光緒　年開設 號東王　執事

一鋪 郭榮順號 開設城内銅作坊街係花店行業光緒　年開設 號東郭　執事

一鋪 武恒泰號 開設城内銅作坊街係花店行業光緒　年開設 號東武　執事

一鋪 高振興號 開設城内銅作坊街係花店行業光緒　年開設 號東高　執事

一鋪 楊萬順號 開設城内銅作坊街係花店行業光緒　年開設 號東楊　執事

一鋪 全福仁號 開設城内南門大街係粉店行業光緒　年開設 號東鄭　執事

一鋪 炳　興號 開設城内南門大街係花店行業光緒　年開設 號東陳　執事

江甯商務總會調查

一鋪 徐長泰號 開設城内南門大街係花粉店行業光緒　年開設
號東徐煜臣　執事

一鋪 李廣泰號 開設城内南門大街係花粉店行業光緒　年開設
號東李蓮仙　執事

一鋪 春生和號 開設城内南門大街係粉店行業光緒　年開設
號東崔　執事

一鋪 馮鴻興號 開設城内南門大街係花店行業光緒　年開設
號東馮　執事

一鋪 蓉華軒號 開設城内南門大街係粉店行業光緒　年開設
號東馬　執事

一鋪 馬天和號 開設城内三山大街係粉店行業光緒　年開設
號東馬　執事

一鋪 易開泰號 開設城内三山大街係花粉店行業光緒　年開設
號東易　執事

一鋪 張復昌號 開設城内府東大街係花粉店行業光緒　年開設
號東張　執事

花粉店行業類

一鋪　廣　盛號　開設城内大香爐街係花粉店行業　光緒　年開設　號東金曹隆　執事

一鋪　合　興號　開設城北浮橋口街係花粉店行業　光緒　年開設　號東劉長發　執事

一鋪　吉祥齋號　開設城内坊口大街係花粉店行業　光緒　年開設　號東　執事

一鋪　百花洲號　開設城内坊口大街係花粉店行業　光緒　年開設　號東　執事

一鋪　長生和號　開設城内花市大街係花粉店行業　光緒　年開設　號東　執事

一鋪　鴻　興號　開設城内花市大街係花粉店行業　光緒　年開設　號東　執事

一鋪　戴春林號　開設城内淮清橋街係花粉店行業　光緒　年開設　號東戴　執事

一鋪　王馨遠號　開設城内油市大街係花粉店行業　光緒　年開設　號東王　執事

江甯商務總會調查

号 一鋪 上號
開設城 街係 行業光緒 年開設
號東 執事

号 一鋪 號
開設城 街係 行業光緒 年開設
號東 執事

号 一鋪 號
開設城 街係 行業光緒 年開設
號東 執事

号 一鋪 號
開設城 街係 行業光緒 年開設
號東 執事

号 一鋪 號
開設城 街係 行業光緒 年開設
號東 執事

号 一鋪 號
開設城 街係 行業光緒 年開設
號東 執事

号 一鋪 號
開設城 街係 行業光緒 年開設
號東 執事

号 一鋪 號
開設城 街係 行業光緒 年開設
號東 執事

以上係花粉店鋪
合共計〇千〇百伍拾陸號

光緒 三十二年 月 日呈

一鋪 張炳順號 開設城內里廊街係梳篦行業光緒　年開設
號東　執事

一鋪 王天元號 開設城內坊口大街係梳篦行業光緒　年開設
號東　執事

一鋪 金萬源號 開設城內油市大街係梳篦行業光緒　年開設
號東　執事

一鋪 張順興號 開設城內油市大街係梳篦行業光緒　年開設
號東　執事

一鋪 許長興號 開設城內油市大街係梳篦行業光緒　年開設
號東　執事

一鋪 張正有號 開設城內南門大街係梳篦行業光緒　年開設
號東　執事

一鋪 王大興號 開設城內水西門街係梳篦行業光緒　年開設
號東　執事

一鋪 上號 開設城　街係　行業光緒　年開設
號東　執事

梳篦行業類　江甯商務總會調查

号 一鋪 號

開設城　街係　行業　光緒　年開設

號東　執事

号 一鋪 號

開設城　街係　行業　光緒　年開設

號東　執事

号 一鋪 號

開設城　街係　行業　光緒　年開設

號東　執事

号 一鋪 號

開設城　街係　行業　光緒　年開設

號東　執事

号 一鋪 號

開設城　街係　行業　光緒　年開設

號東　執事

号 一鋪 號

開設城　街係　行業　光緒　年開設

號東　執事

号 一鋪 號

開設城　街係　行業　光緒　年開設

號東　執事

号 一鋪 號

開設城　街係　行業　光緒　年開設

號東　執事

以上係梳篦店鋪

合共計○千○百○拾柒號

光緒 三十二年 月 日呈

元号　一鋪　徐萬和號　開設城内陸門橋街係假髮店行業光緒　年開設　號東徐　執事

弍号　一鋪　汪錦順號　開設城内黎頭尖街係假髮店行業光緒　年開設　號東汪　執事

三号　一鋪　董聚興號　開設城内南門大街係假髮店行業光緒　年開設　號東董　執事

四号　一鋪　萬源號　開設城内府西街係假髮店行業光緒　年開設　號東萬　執事

号　一鋪　止號　開設城　街係　行業光緒　年開設　號東　執事

号　一鋪　號　開設城　街係　行業光緒　年開設　號東　執事

号　一鋪　號　開設城　街係　行業光緒　年開設　號東　執事

号　一鋪　號　開設城　街係　行業光緒　年開設　號東　執事

假髮店行業類　江甯商務總會調查

号　一鋪　號　開設城　街係　行業　光緒　年開設
號東　執事

号　一鋪　號　開設城　街係　行業　光緒　年開設
號東　執事

号　一鋪　號　開設城　街係　行業　光緒　年開設
號東　執事

号　一鋪　號　開設城　街係　行業　光緒　年開設
號東　執事

号　一鋪　號　開設城　街係　行業　光緒　年開設
號東　執事

号　一鋪　號　開設城　街係　行業　光緒　年開設
號東　執事

号　一鋪　號　開設城　街係　行業　光緒　年開設
號東　執事

号　一鋪　號　開設城　街係　行業　光緒　年開設
號東　執事

以上係假髮店鋪

合共計〇千〇百〇拾肆號

光緒 三十二年 月 日呈

號 一鋪 賀榮森號 開設城內南門大街係 盔頭店行業 光緒 年開設
號東賀 執事

號 一鋪 張安泰號 開設城內黑廊大街係 盔頭店行業 光緒 年開設
號東張 執事

號 一鋪 張源隆號 開設城內黑廊大街係 盔頭店行業 光緒 年開設
號東張 執事

號 一鋪 止 號 開設城 街係 行業 光緒 年開設
號東 執事

號 一鋪 號 開設城 街係 行業 光緒 年開設
號東 執事

號 一鋪 號 開設城 街係 行業 光緒 年開設
號東 執事

號 一鋪 號 開設城 街係 行業 光緒 年開設
號東 執事

號 一鋪 號 開設城 街係 行業 光緒 年開設
號東 執事

盔頭店行業類 江甯商務總會調查

號 一鋪　號　開設城　街係　行業　光緒　年開設
號東　執事

號 一鋪　號　開設城　街係　行業　光緒　年開設
號東　執事

號 一鋪　號　開設城　街係　行業　光緒　年開設
號東　執事

號 一鋪　號　開設城　街係　行業　光緒　年開設
號東　執事

號 一鋪　號　開設城　街係　行業　光緒　年開設
號東　執事

號 一鋪　號　開設城　街係　行業　光緒　年開設
號東　執事

號 一鋪　號　開設城　街係　行業　光緒　年開設
號東　執事

號 一鋪　號　開設城　街係　行業　光緒　年開設
號東　執事

以上係盔頭店鋪

合共計○千○百○拾叁號

光緒三十二年　月　日呈

鞍韂店行業類

號元	一鋪	紀恒源號	開設城内黑廊大街係鞍韂店行業	號東紀	執事	光緒　年開設
號弍	一鋪	億盛號	開設城内黑廊大街係鞍韂店行業	號東胡	執事	光緒　年開設
號三	一鋪	張永隆號	開設城内南門大街係鞍韂店行業	號東張	執事	光緒　年開設
號四	一鋪	隆興號	開設城内南門大街係鞍韂店行業	號東葉	執事	光緒　年開設
號五	一鋪	炳炘號	開設城内府東大街係鞍韂店行業	號東張	執事	光緒　年開設
號六	一鋪	周永興號	開設城内府東大街係鞍韂店行業	號東周	執事	光緒　年開設
號七	一鋪	蘇恒大號	開設城内府東大街係鞍韂店行業	號東蘇	執事	光緒　年開設
號八	一鋪	胡永興號	開設城内三山大街係鞍韂店行業	號東胡	執事	光緒　年開設

江甯商務總會調查

號 一鋪 斌上陞號
開設城內府東大街係鞍韂店行業光緒　年開設
號東　執事

号 一鋪 止號
開設城　街係　行業光緒　年開設
號東　執事

号 一鋪 號
開設城　街係　行業光緒　年開設
號東　執事

号 一鋪 號
開設城　街係　行業光緒　年開設
號東　執事

号 一鋪 號
開設城　街係　行業光緒　年開設
號東　執事

号 一鋪 號
開設城　街係　行業光緒　年開設
號東　執事

号 一鋪 號
開設城　街係　行業光緒　年開設
號東　執事

号 一鋪 號
開設城　街係　行業光緒　年開設
號東　執事

以上係鞍韂店鋪
合共計〇千〇百〇拾玖號

光緒三十二年　月　日呈

號 一鋪 陳金鑑號 開設城内黑廊大街係弓劍店行業 光緒　年開設
號東陳　執事

号 一鋪 止 號 開設城　街係　行業 光緒　年開設
號東　執事

号 一鋪　號 開設城　街係　行業 光緒　年開設
號東　執事

号 一鋪　號 開設城　街係　行業 光緒　年開設
號東　執事

号 一鋪　號 開設城　街係　行業 光緒　年開設
號東　執事

号 一鋪　號 開設城　街係　行業 光緒　年開設
號東　執事

号 一鋪　號 開設城　街係　行業 光緒　年開設
號東　執事

号 一鋪　號 開設城　街係　行業 光緒　年開設
號東　執事

弓劍店行業類　江甯商務總會調查

号　一鋪　號
開設城　街係　行業　光緒　年開設
號東　執事

号　一鋪　號
開設城　街係　行業　光緒　年開設
號東　執事

号　一鋪　號
開設城　街係　行業　光緒　年開設
號東　執事

号　一鋪　號
開設城　街係　行業　光緒　年開設
號東　執事

号　一鋪　號
開設城　街係　行業　光緒　年開設
號東　執事

号　一鋪　號
開設城　街係　行業　光緒　年開設
號東　執事

号　一鋪　號
開設城　街係　行業　光緒　年開設
號東　執事

号　一鋪　號
開設城　街係　行業　光緒　年開設
號東　執事

以上係弓劍店鋪

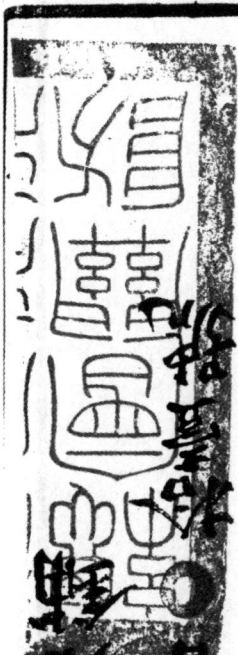

合共計〇千〇百〇拾壹號

光緒三十二年　月　日呈

〡號　一鋪　栢永全號　開設城内黑廊大街　係　骨角　行業　光緒　年開設
號東栢　執事

〢號　一鋪　栢永馨號　開設城内黑廊大街　係　骨角　行業　光緒　年開設
號東栢　執事

〣號　一鋪　改萬順號　開設城内油市大街　係　骨角　行業　光緒　年開設
號東改　執事

〤號　一鋪　順　記號　開設城内坊口大街　係　骨角　行業　光緒　年開設
號東　執事

〥號　一鋪　改榮發號　開設城内油市大街　係　骨角　行業　光緒　年開設
號東改　執事

〦號　一鋪　宗順興號　開設城内綫莊巷街　係　骨角　行業　光緒　年開設
號東宗　執事

〧號　一鋪　潘萬興號　開設城内馬巷街　係　骨角　行業　光緒　年開設
號東潘　執事

八號　一鋪　夏萬盛號　開設城内銅作坊街　係　骨角　行業　光緒　年開設
號東夏　執事

骨角店行業類　　江甯商務總會調查

九号	一鋪	李永興號	開設城内府東大街係骨角行業光緒　年開設	號東李　執事
十号	一鋪	朱炳記號	開設城内府東大街係骨角行業光緒　年開設	號東朱　執事
廿号	一鋪	萬興號	開設城内奇望街係骨角行業光緒　年開設	號東宗鵬清　執事
号	一鋪	上[illegible]號	開設城　街係　行業光緒　年開設	號東　執事
号	一鋪	號	開設城　街係　行業光緒　年開設	號東　執事
号	一鋪	號	開設城　街係　行業光緒　年開設	號東　執事
号	一鋪	號	開設城　街係　行業光緒　年開設	號東　執事
号	一鋪	號	開設城　街係　行業光緒　年開設	號東　執事

以上係骨角店鋪

合共計〇千〇百〇拾壹號

光緒 三十二年 月 日呈

戥秤店行業類

号元	一鋪	雍天和號	開設城南門月城街係戥秤店行業　號東黃起金　執事	光緒　年開設
号弍	一鋪	陳榮泰號	開設城南門月城街係戥秤店行業　號東陳如桂　執事	光緒　年開設
号三	一鋪	甘錦源號	開設城内行口大街係戥秤店行業　號東甘　執事	光緒　年開設
号四	一鋪	郁森和號	開設城内講堂大街係戥秤店行業　號東郁　執事	光緒　年開設
号五	一鋪	李萬林號	開設城内水西門街係戥秤店行業　號東李　執事	光緒　年開設
号六	一鋪	楊源新號	開設城内水西門街係戥秤店行業　號東楊　執事	光緒　年開設
号七	一鋪	義興號	開設城内魚市大街係戥秤店行業　號東章新壽　執事	光緒　年開設
号八	一鋪	瑞興號	開設城南門外大街係戥秤店行業　號東丁　執事	光緒　年開設

江甯商務總會調查

九號 一鋪 余復興號 開設城南門外大街係戥秤店行業光緒　年開設 號東余　執事

十號 一鋪 徐永和號 開設城外下關街係戥秤店行業光緒　年開設 號東徐　執事

十一號 一鋪 丁泰興號 開設城內陡門橋街係戥秤店行業光緒　年開設 號東丁　執事

十二號 一鋪 徐福興號 開設城內南門大街係戥秤店行業光緒　年開設 號東徐　執事

十三號 一鋪 潘廣興號 開設城內水西門大街係戥秤店行業光緒　年開設 號東潘　執事

十四號 一鋪 萬炳興號 開設城內水西門大街係戥秤店行業光緒　年開設 號東萬　執事

十五號 一鋪 丁順興號 開設城內水西門大街係戥秤店行業光緒　年開設 號東丁　執事

號 一鋪 [illegible]號 開設城　街係　行業光緒　年開設 號東　執事

以上係戥秤店鋪

合共計○千○百●拾伍號

光緒三十二年　月　日呈

皮棵　行業類

号元　一鋪　張洪盛號　開設城内大板巷街係皮棵行業　光緒　年開設　號東　執事

号弍　一鋪　筻永盛號　開設城内大板巷街係皮棵行業　光緒　年開設　號東　執事

号三　一鋪　端興盛號　開設城内大板巷街係皮棵行業　光緒　年開設　號東　執事

号〤　一鋪　福興盛號　開設城内大板巷街係皮棵行業　光緒　年開設　號東　執事

号五　一鋪　萬興號　開設城内評事街係皮棵行業　光緒　年開設　號東徐　執事

号〦　一鋪　裕盛昌號　開設城内馬巷街係皮棵行業　光緒　年開設　號東　執事

号〧　一鋪　王瑞生號　開設城内馬巷街係皮棵行業　光緒　年開設　號東　執事

号〨　一鋪　王益盛號　開設城内馬巷街係皮棵行業　光緒　年開設　號東　執事

江甯商務總會調查

九号 一鋪 嚴義盛號 開設城内馬巷街係皮棵行業光緒　年開設 號東　執事

十号 一鋪 信盛號 開設城内馬巷街係皮棵行業光緒　年開設 號東　執事

十一号 一鋪 萬順興號 開設城南門外街係皮棵行業光緒　年開設 號東　執事

号 一鋪 止號 開設城　街係　行業光緒　年開設 號東　執事

号 一鋪 號 開設城　街係　行業光緒　年開設 號東　執事

号 一鋪 號 開設城　街係　行業光緒　年開設 號東　執事

号 一鋪 號 開設城　街係　行業光緒　年開設 號東　執事

号 一鋪 號 開設城　街係　行業光緒　年開設 號東　執事

以上係皮樑店鋪

合共計○千○百○拾壹號

光緒 三十二年 月 日呈

紙盒行業類

〡號 一鋪 郭源興號 開設城內馬巷街係紙盒行業 光緒 年開設 號東 執事

〢號 一鋪 袁復興號 開設城內馬巷街係紙盒行業 光緒 年開設 號東 執事

〣號 一鋪 王榮興號 開設城內天青街係紙盒行業 光緒 年開設 號東 執事

〤號 一鋪 陳鴻興號 開設城內天青街係紙盒行業 光緒 年開設 號東 執事

〥號 一鋪 張聚興號 開設城內銅作坊街係紙盒行業 光緒 年開設 號東 執事

〦號 一鋪 鄒復興號 開設城內府東街係紙盒行業 光緒 年開設 號東 執事

〧號 一鋪 李仁興號 開設城內府東街係紙盒行業 光緒 年開設 號東 執事

八號 一鋪 郭榮盛號 開設城內府東街係紙盒行業 光緒 年開設 號東 執事

江甯商務總會調查

号 一 鋪 上 號
開設城 街係 行業 光緒 年開設
號東 執事

号 一 鋪 號
開設城 街係 行業 光緒 年開設
號東 執事

号 一 鋪 號
開設城 街係 行業 光緒 年開設
號東 執事

号 一 鋪 號
開設城 街係 行業 光緒 年開設
號東 執事

号 一 鋪 號
開設城 街係 行業 光緒 年開設
號東 執事

号 一 鋪 號
開設城 行係 行業 光緒 年開設
號東 執事

号 一 鋪 號
開設城 街係 行業 光緒 年開設
號東 執事

号 一 鋪 號
開設城 街係 行業 光緒 年開設
號東 執事

以上係紙盒店鋪

合共計○千○百○拾捌號

光緒三十四年　月　日呈

捌卷目錄

盆浴堂行業類

已入商會 号元 一鋪 銘軒號 開設城中顏料坊街係盆堂行業光緒六年開設 號東張鏡秋 執事金遇春 李雨生

已入商會 号弍 一鋪 小滄浪號 開設城中顏料坊街係浴堂行業光緒　年開設 號東張鏡秋 執事朱載之

已入商會 号三 一鋪 嵩江泉號 開設城中顧楼街係浴堂行業光緒初年開設 號東張鏡秋 執事劉長興

已入商會 号四 一鋪 小滄浪號 開設城中剪子巷街係浴堂行業光緒　年開設 號東張鏡秋 執事賈雲臣

已入商會 号五 一鋪 三山泉號 開設城中水西門大街係浴堂行業光緒八年開設 號東鄭立齋 執事吴德寶

已入商會 号六 一鋪 明竹泉號 開設城中窯子巷街係浴堂行業光緒　年開設 號東韓王洲 執事楊竹卿

已入商會 号七 一鋪 西湖泉號 開設城水西門外丸場街係浴堂行業光緒元年開設 號東伍金玉 執事楊德勝

已入商會 号八 一鋪 湧泉池號 開設城水西門外花傘巷街係浴堂行業光緒　年開設 號東楊德榮 執事

江甯商務總會調查

已入商會　[illegible]號九
一鋪　暢樂池號
開設城水西門外南傘巷街係浴堂行業光緒　年開設
號東胡有潑　執事

已入商會　[illegible]號
一鋪　清涼池號
開設城漢西門外街係浴堂行業光緒　年開設
號東王家模　執事

已入商會　[illegible]號
一鋪　蟠池號
開設城漢西門外石城橋街係浴堂行業光緒　年開設
號東李庚瑶　執事

[illegible]號
一鋪　彩和池號
開設城水西門外上新河街係浴堂行業光緒　年開設
號東王文煥　執事

已入商會　[illegible]號
一鋪　龍園號
開設城北雞鵞巷街係盆堂行業光緒　年開設
號東金士元　執事

已入商會　[illegible]號
一鋪　德新池號
開設城北唱经楼街係浴堂行業光緒　年開設
號東徐子明　執事

已入商會　[illegible]號
一鋪　西園號
開設城北四条巷街係浴堂行業光緒　年開設
號東尤柄棠　執事

[illegible]號
一鋪　保和池號
開設城外上新河街係浴堂行業光緒　年開設
號東　執事

攴號	一鋪	鑫潮池號	開設城北新街口　街係浴堂　行業　光緒　年開設 號東王達祥　執事	
大號	一鋪	鳳來池號	開設城内笪橋市　街係浴堂　行業　光緒　年開設 號東陳炳榮　執事	已入商會
九號	一鋪	順和池號	開設城内下浮橋　街係浴堂　行業　光緒　年開設 號東何雙喜　執事	已入商會
卄號	一鋪	清和池號	開設城内南門大　街係浴堂　行業　光緒　年開設 號東戴世延　執事	已入商會
廿號	一鋪	鑫海泉號	開設城内大中橋　街係浴堂　行業　光緒　年開設 號東朱禮煥　執事	已入商會
廿一號	一鋪	沂春池號	開設城内文思巷　街係浴堂　行業　光緒　年開設 號東張慶恩　執事	已入商會
廿二號	一鋪	清儀池號	開設城内致和　街係浴堂　行業　光緒　年開設 號東徐貴鈞　執事	已入商會
出號	一鋪	問津號	開設城内利涉橋　街係盆堂　行業　光緒　年開設 號東尤海清　執事徐大有	已入商會

盆浴堂行業類

江甯商務總會編查

已入商會 廿五號	一鋪 丹桂軒號	開設城内文德橋街係盆堂行業光緒年開設	號東朱順奎執事
已入商會 廿六號	一鋪 東滄浪號	開設城内文德橋街係浴堂行業光緒年開設	號東伍正有執事
已入商會 廿七號	一鋪 福泉池號	開設城外掃箒巷街係浴堂行業光緒年開設	號東周秀庚執事
已入商會 廿八號	一鋪 聚寶泉號	開設城南門外大街係浴堂行業光緒年開設	號東沙鑄臣執事
已入商會 廿九號	一鋪 聚恩泉號	開設城外大米行街係浴堂行業光緒年開設	號東梁長惠執事
已入商會 卅號	一鋪 來賓池號	開設城外來賓橋街係浴堂行業光緒年開設	號東蔡長林執事
已入商會 卅一號	一鋪 萬泉池號	開設城外蘆蓆巷街係浴堂行業光緒年開設	號東易德留執事
已入商會 卅一號	一鋪 鎮河泉號	開設城内信府河街係浴堂行業光緒年開設	號東吴玉山執事

盆浴堂行業類

已入商會
號 一鋪 鎮淮軒號 開設城中信府河街係盆堂行業光緒　年開設
號東尤炳榮　執事

號 一鋪 三河池號 開設城北雞鵞巷街係浴堂行業光緒　年開設
號東曹正和　執事

已入商會
號 一鋪 同意池號 開設城北雞鵞巷街係浴堂行業光緒　年開設
號東陳從典　執事

已入商會
號 一鋪 西滄浪號 開設城內新橋堂子巷街係浴堂行業光緒　年開設
號東王達盈　執事柏義隆

號 一鋪 玉石池號 開設城北土街口街係浴堂行業光緒　年開設
號東方蔭遠　執事

號 一鋪 吉祥軒號 開設城北花牌樓街係浴堂行業光緒　年開設
號東范全仁　執事

已入商會
號 一鋪 浴沂園號 開設城北花牌樓街係盆堂行業光緒　年開設
號東劉永庚　執事

已入商會
號 一鋪 滄浪泉號 開設城內南市樓街係浴堂行業光緒　年開設
號東余秉蘭　執事

江甯商務總會調查

一鋪　詠沂池號　開設城外下關街係盆浴堂行業光緒　年開設　號東　執事陳

已入商會　一鋪　一泓池號　開設城外下關街係浴堂行業光緒　年開設　號東史思福　執事

已入商會　一鋪　沂和泉號　開設城內三山大街係浴堂行業光緒　年開設　號東鄧惠泉　執事

已入商會　一鋪　潔玉池號　開設城內銅作坊街係浴堂行業光緒　年開設　號東章芳孝　執事

已入商會　一鋪　第一泉號　開設城內大板巷街係浴堂行業光緒　年開設　號東巫文樑　執事

已入商會　一鋪　鳳來園號　開設城內黑廊大街係盆堂行業光緒　年開設　號東芮祥林　執事

已入商會　一鋪　雙樂園號　開設城內雞鵞巷街係盆堂行業光緒　年開設　號東胡大坤　執事

已入商會　一鋪　仙玉池號　開設城內雞鵞巷街係浴堂行業光緒　年開設　號東楊永才　執事

盆浴堂行業類

已入商會

號一鋪 麗水池號 開設城内内橋大街係浴堂行業光緒　年開設

號東王宗愷　執事

已入商會

附一鋪 福星池號 開設城内王府園街係浴堂行業光緒　年開設

號東王正堂　執事

号一鋪 止號 開設城　街係　行業光緒　年開設

號東　執事

号一鋪　號 開設城　街係　行業光緒　年開設

號東　執事

号一鋪　號 開設城　街係　行業光緒　年開設

號東　執事

号一鋪　號 開設城　街係　行業光緒　年開設

號東　執事

号一鋪　號 開設城　街係　行業光緒　年開設

號東　執事

号一鋪　號 開設城　街係　行業光緒　年開設

號東　執事

江甯商務總會調查

号　一鋪　號
開設城　街係　行業　光緒　年開設
號東　執事

号　一鋪　號
開設城　街係　行業　光緒　年開設
號東　執事

号　一鋪　號
開設城　街係　行業　光緒　年開設
號東　執事

号　一鋪　號
開設城　街係　行業　光緒　年開設
號東　執事

号　一鋪　號
開設城　街係　行業　光緒　年開設
號東　執事

号　一鋪　號
開設城　街係　行業　光緒　年開設
號東　執事

号　一鋪　號
開設城　街係　行業　光緒　年開設
號東　執事

号　一鋪　號
開設城　街係　行業　光緒　年開設
號東　執事

以上係盆浴堂店鋪
合共計〇千〇百伍拾〇號

光緒　三十二年　月　日呈

蔻店行業類

號元	一鋪	武元興號	開設城内仙鶴街係蔻店行業	號東武執事	光緒　年開設
號〤	一鋪	艾啟發號	開設城内倉門口街係蔻店行業	號東艾執事	光緒　年開設
號三	一鋪	張長興號	開設城内倉門口街係蔻店行業	號東張執事	光緒　年開設
號の	一鋪	徐炳順號	開設城内梧桐樹街係蔻店行業	號東徐執事	光緒　年開設
號五	一鋪	虞鎮興號	開設城内梧桐樹街係蔻店行業	號東虞執事	光緒　年開設
號〆	一鋪	王復興號	開設城内椰葉街係蔻店行業	號東王執事	光緒　年開設
號又	一鋪	張鑑記號	開設城内膺府街係蔻店行業	號東張執事	光緒　年開設
號八	一鋪	張鑑記號	開設城内石埧街係蔻店行業	號東張執事	光緒　年開設

江甯商務總會調查

九号 一鋪 宗雩記號 開設城内三条營街係蔻店 行業 光緒 年開設 號東宗 執事

十号 一鋪 陳耀記號 開設城内三条營街係蔻店 行業 光緒 年開設 號東陳 執事

十一号 一鋪 億興號 開設城内小石橋街係蔻店 行業 光緒 年開設 號東馬萬福 執事

十二号 一鋪 漢記號 開設城内三眼井街係蔻店 行業 光緒 年開設 號東徐漢章 執事

十三号 一鋪 義興號 開設城内三眼井街係蔻店 行業 光緒 年開設 號東馬萬林 執事

号 一鋪 號 開設城 街係 行業 光緒 年開設 號東 執事

号 一鋪 號 開設城 街係 行業 光緒 年開設 號東 執事

号 一鋪 號 開設城 街係 行業 光緒 年開設 號東 執事

以上係篾　店鋪

合共計〇千〇百〇拾叁號

光緒 三十二年 月 日呈

號一 一鋪 楊炳興號 開設城南門月城街係麻繩店行業 光緒 年開設
號東楊丙榮 執事

號弍 一鋪 同發號 開設城南門月城街係麻繩店行業 光緒 年開設
號東吳茂 執事

號三 一鋪 白桂記號 開設城內水西門大街係麻繩店行業 光緒 年開設
號東白 執事

號四 一鋪 春生陽號 開設城內評事大街係麻繩店行業 光緒 年開設
號東顧有炳 執事

號五 一鋪 劉天興號 開設城內水西門大街係麻繩店行業 光緒 年開設
號東劉 執事

號六 一鋪 徐金源號 開設城內水西門大街係麻繩店行業 光緒 年開設
號東徐 執事

號七 一鋪 王乾源號 開設城內水西門大街係麻繩店行業 光緒 年開設
號東王 執事

號八 一鋪 徐長記號 開設城內水西門大街係麻繩店行業 光緒 年開設
號東徐 執事

繩子店行業類

江甯商務總會調查

號九 一鋪 李同生號 開設城南門外大街係蔴繩店行業 光緒　年開設 號東李　執事

號十 一鋪 朱萬興號 開設城南門外大街係蔴繩店行業 光緒　年開設 號東朱　執事

號十一 一鋪 益興號 開設城南門外大街係蔴繩店行業 光緒　年開設 號東李　執事

號十二 一鋪 長興號 開設城南門外大街係蔴繩店行業 光緒　年開設 號東王　執事

號十三 一鋪 萬興號 開設城南門外大街係蔴繩店行業 光緒　年開設 號東朱　執事

號十四 一鋪 萬興號 開設城内大中橋街係蔴繩店行業 光緒　年開設 號東楊　執事

號十五 一鋪 榮興號 開設城内火星廟街係蔴繩店行業 光緒　年開設 號東雷　執事

號十六 一鋪 恒昌號 開設城内魚市大街係蔴繩店行業 光緒　年開設 號東　執事

繩子店行業類

號十七	一鋪	季公興號	開設城外下關大街係蔴繩店行業	號東季　執事	光緒　年開設
號十八	一鋪	萬和號	開設城内笪橋市街係蔴繩店行業	號東　執事	光緒　年開設
號十九	一鋪	陳聚興號	開設城内笪橋市街係蔴繩店行業	號東陳　執事	光緒　年開設
號廿	一鋪	曾鑫和號	開設城南門外大街係蔴繩店行業	號東曾　執事	光緒　年開設
號廿一	一鋪	朱店號	開設城南門外大街係蔴繩店行業	號東朱　執事	光緒　年開設
號廿二	一鋪	甘元盛號	開設城南門外大街係蔴繩店行業	號東甘　執事	光緒　年開設
號廿三	一鋪	尹店號	開設城南門外大街係蔴繩店行業	號東尹　執事	光緒　年開設
號廿四	一鋪	董同興號	開設城外掃箒巷街係蔴繩店行業	號東董　執事	光緒　年開設

江甯商務總會調查

[illegible] 一鋪　徐福興號　開設城外掃箒巷街係蔴繩店行業光緒　年開設　號東徐　執事

[illegible] 一鋪　森　茂號　開設城漢西門外大街係蔴繩店行業光緒　年開設　號東　執事

[illegible] 一鋪　徐泰山號　開設城内水西門大街係蔴繩店行業光緒　年開設　號東徐　執事

[illegible] 一鋪　萬炳興號　開設城内水西門大街係蔴繩店行業光緒　年開設　號東萬　執事

[illegible] 一鋪　楊炳鑫號　開設城内東牌樓街係蔴繩店行業光緒　年開設　號東楊　執事

[illegible] 一鋪　花隆興號　開設城内大中橋街係蔴繩店行業光緒　年開設　號東花　執事

[illegible] 一鋪　王天森號　開設城外旦廠街係蔴繩店行業光緒　年開設　號東王　執事

[illegible] 一鋪　元　盛號　開設城外旦廠街係蔴繩店行業光緒　年開設　號東　執事

號[illegible] 一鋪 裕　盛號 開設城外包厫街係蔴繩店行業光緒　年開設
號東　執事

號[illegible] 一鋪 張復興號 開設城內沐府西門街係蔴繩店行業光緒　年開設
號東張　執事

號[illegible] 一鋪 謝義興號 開設城內府東大街係蔴繩店行業光緒　年開設
號東謝　執事

號[illegible] 一鋪 徐復興號 開設城內府東大街係蔴繩店行業光緒　年開設
號東徐　執事

號[illegible] 一鋪 藍仁興號 開設城內南門大街係蔴繩店行業光緒　年開設
號東藍　執事

号 一鋪 止　號 開設城　街係　行業光緒　年開設
號東　執事

号 一鋪 　號 開設城　街係　行業光緒　年開設
號東　執事

号 一鋪 　號 開設城　街係　行業光緒　年開設
號東　執事

繩子店行業類

江甯商務總會調查

号　一鋪　號　開設城　街係　行業　光緒　年開設
號東　執事

号　一鋪　號　開設城　街係　行業　光緒　年開設
號東　執事

号　一鋪　號　開設城　街係　行業　光緒　年開設
號東　執事

号　一鋪　號　開設城　街係　行業　光緒　年開設
號東　執事

号　一鋪　號　開設城　街係　行業　光緒　年開設
號東　執事

号　一鋪　號　開設城　街係　行業　光緒　年開設
號東　執事

号　一鋪　號　開設城　街係　行業　光緒　年開設
號東　執事

号　一鋪　號　開設城　街係　行業　光緒　年開設
號東　執事

以上係繩子店鋪

合共計○千○百叁拾柒號

光緒三十二年　月　日呈

板刷店行業類

号元	一鋪	長禮號	開設城内奇望街係板刷店行業	光緒　年開設	號東潘長記	執事
号弍	一鋪	春記號	開設城内奇望街係板刷店行業	光緒　年開設	號東王春記	執事
号三	一鋪	仁銀號	開設城内奇望街係板刷店行業	光緒　年開設	號東張永記	執事
号四	一鋪	順興號	開設城内奇望街係板刷店行業	光緒　年開設	號東王順記	執事
号	一鋪	止號	開設城　街係　行業	光緒　年開設	號東	執事
号	一鋪	號	開設城　街係　行業	光緒　年開設	號東	執事
号	一鋪	號	開設城　街係　行業	光緒　年開設	號東	執事
号	一鋪	號	開設城　街係　行業	光緒　年開設	號東	執事

江甯商務總會調查

号 一鋪 號 開設城 街係 行業 光緒 年開設
號東 執事

号 一鋪 號 開設城 街係 行業 光緒 年開設
號東 執事

号 一鋪 號 開設城 街係 行業 光緒 年開設
號東 執事

号 一鋪 號 開設城 街係 行業 光緒 年開設
號東 執事

号 一鋪 號 開設城 街係 行業 光緒 年開設
號東 執事

号 一鋪 號 開設城 街係 行業 光緒 年開設
號東 執事

号 一鋪 號 開設城 街係 行業 光緒 年開設
號東 執事

号 一鋪 號 開設城 街係 行業 光緒 年開設
號東 執事

以上係板刷店鋪

合共計○千○百○拾肆號

光緒　三十二年　月　日呈

相生店行業類

号元 一鋪 曾茂林號 開設城内黑廊大街係相生店行業 光緒　年開設 號東曾 執事

号弍 一鋪 榮發祥號 開設城内黑廊大街係相生店行業 光緒　年開設 號東龍 執事

号三 一鋪 吉祥齋號 開設城内黑廊大街係相生店行業 光緒　年開設 號東 執事

号〇 一鋪 福齋號 開設城内評事街係相生店行業 光緒　年開設 號東 執事

号五 一鋪 德需齋號 開設城内評事街係相生店行業 光緒　年開設 號東 執事

号〤 一鋪 秦錦昌號 開設城内評事街係相生店行業 光緒　年開設 號東秦 執事

号〤 一鋪 鴻源號 開設城内評事街係相生店行業 光緒　年開設 號東 執事

号八 一鋪 馮錦昌號 開設城内花市大街係相生店行業 光緒　年開設 號東 執事

江甯商務總會調查

號九	一鋪	福陞齋號	開設城內奇望街係相生店行業	光緒　年開設	號東曹煥章執事
號十	一鋪	鴻　興號	開設城內奇望街係相生店行業	光緒　年開設	號東汪炳元執事
號十一	一鋪	五　福號	開設城內驢子市街係相生店行業	光緒　年開設	號東梁俊揚執事
號十二	一鋪	金　玉號	開設城內火星廟街係相生店行業	光緒　年開設	號東劉玉發執事
號十三	一鋪	張順興號	開設城內倉巷街係紙札店行業	光緒　年開設	號東張　執事
號十四	一鋪	羅長發號	開設城內倉巷街係紙札店行業	光緒　年開設	號東羅　執事
號十五	一鋪	王祥豐號	開設城內小膺府街係紙札店行業	光緒　年開設	號東王　執事
號十六	一鋪	蔣萬興號	開設城內小膺府街係紙札店行業	光緒　年開設	號東蔣　執事

一鋪 施夏泰號 開設城内剪子巷街係紙札店行業 光緒 年開設 號東施 執事

一鋪 祝祈興號 開設城内大夫第街係紙札店行業 光緒 年開設 號東祝 執事

一鋪 丁炳炘號 開設城内雷公巷街係紙札店行業 光緒 年開設 號東丁 執事

一鋪 榮順興號 開設城内東牌樓街係紙札店行業 光緒 年開設 號東 執事

一鋪 郭錦和號 開設城南門外街係紙札店行業 光緒 年開設 號東郭 執事

一鋪 余泰和號 開設城南門外街係紙札店行業 光緒 年開設 號東余 執事

一鋪 止 號 開設城 街係 行業 光緒 年開設 號東 執事

一鋪 號 開設城 街係 行業 光緒 年開設 號東 執事

相生店行業類

江甯商務總會調查

号 一鋪 號
開設城 街 係 行業 光緒 年開設
號東 執事

号 一鋪 號
開設城 街 係 行業 光緒 年開設
號東 執事

号 一鋪 號
開設城 街 係 行業 光緒 年開設
號東 執事

号 一鋪 號
開設城 街 係 行業 光緒 年開設
號東 執事

号 一鋪 號
開設城 街 係 行業 光緒 年開設
號東 執事

号 一鋪 號
開設城 街 係 行業 光緒 年開設
號東 執事

号 一鋪 號
開設城 街 係 行業 光緒 年開設
號東 執事

号 一鋪 號
開設城 街 係 行業 光緒 年開設
號東 執事

以工像相生店鋪

合共計〇千〇百貳拾貳號

行業類

光緒 三十二年 月 日呈

一鋪　孔盛號　開設城内倉巷街係油漆店行業　光緒　年開設　號東　執事

一鋪　紀大彭號　開設城内膺府大街係油漆店行業　光緒　年開設　號東紀　執事

一鋪　濮恒興號　開設城内倉巷街係油漆店行業　光緒　年開設　號東濮　執事

一鋪　查祥盛號　開設城内倉巷街係油漆店行業　光緒　年開設　號東查　執事

一鋪　順祥號　開設城内倉巷街係油漆店行業　光緒　年開設　號東李　執事

一鋪　劉祥泰號　開設城内大板巷街係油漆店行業　光緒　年開設　號東劉　執事

一鋪　王新茂號　開設城内大板巷街係油漆店行業　光緒　年開設　號東王　執事

一鋪　劉炳春號　開設城内馬巷街係油漆店行業　光緒　年開設　號東劉　執事

油漆店行業類

江甯商務總會調查

九號 一鋪 石同興號 開設城内江甯府西街係油漆店行業 光緒 年開設 號東石 執事

十號 一鋪 趙東昇號 開設城内江甯府西街係油漆店行業 光緒 年開設 號東趙 執事

十一號 一鋪 王松茂號 開設城内鴿子橋街係油漆店行業 光緒 年開設 號東王 執事

十二號 一鋪 金永順號 開設城内天青街係油漆店行業 光緒 年開設 號東金 執事

十三號 一鋪 錦泰號 開設城内飲馬巷街係油漆店行業 光緒 年開設 號東黄 執事

十四號 一鋪 劉錦茂號 開設城内釣魚台街係油漆店行業 光緒 年開設 號東劉 執事

十五號 一鋪 胡源鑫號 開設城内顏料坊街係油漆店行業 光緒 年開設 號東胡 執事

十六號 一鋪 李太和號 開設城内顏料坊街係油漆店行業 光緒 年開設 號東李 執事

油漆店行業類

十七號	一鋪	張順興號	開設城内顏料坊街係油漆店行業	號東張	執事	光緒　年開設
十八號	一鋪	萬興號	開設城内三坊巷街係油漆店行業	號東郭	執事	光緒　年開設
十九號	一鋪	雷震興號	開設城内銅作坊街係油漆店行業	號東雷	執事	光緒　年開設
廿號	一鋪	趙東興號	開設城内府東大街係油漆店行業	號東趙	執事	光緒　年開設
廿一號	一鋪	王源興號	開設城内府東大街係油漆店行業	號東王	執事	光緒　年開設
廿二號	一鋪	羅殿魁號	開設城内膺府大街係油漆店行業	號東羅	執事	光緒　年開設
廿三號	一鋪	許東山號	開設城内膺府大街係油漆店行業	號東許	執事	光緒　年開設
廿四號	一鋪	順興號	開設城内大星廟街係油漆店行業	號東李順和	執事	光緒　年開設

江甯商務總會調查

號五 一鋪 萬全號 開設城内淮清橋下街係油漆店行業光緒　年開設 號東周萬泉執事

號六 一鋪 宏興號 開設城内姚家巷口街係油漆店行業光緒　年開設 號東吴家林執事

號七 一鋪 義興號 開設城内姚家巷口正街係油漆店行業光緒　年開設 號東陶義記執事

號八 一鋪 義興號 開設城内姚家巷口正街係油漆店行業光緒　年開設 號東孫義記執事

號九 一鋪 德泰號 開設城内奇望正街係油漆店行業光緒　年開設 號東楊大泰執事

號卅 一鋪 祥鑫號 開設城内奇望街行台街係油漆店行業光緒　年開設 號東嚴茂林執事

號卅一 一鋪 順興號 開設城内鴿子橋街係油漆店行業光緒　年開設 號東陳順和執事

號卅二 一鋪 裴崇興號 開設城内府東大街係漆匠店行業光緒　年開設 號東裴執事

油漆店行業類

一鋪	葛永泰號	開設城内府東大街係油漆店行業光緒　年開設	號東葛　執事
一鋪	王興發號	開設城内笪橋市街係油漆店行業光緒　年開設	號東王　執事
一鋪	鼎茂號	開設城内絨莊街係油漆店行業光緒　年開設	號東　執事
一鋪	葛萬和號	開設城内狀元境街係油漆店行業光緒　年開設	號東葛　執事
一鋪	鮑正泰號	開設城内淮清橋街係油漆店行業光緒　年開設	號東鮑　執事
一鋪	印湧泰號	開設城内淮清橋街係油漆店行業光緒　年開設	號東印　執事
一鋪	胡永春號	開設城内花牌樓街係油漆店行業光緒　年開設	號東胡　執事
一鋪	義興號	開設城内花牌樓街係油漆店行業光緒　年開設	號東　執事

江甯商務總會調查

号[illegible] 一鋪 趙順興號 開設城内沐府西門街係油漆店行業光緒　年開設 號東趙 執事

号[illegible] 一鋪 王義興號 開設城内沐府西門街係油漆店行業光緒　年開設 號東王 執事

号[illegible] 一鋪 沈永興號 開設城内顏料坊街係油漆店行業光緒　年開設 號東沈 執事

号[illegible] 一鋪 高萬興號 開設城内三坊巷街係油漆店行業光緒　年開設 號東高 執事

号[illegible] 一鋪 漢興齋號 開設城内馬巷街係油漆店行業光緒　年開設 號東 執事

号[illegible] 一鋪 虞東海號 開設城内江甯府西街係油漆店行業光緒　年開設 號東虞 執事

号[illegible] 一鋪 顧正銀號 開設城内沙灣大街係油漆店行業光緒　年開設 號東顧 執事

号[illegible] 一鋪 謝萬順號 開設城内釣魚台街係油漆店行業光緒　年開設 號東謝 執事

號 一鋪 婁永鑫號 開設城内鐵作坊街係 油漆店 行業 光緒 年開設 號東婁 執事

附號 一鋪 李金興號 開設城内南門大街係 油漆店 行業 光緒 年開設 號東李 執事

号 一鋪 止 號 開設城 街係 行業 光緒 年開設 號東 執事

号 一鋪 號 開設城 街係 行業 光緒 年開設 號東 執事

号 一鋪 號 開設城 街係 行業 光緒 年開設 號東 執事

号 一鋪 號 開設城 街係 行業 光緒 年開設 號東 執事

号 一鋪 號 開設城 街係 行業 光緒 年開設 號東 執事

号 一鋪 號 開設城 街係 行業 光緒 年開設 號東 執事

油漆店行業類

江甯商務總會調查

號　一鋪　號
開設城　街係　行業　光緒　年開設
號東　執事

號　一鋪　號
開設城　街係　行業　光緒　年開設
號東　執事

號　一鋪　號
開設城　街係　行業　光緒　年開設
號東　執事

號　一鋪　號
開設城　街係　行業　光緒　年開設
號東　執事

號　一鋪　號
開設城　街係　行業　光緒　年開設
號東　執事

號　一鋪　號
開設城　街係　行業　光緒　年開設
號東　執事

號　一鋪　號
開設城　街係　行業　光緒　年開設
號東　執事

號　一鋪　號
開設城　街係　行業　光緒　年開設
號東　執事

以上係油漆店鋪

合共計○千○百伍拾○號

光緒三十二年　月　日呈

裱畫店行業類

號一　一鋪　松華齋號　開設城内綫莊巷街係裱畫店行業　光緒　年開設　號東劉廷森　執事

號二　一鋪　程增祺號　開設城内黑廊大街係裱畫店行業　光緒　年開設　號東程　執事

號三　一鋪　羅萬源號　開設城内黑廊大街係裱畫店行業　光緒　年開設　號東羅　執事

號四　一鋪　金萬源號　開設城内行口大街係裱畫店行業　光緒　年開設　號東金　執事

號五　一鋪　金宏源號　開設城内講堂大街係裱畫店行業　光緒　年開設　號東金　執事

號六　一鋪　聚寶齋號　開設城内油市大街係裱畫店行業　光緒　年開設　號東　執事

號七　一鋪　寶霞齋號　開設城内彩霞街係裱畫店行業　光緒　年開設　號東　執事

號八　一鋪　寶華齋號　開設城内倉巷口街係裱畫店行業　光緒　年開設　號東許　執事

江甯商務總會調查

九號 一鋪 王永源號 開設城内倉巷口街係裱畫店行業光緒　年開設 號東王　執事

十號 一鋪 五鳳樓號 開設城内評事大街係裱畫店行業光緒　年開設 號東　執事

十一號 一鋪 恒鑫齋號 開設城内江甯府西街係裱畫店行業光緒　年開設 號東　執事

十二號 一鋪 嚴德源號 開設城内釣魚台街係裱畫店行業光緒　年開設 號東嚴　執事

十三號 一鋪 高榮興號 開設城内新橋大街係裱畫店行業光緒　年開設 號東高　執事

十四號 一鋪 孫子壽號 開設城内三坊巷街係裱畫店行業光緒　年開設 號東孫　執事

十五號 一鋪 古香閣號 開設城内銅作坊街係裱畫店行業光緒　年開設 號東孫　執事

十六號 一鋪 慶雲閣號 開設城内銅作坊街係裱畫店行業光緒　年開設 號東張　執事

褾畫店行業類

號五	一鋪	萬成號	開設城内南門大街係褾畫店行業　光緒　年開設 號東俞　執事
號六	一鋪	郭榮和號	開設城内南門大街係褾畫店行業　光緒　年開設 號東郭　執事
號九	一鋪	熊萬興號	開設城内南門大街係褾畫店行業　光緒　年開設 號東熊　執事
號卄	一鋪	陳榮興號	開設城内花市大街係褾畫店行業　光緒　年開設 號東陳　執事
號卄	一鋪	葉恒源號	開設城内顧樓大街係褾畫店行業　光緒　年開設 號東葉　執事
號廿	一鋪	王茂林號	開設城内顧樓大街係褾畫店行業　光緒　年開設 號東王　執事
號廿	一鋪	桐陰閣號	開設城内糧道署前街係褾畫店行業　光緒　年開設 號東任　執事
號卅	一鋪	漱石齋號	開設城内敎敷營街係褾畫店行業　光緒　年開設 號東張　執事

江甯商務總會調查

廿五號　一鋪　墨香齋號　開設城内狀元境街係裱畫店行業光緒　年開設　號東張　執事

廿六號　一鋪　寶華齋號　開設城内南門大街係裱畫店行業光緒　年開設　號東　執事

廿七號　一鋪　鑑古齋號　開設城内三山大街係裱畫店行業光緒　年開設　號東　執事

廿八號　一鋪　孫竹泉號　開設城内彩霞街係裱畫店行業光緒　年開設　號東孫　執事

廿九號　一鋪　醉墨軒號　開設城内彩霞街係裱畫店行業光緒　年開設　號東　執事

卅號　一鋪　一榻齋號　開設城内絲市口街係裱畫店行業光緒　年開設　號東　執事

卅一號　一鋪　松寶源號　開設城内鉄作坊街係裱畫店行業光緒　年開設　號東　執事

卅二號　一鋪　復寶齋號　開設城内顔料坊街係裱畫店行業光緒　年開設　號東　執事

一鋪 張恒茂號 開設城內承恩寺街係裱畫店行業光緒　年開設 號東張　執事

一鋪 王金源號 開設城內花牌樓街係裱畫店行業光緒　年開設 號東王　執事

一鋪 問古齋號 開設城內花牌樓街係裱畫店行業光緒　年開設 號東　執事

一鋪 森寶齋號 開設城內沐府西門街係裱畫店行業光緒　年開設 號東　執事

一鋪 翰墨齋號 開設城內東牌樓街係裱畫店行業光緒　年開設 號東　執事

一鋪 古墨軒號 開設城內大香爐街係裱畫店行業光緒　年開設 號東　執事

一鋪 松林齋號 開設城內木料市街係裱畫店行業光緒　年開設 號東　執事

一鋪 貴記號 開設城內上元縣西首街係裱畫店行業光緒　年開設 號東　執事

裱畫店行業類　　江甯商務總會調查

號甡 一鋪 顧松茂號 開設城内上元縣街係裱畫店行業光緒　年開設
號東顧　執事

號甡 一鋪 春華齋號 開設城内絨莊街係裱畫店行業光緒　年開設
號東　執事

号 一鋪 上　號 開設城　街係　行業光緒　年開設
號東　執事

号 一鋪 　號 開設城　街係　行業光緒　年開設
號東　執事

号 一鋪 　號 開設城　街係　行業光緒　年開設
號東　執事

号 一鋪 　號 開設城　街係　行業光緒　年開設
號東　執事

号 一鋪 　號 開設城　街係　行業光緒　年開設
號東　執事

号 一鋪 　號 開設城　街係　行業光緒　年開設
號東　執事

以工像裱畫店鋪

合共計〇千〇百肆拾貳號

光緒三十二年　月　日呈

刻字店行業類

一鋪	文華閣號	開設城内坊口大街係刻字鋪行業	光緒　年開設	號東	執事
一鋪	沈成元號	開設城内評事大街係刻字鋪行業	光緒　年開設	號東沈	執事
一鋪	龍文閣號	開設城内教敷營街係刻字鋪行業	光緒　年開設	號東陳如珍	執事
一鋪	竹經閣號	開設城内狀元境街係刻字鋪行業	光緒　年開設	號東湯仲明	執事
一鋪	宜春閣號	開設城内狀元境街係刻字鋪行業	光緒　年開設	號東李道義	執事
一鋪	文星閣號	開設城内狀元境街係刻字鋪行業	光緒　年開設	號東李子成	執事
一鋪	陶慶榮號	開設城内行口大街係刻字鋪行業	光緒　年開設	號東陶	執事
一鋪	文成齋號	開設城内油市大街係刻字鋪行業	光緒　年開設	號東	執事

江甯商務總會調查

九號 一鋪 文豐齋號 開設城内綾莊巷街係刻字鋪行業 光緒 年開設
號東 執事

十號 一鋪 樊榮桂號 開設城内馬巷街係刻字鋪行業 光緒 年開設
號東樊 執事

十一號 一鋪 文元齋號 開設城内南門大街係刻字鋪行業 光緒 年開設
號東朱學炳 執事

十二號 一鋪 文元齋號 開設城内南門大街係刻字鋪行業 光緒 年開設
號東朱學炷 執事

十三號 一鋪 黃起東號 開設城内南門大街係刻字鋪行業 光緒 年開設
號東黃 執事

十四號 一鋪 陶桂元號 開設城内南門大街係刻字鋪行業 光緒 年開設
號東陶 執事

十五號 一鋪 余衡永號 開設城内花市大街係刻字鋪行業 光緒 年開設
號東余 執事

十六號 一鋪 劉桂林號 開設城内府東大街係刻字鋪行業 光緒 年開設
號東劉 執事

刻字店行業類

號數	鋪數	店名	開設地點	開設年份	號東	執事
號支	一鋪	龍華閣號	開設城内教敷營街係刻字鋪行業	光緒　年開設	號東	執事
號六	一鋪	高錦文號	開設城内教敷營街係刻字鋪行業	光緒　年開設	號東高	執事
號九	一鋪	趙正元號	開設城内教敷營街係刻字鋪行業	光緒　年開設	號東趙	執事
號卅	一鋪	翰文齋號	開設城内魚市大街係刻字鋪行業	光緒　年開設	號東童大文	執事
號廿	一鋪	夏錦元號	開設城内行口大街係刻字鋪行業	光緒　年開設	號東夏	執事
號世	一鋪	文鑫齋號	開設城内三山大街係刻字鋪行業	光緒　年開設	號東	執事
號三	一鋪	吴東明號	開設城内釣魚台街係刻字鋪行業	光緒　年開設	號東吴	執事
號	一鋪	文翰齋號	開設城内釣魚台街係刻字鋪行業	光緒　年開設	號東	執事

江甯商務總會調查

號 一鋪 文華齋號 開設城內花牌樓街係刻字鋪行業 光緒　年開設 號東 執事

號 一鋪 趙金鎔號 開設城內大行宮街係刻字鋪行業 光緒　年開設 號東趙 執事

號 一鋪 白啟字號 開設城內狀元境街係刻字鋪行業 光緒　年開設 號東白 執事

號 一鋪 一得齋號 開設城內狀元境街係刻字鋪行業 光緒　年開設 號東 執事

号 一鋪 止　號 開設城　街係　行業 光緒　年開設 號東 執事

号 一鋪 號 開設城　街係　行業 光緒　年開設 號東 執事

号 一鋪 號 開設城　街係　行業 光緒　年開設 號東 執事

号 一鋪 號 開設城　街係　行業 光緒　年開設 號東 執事

以上係刻字店鋪

合共計○千○百貳拾捌號

光緒三十二年　月　日呈

彈染店行業類

号元 一鋪 曹福源號 開設城内講堂大街係彈染店行業 光緒　年開設 號東曹　執事

号弍 一鋪 春茂號 開設城内評事大街係彈染店行業 光緒　年開設 號東　執事

号三 一鋪 福昌隆號 開設城内府東大街係彈染店行業 光緒　年開設 號東戈　執事

号四 一鋪 陳德豐號 開設城内花市大街係彈染店行業 光緒　年開設 號東陳　執事

号五 一鋪 何萬鑫號 開設城内奇望街係彈染店行業 光緒　年開設 號東何　執事

号六 一鋪 陳福和號 開設城内花牌樓街係彈染店行業 光緒　年開設 號東陳　執事

号七 一鋪 王復茂號 開設城内評事大街係彈染店行業 光緒　年開設 號東王　執事

号八 一鋪 許祥大號 開設城内淮清橋街係彈染店行業 光緒　年開設 號東許　執事

江甯商務總會調查

号 一鋪 止號 開設城　　街係　　行業 光緒　　年開設
號東　　執事

号 一鋪 號 開設城　　街係　　行業 光緒　　年開設
號東　　執事

号 一鋪 號 開設城　　街係　　行業 光緒　　年開設
號東　　執事

号 一鋪 號 開設城　　街係　　行業 光緒　　年開設
號東　　執事

号 一鋪 號 開設城　　街係　　行業 光緒　　年開設
號東　　執事

号 一鋪 號 開設城　　街係　　行業 光緒　　年開設
號東　　執事

号 一鋪 號 開設城　　街係　　行業 光緒　　年開設
號東　　執事

号 一鋪 號 開設城　　街係　　行業 光緒　　年開設
號東　　執事

以上係彈染店鋪

合共計〇千〇百〇拾捌號

光緒三十二年　月　日呈

彩票行業類

已入商會 号元 一鋪 萬寶通號 開設城中坊口街係 彩票行業 號東張樹人 執事孫長呂 光緒貳拾玖年開設

已入商會 号弍 一鋪 廣揚興號 開設城中行口街係 彩票行業 號東管德信 執事桑從發 光緒貳拾壹年開設

已入商會 号三 一鋪 大美利號 開設城中東牌樓街係 彩票行業 號東孫在中 執事管永發 光緒貳拾柒年開設

已入商會 号四 一鋪 萬寶成號 開設城中東牌樓街係 彩票行業 號東喻德成 執事喻德茂 光緒叁拾年開設

已入商會 号五 一鋪 狀元紅號 開設城中狀元境街係 彩票行業 號東張惠泉 執事胡勛臣 光緒叁拾壹年開設

已入商會 号六 一鋪 萬寶来號 開設城中大功坊街係 彩票行業 號東周貴銀 花月亭 徐壽臣 執事花月亭 光緒貳拾柒年開設

已入商會 号七 一鋪 月月紅號 開設城北四象橋街係 彩票行業 號東張東泉 郭維支 執事徐跛仙 光緒叁拾年開設

已入商會 号八 一鋪 萬倍利號 開設城中驢子市街係 彩票行業 號東裴澤生 執事裴香渠 光緒貳拾捌年開設

江甯商務總會調查

已入商會 九號 一鋪 廣源號 開設城中顧樓街係彩票行業光緒貳拾年開設 號東葉耕芝 執事葉選三

已入商會 十號 一鋪 義為利號 開設城中黑廊街係彩票行業光緒貳拾年開設 號東金欣甫 執事周德甫

已入商會 十一號 一鋪 勝寶源號 開設城中府東大街係彩票行業光緒叁拾年開設 號東朱郁哉 執事蔣載亭

已入商會 十二號 一鋪 亨大利號 開設城西油市大街係彩票行業光緒貳拾捌年開設 號東李祥芝 執事李瑞祺

已入商會 十三號 一鋪 源源利號 開設城中府東大街係彩票行業光緒貳拾玖年開設 號東陳晋卿 執事程吟之

已入商會 十四號 一鋪 百川通號 開設城中弓箭坊街係彩票行業光緒叁拾年開設 號東陳煥章 執事陳松亭

已入商會 十五號 一鋪 全昌仁號 開設城中評事街係彩票行業光緒貳拾伍年開設 號東葉慕章 執事張遜甫

已入商會 十六號 一鋪 萬利源號 開設城西油市大街係彩票行業光緒叁拾年開設 號東許棣威 執事許棣威

彩票行業類

已入商會 號十七 一鋪	萬寶紅號	開設城中桃葉渡街係彩票行業 號東徐 執事	光緒叁拾壹年開設
已入商會 號十八 一鋪	元亨利號	開設城中顧樓街係彩票行業 號東呂良甫 執事呂朴山	光緒貳拾玖年開設
已入商會 號十九 一鋪	斯為美號	開設城中顧樓街係彩票行業 號東徐璧如 執事鐘彭譽	光緒貳拾玖年開設
已入商會 號廿 一鋪	大得利號	開設城中內橋街係彩票行業 號東湯卓安 執事劉值卿	光緒貳拾玖年開設
已入商會 號廿一 一鋪	必順意號	開設城北花牌樓街係彩票行業 號東徐幹卿 執事徐少卿	光緒貳拾玖年開設
已入商會 號廿二 一鋪	全昌祥號	開設城中講堂大街係彩票行業 號東金文甫 執事朱近餘	光緒貳拾年開設
已入商會 號廿三 一鋪	克修齋號	開設城北花牌樓街係彩票行業 號東曾淮定 執事曾子啟	光緒貳拾玖年開設
已入商會 號廿四 一鋪	萬有利號	開設城中承恩寺街係彩票行業 號東湛友談 執事湛仲卿	光緒貳拾玖年開設

已入商會	號[illegible]	一鋪	同福利號	開設城中承恩寺街係彩票行業	光緒　年開設	號東吴增福	執事吴永熙
已入商會	號[illegible]	一鋪	順得利號	開設城中驢子市街係彩票行業	光緒貳拾捌年開設	號東張桂馨	執事朱宴亭
已入商會	號[illegible]	一鋪	鴻福來號	開設城中司署口街係彩票行業	光緒貳拾肆年開設	號東管翰章	執事朱廷秀
	號[illegible]	一鋪	鴻運來號	開設城中評事街係彩票行業	光緒貳拾年開設	號東王厚彭	執事陳炳燮
已入商會	號[illegible]	一鋪	萬福來號	開設城中坊口大街係彩票行業	光緒貳拾捌年開設	號東穆振德	執事
已入商會	號[illegible]	一鋪	月月利號	開設城中評事街係彩票行業	光緒貳拾捌年開設	號東王幼臣	執事
	號[illegible]	一鋪	全泰盛號	開設城中黑廊街係彩票行業	光緒拾伍年開設	號東潘天叙	執事潘天佑
已入商會	號[illegible]	一鋪	萬源利號	開設城南膺福街係彩票行業	光緒叁拾壹年開設	號東黃玉書	執事

江甯商務總會調查

彩票行業類

必有利號	一鋪	開設城中胭脂巷街係彩票行業	號東陶仲卿執事	光緒叁拾年開設	
大有利號	一鋪	開設城中貢院西街係彩票行業	號東范明揚執事	光緒貳拾玖年開設	已入商會
快發財號	一鋪	開設城中貢院西街係彩票行業	號東嚴堦平執事	光緒叁拾年開設	已入商會
億大利號	一鋪	開設城中東牌樓街係彩票行業	號東李叔蕃執事	光緒叁拾年開設	已入商會
財運來號	一鋪	開設城中膺福街係彩票行業	號東江松亭執事	光緒叁拾年開設	已入商會
馬東源號	一鋪	開設城中剪子巷街係彩票行業	號東馬堦平執事	光緒貳拾捌年開設	
萬寶源號	一鋪	開設城中大功坊街係彩票行業	號東郭壽芝執事朱廷芳	光緒叁拾壹年開設	已入商會
鴻泰號	一鋪	開設城中新橋街係彩票行業	號東葉惠臣執事	光緒貳拾捌年開設	已入商會

江甯商務總會調查

已入商會

號[illegible]	一鋪	亨得利號	開設城中府東大街係彩票行業光緒叁拾壹年開設	號東李景星 執事
號[illegible]	一鋪	華得利號	開設城中奇望街係彩票行業光緒　年開設	號東馬愉 執事
號[illegible]	一鋪	億屢中號	開設城中奇望街係彩票行業光緒　年開設	號東陳子斐 執事
號[illegible]	一鋪	萬福興號	開設城中利涉橋街係彩票行業光緒　年開設	號東向惟善 執事
號[illegible]	一鋪	得利號	開設城中利涉橋街係彩票行業光緒　年開設	號東朱進之 執事
號[illegible]	一鋪	聚寶奈號	開設城中大中橋街係彩票行業光緒　年開設	號東 執事
號[illegible]	一鋪	滙源號	開設城北院門口街係彩票行業光緒　年開設	號東秦芸生 執事
號[illegible]	一鋪	道生源號	開設城中府東大街係彩票行業光緒　年開設	號東吳子耕 執事

已入商會

一鋪 福興潤號 開設城中坊口街係彩票行業光緒　年開設
號東陳瑞麟執事

一鋪 泰運來號 開設城中彩霞街係彩票行業光緒　年開設
號東王潤霖執事

一鋪 亨達利號 開設城北北門橋街係彩票行業光緒　年開設
號東范萱柏執事

一鋪 鴻運通號 開設城西水西門街係彩票行業光緒　年開設
號東馬亭樑執事

一鋪 來發財號 開設城西水西門街係彩票行業光緒　年開設
號東葉心九執事

一鋪 美富號 開設城中坊口街係彩票行業光緒　年開設
號東　執事

一鋪 垣豐號 開設城中弓剪坊街係彩票行業光緒　年開設
號東　執事

一鋪 遂心源號 開設城中府東大街係彩票行業光緒　年開設
號東　執事

彩票行業類

江甯商務總會調查

号 一鋪 止號
開設城　街係　行業　光緒　年開設
號東　執事

号 一鋪 號
開設城　街係　行業　光緒　年開設
號東　執事

号 一鋪 號
開設城　街係　行業　光緒　年開設
號東　執事

号 一鋪 號
開設城　街係　行業　光緒　年開設
號東　執事

号 一鋪 號
開設城　街係　行業　光緒　年開設
號東　執事

号 一鋪 號
開設城　街係　行業　光緒　年開設
號東　執事

号 一鋪 號
開設城　街係　行業　光緒　年開設
號東　執事

号 一鋪 號
開設城　街係　行業　光緒　年開設
號東　執事

以上係彩票店鋪

合共計〇千〇百伍拾陸號

光緒　三十二年　月　日呈

客棧　行業類

號一　一鋪　福來棧號　開設城内司署前街係客棧行業　光緒　年開設　號東龔敬修　執事

號弍　一鋪　來安棧號　開設城内新狀元境街係客棧行業　光緒　年開設　號東盧老三　執事　已入商會

號三　一鋪　聚賢棧號　開設城内狀元境街係客棧行業　光緒　年開設　號東阮家銀　執事　已入商會

號四　一鋪　泰安棧號　開設城内狀元境街係客棧行業　光緒　年開設　號東錢子元　執事　已入商會

號五　一鋪　賓來棧號　開設城内狀元境街係客棧行業　光緒　年開設　號東劉思良　執事

號六　一鋪　新豐棧號　開設城内牌亭巷街係客棧行業　光緒　年開設　號東梁大有　執事　已入商會

號七　一鋪　名利棧號　開設城内二廊廟街係客棧行業　光緒　年開設　號東李小樓　執事　已入商會

號八　一鋪　佛照樓號　開設城内花牌樓街係客棧行業　光緒　年開設　號東陳味如　執事　已入商會

江甯商務總會調查

已入商會

九號　一鋪　桂旺源號
開設城内銅作坊街係客棧行業光緒　年開設
號東桂玉亭　執事

十號　一鋪　同元號
開設城内信府河街係客棧行業光緒　年開設
號東許　執事

十一號　一鋪　聯陞號
開設城内東牌樓街係客棧行業光緒　年開設
號東王　執事

十二號　一鋪　長發號
開設城内貢院東街係客棧行業光緒　年開設
號東楊星成　執事

已入商會

十三號　一鋪　盧六房號
開設城内薫家巷街係客棧行業光緒　年開設
號東盧松亭　執事

十四號　一鋪　葉家樓號
開設城内粮道署前街係客棧行業光緒　年開設
號東葉正有　執事

十五號　一鋪　慶陞號
開設城内粮道署前街係客棧行業光緒　年開設
號東程曾淦　執事

十六號　一鋪　集賢號
開設城内狀元境街係客棧行業光緒　年開設
號東吴炳齋　執事

客棧行業類

已入商會

一鋪 吉陞號 開設城督轅西街係客棧行業 光緒 年開設
號東譚吉祥 執事

一鋪 三元號 開設城內大行宮街係客棧行業 光緒 年開設
號東唐三和 執事

已入商會

一鋪 魁元號 開設城內大行宮街係客棧行業 光緒 年開設
號東俞四懷 執事

已入商會

一鋪 慶陞號 開設城內大行宮街係客棧行業 光緒 年開設
號東陳慶和 執事

一鋪 斌賢號 開設城內盧正牌樓街係客棧行業 光緒 年開設
號東張友月 執事

已入商會

一鋪 連陞號 開設城內花牌樓街係客棧行業 光緒 年開設
號東黃虎臣 執事

一鋪 福興號 開設城內倉巷口街係客棧行業 光緒 年開設
號東楊 執事

一鋪 萬源號 開設城內評事街係客棧行業 光緒 年開設
號東陳 執事

江甯商務總會調查

號廿五 一鋪 春陽號 開設城内馬巷街係客棧行業光緒年開設 號東執事

號廿六 一鋪 復源祥號 開設城内大水巷街係客棧行業光緒年開設 號東執事

號廿七 一鋪 恒湧利號 開設城内大水巷街係客棧行業光緒年開設 號東執事

號廿八 一鋪 乾元號 開設城内信府河街係客棧行業光緒年開設 號東項執事

號廿九 一鋪 恒順昌號 開設城外下關大街係客棧行業光緒年開設 號東執事

號卅 一鋪 長安號 開設城内貢院後街係客棧行業光緒年開設 號東執事

已入商會
號卅一 一鋪 積成號 開設城督轅西街係客棧行業光緒年開設 號東黄積記執事

已入商會
號卅二 一鋪 高陞號 開設城督轅西街係客棧行業光緒年開設 號東何雲記執事

商號	鋪數	開設地址及行業	號東	執事	備註
西成號	二鋪	開設城督署西轅門街係客棧行業光緒　年開設	號東李西和	執事	已入商會
榮鑫號	一鋪	開設城外下關大街係客棧行業光緒　年開設	號東丁	執事	
榮陞號	一鋪	開設城外下關大街係客棧行業光緒　年開設	號東陳	執事	
樊啟華號	一鋪	開設城外下關大街係客棧行業光緒　年開設	號東樊	執事	
蕭翰臣號	一鋪	開設城外下關大街係客棧行業光緒　年開設	號東蕭	執事	已入商會
三元號	一鋪	開設城外下關大街係客棧行業光緒　年開設	號東	執事	已入商會
趙德陞號	一鋪	開設城外下關大街係客棧行業光緒　年開設	號東趙	執事	
王自東號	一鋪	開設城外下關大街係客棧行業光緒　年開設	號東王	執事	

客棧　行業類

江甯商務總會調查

已入商會

號一鋪名利號
開設城外下關大街係客棧行業光緒　年開設
號東桂　執事

號一鋪德隆號
開設城内講堂大街係客棧行業光緒　年開設
號東　執事

號一鋪　止　號
開設城　街係　行業光緒　年開設
號東　執事

號一鋪　號
開設城　街係　行業光緒　年開設
號東　執事

號一鋪　號
開設城　街係　行業光緒　年開設
號東　執事

號一鋪　號
開設城　街係　行業光緒　年開設
號東　執事

號一鋪　號
開設城　街係　行業光緒　年開設
號東　執事

號一鋪　號
開設城　街係　行業光緒　年開設
號東　執事

以上係客棧店鋪
合共計〇千〇百肆拾貳號

光緒 三十二年 月 日呈

号元 一鋪 全泰慼號 開設城内黑廊大街係信局行業 光緒 年開設 號東潘天佑 執事

号〥 一鋪 福興潤號 開設城内坊口大街係信局行業 光緒 年開設 號東 執事

号三 一鋪 老福興號 開設城内坊口大街係信局行業 光緒 年開設 號東張 執事

号〢 一鋪 億大號 開設城内黑廊大街係信局行業 光緒 年開設 號東 執事

号五 一鋪 銓昌祥號 開設城内講堂大街係信局行業 光緒 年開設 號東 執事

号〦 一鋪 胡萬昌號 開設城内講堂大街係信局行業 光緒 年開設 號東胡 執事

号〧 一鋪 全昌仁號 開設城内評事大街係信局行業 光緒 年開設 號東 執事

号八 一鋪 政大源號 開設城内評事大街係信局行業 光緒 年開設 號東管 執事

信局行業類

江甯商務總會調查

號九	一鋪 政大源號	開設城內司署口街係信局行業光緒　年開設	號東管	執事
號十	一鋪 裕興康號	開設城內顧樓大街係信局行業光緒　年開設	號東葉	執事
號十一	一鋪 萬昌號	開設城內督署西街係信局行業光緒　年開設	號東胡丙文	執事
號十二	一鋪 裕興福號	開設城內承恩寺街係信局行業光緒　年開設	號東張有剛	執事
號十三	一鋪 協興號	開設城內承恩寺街係信局行業光緒　年開設	號東晏增福	執事
號十四	一鋪 森昌號	開設城內驢子市街係信局行業光緒　年開設	號東張培	執事
號十五	一鋪 松興公號	開設城內王府園口街係信局行業光緒　年開設	號東金文茂	執事
號十六	一鋪 乾昌號	開設城內花市大街係信局行業光緒　年開設	號東方	執事

號　一鋪　泰來號　開設城内下浮橋街係信局行業光緒　年開設　號東吳　執事

號大　一鋪　太古晉號　開設城内驢子市街係信局行業光緒　年開設　號東　執事

号　一鋪　止號　開設城　街係　行業光緒　年開設　號東　執事

号　一鋪　號　開設城　街係　行業光緒　年開設　號東　執事

号　一鋪　號　開設城　街係　行業光緒　年開設　號東　執事

号　一鋪　號　開設城　街係　行業光緒　年開設　號東　執事

号　一鋪　號　開設城　街係　行業光緒　年開設　號東　執事

号　一鋪　號　開設城　街係　行業光緒　年開設　號東　執事

信局行業類　　江甯商務總會調查

号　一鋪　號
開設城　街係　行業　光緒　年開設
號東　執事

号　一鋪　號
開設城　街係　行業　光緒　年開設
號東　執事

号　一鋪　號
開設城　街係　行業　光緒　年開設
號東　執事

号　一鋪　號
開設城　街係　行業　光緒　年開設
號東　執事

号　一鋪　號
開設城　街係　行業　光緒　年開設
號東　執事

号　一鋪　號
開設城　街係　行業　光緒　年開設
號東　執事

号　一鋪　號
開設城　街係　行業　光緒　年開設
號東　執事

号　一鋪　號
開設城　街係　行業　光緒　年開設
號東　執事

以上係信局店鋪

合共計〇千〇百〇拾捌號

光緒 三十二年 月 日呈

江甯商會

官轎店行業類

〡號	一鋪	吉上陞號	開設城內銅作坊街係官轎店行業	號東竇	執事	光緒　年開設
〢號	一鋪	王連陞號	開設城內南門大街係官轎店行業	號東王	執事	光緒　年開設
〣號	一鋪	厲萬陞號	開設城內府東大街係官轎店行業	號東厲	執事	光緒　年開設
〤號	一鋪	陳福陞號	開設城內府東大街係官轎店行業	號東陳	執事	光緒　年開設
〥號	一鋪	厲永陞號	開設城內府東大街係官轎店行業	號東厲	執事	光緒　年開設
〦號	一鋪	葉聚成號	開設城內府東大街係官轎店行業	號東葉	執事	光緒　年開設
〧號	一鋪	彭和記號	開設城內膺府大街係官轎店行業	號東彭	執事	光緒　年開設
〨號	一鋪	厲榮陞號	開設城內府東大街係官轎店行業	號東厲	執事	光緒　年開設

江甯商務總會調查

九号 一鋪 華仁陞號 開設城内府東大街係官轎店行業 光緒　年開設 號東華　執事

十号 一鋪 厲元陞號 開設城内府東大街係官轎店行業 光緒　年開設 號東厲　執事

十一号 一鋪 上陞號 開設城内銅作坊街係官轎店行業 光緒　年開設 號東　執事

号 一鋪 止號 開設城　街係　行業 光緒　年開設 號東　執事

号 一鋪 號 開設城　街係　行業 光緒　年開設 號東　執事

号 一鋪 號 開設城　街係　行業 光緒　年開設 號東　執事

号 一鋪 號 開設城　街係　行業 光緒　年開設 號東　執事

号 一鋪 號 開設城　街係　行業 光緒　年開設 號東　執事

以上係官轎　店鋪

合共計○千○百○拾壹號

光緒　三十二年　月　日呈

牛皮行業類

一舖 椿森號 開設城內評事街係牛皮行業光緒　年開設 號東楊　執事

一舖 鮑皮坊號 開設城南門外干長巷街係皮坊行業光緒　年開設 號東鮑　執事

一舖 泰和公號 開設城水西門外街係鴨毛棧行業光緒　年開設 號東張　執事

一舖 德和公號 開設城水西門外街係鴨毛棧行業光緒　年開設 號東張　執事

一舖 永盛號 開設城內木料市街係雞鴨毛行業光緒　年開設 號東柯榮明　執事

一舖 廣順永號 開設城外下關街係皮店行業光緒　年開設 號東　執事

一舖 止號 開設城　街係　行業光緒　年開設 號東　執事

一舖 號 開設城　街係　行業光緒　年開設 號東　執事

江甯商務總會調查

号 一鋪 號 開設城 街 行業 光緒 年開設
號東 執事

号 一鋪 號 開設城 街係 行業 光緒 年開設
號東 執事

号 一鋪 號 開設城 街係 行業 光緒 年開設
號東 執事

号 一鋪 號 開設城 街係 行業 光緒 年開設
號東 執事

号 一鋪 號 開設城 街係 行業 光緒 年開設
號東 執事

号 一鋪 號 開設城 街係 行業 光緒 年開設
號東 執事

号 一鋪 號 開設城 街係 行業 光緒 年開設
號東 執事

号 一鋪 號 開設城 街係 行業 光緒 年開設
號東 執事

以上係牛皮店鋪

合共計〇千〇百〇拾陸號

光緒三十二年　月　日呈

破片店行業類

一鋪 得勝齋號 開設城内東牌樓街係破片舊貨行業 光緒 年開設 號東李科元 執事

一鋪 仿古齋號 開設城内東牌樓街係破片舊貨行業 光緒 年開設 號東施連雲 執事

一鋪 聚寶齋號 開設城内東牌樓街係破片舊貨行業 光緒 年開設 號東陳介相 執事

一鋪 義興號 開設城内木料市街係破片舊貨行業 光緒 年開設 號東包啟發 執事

一鋪 日新號 開設城内東牌樓街係破片舊貨行業 光緒 年開設 號東陳 執事

一鋪 海藏齋號 開設城内東牌樓街係破片舊貨行業 光緒 年開設 號東何 執事

一鋪 萬興號 開設城内木料市街係破片舊貨行業 光緒 年開設 號東牟萬順 執事

一鋪 合興號 開設城内木料市街係破片舊貨行業 光緒 年開設 號東魏長發 執事

江甯商務總會調查

號九　一鋪　萬興號　開設城内木料市街係破片舊貨行業光緒　年開設　號東王亭三　執事

號十　一鋪　萬興號　開設城内木料市街係破片舊貨行業光緒　年開設　號東唐寅生　執事

號十一　一鋪　泰興號　開設城内木料市街係破片舊貨行業光緒　年開設　號東周長梅　執事

號十二　一鋪　祥興號　開設城内木料市街係破片舊貨行業光緒　年開設　號東孫漢明　執事

號十三　一鋪　萬年號　開設城内木料市街係破片舊貨行業光緒　年開設　號東姜士選　執事

號十四　一鋪　義興號　開設城内木料市街係破片舊貨行業光緒　年開設　號東周必生　執事

號十五　一鋪　天興號　開設城内木料市街係破片舊貨行業光緒　年開設　號東繆士才　執事

號十六　一鋪　聚興號　開設城内木料市街係破片舊貨行業光緒　年開設　號東柳萬魁　執事

破片店行業類

號攴	一鋪	順興號	開設城内木料市街係破片舊貨行業　光緒　年開設　號東金家塘　執事
號大	一鋪	順興號	開設城内木料市街係破片舊貨行業　光緒　年開設　號東孫錫三　執事
號九	一鋪	隆興號	開設城内木料市街係破片舊貨行業　光緒　年開設　號東張　執事
號廿	一鋪	秀雅齋號	開設城内府東大街係破片舊貨行業　光緒　年開設　號東韓　執事
號廿	一鋪	傅源興號	開設城内府東大街係破片舊貨行業　光緒　年開設　號東傅　執事
號廿	一鋪	徐永興號	開設城内府東大街係破片舊貨行業　光緒　年開設　號東徐　執事
號廿	一鋪	繆福興號	開設城内府東大街係破片舊貨行業　光緒　年開設　號東繆　執事
號廿	一鋪	休行號	開設城内府東大街係破片舊貨行業　光緒　年開設　號東朱　執事

江甯商務總會調查

號廿五 一鋪 張天吉號 開設城內南門大街係破片行業光緒年開設 號東張執事

號廿六 一鋪 德源祥號 開設城內南門大街係舊貨行業光緒年開設 號東執事

號廿七 一鋪 永勝齋號 開設城內府東大街係舊貨行業光緒年開設 號東執事

號廿八 一鋪 周店號 開設城內府東大街係舊貨行業光緒年開設 號東周執事

號廿九 一鋪 李大興號 開設城內府東大街係舊貨行業光緒年開設 號東李執事

號卅 一鋪 敬古齋號 開設城內三坊巷街係舊貨行業光緒年開設 號東執事

號卅一 一鋪 王店號 開設城南門月城街係舊貨行業光緒年開設 號東王執事

號卅二 一鋪 施永興號 開設城內笪橋市街係破片行業光緒年開設 號東施執事

破片店行業類

號	一鋪	馬　店號	開設城內笪橋市街係破片行業光緒　年開設	號東馬	執事
號	一鋪	馬長順號	開設城內笪橋市街係破片行業光緒　年開設	號東馬	執事
號	一鋪	馬順興號	開設城內笪橋市街係破片行業光緒　年開設	號東馬	執事
號	一鋪	寶元祥號	開設城內東牌樓街係舊貨行業光緒　年開設	號東	執事
號	一鋪	德添齋號	開設城內東牌樓街係舊貨行業光緒　年開設	號東	執事
號	一鋪	集珍齋號	開設城內東牌樓街係舊貨行業光緒　年開設	號東	執事
號	一鋪	李　店號	開設城內東牌樓街係舊貨行業光緒　年開設	號東李	執事
號	一鋪	古今齋號	開設城內東牌樓街係舊貨行業光緒　年開設	號東	執事

江甯商務總會調查

一鋪　王店號　開設城內奇望街係舊貨行業　光緒　年開設
號東王　執事

一鋪　海店號　開設城內奇望街係舊貨行業　光緒　年開設
號東海　執事

一鋪　元祥齋號　開設城內東牌樓街係舊貨行業　光緒　年開設
號東　執事

一鋪　陳店號　開設城內東牌樓街係舊貨行業　光緒　年開設
號東陳　執事

一鋪　美發記號　開設城內東牌樓街係舊貨行業　光緒　年開設
號東　執事

一鋪　席珍齋號　開設城內糧道署前街係舊貨行業　光緒　年開設
號東　執事

一鋪　佩文齋號　開設城內糧道署前街係舊貨行業　光緒　年開設
號東　執事

一鋪　羅店號　開設城內木料市街係破片行業　光緒　年開設
號東羅　執事

破片店行業類

號九	一鋪	萬興號	開設城内木料市街係破片行業光緒　年開設 號東　執事
號廿	一鋪	薛店號	開設城内木料市街係破片行業光緒　年開設 號東薛　執事
號廿一	一鋪	汪店號	開設城内木料市街係破片行業光緒　年開設 號東汪　執事
號廿二	一鋪	高店號	開設城内木料市街係破片行業光緒　年開設 號東高　執事
號廿三	一鋪	湧鑫號	開設城内木料市街係破片行業光緒　年開設 號東　執事
号	一鋪	止　號	開設城　街係　行業光緒　年開設 號東　執事
号	一鋪	號	開設城　街係　行業光緒　年開設 號東　執事
号	一鋪	號	開設城　街係　行業光緒　年開設 號東　執事

江甯商務總會調查

号一舖　　號
開設城　　街係　　行業光緒　　年開設
號東　　執事

号一舖　　號
開設城　　街係　　行業光緒　　年開設
號東　　執事

号一舖　　號
開設城　　街係　　行業光緒　　年開設
號東　　執事

号一舖　　號
開設城　　街係　　行業光緒　　年開設
號東　　執事

号一舖　　號
開設城　　街係　　行業光緒　　年開設
號東　　執事

号一舖　　號
開設城　　街係　　行業光緒　　年開設
號東　　執事

号一舖　　號
開設城　　街係　　行業光緒　　年開設
號東　　執事

号一舖　　號
開設城　　街係　　行業光緒　　年開設
號東　　執事

以上係破片店鋪

合共計〇千〇百伍拾叁號

破片行業類

光緒三十二年　月　日呈

石灰行業類

已入商會

號弌 一鋪 王玉興號 開設城內漢西門街係石灰行業光緒 年開設 號東王 執事

號弍 一鋪 生盛號 開設城內鴿子橋街係石灰行業光緒 年開設 號東 執事

號三 一鋪 王億鑫號 開設城內鈔庫街係磚瓦行業光緒 年開設 號東王 執事

號四 一鋪 陳義興號 開設城內徐家巷街係石灰行業光緒 年開設 號東陳 執事

號五 一鋪 王隆興號 開設城內梧桐樹街係石灰行業光緒 年開設 號東王 執事

號六 一鋪 侯廣興號 開設城內船板巷街係石鋪行業光緒 年開設 號東侯 執事

號七 一鋪 王隆興號 開設城內柳葉街係石灰行業光緒 年開設 號東王 執事

號八 一鋪 汪同太號 開設城內天青街係磚瓦行業光緒 年開設 號東汪 執事

已入商會

九號 一鋪 榮興號 開設城內釣魚台街係石鋪行業光緒　年開設 號東　執事

十號 一鋪 高復興號 開設城內釣魚台街係石鋪行業光緒　年開設 號東高　執事

十一號 一鋪 合記號 開設城內上浮橋街係磚瓦行業光緒　年開設 號東　執事

十二號 一鋪 曹源鑫號 開設城內三坊巷街係石灰行業光緒　年開設 號東　執事

十三號 一鋪 恒源號 開設城內蔑　街係磚瓦行業光緒　年開設 號東　執事

十四號 一鋪 續貴興號 開設城內府東大街係石灰行業光緒　年開設 號東　執事

十五號 一鋪 陳榮鑫號 開設城內石埧　街係石灰行業光緒　年開設 號東陳　執事

十六號 一鋪 郭吉昌號 開設城內琵琶巷　街係石灰行業光緒　年開設 號東郭　執事

石灰行業類

伍聚和號　一鋪　開設城内信府河街係磚瓦行業　光緒　年開設　號東伍　執事

萬泰號　一鋪　開設城内大神廟街係磚瓦行業　光緒　年開設　號東汪仁福　執事

同泰號　一鋪　開設城内昇平橋街係磚瓦行業　光緒　年開設　號東熊東和　執事

洪興號　一鋪　開設城内昇平橋街係磚瓦行業　光緒　年開設　號東李洪記　執事

貴興號　一鋪　開設城内羊市橋街係灰炭行業　光緒　年開設　號東丁萬才　執事

寶興號　一鋪　開設城内門帘橋街係灰鋪行業　光緒　年開設　號東郭忠保　執事

中安號　一鋪　開設城内唱經樓街係石灰行業　光緒　年開設　號東王孫氏　執事

復興號　一鋪　開設城内洪武大街係石灰行業　光緒　年開設　號東孫松山　執事

江甯商務總會調查

號並　已入商會
一鋪　復興號
開設城内大行宫街係石灰行業光緒　年開設
號東申復和執事

號共　已入商會
一鋪　榮興號
開設城内西華門街係石灰行業光緒　年開設
號東申榮記執事

號支
一鋪　泰山號
開設城内四象橋街係石灰行業光緒　年開設
號東龍泰祥執事

號卄
一鋪　郭正興號
開設城南門外街係石灰行業光緒　年開設
號東郭執事

號九　已入商會
一鋪　復興號
開設城内八寶街係石灰行業光緒　年開設
號東尹七夏執事

號卌
一鋪　郭正興號
開設城南門外街係石灰行業光緒　年開設
號東郭執事

號卅
一鋪　劉復興號
開設城南門外街係石灰行業光緒　年開設
號東劉執事

號卅　已入商會
一鋪　馬順興號
開設城南門外窑灣街係石粉行業光緒　年開設
號東馬執事

石灰行業類

已入商會
一鋪 徐錦記號 開設城南門外洪門巷口街 係石粉行業 光緒　年開設 號東徐 執事

已入商會
一鋪 殷源泰號 開設城南門外馬家山街 係石粉行業 光緒　年開設 號東殷 執事

已入商會
一鋪 殷聚泰號 開設城南門外馬家山街 係石粉行業 光緒　年開設 號東殷 執事

一鋪 王源興號 開設城南門外西街 係石灰行業 光緒　年開設 號東王 執事

一鋪 王榮興號 開設城南門外西街 係石灰行業 光緒　年開設 號東王 執事

号 一鋪 止 號 開設城　街係　行業 光緒　年開設 號東 執事

号 一鋪 號 開設城　街係　行業 光緒　年開設 號東 執事

号 一鋪 號 開設城　街係　行業 光緒　年開設 號東 執事

江甯商務總會調查

号 一鋪 號 開設城 街係 行業 光緒 年開設
號東 執事

号 一鋪 號 開設城 街係 行業 光緒 年開設
號東 執事

号 一鋪 號 開設城 街係 行業 光緒 年開設
號東 執事

号 一鋪 號 開設城 街係 行業 光緒 年開設
號東 執事

号 一鋪 號 開設城 街係 行業 光緒 年開設
號東 執事

号 一鋪 號 開設城 街係 行業 光緒 年開設
號東 執事

号 一鋪 號 開設城 街係 行業 光緒 年開設
號東 執事

号 一鋪 號 開設城 街係 行業 光緒 年開設
號東 執事

以上係石灰店鋪

合共計○千○百叁拾柒號

光緒三十貳年　月　日呈

已入商會

已入商會

號 一鋪 郭協記號 開設城內沙灣街係姜黃行業 號東郭執事 光緒 年開設

號 一鋪 蘇金記號 開設城南門外西街係姜黃行業 號東蘇執事 光緒 年開設

號 一鋪 柳午記號 開設城內水西門街係姜黃行業 號東柳執事 光緒 年開設

号 一鋪 止號 開設城 街係 行業 號東 執事 光緒 年開設

号 一鋪 號 開設城 街係 行業 號東 執事 光緒 年開設

号 一鋪 號 開設城 街係 行業 號東 執事 光緒 年開設

号 一鋪 號 開設城 街係 行業 號東 執事 光緒 年開設

号 一鋪 號 開設城 街係 行業 號東 執事 光緒 年開設

姜黃行業類

江甯商務總會調查

号　一鋪　　號
開設城　　街係　　行業光緒　　年開設
號東　　執事

号　一鋪　　號
開設城　　街係　　行業光緒　　年開設
號東　　執事

号　一鋪　　號
開設城　　街係　　行業光緒　　年開設
號東　　執事

号　一鋪　　號
開設城　　街係　　行業光緒　　年開設
號東　　執事

号　一鋪　　號
開設城　　街係　　行業光緒　　年開設
號東　　執事

号　一鋪　　號
開設城　　街係　　行業光緒　　年開設
號東　　執事

号　一鋪　　號
開設城　　街係　　行業光緒　　年開設
號東　　執事

号　一鋪　　號
開設城　　街係　　行業光緒　　年開設
號東　　執事

以上係姜黄店鋪

合共計〇千〇百〇拾叁號

光緒三十二年 月 日呈

壽材行業類

已入商會 元號 一鋪 楊錦記號
開設城內奇望街係壽材行業
號東楊錦鑫 執事曹文漢 蘇大忠 崔賡陞 余吉林 王福榮
光緒拾壹年開設

已入商會 二號 一鋪 時萬興號
開設城內倉巷大街係壽材行業
號東時繼雲 執事王坤德 丁金和 胡連壽 楊孝忠
光緒拾壹年開設

已入商會 三號 一鋪 孫炳鑫號
開設城內明瓦廊大街係壽材行業
號東孫志全 執事王桂華 孫家富
光緒伍年開設

已入商會 四號 一鋪 王復興號
開設城內羊市橋大街係壽材行業
號東王全和 執事陳仁壽 陳向桂
光緒拾貳年開設

已入商會 五號 一鋪 金義和號
開設城內東牌樓大街（內前子巷口膺福大）係壽材行業
號東金義興 執事陳玉生 常有林 紀長有
光緒伍年開設

已入商會 六號 一鋪 王佑記號
開設城內淮清橋大街係壽材行業
號東王佑民 執事劉文江
光緒拾壹年開設

已入商會 七號 一鋪 孫義興號
開設城內船板巷大街係壽材行業
號東孫志鐸 執事姚長鴻 徐心同 孫志海
光緒拾陸年開設

已入商會 八號 一鋪 王復興號
開設城內三坊巷大街係壽材行業
號東王復興 執事蔡春發 王興招 王恆釗
光緒貳拾陸年開設

江甯商務總會調查

已入商會 九號 一鋪 周茂記號
開設城内大油坊巷街 係壽 材行業 光緒貳拾壹年開設
號東周茂源 執事周恆德 謝明濤

已入商會 十號 一鋪 時萬興號
開設城内東牌樓大街 係壽 材行業 光緒捌年開設
號東時萬興 執事王孝宜 唐啟富 時其明

已入商會 十一號 一鋪 諸元記號
開設城内三坊巷大街 係壽 材行業 光緒捌年開設
號東諸元禮 執事諸林貴

已入商會 十二號 一鋪 姚存仁號
開設城内花牌樓大街 係壽 材行業 光緒叁年開設
號東姚長存 執事姚寶成 姚寶興

已入商會 十三號 一鋪 王鑫源號
開設城外西街來賓橋大街 係壽 材行業 光緒玖年開設
號東王鑫源 執事施德喜 金大鵬

已入商會 十四號 一鋪 湯榮興號
開設城内飲馬巷大街 係壽 材行業 光緒玖年開設
號東湯榮興 執事陳春元 龍得福

已入商會 十五號 一鋪 梅浤興號
開設城内倉巷大街 係壽 材行業 光緒拾壹年開設
號東梅永福 執事劉金榮 劉金福 羅萬源

已入商會 十六號 一鋪 尚萬興號
開設城外西街 係壽 材行業 光緒拾叁年開設
號東尚萬興 執事尚萬興

壽材行業類

已入商會 號支 一鋪 馬鈺成號 開設城内柳葉街係壽材行業 光緒拾肆年開設 號東馬新旺 執事魏永道 錢趙順

已入商會 號六 一鋪 王永記號 開設城内顔料坊大街係壽材行業 光緒拾捌年開設 號東王永才 執事楊鼎泰

已入商會 號九 一鋪 戚正記號 開設城外南傘巷街係壽材行業 光緒叁拾年開設 號東戚正記 執事戚正記

已入商會 號卅 一鋪 王嘉記號 開設城内顧樓大街係壽材行業 光緒貳拾玖年開設 號東王嘉鏁 執事王嘉記

已入商會 號廿 一鋪 秦得隆號 開設城外米行大街係壽材行業 光緒拾叁年開設 號東秦得隆 執事王春鑫

已入商會 號廿 一鋪 高義興號 開設城朝陽門外馬羣街係壽材行業 光緒拾伍年開設 號東高義興 執事宋錦華

已入商會 號廿 一鋪 謝如記號 開設城太平街係壽材行業 光緒叁拾年開設 號東謝如茂 執事李明德

已入商會 號廿 一鋪 萬金興號 開設城内珠寶廊大街係壽材行業 光緒叁年開設 號東萬金興 執事李枝田 梁雙林

江甯商務總會調查

已入商會 號[illegible]	一鋪	范源鑫號	開設城内膺福大街 係壽材行業 光緒拾叁年開設 號東范源鑫 執事郎典旺 楊桂亭
已入商會 號[illegible]	一鋪	成長記號	開設城漢西門外大街 係壽材行業 光緒拾玖年開設 號東成長源 執事成長源
已入商會 號[illegible]	一鋪	洪雲記號	開設城内顏料坊大街 係壽材行業 光緒拾年開設 號東洪雲伯 執事楊麗源 范鑑生 謝如金 王正林
已入商會 號[illegible]	一鋪	張錦記號	開設城外石城橋大街 係壽材行業 光緒貳拾伍年開設 號東張錦庚 執事張得文 秦永金 孫龍周 劉得貴
已入商會 號[illegible]	一鋪	時祥記號	開設城内顏料坊大街 係壽材行業 光緒貳拾玖年開設 號東時祥記 執事秦慶榮
已入商會 號[illegible]	一鋪	高長記號	開設城内仙鶴街 係壽材行業 光緒貳拾伍年開設 號東高長慶 執事高長慶
已入商會 號[illegible]	一鋪	馮盛記號	開設城内膺福大街 係壽材行業 光緒拾壹年開設 號東馮盛貴 執事金長旺 陳東來
已入商會 號[illegible]	一鋪	張復興號	開設城外掃帚巷大街 係壽材行業 光緒陸年開設 號東張復興 執事張復興

壽材行業類

已入商會	號	一鋪	龍滙記號	開設城外下關下馬頭街係壽材行業	號東龍滙興	執事王清泉	光緒元年開設
已入商會	號	一鋪	馮大記號	開設城内四象橋大街係壽材行業	號東馮大興	執事曹文志	光緒叁拾年開設
已入商會	號	一鋪	馬永記號	開設城外漢西門大街係壽材行業	號東馬永和	執事陳長元	光緒貳拾捌年開設
已入商會	號	一鋪	葉洪記號	開設城内牌樓大街係壽材行業	號東葉洪興	執事趙興萬	光緒貳拾年開設
已入商會	號	一鋪	高長記號	開設城内新街口街係壽材行業	號東高長有	執事高長有	光緒貳拾年開設
已入商會	號	一鋪	成仁記號	開設城内估衣廊大街係壽材行業	號東成仁記	執事成仁記	光緒貳拾玖年開設
已入商會	號	一鋪	林金記號	開設城内三眼井大街係壽材行業	號東林金海	執事樊正清 韋開發	光緒貳拾伍年開設
已入商會	號	一鋪	慶萬記號	開設城内洪武街係壽材行業	號東慶萬順	執事	光緒伍年開設

江甯商務總會調查

已入商會 号[illegible]
一鋪 時義記號
開設城内大行宫大街係壽材行業 光緒貳拾柒年開設
號東時義興 執事王世洪

已入商會 号[illegible]
一鋪 王興記號
開設城内花牌樓大街係壽材行業 光緒拾玖年開設
號東王興才 執事

已入商會 号[illegible]
一鋪 陳長記號
開設城内花牌樓大街係壽材行業 光緒貳拾壹年開設
號東陳長富 執事

已入商會 号[illegible]
一鋪 王壽記號
開設城南門外板橋鎮街係壽材行業 光緒拾柒年開設
號東王壽松 執事

已入商會 号[illegible]
一鋪 姚正記號
開設城上河菜市口街係壽材行業 光緒拾叁年開設
號東姚正森 執事姚瑞祺

号
一鋪 上號
開設城 街係 行業 光緒 年開設
號東 執事

号
一鋪 號
開設城 街係 行業 光緒 年開設
號東 執事

号
一鋪 號
開設城 街係 行業 光緒 年開設
號東 執事

以上係壽材店鋪

合共計〇千〇百肆拾伍號

光緒 三十二年 月 日呈

石粉行業類

已入商會 一鋪 姜德昌號 開設城南門外財神廟街係石粉行業 光緒玖年開設
號東
執事

已入商會 一鋪 馬順興號 開設城南門外大河邊街係石粉行業 光緒拾年開設
號東
執事

一鋪 王耕餘號 開設城南門外燕翅河邊街係石粉行業 光緒貳拾年開設
號東
執事

一鋪 劉慶餘號 開設城南門外燕翅河口街係石粉行業 光緒貳拾壹年開設
號東
執事

一鋪 秦仁泰號 開設城中上浮橋街係石粉行業 光緒貳拾壹年開設
號東
執事

已入商會 一鋪 張復興號 開設城南門外養虎巷街係石粉行業 光緒貳拾肆年開設
號東
執事

已入商會 一鋪 殷原泰號 開設城南門外養虎巷街係石粉行業 光緒貳拾伍年開設
號東
執事

已入商會 一鋪 殷聚泰號 開設城南門外養虎巷街係石粉行業 光緒貳拾陸年開設
號東
執事

江甯商務總會調查

已入商會 号九 一鋪 王聚興號 開設城南門外蘆席巷街係 石粉 行業 光緒貳拾柒年開設
號東 執事

已入商會 号十 一鋪 毛意順號 開設城南門外四古巷街係 石粉 行業 光緒貳拾壹年開設
號東 執事

已入商會 号土 一鋪 徐震隆號 開設城南門外洪門巷街係 石粉 行業 光緒貳拾玖年開設
號東 執事

已入商會 号圭 一鋪 王錦康號 開設城住南門外街係 石粉 行業 光緒貳拾伍年開設
號東 執事

已入商會 号圭 一鋪 姜德昌號 開設城住南門外街係 石粉 行業 光緒叁拾年開設
號東 執事

已入商會 号古 一鋪 高老三號 開設城北漢西門街係 石粉 行業 光緒拾　年開設
號東 執事

已入商會 号去 一鋪 高天和號 開設城北漢西門街係 石粉 行業 光緒拾肆年開設
號東 執事

已入商會 号丈 一鋪 高榮昌號 開設城住通濟門　街係 石粉 行業 光緒貳拾柒年開設
號東 執事

以上係石粉店鋪

合共計○千○百○拾陸號

光緒　三十二年　月　日呈

元號 一鋪 武巨盛號 開設城內狀元境街係炒貨行業 光緒　年開設
號東武庭盛　執事

弍號 一鋪 義興號 開設城內大夫地街係炒貨行業 光緒　年開設
號東　執事

三號 一鋪 穆義昌號 開設城水西門外大街係炒貨行業 光緒　年開設
號東穆桂林　執事

四號 一鋪 萬順號 開設城內犁頭巷街係炒貨行業 光緒　年開設
號東馬義興　執事

五號 一鋪 同興號 開設城內飲馬巷街係炒貨行業 光緒　年開設
號東陳　執事

六號 一鋪 泰山號 開設城內花市大街係炒貨行業 光緒　年開設
號東伍　執事

七號 一鋪 乾泰號 開設城內東牌樓街係炒貨行業 光緒　年開設
號東孔　執事

八號 一鋪 義泰號 開設城內東牌樓街係　行業 光緒　年開設
號東馬　執事

炒貨行業類 喜元店附

江甯商務總會調查

號九
一鋪　福興祥號
開設城內顧樓大街係炒貨店行業光緒　年開設
號東金　執事

號[illegible]
一鋪　恒森號
開設城內顧樓大街係炒貨店行業光緒　年開設
號東夏　執事

號[illegible]
一鋪　金復興號
開設城內南門月城內街係炒貨店行業光緒　年開設
號東金家桃　執事

號[illegible]
一鋪　金榮興號
開設城南門外大街係炒貨店行業光緒　年開設
號東金　執事

號[illegible]
一鋪　馬順興號
開設城南門外大街係炒貨店行業光緒　年開設
號東馬　執事

號[illegible]
一鋪　合興號
開設城水西門大街係炒貨店行業光緒　年開設
號東戴　執事

號[illegible]
一鋪　同興號
開設城內水西門大街係炒貨店行業光緒　年開設
號東彭　執事

號[illegible]
一鋪　恒豫號
開設城內彩霞街係炒貨店行業光緒　年開設
號東汪　執事

號七 一鋪 喇春源號 開設城内彩霞街係喜元店行業 號東喇 執事 光緒 年開設

號八 一鋪 聚興號 開設城内梨頭巷街係炒貨店行業 號東張 執事 光緒 年開設

號九 一鋪 程鼎源號 開設城内倉巷口街係炒貨店行業 號東程 執事 光緒 年開設

號廿 一鋪 坤大號 開設城内倉巷街係炒貨店行業 號東席 執事 光緒 年開設

號廿一 一鋪 天太號 開設城内朝天宫街係喜元店行業 號東李 執事 光緒 年開設

號廿二 一鋪 劉天源號 開設城内評事街係喜元店行業 號東劉 執事 光緒 年開設

號廿三 一鋪 順興號 開設城内評事街係炒貨店行業 號東馬 執事 光緒 年開設

號廿四 一鋪 鼎興號 開設城内評事街係炒貨店行業 號東王 執事 光緒 年開設

炒貨行業類 喜元店附

江甯商務總會調查

号圭 一鋪 天興號 開設城内評事街係炒貨店行業光緒　年開設 號東王　執事

号艾 一鋪 天興號 開設城内評事街係炒貨店行業光緒　年開設 號東吴　執事

号殳 一鋪 聚興隆號 開設城内大板巷街係炒貨店行業光緒　年開設 號東馬　執事

号只 一鋪 仇仁昌號 開設城内綾莊巷街係喜元店行業光緒　年開設 號東仇　執事

号九 一鋪 隆鑫號 開設城内漢西門街係炒貨店行業光緒　年開設 號東　執事

号廿 一鋪 聚興號 開設城内倉門口街係炒貨店行業光緒　年開設 號東陳　執事

号卄 一鋪 恒興號 開設城内船板巷街係炒貨店行業光緒　年開設 號東張　執事

号卅 一鋪 陸恒春號 開設城内船板巷街係　行業光緒　年開設 號東陸　執事

炒貨店行業類　喜元店附

號丗	一鋪	祥興號	開設城内船板巷街係炒貨店行業	號東　執事	光緒　年開設
號卅	一鋪	源興號	開設城内沙湾街係炒貨店行業	號東金　執事	光緒　年開設
號[illegible]	一鋪	濮椿源號	開設城内釣魚台街係喜元店行業	號東濮　執事	光緒　年開設
號[illegible]	一鋪	同興號	開設城内飲馬巷街係炒貨店行業	號東陳　執事	光緒　年開設
號[illegible]	一鋪	金裕興號	開設城内新橋街係炒貨店行業	號東金　執事	光緒　年開設
號卅	一鋪	鴻興號	開設城内新橋街係喜元店行業	號東　執事	光緒　年開設
號[illegible]	一鋪	同順號	開設城内顔料坊街係炒貨店行業	號東　執事	光緒　年開設
號[illegible]	一鋪	火德餘號	開設城内三坊巷街係炒貨店行業	號東　執事	光緒　年開設

江甯商務總會調查

號[illegible]	一鋪	炘興號	開設城内銅作坊街係炒貨店行業	號東 執事	光緒 年開設
號[illegible]	一鋪	馬文興號	開設城内鉄作坊街係喜元店行業	號東馬 執事	光緒 年開設
號[illegible]	一鋪	沈萬興號	開設城内鉄作坊街係喜元店行業	號東沈 執事	光緒 年開設
號[illegible]	一鋪	聚興泰號	開設城内司署口街係炒貨店行業	號東馬 執事	光緒 年開設
號[illegible]	一鋪	益和號	開設城内府東大街係炒貨店行業	號東沙 執事	光緒 年開設
號[illegible]	一鋪	馬聚興號	開設城内府東大街係炒貨店行業	號東馬 執事	光緒 年開設
號[illegible]	一鋪	恒盛號	開設城内府府大街係炒貨店行業	號東張 執事	光緒 年開設
號[illegible]	一鋪	陳昌泰號	開設城内府府大街係炒貨店行業	號東陳 執事	光緒 年開設

炒貨店行業類 喜元店附

號	一鋪	乾太號	開設城内府大街係炒貨店行業光緒　年開設 號東楊　執事
號	一鋪	德鴻元號	開設城内府大街係炒貨店行業光緒　年開設 號東　執事
號	一鋪	復興號	開設城内東牌樓街係炒貨店行業光緒　年開設 號東馬　執事
號	一鋪	張順興號	開設城内顧樓大街係喜元店行業光緒　年開設 號東張　執事
號	一鋪	萬源號	開設城内火神廟街係喜元店行業光緒　年開設 號東馬萬記　執事
號	一鋪	義興號	開設城内八寳大街係喜元店行業光緒　年開設 號東孫賀成　執事
號	一鋪	合興號	開設城内南門大街係炒貨店行業光緒　年開設 號東馬宏元　執事
號	一鋪	金復興號	開設城内南門大街係炒貨店行業光緒　年開設 號東金　執事

江甯商務總會調查

號 一鋪 富興號 開設城南門外大街係炒貨店行業光緒　年開設 號東劉　執事

號 一鋪 義泰號 開設城外下關大街係炒貨店行業光緒　年開設 號東張　執事

號 一鋪 汪椿茂號 開設城外下關大街係炒貨店行業光緒　年開設 號東汪　執事

號 一鋪 湧源祥號 開設城外下關大街係炒貨店行業光緒　年開設 號東張　執事

號 一鋪 增盛祥號 開設城外下關大街係炒貨店行業光緒　年開設 號東馬　執事

號 一鋪 有興號 開設城外下關大街係炒貨店行業光緒　年開設 號東袁　執事

號 一鋪 　止　號 開設城　街係　行業光緒　年開設 號東　執事

號 一鋪 　　號 開設城　街係　行業光緒　年開設 號東　執事

以上係炒貨店鋪

合共計○千○百陸拾貳號

光緒